시대에듀

답만 외우는 **롤러운전기능사** 필기

Always with you

사람이 길에서 우연하게 만나거나 함께 살아가는 것만이 인연은 아니라고 생각합니다.
책을 펴내는 출판사와 그 책을 읽는 독자의 만남도 소중한 인연입니다.
시대에듀는 항상 독자의 마음을 헤아리기 위해 노력하고 있습니다.
늘 독자와 함께하겠습니다.

 끝까지 책임진다! 시대에듀!
QR코드를 통해 도서 출간 이후 발견된 오류나 개정법령, 변경된 시험 정보, 최신기출문제, 도서 업데이트 자료 등이 있는지 확인해 보세요! **시대에듀 합격 스마트 앱**을 통해서도 알려 드리고 있으니 구글 플레이나 앱 스토어에서 다운받아 사용하세요.
또한, 파본 도서인 경우에는 구입하신 곳에서 교환해 드립니다.

편집진행 윤진영 · 김미애 | **표지디자인** 권은경 · 길전홍선 | **본문디자인** 정경일 · 박동진

PREFACE

최근 국가 및 지방자치단체의 사회간접자본 확충을 위한 투자 증가와 해외 건설 경기 호전이 기대되고 있으며, 롤러와 같은 도로포장용 건설기계 운전 기능인력의 수요는 도로건설, 포장 및 기존 도로의 재포장과 보수 등에 많은 영향을 받는다. 특히 물류비용의 절감을 통한 산업경쟁력의 제고, 안전성 확보 및 장기적으로는 지속적인 도로망 확충 및 종합도로망 구축이 필요하다. 이에 따라 도로포장용 건설기계 운전 기능인력의 수요가 예상된다.

롤러는 포장용 건설기계 중의 하나로 도로공사 등에서 땅 또는 아스팔트 면을 평평하게 다지는 데에 쓰이며, 운전 시 특수한 기술을 필요로 한다. 이는 해당 면허를 취득하는 인원에 비해 부족하지만 조금씩 늘어나는 가동률과 함께 고용 증가를 기대해 볼 수 있다. 이에 롤러운전사를 꿈꾸는 수험생들이 한국산업인력공단에서 실시하는 롤러운전기능사 자격시험에 효과적으로 대비할 수 있도록 다음과 같은 특징을 가진 도서를 출간하게 되었다.

> **본 도서의 특징**
> 1. 자주 출제되는 기출문제의 키워드를 분석하여 정리한 빨간키를 통해 시험에 완벽하게 대비할 수 있다.
> 2. 정답이 한눈에 보이는 기출복원문제 7회분과 해설 없이 풀어보는 모의고사 7회분으로 구성하여 필기시험을 준비하는 데 부족함이 없도록 하였다.
> 3. 명쾌한 풀이와 관련 이론까지 꼼꼼하게 정리한 상세한 해설을 통해 문제의 핵심을 파악할 수 있다.

이 책이 롤러운전기능사를 준비하는 수험생들에게 합격의 안내자로서 많은 도움이 되기를 바라면서 수험생 모두에게 합격의 영광이 함께하기를 기원하는 바이다.

편저자 씀

자격증 • 공무원 • 금융/보험 • 면허증 • 언어/외국어 • 검정고시/독학사 • 기업체/취업
이 시대의 모든 합격! 시대에듀에서 합격하세요!
www.youtube.com → 시대에듀 → 구독

시험 안내

개 요

도로포장은 사회간접시설로서 물류비용의 절감을 통한 다른 산업의 촉매작용을 하는데, 롤러는 이런 작업에 사용되는 포장용 건설기계 중의 하나로 땅 또는 아스팔트 면을 다지는 데 쓰인다. 운전 시 특수한 기술을 요하는 롤러의 안전운행과 기계수명 연장 및 작업능률 제고를 위해 산업현장에 필요한 숙련기능인력 양성이 요구된다.

수행직무

도로, 활주로, 운동경기장, 제방 등의 지반이나 지층을 다져 주기 위해서 정지명세서에 따라 흙, 돌, 자갈, 아스팔트, 콘크리트 등을 굳게 다지는 롤러를 운전하고 정비하는 업무를 수행한다.

진로 및 전망

- 건설업체, 건설기계 대여업체, 한국도로공사 건설기계부서, 지방자치단체의 건설기계 관리부서 등으로 진출할 수 있다.
- 롤러와 같은 도로포장용 건설기계 운전기능인력의 수요는 도로건설, 포장 및 기존 도로의 재포장과 보수 등에 많은 영향을 받는다. 최근 국가 및 지방자치단체의 사회간접자본 확충을 위한 투자증가와 해외 건설 경기의 호전이 기대되고 있다. 특히 물류비용의 절감을 통한 산업경쟁력의 제고, 안전성 확보 및 장기적으로는 21세기 통일시대를 대비하기 위해서도 지속적인 도로망 확충 및 종합도로망 구축이 필요하다. 이에 따라 도로포장용 건설기계 운전기능인력의 수요가 예상된다.

시험일정

구 분	필기원서접수 (인터넷)	필기시험	필기합격 (예정자)발표	실기원서접수	실기시험	최종 합격자 발표일
제1회	1월 초순	1월 하순	2월 초순	2월 초순	3월 중순	4월 중순
제2회	3월 중순	4월 초순	4월 중순	4월 하순	5월 하순	6월 하순
제4회	8월 하순	9월 중순	10월 중순	10월 중순	11월 하순	12월 중순

※ 상기 시험일정은 시행처의 사정에 따라 변경될 수 있으니, www.q-net.or.kr에서 확인하시기 바랍니다.

시험요강

❶ 시행처 : 한국산업인력공단
❷ 시험과목
　㉠ 필기 : 롤러운전·점검 및 안전관리
　㉡ 실기 : 롤러운전 실무
❸ 검정방법
　㉠ 필기 : 객관식 4지 택일형 60문항(1시간)
　㉡ 실기 : 작업형(11분 정도)
❹ 합격기준(필기·실기) : 100점을 만점으로 하여 60점 이상

검정현황

연도	필기			실기		
	응시	합격	합격률(%)	응시	합격	합격률(%)
2024	3,955	2,957	74.8%	3,975	1,687	42.4%
2023	3,861	3,000	77.7%	3,932	1,697	43.2%
2022	3,215	2,450	76.2%	3,323	1,516	45.6%
2021	3,294	2,409	73.1%	3,201	1,534	47.9%
2020	2,414	1,653	68.5%	2,387	995	41.7%
2019	2,750	1,815	66%	2,484	1,027	41.3%
2018	2,395	1,591	66.4%	2,185	983	45%
2017	2,596	1,689	65.1%	2,244	1,041	46.4%
2016	2,529	1,518	60%	1,975	1,022	51.7%
2015	2,375	845	35.6%	1,204	637	52.9%
2014	2,056	753	36.6%	1,097	516	47%
2013	1,966	674	34.3%	1,057	469	44.4%
2012	2,237	946	42.3%	1,439	717	49.8%

시험 안내

출제기준(필기)

필기과목명	주요항목	세부항목	세세항목	
롤러운전·점검 및 안전관리	장비구조	엔진구조	• 엔진본체 구조와 기능 • 연료장치 구조와 기능 • 냉각장치 구조와 기능	• 윤활장치 구조와 기능 • 흡·배기장치 구조와 기능
		전기장치	• 기초 전기·전자 • 시동 및 예열장치 구조와 기능 • 축전지 및 충전장치 구조와 기능 • 등화 및 계기장치 구조와 기능 • 냉·난방장치 구조와 기능	
		차체장치	• 동력전달장치 구조와 기능 • 조향장치 구조와 기능 • 제동장치 구조와 기능	• 변속장치 구조와 기능 • 주행장치 구조와 기능 • 기타 장치
		유압장치	• 유압펌프 구조와 기능 • 유압밸브 구조와 기능 • 유압실린더 및 모터 구조와 기능 • 유압기호 • 유압유 및 기타 부속장치 등	
	롤러 안전관리	산업안전보건	• 산업안전일반 • 안전보호구 및 안전장치 확인 • 위험요소 파악 • 안전표시 및 수칙 확인 • 환경오염방지	
		작업·장비 안전관리	• 작업 안전관리 및 교육 • 기계·기기 및 공구에 관한 안전사항 • 작업 안전 및 기타 안전사항	
	건설기계관리 법규	건설기계 등록 및 검사	• 건설기계 등록	• 건설기계 검사
		면허·사업·벌칙	• 건설기계 조종사의 면허 및 사업 • 건설기계관리법의 벌칙	
	조종 및 작업	롤러 조종	• 타이어 롤러 조종 • 머캐덤 롤러 조종 • 탠덤 롤러 조종	• 진동 롤러 조종 • 콤비 롤러 조종 • 기 타
		롤러 작업	• 롤러 구조와 명칭 • 토사·골재 다짐작업 • 진동 작업 • 작업 전후 점검	• 작업장치 기능 • 아스콘 다짐작업 • 작업 중 점검

출제기준(실기)

실기과목명	주요항목	세부항목
롤러운전 실무	작업 전 장비점검	• 장비 사용설명서 파악하기 • 엔진부 점검하기 • 구동부 점검하기 • 전기장치 점검하기 • 안전장치 점검하기
	롤러 안전관리	• 장비 투입 시 안전 확보하기 • 작업 전 안전 확보하기 • 작업 중 안전 확보하기 • 작업 후 안전 관리하기
	콤비 롤러 조종	• 콤비 롤러 조작하기 • 시운전하기
	토사 · 골재 다짐작업	• 토사 · 골재 작업방법 검토하기 • 토사 · 골재 다짐하기
	아스콘 다짐작업	• 아스콘 작업방법 검토하기 • 아스콘 다짐하기
	작업 후 점검	• 장비 점검하기 • 누유 · 누수 확인하기 • 연료 확인과 보충하기

목 차

빨리보는 간단한 키워드

PART 01 | 기출복원문제

제1회	기출복원문제	003
제2회	기출복원문제	018
제3회	기출복원문제	033
제4회	기출복원문제	047
제5회	기출복원문제	062
제6회	기출복원문제	076
제7회	기출복원문제	091

PART 02 | 모의고사

제1회	모의고사	109
제2회	모의고사	121
제3회	모의고사	134
제4회	모의고사	146
제5회	모의고사	159
제6회	모의고사	171
제7회	모의고사	182

정답 및 해설 ········ 194

빨간키

빨리보는 간단한 키워드

CHAPTER 01 건설기계 기관

[01] 기관 본체

■ 디젤기관과 가솔린기관의 비교

구 분	디젤기관	가솔린기관
연소방법	압축열에 의한 자기착화	전기점화
속도조절	분사되는 연료의 양	흡입되는 혼합가스의 양(기화기에서 혼합)
열효율	32~38%	25~32%
압축온도	500~550℃	120~140℃
폭발압력	55~65kg/cm^2	35~45kg/cm^2
압축압력	30~45kg/cm^2	7~11kg/cm^2

■ 디젤기관과 가솔린기관의 장단점

구 분	디젤기관	가솔린기관
장 점	• 연료비가 저렴하고, 열효율이 높으며, 운전 경비가 적게 든다. • 이상연소가 일어나지 않고, 고장이 적다. • 토크 변동이 적고, 운전이 용이하다. • 대기오염 성분이 적다. • 인화점이 높아서 화재의 위험성이 작다. • 전기점화장치(배전기, 점화코일, 점화플러그, 고압케이블)가 없어 고장률이 낮다.	• 배기량당 출력의 차이가 없고, 제작이 쉽다. • 제작비가 적게 든다. • 가속성이 좋고, 운전이 정숙하다.
단 점	• 마력당 중량이 크다. • 소음 및 진동이 크다. • 연료분사장치 등이 고급재료이고, 정밀 가공해야 한다. • 배기 중에 SO$_2$ 유리탄소가 포함되고, 매연으로 인하여 대기 중에 스모그 현상이 크다. • 시동전동기 출력이 커야 한다.	• 전기점화장치의 고장이 많다. • 기화기식은 회로가 복잡하고, 조정이 곤란하다. • 연료소비율이 높아서 연료비가 많이 든다. • 배기 중에 CO, HC, NO$_x$ 등 유해성분이 많이 포함되어 있다. • 연료의 인화점이 낮아서 화재의 위험성이 크다.

■ 기관에서의 피스톤 행정 : 상사점으로부터 하사점까지의 거리

■ 4행정 사이클 디젤기관의 작동순서(2회전 4행정)
   ① **흡입행정** : 피스톤이 상사점으로부터 하강하면서 실린더 내로 공기만을 흡입한다(흡입밸브 열림, 배기밸브 닫힘).
   ② **압축행정** : 흡기밸브가 닫히고 피스톤이 상승하면서 공기를 압축한다(흡입밸브, 배기밸브 모두 닫힘).
   ③ **동력(폭발)행정** : 압축행정 말 고온이 된 공기 중에 연료를 분사하면 압축열에 의하여 자연착화한다(흡입밸브, 배기밸브 모두 닫힘).
   ④ **배기행정** : 연소가스의 팽창이 끝나면 배기밸브가 열리고, 피스톤의 상승과 더불어 배기행정을 한다(흡입밸브 닫힘, 배기밸브 열림).

■ 4행정 기관에서 크랭크축 기어와 캠축 기어의 지름비는 1 : 2, 회전비는 2 : 1이다.

■ 기관에서 엔진오일이 연소실로 올라오는 이유 : 실린더의 마모나 피스톤링의 마모 때문

■ 실린더헤드의 볼트를 조이는 방법 : 중심 부분에서 외측으로 토크렌치를 이용하여 대각선으로 조인다.

■ 피스톤과 실린더 벽 사이의 간극이 클 때 미치는 영향
   ① 블로바이에 의해 압축압력이 낮아진다.
   ② 피스톤링의 기능 저하로 인하여 오일이 연소실에 유입되어 오일 소비가 많아진다.
   ③ 피스톤 슬랩(Piston Slap) 현상이 발생되며 기관 출력이 저하된다.

■ 기관의 피스톤이 고착되는 원인
   ① 냉각수량이 부족할 때
   ② 엔진오일이 부족하였을 때
   ③ 기관이 과열되었을 때
   ④ 피스톤 간극이 작을 때

■ 동력을 전달하는 계통의 순서
   ① 피스톤 → 커넥팅로드 → 크랭크축 → 클러치
   ② 피스톤은 실린더 내에서 연소가스의 압력을 받아 고속으로 왕복운동을 하면서 동시에 그 힘을 커넥팅로드에 전달해 주는 역할을 한다.

▌ 기관의 크랭크 케이스를 환기하는 이유 : 오일의 슬러지 형성을 막기 위하여

▌ 유압식 밸브 리프터의 장점
① 밸브 간극 조정이 필요하지 않다.
② 밸브 개폐시기가 정확하다.
③ 밸브기구의 내구성이 좋다.

▌ 밸브 간극
① 밸브 스템 엔드와 로커 암(태핏) 사이의 간극을 말한다.
② 밸브 간극 변화에 따른 영향

밸브 간극이 클 때의 영향	밸브 간극이 작을 때의 영향
• 소음이 발생된다. • 흡입 송기량이 부족하게 되어 출력이 감소한다. • 밸브의 양정이 작아진다.	• 후화가 발생된다. • 열화 또는 실화가 발생된다. • 밸브의 열림 기간이 길어진다. • 밸브 스템이 휘어질 가능성이 있다. • 블로바이로 기관 출력이 감소하고, 유해배기가스 배출이 많다.

▌ 로커 암 : 기관에서 밸브의 개폐를 돕는 부품

[02] 연료장치

▌ 디젤기관의 연소실

단실식	직접분사실식	• 연소실의 피스톤헤드의 요철에 의해서 형성되어 있다. • 분사노즐에서 분사되는 연료는 피스톤헤드에 설치된 연소실에 직접 분사되는 방식이다. • 직접 분사하여 연소되기 때문에 연료의 분산도 향상을 위해 다공형 노즐을 사용한다. • 연료의 분사 개시압력은 150~300kg/cm^2 정도로 비교적 높다.
복실식	예연소실식	• 실린더헤드에는 주연소실 체적의 30~50% 정도로 예연소실이 설치되고 피스톤이 상사점에 위치할 때 피스톤헤드와 실린더헤드 사이에 주연소실이 형성된다. • 연료의 분사 개시압력은 60~120kg/cm^2 정도이다.
	와류실식	• 실린더헤드에는 압축행정 시에 강한 와류가 발생되도록 주연소실 체적의 70~80% 정도의 와류실이 설치되고 피스톤이 상사점에 위치할 때 피스톤헤드와 실린더헤드 사이에 주연소실이 형성된다. • 연료의 분사 개시압력은 100~125kg/cm^2 정도이다.
	공기실식	실린더헤드에는 압축행정 시에 강한 와류가 발생되도록 주연소실 체적의 6.5~20% 정도의 공기실이 설치되고 피스톤이 상사점에 위치할 때 피스톤헤드와 실린더헤드 사이에 주연소실이 형성된다.

직접분사실식 연소실의 장단점

장 점	• 연료소비량이 다른 형식보다 적다. • 연소실의 표면적이 작아 냉각손실이 작다. • 연소실이 간단하고 열효율이 높다. • 실린더헤드의 구조가 간단하여 열변형이 적다. • 와류손실이 없다. • 시동이 쉽게 이루어지기 때문에 예열플러그가 필요 없다.
단 점	• 분사압력이 가장 높으므로 분사펌프와 노즐의 수명이 짧다. • 사용연료 변화에 매우 민감하다. • 노크 발생이 쉽다. • 기관의 회전속도 및 부하의 변화에 민감하다. • 다공형 노즐을 사용하므로 값이 비싸다. • 분사상태가 조금만 달라져도 기관의 성능이 크게 변화한다.

예연소실식 연소실의 특징
① 예열플러그가 필요하다.
② 사용연료의 변화에 둔감하다.
③ 분사압력이 낮다.

벤트 플러그 : 연료필터에서 공기를 배출하기 위해 사용하는 플러그

오버플로 밸브의 역할
① 연료필터 엘리먼트를 보호한다.
② 연료공급펌프의 소음 발생을 방지한다.
③ 연료계통의 공기를 배출한다.

연료분사펌프 : 연료를 압축하여 분사순서에 맞추어 노즐로 압송시키는 장치로 조속기(분사량 제어)와 타이머(분사시기 조절)가 설치되어 있다.

디젤기관에서 노킹의 원인
① 연료의 세탄가가 낮을 때
② 연료의 분사압력이 낮을 때
③ 연소실의 온도가 낮을 때
④ 착화지연 시간이 길 때
⑤ 연소실에 누적된 연료가 일시에 많이 연소할 때

■ 기관에서 노킹 발생 시 영향 : 출력 저하, 과열, 흡기효율 저하, 회전수 감소

■ 디젤기관에서 노크 방지 방법
　① 착화성이 좋은 연료를 사용한다.
　② 연소실 벽 온도를 높게 유지한다.
　③ 착화기간 중의 분사량을 적게 한다.
　④ 압축비를 높게 한다.

■ 디젤기관의 연료분사 3대 요건 : 관통력, 분포, 무화상태

■ 디젤기관의 연료탱크에서 분사노즐까지 연료의 순환 순서
　연료탱크 → 연료공급펌프 → 연료필터 → 분사펌프 → 분사노즐

■ 분사노즐 : 분사펌프로부터 보내진 고압의 연료를 미세한 안개모양으로 연소실에 분사하는 부품으로 디젤기관만이 가지고 있는 부품이다.

■ 프라이밍 펌프의 사용 시기 : 연료계통 속 공기를 배출할 때

■ 연료계통에 공기가 흡입되었을 때의 현상 : 연료가 불규칙하게 전달되어 회전이 불량해진다.

■ 전자제어장치(ECU ; Electronic Control Unit)
　전자제어 디젤 분사장치에서 연료를 제어하기 위해 센서로부터 각종 정보(가속페달의 위치, 기관속도, 분사시기, 흡기, 냉각수, 연료온도 등)를 입력받아 전기적 출력신호로 변환하는 장치이다.

■ 디젤기관의 진동 원인
　① 연료공급계통에 공기가 침입하였을 때
　② 분사압력이 실린더별로 차이가 있을 때
　③ 4기통 기관에서 한 개의 분사노즐이 막혔을 때
　④ 인젝터에 분사량 불균율이 있을 때
　⑤ 피스톤 및 커넥팅로드의 중량 차이가 클 때
　⑥ 연료 분사시기와 분사간격이 다를 때
　⑦ 크랭크축에 불균형이 있을 때

[03] 냉각장치

▌ 기관의 과열 원인

① 윤활유 또는 냉각수 부족
② 워터펌프 고장
③ 팬 벨트 이완 및 절손
④ 정온기가 닫혀서 고장
⑤ 냉각장치 내부의 물때(Scale) 과다
⑥ 라디에이터 코어의 막힘, 불량
⑦ 이상연소(노킹 등)
⑧ 압력식 캡의 불량

▌ 기관의 냉각장치 방식

① 공랭식 : 자연 통풍식, 강제 통풍식
② 수랭식 : 자연 순환식, 강제 순환식(압력 순환식, 밀봉 압력식)

▌ 라디에이터의 구성품

① 상부탱크와 코어 및 하부탱크로 구성된다.
② 상부탱크에는 냉각수 주입구(라디에이터 캡으로 밀봉), 오버플로 파이프, 입구 파이프가 있고 중간 위치에는 수관(튜브)과 냉각핀이 있는 코어, 하부탱크에는 출구 파이프, 드레인 플러그가 있다.

▌ 라디에이터의 구비조건

① 공기 흐름저항이 작을 것
② 냉각수 흐름저항이 작을 것
③ 가볍고 강도가 클 것
④ 단위면적당 방열량이 클 것

▌ 가압식(압력식) 라디에이터의 장점

① 방열기를 작게 할 수 있다.
② 냉각수의 비등점을 높일 수 있다.
③ 냉각장치의 효율을 높일 수 있다.
④ 냉각수 손실이 적다.

■ 압력식 라디에이터 캡 구조와 작용
　① 압력식 캡 내면에는 진공 밸브와 압력 밸브, 스프링 등이 있다.
　② 냉각계통의 압력에 따라 진공 밸브와 압력 밸브가 여닫힌다.
　　㉠ 캡의 규정압력보다 냉각계통의 압력이 높을 때 : 압력 스프링을 밀어내어 진공 밸브가 열린다.
　　㉡ 캡의 규정압력보다 냉각계통의 압력이 낮을 때 : 스프링의 장력에 의해 압력 밸브가 닫힌다.
　③ 압력 밸브는 물의 비등점을 높이고, 진공 밸브는 냉각 상태를 유지할 때 과랭현상이 되는 것을 막아 주는 일을 한다.

■ 실린더헤드가 균열 또는 개스킷이 파손되면 압축가스가 누출되어 라디에이터 캡 쪽으로 기포가 생기면서 연소가스가 누출된다.

■ 라디에이터 캡의 스프링이 파손되었을 때 가장 먼저 나타나는 현상은 냉각수 비등점이 낮아진다.

■ 기관 온도계 : 냉각 순환 시 냉각수의 온도를 나타낸다.

■ 전동 팬
모터로 냉각 팬을 구동하는 형식이며, 라디에이터에 부착된 서모 스위치는 냉각수의 온도를 감지하여 일정 온도에 도달하면 팬을 작동(냉각 팬 ON)시키고, 일정 온도 이하로 내려가면 팬의 작동을 정지(냉각 팬 OFF)시킨다.

■ 팬 벨트의 장력에 따른 이상 현상

너무 클 때	• 각 풀리의 베어링 마멸이 촉진된다. • 워터펌프의 고속회전으로 기관이 과랭할 염려가 있다.
너무 작을 때	• 워터펌프 회전속도가 느려 기관이 과열되기 쉽다. • 발전기의 출력이 저하된다. • 소음이 발생하며, 팬 벨트의 손상이 촉진된다.

■ 냉각수량 경고등 점등 원인
　① 냉각수량이 부족할 때
　② 냉각계통의 물 호스가 파손되었을 때
　③ 라디에이터 캡이 열린 채로 운행하였을 때

▌ 부동액
  ① 메탄올(주성분 : 알코올), 에틸렌글리콜, 글리세린 등이 있다.
  ② 에틸렌글리콜과 글리세린은 단맛이 난다.
  ③ 부동액은 50 : 50으로 혼합하여 사용하는 것이 바람직하다.
  ④ 온도변화와 관계없이 화학적으로 안정해야 한다.
  ⑤ 부동액에는 금속들의 부식을 막기 위해 부식 방지제 등의 첨가제가 첨가되어 있다.

▌ 부동액이 구비하여야 할 조건
  ① 물과 쉽게 혼합될 것
  ② 침전물의 발생이 없을 것
  ③ 부식성이 없을 것
  ④ 물보다 비등점이 높을 것(과열로 인한 피해를 방지)

[04] 윤활장치

▌ 윤활유의 기능
  냉각작용, 응력분산작용, 방청작용, 마멸 방지 및 윤활작용, 밀봉작용, 청정분산작용

▌ 윤활유가 구비하여야 할 조건
  ① 인화점 및 발화점이 높을 것
  ② 점성이 적당하고, 온도에 따른 점도변화가 작을 것
  ③ 응고점이 낮을 것
  ④ 비중이 적당할 것
  ⑤ 강인한 유막을 형성할 것
  ⑥ 카본 생성이 적을 것
  ⑦ 열 및 산에 대한 안정성이 클 것
  ⑧ 청정작용이 클 것

▌ 윤활유의 점도
  ① SAE번호로 분류하며, 여름은 높은 점도, 겨울은 낮은 점도를 사용한다.
  ② SAE번호가 큰 것일수록 점도가 높은 농후한 윤활유이고, SAE번호가 작을수록 점도가 낮은 윤활유를 나타낸다.

■ 윤활유의 점도가 기준보다 높은 것을 사용하면 윤활유 공급이 원활하지 못하여 윤활유 압력이 다소 높아진다.

■ 점도지수(VI)
윤활유, 작동유 및 그리스 등이 온도의 변화로 점도에 주는 영향의 정도를 표시하는 지수로, 점도지수가 높을수록 온도상승에 대한 점도변화가 작다.

■ 유압조절밸브를 풀어 주면 압력이 낮아지고, 조여 주면 압력이 높아진다.

■ 윤활유 소비 증대의 원인 : 연소와 누설

■ 윤활방식 중 압송식은 오일펌프로 급유하는 방식으로 4행정 기관에서 일반적으로 사용된다.

■ 오일여과기는 오일의 불순물을 제거한다.

■ 기관의 오일여과기 교환시기 : 윤활유 교환 시 여과기를 같이 교환한다.

■ 오일의 여과방식
① **전류식** : 윤활유 공급펌프에서 공급된 윤활유 전부가 엔진오일 필터를 거쳐 윤활부로 가는 방식
② **분류식** : 오일펌프에서 공급된 오일의 일부만 여과하여 오일 팬으로 공급, 남은 오일은 그대로 윤활부에 공급하는 방식
③ **션트식** : 오일펌프에서 공급된 오일의 일부만 여과하고, 여과된 오일은 오일 팬을 거치지 않고 여과되지 않은 오일과 함께 윤활부에 공급하는 방식

■ 피스톤링 : 기밀작용, 열전도 작용, 오일제어 작용을 하며, 압축링과 오일링이 있다.

■ 오일펌프 : 크랭크축 또는 캠축에 의해 구동되어 오일 팬 내의 오일을 흡입·가압하여 각 윤활부에 공급하는 장치이다.

[05] 흡배기장치(과급기 포함)

▎ 스트레이너(Strainer)
① 유압장치에서 금속가루 또는 불순물을 제거하기 위해 사용되는 부품
② 펌프의 흡입 측에 붙여 여과작용을 하는 필터(Filter)의 명칭

▎ 습식 공기청정기
① 청정효율은 공기량이 증가할수록 높아지며, 회전속도가 빠르면 효율이 좋고, 낮으면 저하된다.
② 흡입공기는 오일에 적신 여과망을 통과시켜 여과한다.
③ 공기청정기 케이스 밑에는 일정한 양의 오일이 들어 있다.
④ 습식 공기청정기는 구조가 간단하고, 여과망을 세척유로 세척하여 사용할 수 있다.

▎ 건식 공기청정기
① 설치 또는 분해·조립이 간단하다.
② 작은 입자의 먼지나 오물을 여과할 수 있다.
③ 건식 공기청정기는 세척 시 압축공기로 안에서 밖으로 불어 낸다.
④ 엔진의 회전속도 변화에도 안정된 공기청정 효율을 얻을 수 있다.

▎ 과급기
① 실린더 밖에서 공기를 미리 압축하여 흡입행정 시기에 실린더 안으로 압축한 공기를 강제적으로 공급하는 장치를 말한다.
② **설치목적** : 체적효율을 향상시켜 기관 출력을 증대하는 목적으로 설치된다.

▎ 과급기를 구동하는 방식에 따른 구분
① **터보차저** : 배기가스의 유동에너지에 의해 구동
② **슈퍼차저** : 기관의 동력을 이용하여 구동
③ **전기식 과급기** : 모터를 이용하여 구동

▌ 머플러(소음기)와 관련된 이상 현상
　① 카본이 많이 끼면 기관이 과열되는 원인이 될 수 있다.
　② 머플러가 손상되어 구멍이 나면 배기음이 커진다.
　③ 카본이 쌓이면 기관 출력이 떨어진다.

▌ 기관에서 배기상태가 불량하여 배압이 높을 때 발생하는 현상
　① 기관이 과열된다.
　② 냉각수 온도가 올라간다.
　③ 기관의 출력이 감소된다.
　④ 피스톤 운동을 방해한다.

▌ 흑색의 배기가스를 배출하는 원인
　분사펌프의 불량으로 과도한 연료가 분사가 되는 경우, 공기청정기가 막힌 경우 등

▌ 배기가스의 색과 기관의 상태
　① 무색 또는 담청색 : 정상 연소
　② 백색 : 엔진오일 혼합연소
　③ 흑색 : 혼합비 농후
　④ 엷은 황색 또는 자색 : 혼합비 희박
　⑤ 황색에서 흑색 : 노킹 발생
　⑥ 검은 연기 : 장비의 노후 및 연료의 품질 불량

건설기계 전기

[01] 시동장치(예열장치 포함)

▌ 옴의 법칙

도체에 흐르는 전류는 전압에 정비례하고, 저항에 반비례한다.

▌ 전류, 전압, 저항의 기호 및 단위

구 분	기 호	단 위
전 류	I	A(암페어)
전 압	V or E	V(볼트)
저 항	R	Ω(옴)

▌ 디젤기관의 시동 보조기구

① **감압장치** : 실린더 내의 압축압력을 감압시켜 기동전동기에 무리가 가는 것을 방지
② **예열장치**
  ㉠ 흡기가열 방식 : 흡기히터, 히트레인지
  ㉡ 예열플러그 방식 : 예열플러그, 예열플러그 파일럿, 예열플러그 저항기, 히트릴레이 등

▌ 예열플러그

① **정상상태** : 예열플러그가 15~20초에서 완전히 가열된 경우
② **사용시기** : 추운 날씨에 연소실로 유입된 공기를 데워 시동성을 향상시켜 준다.
③ **종 류**
  ㉠ 코일형 : 히트코일이 노출되어 있어 공기와의 접촉이 용이하며, 적열 상태는 좋으나 부식에 약하며, 배선은 직렬로 연결되어 있다.
  ㉡ 실드형 : 금속튜브 속에 히트코일, 홀딩 핀이 삽입되어 있고, 코일형에 비해 적열 상태가 늦으며, 배선은 병렬로 연결되어 있다(예열시간 60~90초). 또한 저항기가 필요하지 않다.

▎ 예열장치의 고장 원인
　① 가열시간이 너무 길면 자체 발열에 의해 단선된다.
　② 접지가 불량하면 전류의 흐름이 적어 발열이 충분하지 않다.
　③ 규정 이상의 전류가 흐르면 단선되는 고장의 원인이 된다.

▎ 디젤기관이 시동되지 않는 원인
　① 기관의 압축압력이 낮다.
　② 연료계통에 공기가 혼입되어 있다.
　③ 연료가 부족하다.
　④ 연료공급펌프가 불량이다.

▎ 디젤기관의 시동을 용이하게 하기 위한 방법
　① 압축비를 높인다.
　② 흡기온도를 상승시킨다.
　③ 겨울철에 예열장치를 사용한다.
　④ 시동 시 회전속도를 높인다.

▎ 디젤기관을 시동할 때의 주의사항
　① 기온이 낮을 때는 예열 경고등이 소등되면 시동한다.
　② 기관 시동은 각종 조작레버가 중립위치에 있는가를 확인 후 행한다.
　③ 공회전을 필요 이상으로 하지 않는다.
　④ 기관이 시동되면 바로 손을 뗀다. 그렇지 않고 계속 잡고 있으면 전동기가 소손되거나 탄다.

▎ 엔진오일의 양과 냉각수량 점검은 기관을 시동하기 전에 해야 할 가장 일반적인 점검 사항이다.

[02] 시동(기동)전동기

▌ 직류전동기의 종류와 특성

종 류	특 성	장 점	단 점
직권전동기	전기자코일과 계자코일이 직렬로 결선된 전동기	기동 회전력이 크다.	회전속도의 변화가 크다.
분권전동기	전기자코일과 계자코일이 병렬로 결선된 전동기	회전속도가 거의 일정하다.	회전력이 비교적 작다.
복권전동기	전기자코일과 계자코일이 직병렬로 결선된 전동기	회전속도가 거의 일정하고, 회전력이 비교적 크다.	직권전동기에 비해 구조가 복잡하다.

▌ 기동전동기 작동부분
① **전동기** : 회전력의 발생
  ㉠ 회전부분 : 전기자, 정류자
  ㉡ 고정부분 : 자력을 발생시키는 계자코일, 계자철심, 브러시
  ※ 계자철심은 기동전동기에서 자력선을 잘 통과시키고 동시에 맴돌이 전류를 감소시키는 작용을 한다.
② **동력전달기구** : 회전력을 기관에 전달
  ㉠ 벤딕스식
  ㉡ 전기자 섭동식
  ㉢ 피니언 섭동식
  ㉣ 오버러닝 클러치 : 기동전동기의 전기자 축으로부터 피니언 기어로는 동력이 전달되나 피니언 기어로부터 전기자 축으로는 동력이 전달되지 않도록 해 주는 장치
③ **솔레노이드 스위치(마그넷 스위치)** : 기동전동기 회로에 흐르는 전류를 단속하는 역할과 기동전동기의 피니언과 링기어를 맞물리게 하는 역할을 담당
  ㉠ 풀인 코일(Pull-in Coil) : 전원과 직렬로 연결되어 플런저를 잡아당기는 역할
  ㉡ 홀드인 코일(Hold-in Coil) : 흡인된 플런저를 유지하는 역할

▌ 겨울철에 기동전동기 크랭킹 회전수가 낮아지는 원인
  ① 엔진오일의 점도가 상승
  ② 온도에 의한 축전지의 용량 감소
  ③ 기온 저하로 기동부하 증가

▎ 시동전동기 취급 시 주의사항
① 기관이 시동된 상태에서 시동스위치를 켜서는 안 된다.
② 전선 굵기는 규정 이하의 것을 사용하면 안 된다.
③ 시동전동기의 회전속도가 규정 이하이면 오랜 시간 연속회전시켜도 시동이 되지 않으므로 회전속도에 유의해야 한다.
④ 시동전동기의 연속 사용 기간은 30초 이내이다.

[03] 축전지

▎ 전류의 3대 작용과 응용
① **자기작용** : 전동기, 발전기, 솔레노이드 기구 등
② **발열작용** : 전구, 예열플러그
③ **화학작용** : 축전지의 충·방전 작용

▎ 축전지(배터리)
건설기계의 각 전기장치를 작동하는 전원으로 사용되며, 발전기의 여유전력을 충전하였다가 필요시 전기장치 각 부분에 전기를 공급한다.

▎ 건설기계 기관에서 축전지를 사용하는 주된 목적 : 기동전동기의 작동

▎ 축전지의 양극과 음극 단자를 구별하는 방법

구 분	양 극	음 극
문 자	POS	NEG
부 호	+	-
직경(굵기)	음극보다 굵다.	양극보다 가늘다.
색 깔	빨간색	검은색
특 징	부식물이 많은 쪽	

▌ 납산 축전지
① 축전지의 용량은 극판의 크기, 극판의 수, 전해액(황산)의 양에 의해 결정된다.
② 양극판은 과산화납, 음극판은 해면상납을 사용하며, 전해액은 묽은 황산을 이용한다.
③ 납산 축전지를 방전하면 양극판과 음극판의 재질은 황산납이 된다.
④ 1개 셀의 양극(+)과 음극(-)의 단자 전압은 2V이며, 12V를 사용하는 자동차의 배터리는 6개의 셀을 직렬로 접속하여 형성되어 있다.

▌ 병렬연결과 직렬연결
같은 용량, 같은 전압의 축전지를 병렬연결하면 용량은 2배이고, 전압은 한 개일 때와 같다. 직렬연결은 전압이 상승되어 전압은 2배가 되고, 용량은 같다.

▌ 축전지의 수명을 단축하는 요인
① 전해액의 부족으로 극판의 노출로 인한 설페이션
② 전해액에 불순물이 함유된 경우
③ 전해액의 비중이 너무 높을 경우
④ 충전 부족으로 인한 설페이션
⑤ 과충전으로 인한 온도 상승, 격리판의 열화, 양극판의 격자 균열, 음극판의 페이스트 연화
⑥ 과방전으로 인한 음극판의 굽음 또는 설페이션
⑦ 내부에서 극판이 단락 또는 탈락된 경우

▌ 축전지의 취급
① 축전지의 방전이 거듭될수록 전압이 낮아지고, 전해액의 비중도 낮아진다.
② 전해액이 자연 감소된 축전지의 경우 증류수를 보충하면 된다.
③ 전해액을 만들 때는 황산을 증류수에 부어야 한다. 증류수를 황산에 부으면 폭발할 수 있다.
④ 전해액의 온도와 비중은 반비례한다.

▌ 전해액 비중에 의한 충전 상태
① 100% 충전 : 1.260 이상
② 75% 충전 : 1.210 정도
③ 50% 충전 : 1.150 정도
④ 25% 충전 : 1.100 정도
⑤ 0% 상태 : 1.050 정도

■ 축전지 급속충전 시 주의사항
　① 통풍이 잘되는 곳에서 한다.
　② 충전 중인 축전지에 충격을 가하지 않도록 한다.
　③ 전해액 온도가 45℃를 넘지 않도록 특별히 유의한다.
　④ 충전시간은 가능한 한 짧게 한다.
　⑤ 축전지를 건설기계에서 탈착하지 않고, 급속충전할 때에는 양쪽 케이블을 분리해야 한다.
　⑥ 충전 시 발생되는 수소가스는 가연성·폭발성이므로 주변에 화기, 스파크 등의 인화 요인을 제거하여야 한다.

■ 자기방전은 전해액의 온도·습도·비중이 높을수록, 날짜가 경과할수록 방전량이 크다.

■ 납산 축전지를 방전하면 양극판과 음극판은 황산납으로 바뀐다. 충전 중에는 양극판의 황산납은 과산화납으로, 음극판의 황산납은 해면상납으로 변한다.

■ 축전지 케이스와 커버를 청소할 때 사용하는 용액 : 소다(탄산나트륨)와 물 또는 암모니아수

■ 배터리의 충전상태를 측정할 수 있는 게이지 : 비중계

[04] 충전장치

■ 충전장치의 개요
　① 건설기계의 전원을 공급하는 것은 발전기와 축전지이다.
　② 발전기는 플레밍의 오른손법칙을 이용하여 기계적 에너지를 전기적 에너지로 변화시킨다.
　③ 발전량이 부하량보다 적을 경우에는 축전지가 전원으로 사용된다.
　④ 축전지는 발전기가 충전시킨다.
　⑤ 발전량이 부하량보다 많을 때는 발전기를 전원으로 사용한다.

■ 기전력 발생 요소
　① 로터코일이 빠른 속도로 회전하면 많은 기전력을 얻을 수 있다.
　② 로터코일을 통해 흐르는 전류(여자전류)가 큰 경우 기전력은 크다.
　③ 자극의 수가 많을수록 크다.
　④ 권선수가 많은 경우 도선(코일)의 길이가 긴 경우는 자력이 크다.

■ 교류(AC)발전기의 특징
　① 속도변화에 따른 적용 범위가 넓고, 소형, 경량이다.
　② 실리콘 다이오드로 정류하므로 전기적 용량이 크다.
　③ 저속에서도 충전 가능한 출력전압이 발생한다.
　④ 출력이 크고, 고속회전에 잘 견딘다.
　⑤ 다이오드를 사용하기 때문에 정류 특성이 좋다.
　⑥ 브러시 수명이 길다.

■ 건설기계장비의 충전장치는 3상 교류발전기를 많이 사용하고 있다.

■ 교류발전기와 직류발전기의 비교

구 분		교류발전기 (AC Generator, Alternator)	직류발전기 (DC Generator)
구 조		스테이터, 로터, 슬립링, 브러시, 다이오드(정류기)	전기자, 계자철심, 계자코일, 정류자, 브러시
조정기		전압조정기	전압조정기, 전류조정기, 컷아웃 릴레이
기 능	전류발생	스테이터	전기자(아마추어)
	정류작용(AC → DC)	실리콘 다이오드	정류자, 브러시
	역류방지	실리콘 다이오드	컷아웃 릴레이
	여자형성	로 터	계자코일, 계자철심
	여자방식	타여자식(외부전원)	자여자식(잔류자기)

■ 교류발전기의 스테이터는 외부에 고정되어 있는 상태이며, 이 내부에 전자석이 되는 로터가 회전함에 따라 스테이터에서 전류가 발생하는 구조이다.

■ 전압조정기(Regulator)의 종류
　접점식, 트랜지스터식, IC전압조정기

▌ IC전압조정기의 특징
　① 조정 전압의 정밀도 향상이 크다.
　② 내열성이 크며, 출력을 증대시킬 수 있다.
　③ 진동에 의한 전압 변동이 없고, 내구성이 크다.
　④ 초소형화가 가능하므로 발전기 내에 설치할 수 있다.
　⑤ 외부의 배선을 간략화시킬 수 있다.
　⑥ 축전지 충전 성능이 향상되고, 각 전기 부하에 적절한 전력 공급이 가능하다.

▌ 직류발전기의 전기자는 계자코일 내에서 회전하며, 교류기전력이 발생된다.

▌ 발전기 출력 및 축전지 전압이 낮을 때의 원인
　① 조정 전압이 낮을 때
　② 다이오드 단락
　③ 축전지 케이블의 접속 불량
　④ 충전회로에 부하가 클 때

[05] 등화장치

▌ 측광단위

구 분	정 의	기 호	단 위
조 도	피조면의 밝기	E	lx(럭스)
광 도	빛의 세기	I	cd(칸델라)
광 속	광원에 의해 초(sec)당 방출되는 가시광의 전체량	F	lm(루멘)

▌ 전조등 회로의 구성부품
　전조등 릴레이, 전조등 스위치, 디머 스위치, 전조등 전구, 전조등 퓨즈 등

▌ 건설기계장비에 설치되는 좌우 전조등 회로의 연결방법 : 병렬연결

▌ 실드빔식은 전조등의 필라멘트가 끊어진 경우 렌즈나 반사경에 이상이 없어도 전조등 전부를 교환하여야 하고, 세미실드빔형 전조등은 전구와 반사경을 분리, 교환할 수 있다.

- 플래셔 유닛 : 방향등으로의 전원을 주기적으로 끊어 주어 방향등을 점멸하게 하는 장치

- 전조등 회로에서 퓨즈의 접촉이 불량할 때의 현상 : 전류의 흐름이 나빠지고, 퓨즈가 끊어질 수 있다.

- 퓨즈의 재질은 납과 주석의 합금이고, 퓨즈 대용으로 철사 사용 시 화재의 위험이 있다.

- 전기 관련 안전사항
  ① 전선의 연결부는 되도록 저항을 적게 해야 한다.
  ② 전기장치는 반드시 접지하여야 한다.
  ③ 명시된 용량보다 높은 퓨즈를 사용하면 화재의 위험이 있기 때문에 퓨즈 교체 시에는 반드시 같은 용량의 퓨즈로 바꿔야 한다.
  ④ 계측기는 최대 측정범위를 초과하지 않도록 해야 한다.

[06] 계기류

- 운전 중 엔진오일 경고등이 점등되었을 때의 원인
  ① 오일 드레인 플러그가 열렸을 때
  ② 윤활계통이 막혔을 때
  ③ 오일 필터가 막혔을 때
  ④ 오일이 부족할 때
  ⑤ 오일 압력스위치 배선불량
  ⑥ 엔진오일의 압력이 낮은 경우

- 경음기 스위치를 작동하지 않아도 경음기가 계속 울리는 것은 경음기 릴레이의 접점 용착 때문이다.

- 디젤기관 공회전 시 유압계의 경보램프가 꺼지지 않는 원인
  ① 오일 팬의 유량 부족
  ② 유압조정밸브 불량
  ③ 오일여과기 막힘

CHAPTER 03 건설기계 섀시

[01] 동력전달장치

▌ 클러치의 필요성
　① 기관 시동 시 기관을 무부하 상태로 하기 위해
　② 관성운동을 하기 위해
　③ 기어 변속 시 기관의 동력을 차단하기 위해

▌ 클러치판
　변속기 입력축의 스플라인에 조립되어 있으며, 클러치축을 통해 변속기에 동력을 전달 및 차단한다.

▌ 클러치가 미끄러지는 원인
　① 클러치페달의 자유 간극(유격)이 좁다.
　② 플라이휠 및 압력판이 손상되었다.
　③ 클러치 디스크의 마멸이 심하다.
　④ 변속기 입력축 오일 실이 파손되어 클러치 디스크에 오일이 묻었다.
　⑤ 클러치 스프링의 장력이 약하거나, 자유 높이가 감소되었다.

▌ 클러치페달
　① 펜던트식과 플로어식이 있다.
　② 페달 자유유격은 일반적으로 20~30mm 정도로 조정한다.
　③ 클러치판이 마모될수록 자유 간극이 작아져 미끄러진다.
　④ 클러치가 완전히 끊긴 상태에서도 발판과 페달과의 간격은 20mm 이상 확보해야 한다.

▌ 클러치가 연결된 상태에서 기어변속을 하면 기어에서 소리가 나고, 기어가 상한다.

▌ 기계의 보수·점검 시 클러치의 상태 확인은 운전 상태에서 해야 하는 작업이다.

- **변속기의 필요성**
    ① 기관의 회전속도와 바퀴의 회전속도비를 주행저항에 대응하여 변경한다.
    ② 기관과 구동축 사이에서 회전력을 변환시켜 전달한다.
    ③ 기관을 무부하 상태로 한다.
    ④ 바퀴의 회전방향을 역전시켜 차의 후진을 가능하게 한다.
    ⑤ 정차 시 기관의 공전운전을 가능하게 한다(중립).

- **변속기의 구비조건**
    ① 소형·경량이며, 수리하기가 쉬울 것
    ② 변속 조작이 쉽고, 신속·정확·정숙하게 이루어질 것
    ③ 단계가 없이 연속적으로 변속되어야 할 것
    ④ 전달효율이 좋을 것

- **수동변속기 장치**
    ① **인터로크 장치** : 기어의 이중 물림 방지 장치
    ② **로킹 볼 장치** : 기어 물림의 빠짐 장치
    ③ **싱크로나이저 링** : 기어변속 시 회전속도가 같아지도록 기어물림을 원활히 해 주는 기구(변속 시에만 작동)

- **유성기어장치의 구성요소**
    선기어, 유성기어, 유성기어 캐리어, 링기어

- **자재이음** : 추진축의 각도 변화를 가능하게 하는 이음
    ※ 추진축 앞뒤에 십자축 자재이음을 두는 이유는 회전 시 발생하는 각속도의 변화를 상쇄시키기 위해서이다.

- **차동기어장치**
    ① 선회할 때 좌우 구동바퀴의 회전속도를 다르게 한다.
    ② 선회할 때 바깥쪽 바퀴의 회전속도를 증대시킨다.
    ③ 보통의 차동기어장치는 노면 저항을 적게 받는 구동바퀴의 회전속도를 빠르게 할 수 있다.

▌토크 컨버터의 구성부품
펌프(임펠러), 터빈(러너), 스테이터, 가이드 링, 댐퍼클러치 등
※ 가이드 링은 유체클러치 및 토크 컨버터에서 와류를 줄여 주는 장치이다.

▌유체클러치와 토크 컨버터의 차이점
토크 컨버터에는 임펠러, 터빈 외에 오일의 흐름 방향을 바꾸어 주는 스테이터라는 날개가 하나 더 있다.

▌토크 컨버터 오일의 구비조건
① 비중이 클 것
② 점도가 낮을 것
③ 착화점이 높을 것
④ 융점이 낮을 것
⑤ 유성이 좋을 것
⑥ 내산성이 클 것
⑦ 윤활성이 클 것
⑧ 비등점이 높을 것

▌액슬 샤프트 지지 형식에 따른 분류
① **전부동식** : 자동차의 모든 중량을 액슬 하우징에서 지지하고 차축은 동력만을 전달하는 방식
② **반부동식** : 차축에서 1/2, 하우징이 1/2 정도의 하중을 지지하는 형식
③ **3/4부동식** : 차축은 동력을 전달하면서 하중은 1/4 정도만 지지하는 형식
④ **분리식 차축** : 승용차량의 후륜 구동차나 전륜 구동차에 사용되며, 동력을 전달하는 차축과 자동차 중량을 지지하는 액슬 하우징을 별도로 조립한 방식

[02] 제동장치

▌제동장치의 구비조건
① 조작이 간단하고, 운전자에게 피로감을 주지 않을 것
② 브레이크를 작동시키지 않을 때에는 각 바퀴의 회전이 전혀 방해되지 않을 것
③ 최소속도와 차량중량에 대해 항상 충분한 제동작용을 하며, 작동이 확실할 것
④ 신뢰성이 높고, 내구력이 클 것

▌ 브레이크를 밟았을 때 차가 한쪽 방향으로 쏠리는 원인
   ① 드럼의 변형
   ② 타이어의 좌우 공기압이 다를 때
   ③ 드럼 슈에 그리스나 오일이 붙었을 때
   ④ 휠 얼라인먼트가 잘못되어 있을 경우

▌ 브레이크 파이프 내에 베이퍼 로크가 발생하는 원인
   ① 드럼의 과열
   ② 지나친 브레이크 조작
   ③ 잔압의 저하
   ④ 오일의 변질에 의한 비등점의 저하

▌ 타이어식 건설기계에서 전후 주행이 되지 않을 때 점검하여야 할 곳
   ① 변속장치를 점검한다.
   ② 유니버설 조인트를 점검한다.
   ③ 주차브레이크 잠김 여부를 점검한다.

[03] 조향장치

▌ 조향기어 백래시가 작으면 핸들이 무거워지고, 너무 크면 핸들의 유격이 커진다.

▌ 타이로드 : 타이어식 건설기계에서 조향바퀴의 토인을 조정하는 곳이다.

▌ 앞바퀴 정렬의 역할
   ① **토인의 경우** : 타이어 마모를 최소로 한다.
   ② **캐스터, 킹핀 경사각의 경우** : 조향 시에 바퀴에 복원력을 준다.
   ③ **캐스터의 경우** : 방향 안정성을 준다.
   ④ **캠버, 킹핀 경사각의 경우** : 조향핸들의 조작을 작은 힘으로 쉽게 할 수 있다.

▌ 토인의 필요성
   ① 타이어의 이상마멸을 방지한다.
   ② 조향바퀴를 평행하게 회전시킨다.
   ③ 바퀴가 옆방향으로 미끄러지는 것을 방지한다.

▌ 캠버의 필요성

① 수직하중에 의한 앞차축의 휨을 방지한다.
② 조향핸들의 조향 조작력을 가볍게 한다.
③ 하중을 받았을 때 바퀴의 아래쪽이 바깥쪽으로 벌어지는 것을 방지한다.

▌ 조향핸들의 유격이 커지는 원인

① 피트먼 암의 헐거움
② 조향기어, 링키지 조정 불량
③ 앞바퀴 베어링 과대 마모
④ 조향바퀴 베어링 마모
⑤ 타이로드의 엔드볼 조인트 마모

▌ 조향장치의 핸들 조작이 무거운 원인

① 유압이 낮다.
② 오일이 부족하다.
③ 유압계통 내에 공기가 혼입되었다.
④ 타이어의 공기압력이 너무 낮다.
⑤ 오일펌프의 회전이 느리다.
⑥ 오일펌프의 벨트가 파손되었다.
⑦ 오일호스가 파손되었다.
⑧ 앞바퀴 휠 얼라인먼트가 불량하다.

[04] 주행장치

▌ 타이어의 구조

① 트레드 : 직접 노면과 접촉하는 부분으로 카커스와 브레이커를 보호하는 역할
② 숄더 : 타이어의 트레드로부터 사이드 월에 이어지는 어깨 부분(트레드 끝 각)
③ 사이드월 : 타이어 측면부이며, 표면에는 상표명, 사이즈, 제조번호 안전표시, 마모한계 등의 정보를 표시
④ 카커스 : 타이어의 골격부
⑤ 벨트 : 트레드와 카커스 사이에 삽입된 층

⑥ **비드** : 림과 접촉하는 부분
⑦ **그루브** : 트레드에 패인 깊은 홈 부분
⑧ **사이프** : 트레드에 패인 얕은 홈 부분
⑨ **이너 라이너** : 타이어 내면의 고무층으로 공기가 바깥으로 새어 나오지 못하도록 막아 주는 역할

▌ **타이어의 트레드 패턴**

타이어의 제동력, 구동력 및 견인력을 높이며, 조종 안정성을 향상시키고, 타이어의 방열효과 및 배수효과를 준다.

▌ **타이어 패턴 중 슈퍼 트랙션 패턴**

① 러그 패턴의 중앙 부분에 역손된 부분을 없애고, 진행 방향에 대해 방향 성능을 지니도록 한 것이다.
② 기어 형태로 연약한 흙을 잡으면서 주행한다.
③ 패턴 사이에 흙이 끼는 것을 방지한다.

▌ 트레드가 마모되면 지면과 접촉면적은 크고, 마찰력이 감소되어 제동성능이 나빠진다.

▌ **타이어 호칭 치수**

① **저압타이어** : 타이어 폭(inch) - 타이어 내경 - 플라이 수
② **고압타이어** : 타이어 외경(inch) - 타이어 폭 - 플라이 수

▌ **타이어식 건설기계 현가장치에 사용되는 공기스프링의 특징**

① 차체의 높이가 항상 일정하게 유지된다.
② 스프링 정수를 자동적으로 조정한다.
③ 고유 진동수를 거의 일정하게 유지한다.

CHAPTER 04 롤러 작업장치

[01] 롤러 구조

■ 롤러의 정의 및 용도
　① **사전적 의미** : 도로공사 등에서 지면을 평평하게 다지기 위해 지면 위를 이동하면서 일정한 압력을 연속적으로 가하는 다짐용 기계 등에 사용된다.
　② **건설기계 관계법령에서 롤러의 범위**
　　㉠ 조종석과 전압장치를 가진 자주식인 것
　　㉡ 피견인 진동식인 것
　③ **용도** : 도로 또는 바닥을 구성하고 있는 돌, 흙 등의 입자들을 인위적인 에너지를 가하여 밀도를 높이기 위한 다짐용 기계를 말한다.

■ 토공건설기계
　토사 등을 직접 굴삭, 적재, 운반, 운송, 살포 및 다짐 등의 작업을 하는 건설기계로서 불도저, 굴착기, 로더, 스크레이퍼, 덤프트럭, 모터그레이더, 롤러, 천공기, 항타 및 항발기를 말한다. 다만 트럭식 건설기계는 제외한다.

■ 규격 표시방법
　중량은 자체중량과 밸러스트(부가 하중)를 부착하였을 때의 중량으로 표시할 수 있다.
　※ 8~12ton이라는 것은 자체중량 8ton에 밸러스트 4ton을 가중시킬 수 있어 총 12ton이라는 의미이다.

■ 롤러의 성능과 능력은 선압, 윤하중, 다짐 폭, 접지압, 기진력으로 나타낸다.

■ 롤러의 다짐방식에 의한 구분
　① **전압식(자체중량을 이용)** : 로드 롤러(머캐덤 롤러, 탠덤 롤러), 탬핑 롤러, 타이어 롤러, 콤비 롤러 등
　② **진동식(진동을 이용)** : 진동 롤러, 진동식 타이어 롤러, 진동 분사력 콤팩터 등
　③ **충격식(충격하중을 이용)** : 래머, 탬퍼 등

롤러의 구조에 따른 분류
① **자주식 롤러** : 차륜 배열상태로 분류
　　㉠ Macadam Roller : 2축 3륜인 것
　　㉡ Tandem Roller : 2축 2륜인 것
　　㉢ 3Axle Tandem Roller : 3축 3륜인 것
② **피견인식 롤러** : 피견인식 탬핑 롤러, 피견인식 진동 롤러

로드 롤러(Road Roller)
로드 롤러는 쇠바퀴를 이용해 다지기 하는 기계로 3륜식의 머캐덤 롤러와 2축식의 탠덤 롤러가 있으며, 동력전달장치에 의해 기계식과 유압식으로 대별된다.

머캐덤 롤러(Macadam Roller)
① 3륜 철륜으로 구성되어 작업의 직진성을 위해 차동제한장치가 있다.
② 가열 포장 아스팔트의 초기 다짐 롤러로 가장 적당하다.

탠덤 롤러(Tandem Roller)
2륜식과 3륜식이 있으며, 사질토, 점질토, 쇄석 등의 다짐과 아스팔트 포장의 표층 다짐에 적합하다.

탬핑 롤러(Tamping Roller)
① 강판으로 만든 속이 빈 원통의 외주에 다수의 돌기를 붙인 것으로 사질토보다는 점토질의 다짐에 효과적인 롤러로 종류에는 자주식과 피견인식이 있다.
② 도로의 성토, 하천제방, 어스 댐(Earth Dam) 등의 넓은 면적을 두꺼운 층으로 균일한 다짐을 요하는 경우 사용되는 롤러이다.
③ **탬핑 롤러의 형태에 따른 구분**
　　㉠ Sheep Foot Roller : 양발굽 모양의 가늘고 긴 돌기를 지그재그로 배치한 것
　　㉡ Taper Foot Roller : 드럼에 많은 수의 사다리꼴 모양 돌기를 붙인 것
　　㉢ Turn Foot Roller : 표면 지층에서 20cm가 넘는 연약한 지반에 사용되며, 흙의 표면을 분쇄하여 다질 수 있고, 그물 모양의 바퀴를 사용하는 롤러 형식
　　㉣ Grid Roller : 강봉을 격자상으로 엮은 것

■ 타이어 롤러

공기 타이어의 특성을 이용하여 노면을 다지는 기계이며, 아스팔트 포장 2차 다듬질에 효과적으로 사용되고, 기동성이 좋다.
① 다짐속도가 비교적 빠르다.
② 골재를 파괴시키지 않고, 골고루 다질 수 있다.
③ 아스팔트 혼합재 다짐용으로 적합하다.
④ 타이어의 공기압과 밸러스트(부가 하중)에 따라 전압능력을 조절할 수 있다.
⑤ 타이어는 내압 변화가 적고, 접지압 분포가 균일한 전용 타이어를 사용한다.

■ 타이어 롤러의 차륜 지지 방식
① **고정식** : 롤러의 타이어 전체가 하나의 축에 설치되어 있다.
② **상호요동식** : 2개 이상의 타이어가 동시에 동일한 축에 설치되어 축 중앙부 차체의 핀에 결합되어 있어 지면에 대응하여 좌우로 요동한다.
③ **독립지지식(수직 가동식)** : 각 바퀴마다 독립된 유압실린더 또는 공기 스프링 등을 사용하여 개별 상하운동을 하는 방식. 즉, 타이어가 각각의 축에 지지되어 있어 요동하는 형식이다.

■ 콤비 롤러(Combi Roller)
① 콤비네이션 롤러(Combination Roller)를 말하며, 앞부분은 드럼으로 진동을 가할 수 있고, 뒷부분은 타이어식으로 구동장치가 설치되어 있다.
② 드럼과 타이어식의 조합으로 차체중량이 5ton 이하로 비교적 좁은 공간이나 협소한 공사현장 작업 시 용이하다.

■ 진동 롤러

수평방향의 하중이 수직으로 미칠 때 원심력을 가하고, 기전력을 서로 조합하여 흙을 다짐하며, 적은 무게로 큰 다짐효과를 올릴 수 있는 롤러로, 종류에는 자주식과 피견인식이 있다.
① 롤러에 진동을 주어 다짐효과가 증가한다.
② 점성이 부족한 자갈과 모래의 다짐에 효과가 있다.
③ 롤러의 자중 부족을 차륜 내 기진기의 원심력으로 보충한다.
④ 동력전달계통은 기진 계통과 주행 계통을 갖추고 있다.

▌ 진동 롤러 기진력의 크기를 결정하는 요소
  ① 편심추의 편심량에 비례한다.
  ② 편심추의 회전수에 비례한다.
  ③ 편심추의 무게에 비례한다.

▌ 진동 분사력 콤팩터
  교대에서의 매립 재료 전압과 좁은 면적 등에서의 다짐과 같이 일반 롤러의 전압이 어려운 장소에 이용되고 있다.

▌ 다짐 방법에 따른 장비
  ① **점토질** : 머캐덤 롤러, 탠덤 롤러, 타이어 롤러, 탬핑 롤러
  ② **사질토** : 진동 롤러, 진동형 타이어 롤러

▌ 래머 : 내연기관의 폭발로 인한 반력과 낙하하는 충격으로 다지며, 댐 코어 다짐과 같은 국부적인 다짐에 양호하다.

▌ 탬퍼 : 전압판의 연속적인 충격으로 전압하는 기계로 갓길 및 소규모 도로 토공에 쓰인다.
  ※ Rammer와 Tamper : 연약한 점질토가 아닌 어떠한 흙에 대해서도 사용할 수 있다.

[02] 작업장치 기능

▌ 동력전달장치는 유압식 구동방식과 기계식 구동방식 2종류가 있다. 유압식 구동방식이 주류이며, 기계식 구동방식은 로드 롤러, 타이어 롤러 및 소형 핸드가이드 롤러 등 일부 기종에 사용되고 있다.

▌ 유압식 진동 롤러 동력전달 순서
  기관 → 유압펌프 → 유압제어장치 → 유압모터 → 차동기어장치 → 최종감속장치 → 바퀴

▌ 진동 롤러
  ① **주행계통** : 기관 → 주 클러치 → 변속 및 전·후진기어 → 종감속기어 → 바퀴
  ② **기진계통** : 기관 → 기진용 클러치 → 기진용 변속기 → 기진기 → 바퀴

■ 로드 롤러의 동력전달 순서

기관 → 주 클러치 → 변속기 → 감속기어 → 차동장치 → 최종감속기어 → 뒤차륜

■ 타이어 롤러의 동력전달 순서

기관 → 주 클러치 → 변속기 → 전·후진기어(역전기) → 감속 및 차동장치 → 최종감속기어 → 뒤차륜

■ 머캐덤 롤러의 동력전달 순서

기관 → 클러치 → 변속기 → 역전기 → 차동장치 → 종감속장치 → 뒤차륜

■ 머캐덤 롤러의 차동장치 사용 목적

커브에서 무리한 힘을 가하지 않고 선회하기 위해서 사용한다.

■ 머캐덤 롤러의 차동제한장치가 작용할 때

부정지와 연약지반에서는 차동장치가 작동 시 한쪽 바퀴에 슬립(Slip)이 발생하면 주행이 불가능하게 된다. 이러한 경우에는 차동제한장치를 사용하여 양 차륜에 일정한 토크로 구동하게 한다.

■ 각부 장치

① 혼합실 : 바닥에서 긁어 올린 재료에 첨가제를 섞어서 혼합하는 철제 탱크를 말한다.
② 드럼(Drum) : 드럼은 주철 또는 주강재 강관을 사용하며, 내부에 밸러스트(Ballast)로 모래, 물, 오일을 넣는 밀폐형과 주철블록을 별도로 설치하는 개방형이 있다.
③ 롤 스크레이퍼(Roll Scraper) : 드럼 표면에 흙 또는 아스팔트 등 재료가 부착하지 않도록 긁어내는 장치다.
④ 살수장치 : 다짐 효과의 향상과 아스팔트가 타이어 또는 롤에 부착되지 않게 하기 위한 장치로 기계식 또는 전기식의 노즐 분사 방식이어야 한다.
⑤ 부가하중
  ㉠ 정적하중 : 드럼 내부에 철, 모래, 오일 등을 넣거나 웨이트를 추가하는 것
  ㉡ 동적하중 : 유압을 이용하여 롤러의 진동진압을 가하는 것

[03] 작업 방법

■ 다짐작업의 종류
① **성토 다짐** : 표층 위에 일정 높이로 쌓아 올린 흙을 롤러로 작업하여 단단한 지반으로 만드는 다짐 작업
② **토사 다짐** : 토사 입자 사이의 틈을 줄이는 다짐 작업

■ 아스팔트 다짐(롤링) 작업 시 바퀴에 아스팔트 부착 방지를 위해 바퀴에 물을 뿌린다.

■ 롤러의 다짐작업 방법
① 소정의 접지압력을 받을 수 있도록 부가하중을 증감한다.
② 다짐작업 시 전·후진 조작을 원활히 하고, 정지시간은 짧게 한다.
③ 다짐작업 시 주행속도는 일정하게 하고, 급격한 조향은 하지 않는다.
④ 직선으로 1/2씩 중첩되게 다짐을 한다.
⑤ 구동바퀴는 포장 방향으로 진행한다.
⑥ 종단 방향에 따라 낮은 쪽에서 높은 쪽으로 향하여 차츰 폭을 옮기며 다진다.

■ 진동(Vibration)작업 방법
① 정지한 상태에서 진동시키지 말아야 한다.
② 진흙에 롤러가 빠지는 등 주행이 곤란한 경우 진동작업을 멈추어야 한다.
③ 콘크리트 위에서나 단단한 노면 위에서는 진동작업을 하지 말아야 한다.
④ 주행 방향 전환은 느린 속도로 천천히 하여야 한다.

■ 롤러 점검사항
① 시동 전 점검사항
㉠ 보닛을 열어 엔진오일, 냉각수, 팬 벨트 장력 등을 확인한다.
㉡ 브레이크액 및 클러치액 용량을 점검한다.
㉢ 작동유량 게이지의 작동유량을 확인한다.
㉣ 차체의 외관 및 롤러, 타이어의 상태를 확인한다.

② 시동 후 점검사항
　㉠ 엔진 작동상태 및 소리를 듣고 이상음 발생 여부를 확인한다.
　㉡ 각종 계기의 작동상태를 확인한다.
　㉢ 브레이크, 핸들의 작동상태를 확인한다.
　㉣ 5~10분 정도 엔진을 예열한다.
　㉤ 주행레버 및 작업레버를 작동시켜 시험운전을 한다.

③ 주행 작업 시 주의사항
　㉠ 천천히 출발하고, 천천히 멈춘다.
　㉡ 조종사 이외 탑승하지 않도록 한다.
　㉢ 경사지를 운행할 때는 저속으로 운전한다.
　㉣ 경사지를 옆으로 운행하지 말고, 방향전환이나 회전하면 안 된다.

④ 작업 후 조치사항
　㉠ 평지 등 안전한 장소에 정지시키고, 반드시 바퀴 앞뒤에 고임목을 고인다.
　㉡ 작동레버를 중립에 위치하고, 주차레버를 당겨 둔다.
　㉢ 시동스위치와 배터리 메인 스위치를 끈다.

CHAPTER 05 유압 일반

[01] 유압유

■ 유압 작동유의 주요 기능
  ① 윤활작용
  ② 냉각작용
  ③ 부식을 방지
  ④ 동력전달 기능
  ⑤ 필요한 요소 사이를 밀봉

■ 유압 작동유가 갖추어야 할 조건
  ① 동력을 확실하게 전달하기 위한 비압축성일 것
  ② 내연성, 점도지수, 체적 탄성계수 등이 클 것
  ③ 산화안정성이 있을 것
  ④ 유동점·밀도, 독성, 휘발성, 열팽창계수 등이 작을 것
  ⑤ 열전도율, 장치와의 결합성, 윤활성 등이 좋을 것
  ⑥ 발화점·인화점이 높고, 온도변화에 대해 점도변화가 작을 것
  ⑦ 방청·방식성이 있을 것
  ⑧ 비중이 낮아야 하고, 기포의 생성이 적을 것
  ⑨ 강인한 유막을 형성할 것
  ⑩ 물, 먼지 등의 불순물과 분리가 잘될 것

■ 유압유의 점도
  ① 유압유 성질 중 가장 중요하다.
  ② 점성의 점도를 나타내는 척도이다.
  ③ 오일의 온도에 따른 점도변화를 점도지수로 표시한다.
  ④ 점도지수가 높은 오일은 온도변화에 대하여 점도의 변화가 작다.
  ⑤ 온도가 상승하면 점도는 저하된다.
  ⑥ 온도가 내려가면 점도는 높아진다.
  ⑦ 유압유에 점도가 다른 오일을 혼합하였을 경우 열화현상을 촉진시킨다.

유압유의 점도별 이상 현상

유압유의 점도가 너무 높을 경우	유압유의 점도가 너무 낮을 경우
• 유동저항의 증가로 인한 압력손실 증가 • 동력손실 증가로 기계효율 저하 • 내부마찰의 증대에 의한 온도 상승 • 소음 또는 공동현상 발생 • 유압기기 작동의 둔화	• 압력 저하로 정확한 작동 불가 • 유압펌프, 모터 등의 용적효율 저하 • 내부 오일의 누설 증대 • 압력 유지의 곤란 • 기기의 마모 가속화

유압이 높아지거나 낮아지는 원인

높아지는 원인	낮아지는 원인
• 유압조절밸브가 고착되었다. • 유압조절밸브의 스프링 장력이 매우 크다. • 오일의 점도가 높거나(엔진의 온도가 낮을 때), 회로가 막혔다. • 각 저널과 베어링의 간극이 좁다.	• 유압조절밸브의 접촉 불량 및 스프링 장력이 약하다. • 오일에 연료 등이 희석되어 점도가 낮다. • 저널 및 베어링의 마멸이 과대하다. • 오일 통로에 공기가 유입되었다. • 오일펌프 설치 볼트의 조임이 불량하다. • 오일펌프의 마멸이 과대하다. • 오일 통로의 파손 및 오일이 누출된다. • 오일 팬 내의 오일이 부족하다.

윤활유 첨가제 종류

극압 및 내마모 첨가제, 부식 및 녹방지제, 유화제, 소포제, 유동점 강하제, 청정분산제, 산화방지제, 점도지수 향상제 등

유압장치에서 오일에 거품(기포)이 생기는 이유

① 오일탱크와 펌프 사이에서 공기가 유입될 때
② 오일이 부족할 때
③ 펌프 축 주위의 토출 측 실(Seal)이 손상되었을 때

유압회로 내에 기포가 발생하면 일어나는 현상

① 열화 촉진, 소음 증가
② 오일탱크의 오버플로
③ 공동현상, 실린더 숨 돌리기 현상

▌ 유압 작동유에 수분이 미치는 영향
　　① 작동유의 윤활성을 저하시킨다.
　　② 작동유의 방청성을 저하시킨다.
　　③ 작동유의 산화와 열화를 촉진시킨다.
　　④ 오일과 유압기기의 수명을 감소시킨다.

▌ 작동유의 열화를 판정하는 방법
　　① 흔들었을 때 생기는 거품이 없어지는 양상 확인
　　② 점도 상태로 확인
　　③ 색깔의 변화나 수분, 침전물의 유무 확인
　　④ 자극적인 악취 유무(냄새로 확인) 확인

▌ 유압유의 점검사항 : 점도, 내마멸성, 소포성, 윤활성 등

▌ 유압오일의 온도가 상승되는 원인
　　① 고속 및 과부하로의 연속작업
　　② 오일냉각기의 불량
　　③ 오일의 점도가 부적당할 때

▌ 작동유 온도 상승 시 유압계통에 미치는 영향
　　① 점도 저하에 의해 오일 누설의 증가
　　② 펌프 효율 저하
　　③ 밸브류의 기능 저하
　　④ 작동유의 열화 촉진
　　⑤ 작동 불량 현상이 발생
　　⑥ 온도변화에 의해 유압기기의 열변형
　　⑦ 기계적인 마모 발생

▌ 오일탱크의 구성품 : 스트레이너, 배플, 드레인 플러그, 주입구 캡, 유면계 등

▌ 오일탱크 내 오일의 적정온도 범위 : 30~50℃

▌ 드레인 플러그는 오일탱크 내의 오일을 전부 배출시킬 때 사용된다.

▌ 플러싱
유압계통의 오일장치 내에 슬러지 등이 생겼을 때 그것을 용해하여 장치 내를 깨끗이 하는 작업이다.

▌ 플러싱 후의 처리방법
① 작동유 탱크 내부를 다시 청소한다.
② 유압유는 플러싱이 완료된 후 즉시 보충한다.
③ 잔류 플러싱 오일을 반드시 제거하여야 한다.
④ 라인필터 엘리먼트를 교환한다.

[02] 유압기기

▌ 압력(P) : 단위면적(A)에 미치는 힘(F), $P = F/A$

▌ 압력의 단위 : atm, psi, bar, kgf/cm^2, kPa, mmHg 등

▌ 유압장치 : 오일의 유체에너지를 이용하여 기계적인 일을 하는 것

▌ 유압장치의 작동원리 : 밀폐된 용기에 채워진 유체의 일부에 압력을 가하면 유체 내의 모든 곳에 같은 크기로 전달된다는 파스칼의 원리를 응용한 것이다.

▌ 유압장치의 기본 구성요소
① **유압발생장치** : 유압펌프, 오일탱크 및 배관, 부속장치(오일냉각기, 필터, 압력계)
② **유압제어장치** : 유압원으로부터 공급받은 오일을 일의 크기, 방향, 속도를 조정하여 작동체로 보내 주는 장치(방향전환밸브, 압력제어밸브, 유량조절밸브)
③ **유압구동장치** : 유체에너지를 기계적 에너지로 변환시키는 장치(유압모터, 요동모터, 유압실린더 등)

▌ 유압장치의 장단점

장 점	• 작은 동력원으로 큰 힘을 낼 수 있다. • 과부하 방지가 용이하다. • 운동방향을 쉽게 변경할 수 있다. • 에너지 축적이 가능하다.
단 점	• 구조가 복잡하여 고장원인을 발견하기 어렵다. • 오일의 온도변화에 따라 점도가 변하면 기계의 작동속도도 변하게 된다. • 관로를 연결하는 곳에서 작동유가 누출될 수 있다. • 작동유 누유로 인해 환경오염을 유발할 수 있다.

▌ 유압 구성품을 분해하기 전에 내부압력을 제거하려면 기관 정지 후 조정레버를 모든 방향으로 작동한다.

▌ 유압장치의 부품 교환 후 우선 시행하여야 할 작업 : 유압장치 공기빼기 작업

▌ 유압 액추에이터(작업장치)를 교환하였을 경우 반드시 해야 할 작업
공기빼기 작업, 누유 점검, 공회전 작업

[03] 유압펌프

▌ 원동기와 펌프
① 원동기는 열에너지를 기계적 에너지로 전환하는 장치
② 펌프는 원동기의 기계적 에너지를 유체 에너지로 전환시키는 장치

▌ 유압펌프(압유공급)
유압탱크에서 유압유를 흡입하고, 압축하여 유압장치의 관로를 따라 액추에이터로 공급
① **정토출량형** : 기어펌프, 베인펌프 등
② **가변토출량형** : 피스톤펌프, 베인펌프 등

▌ 용적식 펌프의 종류
① **왕복식** : 피스톤펌프, 플런저펌프
② **회전식** : 기어펌프, 베인펌프, 나사펌프 등

▌ 유량 : 단위시간에 이동하는 유체의 체적

▌ 유량의 단위 : 분당 토출량(GPM)

▌ 유압펌프에서 토출량 : 펌프가 단위시간당 토출하는 액체의 체적

▌ 유압펌프의 용량은 주어진 압력과 그때의 토출량으로 표시한다.

▌ 작동유의 점도가 낮으면 유압펌프에서 토출이 가능하다.

▌ 유압펌프가 오일을 토출하지 않을 경우
　① 오일탱크의 유면이 낮다.
　② 오일의 점도가 너무 높다.
　③ 흡입관으로 공기가 유입된다.

▌ 펌프에서 오일은 토출되나 압력이 상승하지 않는 원인
　① 유압회로 중 밸브나 작동체의 누유가 발생할 때
　② 릴리프 밸브(Relief Valve)의 설정압이 낮거나 작동이 불량할 때
　③ 펌프 내부 이상으로 누유가 발생할 때

▌ 기어펌프의 특징
　① 정용량펌프이다.
　② 구조가 다른 펌프에 비해 간단하다.
　③ 유압 작동유의 오염에 비교적 강한 편이다.
　④ 외접식과 내접식이 있다.
　⑤ 피스톤펌프에 비해 효율이 떨어진다.
　⑥ 베인펌프에 비해 소음이 비교적 크다.

▌ 베인펌프의 주요 구성요소 : 베인, 캠 링, 회전자 등

▌ 베인펌프의 특징
　① 수명이 중간 정도이다.
　② 맥동과 소음이 적다.
　③ 간단하고, 성능이 좋다.
　④ 소형·경량이다.

▌ 피스톤펌프의 특징
   ① 효율이 가장 높다.
   ② 발생압력이 고압이다.
   ③ 토출량의 범위가 넓다.
   ④ 구조가 복잡하다.
   ⑤ 가변용량이 가능하다(회전수가 같을 때 펌프의 토출량이 변할 수 있다).
   ⑥ 축은 회전 또는 왕복운동을 한다.

▌ 공동현상(Cavitation)
   유체의 급격한 압력 변화로 발생하는 공동에 의해 소음, 진동, 마모가 발생하는 현상이다.

▌ 숨 돌리기 현상
   공기가 실린더에 혼입되면 피스톤의 작동이 불량해져서 작동시간 지연을 초래하는 현상이다.

▌ 기어펌프의 폐입현상
   ① 토출량 감소, 축의 동력 증가, 케이싱 마모 등의 원인이 된다.
   ② 폐입현상은 소음과 진동의 원인이 된다.
   ③ 폐입된 부분에서 압축이나 팽창을 받는다.
   ④ 릴리프 홈이 적용된 기어를 사용하여 방지한다.

▌ 유압펌프에서 소음이 발생할 수 있는 원인
   ① 오일의 양이 적을 때
   ② 오일 속에 공기가 들어 있을 때
   ③ 오일의 점도가 너무 높을 때
   ④ 필터의 여과 입도가 너무 적은 경우
   ⑤ 펌프의 회전속도가 너무 빠른 경우
   ⑥ 펌프 축의 편심 오차가 큰 경우
   ⑦ 스트레이너가 막혀 흡입용량이 너무 작아진 경우
   ⑧ 흡입관 접합부로부터 공기가 유입된 경우

▌ 유압펌프의 고장 현상

　① 소음이 크게 된다.
　② 오일의 배출압력이 낮다.
　③ 샤프트 실(Seal)에서 오일 누설이 있다.
　④ 오일의 흐르는 양이나 압력이 부족하다.

▌ 유압펌프 내의 내부 누설은 작동유의 점도에 반비례하여 증가한다.

▌ 축압기의 용도 : 유압에너지의 저장, 충격 압력 흡수, 압력 보상, 유체의 맥동 감쇠 등

▌ 유압탱크의 구비조건

　① 발생한 열을 냉각하기 위한 충분한 구조로 설치되어야 한다.
　② 작동유를 빼낼 수 있는 드레인 플러그를 탱크 아래쪽에 설치한다.
　③ 흡입관과 복귀관 사이에 격판이 설치되어야 한다.
　④ 이물질이 들어가지 않는 밀폐된 구조이며, 주입구에는 불순물이 유입되지 않도록 여과망이 설치되어야 한다.
　⑤ 탱크의 유량을 알 수 있도록 유면계가 설치되어야 한다.
　⑥ 탱크 안을 청소할 수 있는 측판이 있어야 한다.
　⑦ 장치에서 스트레이너를 분해, 결합하기에 충분한 거리가 있어야 한다.
　⑧ 탱크의 용량은 일반적으로 펌프 토출량의 3~5배에 해당하는 용량으로 결정한다.

▌ 유압탱크의 유면은 적정범위보다 가득 찬(Full) 상태에 가깝게 유지하도록 한다.

[04] 제어밸브

▌ 압력제어밸브 : 유압장치의 과부하 방지와 유압기기의 보호를 위하여 최고압력을 규제하고, 유압회로 내의 필요한 압력을 유지하는 밸브이다.

릴리프 밸브	유압회로의 최고압력을 제어하며, 회로의 압력을 일정하게 유지시키는 밸브로서 펌프와 제어밸브 사이에 설치된다.
감압(리듀싱) 밸브	유압회로에서 입구압력을 감압하여 유압실린더 출구 설정압력 유압으로 유지하는 밸브이다.
언로드(무부하) 밸브	유압장치에서 고압·소용량, 저압·대용량 펌프를 조합, 운전할 때, 작동압이 규정압력 이상으로 상승 시 동력 절감을 하기 위해 사용하는 밸브이다.
시퀀스 밸브	유압회로의 압력에 의해 유압 액추에이터의 작동 순서를 제어하는 밸브이다.
카운터밸런스 밸브	실린더가 중력으로 인하여 제어속도 이상으로 낙하하는 것을 방지하는 밸브이다.

■ 유압 라인에서 압력에 영향을 주는 요소
　① 유체의 흐름양
　② 유체의 점도
　③ 관로 직경의 크기

■ 유압회로에 사용되는 3종류의 제어밸브
　① 압력제어밸브 : 일의 크기 제어
　② 유량제어밸브 : 일의 속도 제어
　③ 방향제어밸브 : 일의 방향 제어

■ 채터링 현상
　유압계통에서 릴리프 밸브 스프링의 장력이 약화될 때 발생될 수 있는 현상으로 릴리프 밸브에서 볼(Ball)이 밸브의 시트(Seat)를 때려 소음을 발생시킨다.

■ 유압조절밸브를 풀어 주면 압력이 낮아지고, 조여 주면 압력이 높아진다.

■ 유량제어밸브의 속도제어 회로
　① 미터 인 회로 : 유압실린더의 입구 측에 유량제어밸브를 설치하여 작동기로 유입되는 유량을 제어함으로써 작동기의 속도를 제어하는 회로
　② 미터 아웃 회로 : 유압실린더 출구에 유량제어밸브 설치
　③ 블리드 오프 회로 : 유압실린더 입구에 병렬로 설치

■ 서지(Surge) 현상
　유압회로 내의 밸브를 갑자기 닫았을 때, 오일의 속도에너지가 압력에너지로 변하면서 일시적으로 압력이 과도하게 증가하는 현상
　※ 서지압(Surge Pressure) : 과도적으로 발생하는 이상 압력의 최댓값

■ 방향제어밸브 : 회로 내 유체의 흐르는 방향을 조절하는 데 쓰이는 밸브이다.

체크 밸브	유압회로에서 역류를 방지하고, 회로 내의 잔류압력을 유지하는 밸브
셔틀 밸브	회로 내 유체의 흐름 방향을 제어하는 데 사용되는 밸브
디셀러레이션 밸브	액추에이터의 속도를 서서히 감속시키는 데 사용하는 밸브
스풀 밸브	원통형 슬리브 면에 내접하여 축 방향으로 이동하여 유로를 개폐하는 형식의 밸브

■ 방향제어밸브에서 내부 누유에 영향을 미치는 요소
　밸브 간극의 크기, 밸브 양단의 압력 차, 유압유의 점도

[05] 유압실린더와 유압모터

■ 유압 액추에이터 : 유압펌프에서 송출된 압력에너지(힘)를 기계적 에너지로 변환하는 것

■ 실린더는 열에너지를 기계적 에너지로 변환하여 동력을 발생시킨다.

■ 유체의 압력에너지에 의해서 모터는 회전운동을, 실린더는 직선운동을 한다.

■ 유압실린더의 분류
　① **단동형** : 피스톤형, 플런저 램형
　② **복동형** : 단로드형, 양로드형
　③ **다단형** : 텔레스코픽형, 디지털형

■ 유압실린더의 주요 구성부품 : 피스톤, 피스톤로드, 실린더 튜브, 실, 쿠션 기구 등

■ 기계적 실(Mechanical Seal)
　유압장치에서 회전축 둘레의 누유를 방지하기 위하여 사용되는 밀봉장치(Seal)

■ 더스트 실(Dust Seal)
　유압장치에서 피스톤로드에 있는 먼지 또는 오염물질 등이 실린더 내로 혼입되는 것을 방지하는 역할

■ O링(가장 많이 사용하는 패킹)의 구비조건
　① 오일 누설을 방지할 수 있을 것
　② 운동체의 마모를 적게 할 것(마찰계수가 작을 것)
　③ 체결력(죄는 힘)이 클 것
　④ 누설을 방지하는 기구에서 탄성이 양호하고, 압축변형이 적을 것
　⑤ 사용 온도 범위가 넓을 것
　⑥ 내노화성이 좋을 것
　⑦ 상대 금속을 부식시키지 말 것

- **오일 누설의 원인** : 실의 마모와 파손, 볼트의 이완 등이 있다.

- **쿠션 기구**
  유압실린더에서 피스톤행정이 끝날 때 발생하는 충격을 흡수하기 위해 설치하는 장치이다.

- **유압실린더의 움직임이 느리거나 불규칙할 때의 원인**
  ① 피스톤링이 마모되었다.
  ② 유압유의 점도가 너무 높다.
  ③ 회로 내에 공기가 혼입되어 있다.

- **유압실린더에서 실린더의 과도한 자연낙하현상(표류현상)이 발생하는 원인**
  ① 릴리프 밸브의 조정 불량
  ② 실린더 내 피스톤 실의 마모
  ③ 컨트롤밸브 스풀의 마모

- **유압실린더의 숨 돌리기 현상이 생겼을 때 일어나는 현상**
  ① 피스톤 작동이 불안정하게 된다.
  ② 시간의 지연이 생긴다.
  ③ 서지압이 발생한다.

- **실린더에 마모가 생겼을 때 나타나는 현상**
  크랭크 실의 윤활유 오손, 불완전연소, 압축효율 저하, 출력의 감소

- 실린더 벽이 마멸되면 오일 소모량이 증가, 압축 및 폭발압력이 감소한다.

- **유압모터**
  유체에너지를 연속적인 회전운동을 하는 기계적 에너지로 바꾸어 주는 기기

유압모터의 종류

기어형	• 구조가 간단하고, 가격이 저렴하다. • 일반적으로 스퍼기어를 사용하나 헬리컬기어도 사용한다. • 유압유에 이물질이 혼입되어도 고장 발생이 적다.
베인형	출력토크가 일정하고, 역전 및 무단변속기로서 상당히 가혹한 조건에도 사용한다.
플런저형/ 피스톤형	• 구조가 복잡하고, 대형이다. • 펌프의 최고 토출압력, 평균 효율이 가장 높아 고압, 대출력 요구 시에 사용한다.

유압모터의 장점

넓은 범위의 무단변속이 용이하다.

유압모터의 단점

① 작동유의 점도변화에 의하여 유압모터의 사용에 제약이 있다.
② 작동유는 인화하기 쉽다.
③ 작동유에 먼지나 공기가 침입하지 않도록 특히 보수에 주의해야 한다.

유압장치의 기호

정용량형 유압펌프	가변용량형 유압펌프	유압압력계	유압동력원	어큐뮬레이터
공기유압변환기	드레인 배출기	단동실린더	체크 밸브	복동가변식 전자 액추에이터
릴리프 밸브	감압 밸브	순차 밸브	무부하 밸브	전동기

[06] 기타 부속장치 등

▌ 오일 냉각기
  ① 작동유의 온도를 40~60℃ 정도로 유지하여 열화를 방지하는 역할을 한다.
  ② 슬러지 형성을 방지하고, 유막의 파괴를 방지한다.

▌ 오일 쿨러(Cooler)의 구비조건
  ① 촉매작용이 없을 것
  ② 온도 조정이 잘될 것
  ③ 정비 및 청소하기에 편리할 것
  ④ 유압유 흐름저항이 작을 것

▌ 유압장치의 수명 연장을 위한 가장 중요한 요소는 오일 필터의 점검 및 교환이다.

▌ 플렉시블 호스는 유압장치에서 작동 및 움직임이 있는 곳의 연결관으로 적합하다.

▌ 나선 와이어 블레이드는 압력이 매우 높은 유압장치에 사용한다.

▌ 유압장치에서 사용되는 배관의 종류 : 강관, 스테인리스관, 알루미늄관 등

▌ 기호 회로도에 사용되는 유압기호의 표시방법
  ① 기호에는 흐름 방향을 표시한다.
  ② 각 기기의 기호는 정상상태 또는 중립상태를 표시한다.
  ③ 유압장치 기호도 회전표시를 할 수 있다.
  ④ 기호에는 각 기기의 구조나 작용압력을 표시하지 않는다.

CHAPTER 06 건설기계관리 법규

[01] 건설기계관리법

▌ 건설기계관리법의 목적(법 제1조)

건설기계의 등록·검사·형식승인 및 건설기계사업과 건설기계조종사면허 등에 관한 사항을 정하여 건설기계를 효율적으로 관리하고 건설기계의 안전도를 확보하여 건설공사의 기계화를 촉진함을 목적으로 한다.

▌ 건설기계(법 제2조제1항제1호)

건설공사에 사용할 수 있는 기계로서 대통령령으로 정하는 것을 말한다.

▌ 건설기계의 범위(영 [별표 1])

건설기계명	범 위
1. 불도저	무한궤도 또는 타이어식인 것
2. 굴착기	무한궤도 또는 타이어식으로 굴착장치를 가진 자체중량 1ton 이상인 것
3. 로 더	무한궤도 또는 타이어식으로 적재장치를 가진 자체중량 2ton 이상인 것. 다만, 차체굴절식 조향장치가 있는 자체중량 4ton 미만인 것은 제외
4. 지게차	타이어식으로 들어올림장치와 조종석을 가진 것. 다만, 전동식으로 솔리드타이어를 부착한 것 중 도로(「도로교통법」에 따른 도로를 말하며, 이하 같다)가 아닌 장소에서만 운행하는 것과 「농업기계화 촉진법」에 따른 농업기계에 해당하는 것은 제외
5. 스크레이퍼	흙·모래의 굴착 및 운반장치를 가진 자주식인 것
6. 덤프트럭	적재용량 12ton 이상인 것. 다만, 적재용량 12ton 이상 20ton 미만의 것으로 화물운송에 사용하기 위하여 「자동차관리법」에 의한 자동차로 등록된 것을 제외
7. 기중기	무한궤도 또는 타이어식으로 강재의 지주 및 선회장치를 가진 것. 다만, 궤도(레일)식인 것을 제외
8. 모터그레이더	정지장치를 가진 자주식인 것
9. 롤 러	• 조종석과 전압장치를 가진 자주식인 것 • 피견인 진동식인 것
10. 노상안정기	노상안정장치를 가진 자주식인 것
11. 콘크리트배칭플랜트	골재저장통·계량장치 및 혼합장치를 가진 것으로서 원동기를 가진 이동식인 것
12. 콘크리트피니셔	정리 및 사상장치를 가진 것으로 원동기를 가진 것
13. 콘크리트살포기	정리장치를 가진 것으로 원동기를 가진 것
14. 콘크리트믹서트럭	혼합장치를 가진 자주식인 것(재료의 투입·배출을 위한 보조장치가 부착된 것을 포함)

건설기계명	범 위
15. 콘크리트펌프	콘크리트배송능력이 5m³/h 이상으로 원동기를 가진 이동식과 트럭적재식인 것
16. 아스팔트믹싱플랜트	골재공급장치·건조가열장치·혼합장치·아스팔트공급장치를 가진 것으로 원동기를 가진 이동식인 것
17. 아스팔트피니셔	정리 및 사상장치를 가진 것으로 원동기를 가진 것
18. 아스팔트살포기	아스팔트살포장치를 가진 자주식인 것
19. 골재살포기	골재살포장치를 가진 자주식인 것
20. 쇄석기	20kW 이상의 원동기를 가진 이동식인 것
21. 공기압축기	공기배출량이 2.83m³/min(7kg/cm² 기준) 이상의 이동식인 것
22. 천공기	천공장치를 가진 자주식인 것
23. 항타 및 항발기	원동기를 가진 것으로 해머 또는 뽑는 장치의 중량이 0.5ton 이상인 것
24. 자갈채취기	자갈채취장치를 가진 것으로 원동기를 가진 것
25. 준설선	펌프식·버킷식·디퍼식 또는 그래브식으로 비자항식인 것. 다만, 「선박법」에 따른 선박으로 등록된 것은 제외
26. 특수건설기계	1.부터 25.까지의 규정 및 27.에 따른 건설기계와 유사한 구조 및 기능을 가진 기계류로서 국토교통부장관이 따로 정하는 것
27. 타워크레인	수직타워의 상부에 위치한 지브(Jib)를 선회시켜 중량물을 상하, 전후 또는 좌우로 이동시킬 수 있는 것으로서 원동기 또는 전동기를 가진 것. 다만, 「산업집적활성화 및 공장설립에 관한 법률」에 따라 공장등록대장에 등록된 것은 제외

▎ 건설기계사업(법 제2조)

건설기계대여업, 건설기계정비업, 건설기계매매업 및 건설기계해체재활용업을 말한다.

▎ 건설기계사업의 등록(법 제21조)

건설기계사업을 하려는 자(지방자치단체는 제외)는 대통령령으로 정하는 바에 따라 사업의 종류별로 특별자치시장·특별자치도지사·시장·군수 또는 자치구의 구청장에게 등록하여야 한다.

▎ 건설기계대여업

① 건설기계의 대여를 업(業)으로 하는 것을 말한다(법 제2조).
② 건설기계대여업 등록의 구분(영 제13조제2항)
  ㉠ 일반건설기계대여업 : 5대 이상의 건설기계로 운영하는 사업(2 이상의 개인 또는 법인이 공동으로 운영하는 경우를 포함)
  ㉡ 개별건설기계대여업 : 1인의 개인 또는 법인이 4대 이하의 건설기계로 운영하는 사업

▌ 건설기계정비업

① 건설기계를 분해·조립 또는 수리하고 그 부분품을 가공제작·교체하는 등 건설기계를 원활하게 사용하기 위한 모든 행위(경미한 정비행위 등 국토교통부령으로 정하는 것은 제외)를 업으로 하는 것을 말한다(법 제2조).

※ 건설기계정비업의 범위에서 제외되는 행위(규칙 제1조의3)
- 오일의 보충
- 에어클리너 엘리먼트 및 필터류의 교환
- 배터리·전구의 교환
- 타이어의 점검·정비 및 트랙의 장력 조정
- 창유리의 교환

② 건설기계정비업 등록의 구분(영 제14조제2항)
㉠ 종합건설기계정비업
㉡ 부분건설기계정비업
㉢ 전문건설기계정비업

▌ 건설기계매매업(법 제2조)

중고(中古) 건설기계의 매매 또는 그 매매의 알선과 그에 따른 등록사항에 관한 변경신고의 대행을 업으로 하는 것을 말한다.

▌ 건설기계해체재활용업(법 제2조)

폐기 요청된 건설기계의 인수(引受), 재사용 가능한 부품의 회수, 폐기 및 그 등록말소 신청의 대행을 업으로 하는 것을 말한다.

▌ 타이어식 건설기계의 조명장치 설치(건설기계 안전기준에 관한 규칙 제155조제1항)

1. 최고주행속도가 15km/h 미만인 건설기계	가. 전조등 나. 제동등(단, 유량 제어로 속도를 감속하거나 가속하는 건설기계는 제외) 다. 후부반사기 라. 후부반사판 또는 후부반사지
2. 최고주행속도가 15km/h 이상 50km/h 미만인 건설기계	가. 1.에 해당하는 조명장치 나. 방향지시등 다. 번호등 라. 후미등 마. 차폭등
3. 「도로교통법」에 따른 운전면허를 받아 조종하는 건설기계 또는 50km/h 이상 운전이 가능한 타이어식 건설기계	가. 1. 및 2.에 따른 조명장치 나. 후퇴등 다. 비상점멸 표시등

■ 건설기계 안전기준에 관한 규칙상 건설기계 "높이"의 정의(건설기계 안전기준에 관한 규칙 제2조)
작업장치를 부착한 자체중량 상태의 건설기계의 가장 위쪽 끝이 만드는 수평면으로부터 지면까지의 최단거리를 말한다.

[02] 건설기계의 등록 · 검사

■ 건설기계의 등록(법 제3조제1~3항)
① 건설기계의 소유자는 대통령령으로 정하는 바에 따라 건설기계를 등록하여야 한다.

> **등록의 신청(영 제3조제1 · 2항)**
> ① 법 제3조제1항에 따라 건설기계를 등록하려는 건설기계의 소유자는 건설기계등록신청서(전자문서로 된 신청서를 포함)에 다음의 서류(전자문서를 포함)를 첨부하여 건설기계소유자의 주소지 또는 건설기계의 사용본거지를 관할하는 특별시장 · 광역시장 · 도지사 또는 특별자치도지사(이하 "시 · 도지사")에게 제출하여야 한다. 이 경우 시 · 도지사는 「전자정부법」에 따른 행정정보의 공동이용을 통하여 건설기계등록원부 등본(등록이 말소된 건설기계의 경우에 한정)을 확인하여야 하고, 그 외의 첨부서류에 대하여도 행정정보의 공동이용을 통하여 확인할 수 있는 경우에는 그 확인으로 첨부서류를 갈음하여야 하며, 신청인이 확인에 동의하지 아니하는 경우에는 이를 첨부하도록 하여야 한다.
> ㉠ 다음의 구분에 따른 해당 건설기계의 출처를 증명하는 서류[단, 해당 서류를 분실한 경우에는 해당 서류의 발행사실을 증명하는 서류(원본 발행기관에서 발행한 것으로 한정)로 대체 가능]
> • 국내에서 제작한 건설기계 : 건설기계제작증
> • 수입한 건설기계 : 수입면장 등 수입사실을 증명하는 서류(단, 타워크레인의 경우에는 건설기계제작증을 추가로 제출하여야 함)
> • 행정기관으로부터 매수한 건설기계 : 매수증서
> ㉡ 건설기계의 소유자임을 증명하는 서류. 다만, ㉠의 서류가 건설기계의 소유자임을 증명할 수 있는 경우에는 당해 서류로 갈음할 수 있다.
> ㉢ 건설기계제원표
> ㉣ 「자동차손해배상보장법」에 따른 보험 또는 공제의 가입을 증명하는 서류(「자동차손해배상보장법 시행령」에 해당되는 건설기계의 경우에 한정하되, 시장 · 군수 또는 구청장(자치구의 구청장을 말함)에게 신고한 매매용 건설기계를 제외)
> ② ①의 규정에 의한 건설기계등록신청은 건설기계를 취득한 날(판매를 목적으로 수입된 건설기계의 경우에는 판매한 날)부터 2월 이내에 하여야 한다. 다만, 전시 · 사변 기타 이에 준하는 국가비상사태하에 있어서는 5일 이내에 신청하여야 한다.

② 건설기계의 소유자가 ①에 따른 등록을 할 때에는 특별시장 · 광역시장 · 특별자치시장 · 도지사 또는 특별자치도지사(이하 "시 · 도지사")에게 건설기계 등록신청을 하여야 한다.
③ 시 · 도지사는 ②에 따른 건설기계 등록신청을 받으면 신규등록검사를 한 후 건설기계등록원부에 필요한 사항을 적고, 그 소유자에게 건설기계등록증을 발급하여야 한다.

■ 자동차손해배상보장법에 따른 자동차보험에 반드시 가입하여야 하는 건설기계의 범위(자동차손해배상보장법 시행령 제2조)
① 덤프트럭
② 타이어식 기중기
③ 콘크리트믹서트럭
④ 트럭적재식 콘크리트펌프
⑤ 트럭적재식 아스팔트살포기
⑥ 타이어식 굴착기
⑦ 「건설기계관리법 시행령」 [별표 1]에 따른 특수건설기계 중 다음의 특수건설기계
   ㉠ 트럭지게차
   ㉡ 도로보수트럭
   ㉢ 노면측정장비(노면측정장치를 가진 자주식인 것)

■ 미등록 건설기계의 임시운행(규칙 제6조)
① 규정에 의하여 건설기계의 등록 전에 일시적으로 운행을 할 수 있는 경우
   ㉠ 등록신청을 하기 위하여 건설기계를 등록지로 운행하는 경우
   ㉡ 신규등록검사 및 확인검사를 받기 위하여 건설기계를 검사장소로 운행하는 경우
   ㉢ 수출을 하기 위하여 건설기계를 선적지로 운행하는 경우
   ㉣ 수출을 하기 위하여 등록말소한 건설기계를 점검·정비의 목적으로 운행하는 경우
   ㉤ 신개발 건설기계를 시험·연구의 목적으로 운행하는 경우
   ㉥ 판매 또는 전시를 위하여 건설기계를 일시적으로 운행하는 경우
② ①의 사유로 건설기계를 임시운행하고자 하는 자는 임시번호표를 제작하여 부착하여야 한다. 이 경우 건설기계를 제작·조립 또는 수입한 자가 판매한 건설기계에 대하여는 제작·조립 또는 수입한 자가 기준에 따라 제작한 임시번호표를 부착하여야 한다.
③ 임시운행기간은 15일 이내로 한다. 다만, ① ㉤의 경우에는 3년 이내로 한다.

■ 등록사항의 변경신고(영 제5조제1항)
건설기계의 소유자는 건설기계등록사항에 변경이 있는 때에는 그 변경이 있은 날부터 30일(상속의 경우에는 상속개시일부터 6개월) 이내에 건설기계등록사항변경신고서(전자문서로 된 신고서를 포함)에 다음의 서류(전자문서를 포함)를 첨부하여 등록을 한 시·도지사에게 제출해야 한다. 다만, 전시·사변 기타 이에 준하는 국가비상사태하에 있어서는 5일 이내에 해야 한다.

① 변경내용을 증명하는 서류
② 건설기계등록증
③ 건설기계검사증

▌등록의 말소(법 제6조제1항)

시·도지사는 등록된 건설기계가 다음의 어느 하나에 해당하는 경우에는 그 소유자의 신청이나 시·도지사의 직권으로 등록을 말소할 수 있다. 다만, ①, ⑤, ⑧(건설기계의 강제처리에 따라 폐기한 경우로 한정) 또는 ⑫에 해당하는 경우에는 직권으로 등록을 말소하여야 한다.

① 거짓이나 그 밖의 부정한 방법으로 등록을 한 경우
② 건설기계가 천재지변 또는 이에 준하는 사고 등으로 사용할 수 없게 되거나 멸실된 경우
③ 건설기계의 차대(車臺)가 등록 시의 차대와 다른 경우
④ 건설기계가 건설기계안전기준에 적합하지 아니하게 된 경우
⑤ 정기검사 명령, 수시검사 명령 또는 정비 명령에 따르지 아니한 경우
⑥ 건설기계를 수출하는 경우
⑦ 건설기계를 도난당한 경우
⑧ 건설기계를 폐기한 경우
⑨ 건설기계해체재활용업을 등록한 자(건설기계해체재활용업자)에게 폐기를 요청한 경우
⑩ 구조적 제작 결함 등으로 건설기계를 제작자 또는 판매자에게 반품한 경우
⑪ 건설기계를 교육·연구 목적으로 사용하는 경우
⑫ 대통령령으로 정하는 내구연한을 초과한 건설기계. 다만, 정밀진단을 받아 연장된 경우는 그 연장기간을 초과한 건설기계
⑬ 건설기계를 횡령 또는 편취당한 경우

■ 등록 말소 신청(법 제6조제2항)

건설기계의 소유자는 다음의 구분에 따라 시·도지사에게 등록 말소를 신청하여야 한다.
① 다음의 어느 하나에 해당하는 사유가 발생한 경우 : 사유가 발생한 날부터 30일 이내
  ㉠ 건설기계가 천재지변 또는 이에 준하는 사고 등으로 사용할 수 없게 되거나 멸실된 경우
  ㉡ 건설기계를 폐기한 경우(건설기계의 강제처리에 따라 폐기한 경우는 제외)
  ㉢ 건설기계해체재활용업을 등록한 자(건설기계해체재활용업자)에게 폐기를 요청한 경우
  ㉣ 구조적 제작 결함 등으로 건설기계를 제작자 또는 판매자에게 반품한 경우
  ㉤ 건설기계를 교육·연구 목적으로 사용하는 경우
② 건설기계를 도난당한 경우에 해당하는 사유가 발생한 경우 : 사유가 발생한 날부터 2개월 이내

■ 등록원부의 보존(규칙 제12조)

시·도지사는 건설기계등록원부를 건설기계의 등록을 말소한 날부터 10년간 보존하여야 한다.

■ 건설기계등록번호표 색상, 일련번호 및 기종별 기종번호(규칙 [별표 2])

① 건설기계등록번호표(등록번호표)에는 용도·기종 및 등록번호를 표시하여야 한다(규칙 제13조 제1항).
② 등록번호표 일련번호와 색상

구 분		일련번호(숫자)	번호표의 색상
비사업용	관 용	0001 ~ 0999	흰색 바탕에 검은색 문자
	자가용	1000 ~ 5999	
대여사업용		6000 ~ 9999	주황색 바탕에 검은색 문자

③ 기종별 기종번호

01 : 불도저	02 : 굴착기	03 : 로더
04 : 지게차	05 : 스크레이퍼	06 : 덤프트럭
07 : 기중기	08 : 모터그레이더	09 : 롤러
10 : 노상안정기	11 : 콘크리트배칭플랜트	12 : 콘크리트피니셔
13 : 콘크리트살포기	14 : 콘크리트믹서트럭	15 : 콘크리트펌프
16 : 아스팔트믹싱플랜트	17 : 아스팔트피니셔	18 : 아스팔트살포기
19 : 골재살포기	20 : 쇄석기	21 : 공기압축기
22 : 천공기	23 : 항타 및 항발기	24 : 자갈채취기
25 : 준설선	26 : 특수건설기계	27 : 타워크레인

등록번호표의 반납(법 제9조)

등록된 건설기계의 소유자는 다음의 어느 하나에 해당하는 경우에는 10일 이내에 등록번호표의 봉인을 떼어낸 후 그 등록번호표를 국토교통부령으로 정하는 바에 따라 시·도지사에게 반납하여야 한다. 다만, 건설기계가 천재지변 또는 이에 준하는 사고 등으로 사용할 수 없게 되거나 멸실된 경우, 건설기계를 도난당한 경우 또는 건설기계를 폐기한 경우의 사유로 등록을 말소하는 경우에는 그러하지 아니하다.

① 건설기계의 등록이 말소된 경우
② 건설기계의 등록사항 중 대통령령으로 정하는 사항이 변경된 경우
  ※ "대통령령으로 정하는 사항이 변경된 경우"란 등록번호가 변경된 경우를 말한다(영 제10조).
③ 등록번호표의 부착 및 봉인을 신청하는 경우

특별표지판 부착을 하여야 하는 대형건설기계의 범위(건설기계 안전기준에 관한 규칙 제2조)

① 길이가 16.7m를 초과하는 건설기계
② 너비가 2.5m를 초과하는 건설기계
③ 높이가 4.0m를 초과하는 건설기계
④ 최소회전반경이 12m를 초과하는 건설기계
⑤ 총중량이 40ton을 초과하는 건설기계(단, 굴착기, 로더 및 지게차는 운전중량이 40ton을 초과하는 경우를 말한다)
⑥ 총중량 상태에서 축하중이 10ton을 초과하는 건설기계(단, 굴착기, 로더 및 지게차는 운전중량 상태에서 축하중이 10ton을 초과하는 경우를 말한다)

건설기계 검사의 종류(법 제13조제1항)

① **신규등록검사** : 건설기계를 신규로 등록할 때 실시하는 검사
② **정기검사** : 건설공사용 건설기계로서 3년의 범위에서 국토교통부령으로 정하는 검사유효기간이 끝난 후에 계속하여 운행하려는 경우에 실시하는 검사와 「대기환경보전법」 및 「소음·진동관리법」에 따른 운행차의 정기검사
③ **구조변경검사** : 건설기계의 주요 구조를 변경하거나 개조한 경우 실시하는 검사
④ **수시검사** : 성능이 불량하거나 사고가 자주 발생하는 건설기계의 안전성 등을 점검하기 위하여 수시로 실시하는 검사와 건설기계 소유자의 신청을 받아 실시하는 검사

■ 정기검사의 신청 등(규칙 제23조제1·4·5항)
  ① 정기검사를 받으려는 자는 검사유효기간의 만료일 전후 각각 31일 이내의 기간[검사 또는 명령이행 기간의 연장(규칙 제31조의2제3항)에 따라 검사유효기간이 연장된 경우로서 타워크레인 또는 천공기(터널보링식 및 실드굴진식으로 한정한다)가 해체된 경우에는 설치 이후부터 사용 전까지의 기간으로 하고, 검사유효기간이 경과한 건설기계로서 소유권이 이전된 경우에는 이전등록한 날부터 31일 이내의 기간으로 하며, 이하 "정기검사 신청기간"이라 한다]에 별도 서식의 정기검사 신청서를 시·도지사에게 제출해야 한다. 다만, 검사대행자가 지정된 경우에는 검사대행자에게 이를 제출해야 하고, 검사대행자는 받은 신청서 중 타워크레인 정기검사신청서가 있는 경우에는 총괄기관이 해당 검사신청의 접수 및 검사업무의 배정을 할 수 있도록 그 신청서와 첨부서류를 총괄기관에 즉시 송부해야 한다.
  ② ①에 따라 검사신청(타워크레인의 경우 검사업무의 배정을 말한다)을 받은 시·도지사 또는 검사대행자는 신청을 받은 날(타워크레인의 경우 검사업무를 배정받은 날을 말한다)부터 5일 이내에 검사일시와 검사장소를 지정하여 신청인에게 통지해야 한다. 이 경우 검사장소는 건설기계소유자의 신청에 따라 변경할 수 있다.
  ③ 시·도지사 또는 검사대행자는 검사결과 해당 건설기계가 검사기준에 적합하다고 인정하는 경우에는 건설기계검사증에 유효기간을 적어 발급해야 한다. 이 경우 유효기간의 산정은 정기검사신청기간까지 정기검사를 신청한 경우에는 종전 검사유효기간 만료일의 다음 날부터, 그 외의 경우에는 검사를 받은 날의 다음 날부터 기산한다.

■ 정기검사 유효기간(규칙 [별표 7])
  ① **연식 20년 이하**
    ㉠ 1년 : 덤프트럭, 콘크리트 믹서트럭, 콘크리트펌프(트럭적재식), 도로보수트럭(타이어식), 트럭지게차(타이어식)
    ㉡ 2년 : 로더(타이어식), 지게차(1ton 이상), 모터그레이더, 노면파쇄기(타이어식), 노면측정장비(타이어식), 수목이식기(타이어식)
    ㉢ 3년 : 그 밖의 특수건설기계, 그 밖의 건설기계
  ② **연식 20년 초과**
    ㉠ 6개월 : 덤프트럭, 콘크리트 믹서트럭, 콘크리트펌프(트럭적재식), 도로보수트럭(타이어식), 트럭지게차(타이어식)
    ㉡ 1년 : 로더(타이어식), 지게차(1ton 이상), 모터그레이더, 노면파쇄기(타이어식), 노면측정장비(타이어식), 수목이식기(타이어식), 그 밖의 특수건설기계, 그 밖의 건설기계
  ③ **연식의 기준 없는 건설기계, 특수건설기계의 정기검사 유효기간**
    ㉠ 6개월 : 타워크레인
    ㉡ 1년 : 굴착기, 기중기, 아스팔트살포기, 천공기, 항타 및 항발기, 터널용 고소작업차

※ 신규등록 후의 최초 유효기간의 산정은 등록일부터 기산하며, 연식은 신규등록일(수입된 중고건설기계의 경우 제작연도의 12월 31일)부터 기산하며, 타워크레인을 이동 설치하는 경우에는 이동 설치할 때마다 정기검사를 받아야 한다.

▌검사 또는 명령이행 기간의 연장(규칙 제31조의2)
① 건설기계의 소유자는 천재지변, 건설기계의 도난, 사고발생, 압류, 31일 이상에 걸친 정비 또는 그 밖의 부득이한 사유로 규정에 따른 검사 또는 정기검사 명령, 수시검사 명령 또는 정비 명령의 이행을 위한 검사(이하 "정기검사 등"이라 한다)의 신청기간 내에 검사를 신청할 수 없는 경우에는 정기검사 등 신청기간 만료일까지 별도 서식의 검사·명령이행 기간 연장신청서에 연장사유를 증명할 수 있는 서류를 첨부하여 시·도지사(정기검사, 구조변경검사, 수시검사의 경우로서 검사대행자가 지정된 경우에는 검사대행자)에게 제출해야 한다.
② ①에 따라 검사·명령이행 기간 연장신청을 받은 시·도지사는 그 신청일부터 5일 이내에 검사·명령이행 기간의 연장 여부를 결정하여 신청인에게 서면으로 통지하고 검사대행자에게 통보해야 한다. 이 경우 검사·명령이행 기간 연장 불허통지를 받은 자는 정기검사 등의 신청기간 만료일부터 10일 이내에 검사신청을 해야 한다.
③ ②에 따라 검사·명령이행 기간을 연장하는 경우 그 연장기간은 다음의 구분에 따른 기간 이내로 한다. 이 경우 정기검사, 구조변경검사, 수시검사는 ㉠에 따른 연장기간동안 검사유효기간이 연장된 것으로 본다.
  ㉠ 정기검사, 구조변경검사, 수시검사 : 6개월[다만, 남북경제협력 등으로 북한지역의 건설공사에 사용되는 건설기계와 해외임대를 위하여 일시 반출되는 건설기계의 경우에는 반출기간, 압류된 건설기계의 경우에는 그 압류기간, 타워크레인 또는 천공기(터널보링식 및 실드굴진식으로 한정)가 해체된 경우에는 해체되어 있는 기간으로 한다]
  ㉡ 정기검사 명령, 수시검사 명령 또는 정비 명령 : 31일
④ 시·도지사는 정기검사 등을 신청한 건설기계가 섬지역(육지와 연결된 섬지역 및 제주도는 제외한다) 또는 산간벽지에 위치한 경우에는 검사대행자의 요청에 따라 필요하다고 인정되는 기간 동안 정기검사 등의 처리기간을 연장할 수 있다. 이 경우 검사대행자는 건설기계의 소유자에게 예상되는 처리기간을 지체 없이 서면으로 통지해야 한다.
⑤ 건설기계의 소유자가 해당 건설기계를 사용하는 사업을 영위하는 경우로서 해당 사업의 휴업을 신고한 경우에는 해당 사업의 개시신고를 하는 때까지 검사유효기간이 연장된 것으로 본다.
⑥ 건설기계매매업자가 규정에 따라 시장·군수·구청장에게 매매용 건설기계를 사업장에 제시한 사실을 신고한 경우에는 해당 건설기계의 매도를 신고하는 때까지 검사유효기간이 연장된 것으로 본다.

■ 구조변경검사 시 신청서류(규칙 제25조제1항 전단)

구조변경검사를 받으려는 자는 주요 구조를 변경 또는 개조한 날부터 20일 이내에 건설기계구조변경검사신청서에 다음의 서류를 첨부하여 시·도지사에게 제출해야 한다.
① 변경 전·후의 주요제원대비표
② 변경 전·후의 건설기계의 외관도(외관의 변경이 있는 경우에 한함)
③ 변경한 부분의 도면
④ 선급법인 또는 한국해양교통안전공단이 발행한 안전도검사증명서(수상작업용 건설기계에 한함)
⑤ 건설기계정비업자로 등록한 자가 발행하는 구조변경사실을 증명하는 서류

■ 정기검사 명령(법 제13조제5항, 규칙 제30조제1항)
① 시·도지사는 정기검사를 받지 아니한 건설기계의 소유자에게 국토교통부령으로 정하는 바에 따라 정기검사를 받을 것을 명령하여야 한다.
② 시·도지사는 정기검사를 받지 않은 건설기계의 소유자에게 정기검사를 명령하려는 때에는 정기검사 명령의 이행을 위한 검사의 신청기간을 31일 이내로 정하여 건설기계의 소유자에게 별도 서식의 건설기계 정기검사명령서를 서면으로 통지해야 한다. 다만, 건설기계소유자의 주소 등을 통상적인 방법으로 확인할 수 없거나 통지가 불가능한 경우에는 해당 특별시·광역시·특별자치시·도 또는 특별자치도의 공보 및 인터넷 홈페이지에 공고해야 한다.

■ 정비명령(규칙 제31조제1항)

시·도지사는 검사에 불합격된 건설기계에 대해서는 31일 이내의 기간을 정하여 해당 건설기계의 소유자에게 검사를 완료한 날(검사를 대행하게 한 경우에는 검사결과를 보고받은 날)부터 10일 이내에 정비명령을 해야 한다. 다만, 건설기계소유자의 주소 등을 통상적인 방법으로 확인할 수 없거나 통지가 불가능한 경우에는 해당 시·도의 공보 및 인터넷 홈페이지에 공고해야 한다.

■ 검사대행
① 국토교통부장관은 필요하다고 인정하면 건설기계의 검사에 관한 시설 및 기술능력을 갖춘 자를 지정하여 검사의 전부 또는 일부를 대행하게 할 수 있다(법 제14조제1항).
② 검사대행자로 지정을 받으려는 자는 건설기계검사대행자지정신청서에 다음의 서류를 첨부하여 국토교통부장관에게 제출해야 한다(규칙 제33조제1항).
  ㉠ 규정에 의한 시설의 소유권 또는 사용권이 있음을 증명하는 서류
  ㉡ 보유하고 있는 기술자의 명단 및 그 자격을 증명하는 서류
  ㉢ 검사업무규정안

▌ 검사장소(규칙 제32조)
　① 다음에 해당하는 건설기계에 대하여 검사를 하는 경우에는 [별표 9]의 규정에 의한 시설을 갖춘 검사장소(검사소)에서 검사를 하여야 한다.
　　㉠ 덤프트럭
　　㉡ 콘크리트믹서트럭
　　㉢ 콘크리트펌프(트럭적재식)
　　㉣ 아스팔트살포기
　　㉤ 트럭지게차(국토교통부장관이 정하는 특수건설기계인 트럭지게차)
　② ①의 건설기계가 다음의 어느 하나에 해당하는 경우에는 ①의 규정에 불구하고 해당 건설기계가 위치한 장소에서 검사할 수 있다.
　　㉠ 도서지역에 있는 경우
　　㉡ 자체중량이 40ton을 초과하거나 축하중이 10ton을 초과하는 경우
　　㉢ 너비가 2.5m를 초과하는 경우
　　㉣ 최고속도가 35km/h 미만인 경우
　③ ①의 건설기계 외의 건설기계에 대하여는 건설기계가 위치한 장소에서 검사를 할 수 있다.

▌ 건설기계의 구조변경범위(규칙 제42조)
규정에 의한 주요 구조의 변경 및 개조의 범위는 다음과 같다. 다만, 건설기계의 기종변경, 육상작업용 건설기계규격의 증가 또는 적재함의 용량증가를 위한 구조변경은 이를 할 수 없다.
① 원동기 및 전동기의 형식변경
② 동력전달장치의 형식변경
③ 제동장치의 형식변경
④ 주행장치의 형식변경
⑤ 유압장치의 형식변경
⑥ 조종장치의 형식변경
⑦ 조향장치의 형식변경
⑧ 작업장치의 형식변경. 다만, 가공작업을 수반하지 아니하고 작업장치를 선택부착하는 경우에는 작업장치의 형식변경으로 보지 아니한다.
⑨ 건설기계의 길이·너비·높이 등의 변경
⑩ 수상작업용 건설기계의 선체의 형식변경
⑪ 타워크레인 설치기초 및 전기장치의 형식변경

■ 건설기계의 형식 승인(법 제18조제2항)

건설기계를 제작・조립 또는 수입(제작 등)하려는 자는 해당 건설기계의 형식에 관하여 국토교통부령으로 정하는 바에 따라 국토교통부장관의 승인을 받아야 한다. 다만, 대통령령으로 정하는 건설기계의 경우에는 그 건설기계의 제작 등을 한 자가 국토교통부령으로 정하는 바에 따라 그 형식에 관하여 국토교통부장관에게 신고하여야 한다.

■ 건설기계의 사후관리(규칙 제55조제1・2항)
① 건설기계형식에 관한 승인을 얻거나 그 형식을 신고한 자(제작자 등)는 건설기계를 판매한 날부터 12개월(당사자 간에 12개월을 초과하여 별도 계약하는 경우에는 그 해당 기간) 동안 무상으로 건설기계의 정비 및 정비에 필요한 부품을 공급하여야 한다. 다만, 취급설명서에 따라 관리하지 아니함으로 인하여 발생한 고장 또는 하자와 정기적으로 교체하여야 하는 부품 또는 소모성 부품에 대하여는 유상으로 정비하거나 정비에 필요한 부품을 공급할 수 있다.
② ①의 경우 12개월 이내에 건설기계의 주행거리가 20,000km(원동기 및 차동장치의 경우에는 40,000km)를 초과하거나 가동시간이 2,000시간을 초과하는 때에는 12개월이 경과한 것으로 본다.

[03] 건설기계조종사의 면허

■ 건설기계조종사면허(법 제26조제1항)

건설기계를 조종하려는 사람은 시장・군수 또는 구청장에게 건설기계조종사면허를 받아야 한다. 다만, 국토교통부령으로 정하는 건설기계를 조종하려는 사람은 「도로교통법」에 따른 운전면허를 받아야 한다.

■ 건설기계조종사면허증 발급신청(규칙 제71조제1항)

건설기계조종사면허를 받고자 하는 자는 건설기계조종사면허증 발급신청서에 다음의 서류를 첨부하여 시장・군수 또는 구청장에게 제출해야 한다.
① 신체검사서
② 소형건설기계조종교육이수증(소형건설기계조종사면허증을 발급 신청하는 경우에 한정)
③ 건설기계조종사면허증(건설기계조종사면허를 받은 자가 면허의 종류를 추가하고자 하는 때에 한함)
④ 신청일 전 6개월 이내에 모자 등을 쓰지 않고 촬영한 천연색 상반신 정면사진 1장

건설기계조종사면허의 특례(규칙 제73조)

① 「도로교통법」에 의한 운전면허를 받아 조종하여야 하는 건설기계의 종류 : 덤프트럭, 아스팔트살포기, 노상안정기, 콘크리트믹서트럭, 콘크리트펌프, 천공기(트럭적재식), 특수건설기계 중 국토교통부장관이 지정하는 건설기계

② 소형건설기계의 조종에 관한 교육과정의 이수로 「국가기술자격법」에 따른 기술자격의 취득을 대신할 수 있는 국토교통부령으로 정하는 소형건설기계
  ㉠ 5ton 미만의 불도저
  ㉡ 5ton 미만의 로더
  ㉢ 5ton 미만의 천공기(단, 트럭적재식은 제외)
  ㉣ 3ton 미만의 지게차
  ㉤ 3ton 미만의 굴착기
  ㉥ 3ton 미만의 타워크레인
  ㉦ 공기압축기
  ㉧ 콘크리트펌프(단, 이동식에 한정)
  ㉨ 쇄석기
  ㉩ 준설선

건설기계조종사면허의 종류(규칙 [별표 21])

면허의 종류	조종할 수 있는 건설기계
1. 불도저	불도저
2. 5ton 미만의 불도저	5ton 미만의 불도저
3. 굴착기	굴착기
4. 3ton 미만의 굴착기	3ton 미만의 굴착기
5. 로더	로더
6. 3ton 미만의 로더	3ton 미만의 로더
7. 5ton 미만의 로더	5ton 미만의 로더
8. 지게차	지게차
9. 3ton 미만의 지게차	3ton 미만의 지게차
10. 기중기	기중기
11. 롤러	롤러, 모터그레이더, 스크레이퍼, 아스팔트피니셔, 콘크리트피니셔, 콘크리트살포기 및 골재살포기
12. 이동식 콘크리트펌프	이동식 콘크리트펌프
13. 쇄석기	쇄석기, 아스팔트믹싱플랜트 및 콘크리트배칭플랜트
14. 공기압축기	공기압축기
15. 천공기	천공기(타이어식, 무한궤도식 및 굴진식을 포함. 단, 트럭적재식은 제외), 항타 및 항발기

면허의 종류	조종할 수 있는 건설기계
16. 5ton 미만의 천공기	5ton 미만의 천공기(트럭적재식은 제외)
17. 준설선	준설선 및 자갈채취기
18. 타워크레인	타워크레인
19. 3ton 미만의 타워크레인	3ton 미만의 타워크레인 중 세부 규격에 적합한 타워크레인

■ 건설기계조종사의 적성검사 기준(규칙 제76조제1항)
① 두 눈을 동시에 뜨고 잰 시력(교정시력 포함)이 0.7 이상이고, 두 눈의 시력(교정시력 포함)이 각각 0.3 이상일 것
② 55dB(보청기를 사용하는 사람은 40dB)의 소리를 들을 수 있고, 언어분별력이 80% 이상일 것
③ 시각은 150° 이상일 것
④ 다음의 사유에 해당되지 아니할 것
  ㉠ 건설기계 조종상의 위험과 장해를 일으킬 수 있는 정신질환자 또는 뇌전증환자로서 국토교통부령으로 정하는 사람
  ㉡ 건설기계 조종상의 위험과 장해를 일으킬 수 있는 마약·대마·향정신성의약품 또는 알코올중독자로서 국토교통부령으로 정하는 사람

■ 건설기계조종사면허의 결격사유(법 제27조)
다음의 어느 하나에 해당하는 사람은 건설기계조종사면허를 받을 자격이 없다.
① 18세 미만인 사람
② 건설기계 조종상의 위험과 장해를 일으킬 수 있는 정신질환자 또는 뇌전증환자로서 국토교통부령으로 정하는 사람
③ 앞을 보지 못하는 사람, 듣지 못하는 사람, 그 밖에 국토교통부령으로 정하는 장애인
④ 건설기계 조종상의 위험과 장해를 일으킬 수 있는 마약·대마·향정신성의약품 또는 알코올중독자로서 국토교통부령으로 정하는 사람
⑤ 법 제28조제1호부터 제7호까지의 어느 하나에 해당하는 사유로 건설기계조종사면허가 취소된 날부터 1년(거짓이나 그 밖의 부정한 방법으로 건설기계조종사면허를 받은 경우 및 건설기계조종사면허의 효력정지기간 중 건설기계를 조종한 경우의 사유로 취소된 경우에는 2년)이 지나지 아니하였거나 건설기계조종사면허의 효력정지처분 기간 중에 있는 사람

건설기계조종사면허의 취소·정지처분기준(규칙 [별표 22])

위반행위	처분기준
① 거짓이나 그 밖의 부정한 방법으로 건설기계조종사면허를 받은 경우	취 소
② 건설기계조종사면허의 효력정지기간 중 건설기계를 조종한 경우	취 소
③ 다음 중 어느 하나에 해당하게 된 경우 　㉠ 건설기계 조종상의 위험과 장해를 일으킬 수 있는 정신질환자 또는 뇌전증환자로서 국토교통부령으로 정하는 사람 　㉡ 앞을 보지 못하는 사람, 듣지 못하는 사람, 그 밖에 국토교통부령으로 정하는 장애인 　㉢ 건설기계 조종상의 위험과 장해를 일으킬 수 있는 마약·대마·향정신성의약품 또는 알코올중독자로서 국토교통부령으로 정하는 사람	취 소
④ 건설기계의 조종 중 고의 또는 과실로 중대한 사고를 일으킨 경우 　㉠ 인명피해 　　• 고의로 인명피해(사망·중상·경상 등)를 입힌 경우 　　• 과실로 「산업안전보건법」에 따른 중대재해가 발생한 경우 　　• 그 밖의 인명피해를 입힌 경우 　　　- 사망 1명마다 　　　- 중상 1명마다 　　　- 경상 1명마다 　㉡ 재산피해 : 피해금액 50만원마다 　㉢ 건설기계의 조종 중 고의 또는 과실로 「도시가스사업법」에 따른 가스공급시설을 손괴하거나 가스공급시설의 기능에 장애를 입혀 가스의 공급을 방해한 경우	 취 소 취 소 면허효력정지 45일 면허효력정지 15일 면허효력정지 5일 면허효력정지 1일 (90일을 넘지 못함) 면허효력정지 180일
⑤ 「국가기술자격법」에 따른 해당 분야의 기술자격이 취소되거나 정지된 경우	「국가기술자격법」에 따라 조치
⑥ 건설기계조종사면허증을 다른 사람에게 빌려 준 경우	취 소
⑦ 법을 위반하여 술에 취하거나 마약 등 약물을 투여한 상태에서 조종한 경우 　㉠ 술에 취한 상태(혈중알코올농도 0.03% 이상 0.08% 미만을 말한다. 이하 같다)에서 건설기계를 조종한 경우 　㉡ 술에 취한 상태에서 건설기계를 조종하다가 사고로 사람을 죽게 하거나 다치게 한 경우 　㉢ 술에 만취한 상태(혈중알코올농도 0.08% 이상)에서 건설기계를 조종한 경우 　㉣ 2회 이상 술에 취한 상태에서 건설기계를 조종하여 면허효력정지를 받은 사실이 있는 사람이 다시 술에 취한 상태에서 건설기계를 조종한 경우 　㉤ 약물(마약, 대마, 향정신성 의약품 및 「유해화학물질 관리법 시행령」에 따른 환각물질)을 투여한 상태에서 건설기계를 조종한 경우	 면허효력정지 60일 취 소 취 소 취 소 취 소
⑧ 정기적성검사를 받지 않고 1년이 지난 경우	취 소
⑨ 정기적성검사 또는 수시적성검사에서 불합격한 경우	취 소

▌ 건설기계조종사면허증의 반납(규칙 제80조)
   ① 건설기계조종사면허를 받은 사람은 다음의 어느 하나에 해당하는 때에는 그 사유가 발생한 날부터 10일 이내에 시장·군수 또는 구청장에게 그 면허증을 반납해야 한다.
      ㉠ 면허가 취소된 때
      ㉡ 면허의 효력이 정지된 때
      ㉢ 면허증의 재교부를 받은 후 잃어버린 면허증을 발견한 때
   ② 건설기계조종사면허를 받은 사람은 본인의 의사에 따라 해당 면허를 자진해서 시장·군수 또는 구청장에게 반납할 수 있다. 이 경우 건설기계조종사면허증 반납신고서를 작성하여 반납하려는 면허증과 함께 제출해야 한다.

[04] 건설기계관리법규의 벌칙

▌ 2년 이하의 징역 또는 2,000만원 이하의 벌금(법 제40조)
   ① 등록되지 아니한 건설기계를 사용하거나 운행한 자
   ② 등록이 말소된 건설기계를 사용하거나 운행한 자
   ③ 시·도지사의 지정을 받지 아니하고 등록번호표를 제작하거나 등록번호를 새긴 자
   ④ 검사대행자 또는 그 소속 직원에게 재물이나 그 밖의 이익을 제공하거나 제공 의사를 표시하고 부정한 검사를 받은 자
   ⑤ 건설기계의 주요 구조나 원동기, 동력전달장치, 제동장치 등 주요 장치를 변경 또는 개조한 자
   ⑥ 무단 해체된 건설기계를 사용·운행하거나 타인에게 유상·무상으로 양도한 자
   ⑦ 제작결함의 시정에 따른 시정명령을 이행하지 아니한 자
   ⑧ 등록을 하지 아니하고 건설기계사업을 하거나 거짓으로 등록을 한 자
   ⑨ 등록이 취소되거나 사업의 전부 또는 일부가 정지된 건설기계사업자로서 계속하여 건설기계사업을 한 자

▌ 1년 이하의 징역 또는 1,000만원 이하의 벌금(법 제41조)
   ① 거짓이나 그 밖의 부정한 방법으로 건설기계 등록을 한 자
   ② 건설기계의 등록번호를 지워 없애거나 그 식별을 곤란하게 한 자
   ③ 건설기계의 구조변경검사 또는 수시검사를 받지 아니한 자
   ④ 검사에 불합격된 건설기계 정비명령을 이행하지 아니한 자
   ⑤ 정기검사 명령, 수시검사 명령 또는 정비 명령을 하는 경우 함께 명령한 사용·운행 중지 명령을 위반하여 사용·운행한 자
   ⑥ 사업정지명령을 위반하여 사업정지기간 중에 검사를 한 자

⑦ 형식승인, 형식변경승인 또는 확인검사를 받지 아니하고 건설기계의 제작 등을 한 자
⑧ 사후관리에 관한 명령을 이행하지 아니한 자
⑨ 내구연한을 초과한 건설기계 또는 건설기계 장치 및 부품을 운행하거나 사용한 자
⑩ 내구연한을 초과한 건설기계 또는 건설기계 장치 및 부품의 운행 또는 사용을 알고도 말리지 아니하거나 운행 또는 사용을 지시한 고용주
⑪ 부품인증을 받지 아니한 건설기계 장치 및 부품을 사용한 자
⑫ 부품인증을 받지 아니한 건설기계 장치 및 부품을 건설기계에 사용하는 것을 알고도 말리지 아니하거나 사용을 지시한 고용주
⑬ 매매용 건설기계의 운행금지 등의 의무를 위반하여 매매용 건설기계를 운행하거나 사용한 자
⑭ 폐기인수 사실을 증명하는 서류의 발급을 거부하거나 거짓으로 발급한 자
⑮ 폐기요청을 받은 건설기계를 폐기하지 아니하거나 등록번호표를 폐기하지 아니한 자
⑯ 건설기계조종사면허를 받지 아니하고 건설기계를 조종한 자
⑰ 건설기계조종사면허를 거짓이나 그 밖의 부정한 방법으로 받은 자
⑱ 소형건설기계의 조종에 관한 교육과정의 이수에 관한 증빙서류를 거짓으로 발급한 자
⑲ 술에 취하거나 마약 등 약물을 투여한 상태에서 건설기계를 조종한 자와 그러한 자가 건설기계를 조종하는 것을 알고도 말리지 아니하거나 건설기계를 조종하도록 지시한 고용주
⑳ 건설기계조종사면허가 취소되거나 건설기계조종사면허의 효력정지처분을 받은 후에도 건설기계를 계속하여 조종한 자
㉑ 건설기계를 도로나 타인의 토지에 버려둔 자

■ 과태료(법 제44조)
① 다음의 어느 하나에 해당하는 자에게는 300만원 이하의 과태료를 부과한다.
   ㉠ 등록번호표를 부착하지 아니하거나 봉인하지 아니한 건설기계를 운행한 자
   ㉡ 정기검사를 받지 아니한 자
   ㉢ 건설기계임대차 등에 관한 계약서를 작성하지 아니한 자
   ㉣ 정기적성검사 또는 수시적성검사를 받지 아니한 자
   ㉤ 시설 또는 업무에 관한 보고를 하지 아니하거나 거짓으로 보고한 자
   ㉥ 소속 공무원의 검사·질문을 거부·방해·기피한 자
   ㉦ 정당한 사유 없이 직원의 출입을 거부하거나 방해한 자
② 다음의 어느 하나에 해당하는 자에게는 100만원 이하의 과태료를 부과한다.
   ㉠ 수출의 이행 여부를 신고하지 아니하거나 폐기 또는 등록을 하지 아니한 자
   ㉡ 등록번호표를 부착·봉인하지 아니하거나 등록번호를 새기지 아니한 자
   ㉢ 등록번호표를 가리거나 훼손하여 알아보기 곤란하게 한 자 또는 그러한 건설기계를 운행한 자
   ㉣ 등록번호의 새김명령을 위반한 자

㉮ 건설기계안전기준에 적합하지 아니한 건설기계를 사용하거나 운행한 자 또는 사용하게 하거나 운행하게 한 자
　　　㉯ 조사 또는 자료제출 요구를 거부·방해·기피한 자
　　　㉰ 검사유효기간이 끝난 날부터 31일이 지난 건설기계를 사용하게 하거나 운행하게 한 자 또는 사용하거나 운행한 자
　　　㉱ 특별한 사정 없이 건설기계임대차 등에 관한 계약과 관련된 자료를 제출하지 아니한 자
　　　㉲ 건설기계사업자의 의무를 위반한 자
　　　㉳ 안전교육 등을 받지 아니하고 건설기계를 조종한 자
　③ 다음의 어느 하나에 해당하는 자에게는 50만원 이하의 과태료를 부과한다.
　　　㉠ 임시번호표를 붙이지 아니하고 운행한 자
　　　㉡ 등록사항의 변경신고에 따른 신고를 하지 아니하거나 거짓으로 신고한 자
　　　㉢ 등록의 말소를 신청하지 아니한 자
　　　㉣ 등록번호표 제작자가 지정받은 사항을 변경하려는 경우 변경신고를 하지 아니하거나 거짓으로 변경신고한 자
　　　㉤ 등록번호표를 반납하지 아니한 자
　　　㉥ 국토교통부령으로 정하는 범위를 위반하여 건설기계를 정비한 자
　　　㉦ 건설기계형식의 승인 등에 따른 신고를 하지 아니한 자
　　　㉧ 건설기계사업자의 변경신고 등의 의무에 따른 신고를 하지 아니하거나 거짓으로 신고한 자
　　　㉨ 건설기계사업의 양도·양수 등의 신고에 따른 신고를 하지 아니하거나 거짓으로 신고한 자
　　　㉩ 매매용 건설기계를 사업장에 제시하거나 판 경우에 신고를 하지 아니하거나 거짓으로 신고한 건설기계매매업자
　　　㉪ 건설기계를 수출 전까지 등록을 말소한 시·도지사에게 등록말소사유 변경신고를 하지 아니하거나 거짓으로 신고한 자
　　　㉫ 건설기계의 소유자 또는 점유자의 금지행위를 위반하여 건설기계를 세워 둔 자
　④ ①부터 ③까지의 규정에 따른 과태료는 대통령령으로 정하는 바에 따라 국토교통부장관, 시·도지사, 시장·군수 또는 구청장이 부과·징수한다.

CHAPTER 07 안전관리

[01] 산업안전일반

■ "산업재해"란 노무를 제공하는 사람이 업무에 관계되는 건설물·설비·원재료·가스·증기·분진 등에 의하거나 작업 또는 그 밖의 업무로 인하여 사망 또는 부상하거나 질병에 걸리는 것을 말한다(산업안전보건법 제2조제1호).

■ 안전점검은 산업재해 방지 대책을 수립하기 위하여 위험요인을 발견하는 방법으로 주된 목적은 위험을 사전에 발견하여 시정하는 것이다.

■ 안전수칙 준수의 효과
① 직장의 신뢰도를 높여 준다.
② 이직률이 감소된다.
③ 기업의 투자경비를 절감할 수 있다.
④ 상하 동료 간 인간관계가 개선된다.
⑤ 고유 기술이 축적되어 품질이 향상되고, 생산효율을 높인다.
⑥ 회사 내 규율과 안전수칙이 준수되어 질서유지가 실현된다.

■ 산업재해 조사목적
① 동종재해 및 유사재해 재발 방지(근본적인 목적)
② 재해원인 규명
③ 자료 수집으로 예방 대책 수립

■ 안전사고와 부상의 종류
① 중상해 : 부상으로 인하여 2주 이상의 노동 손실을 가져온 상해 정도
② 경상해 : 부상으로 인하여 1일 이상 14일 미만의 노동 손실을 가져온 상해 정도
③ 경미상해 : 부상으로 8시간 이하의 휴무 또는 작업에 종사하면서 치료를 받는 상해 정도

▌ 산업재해의 통상적 분류에서 통계적 분류

　① **사망** : 업무상 목숨을 잃게 되는 경우
　② **중상해** : 부상으로 인하여 8일 이상 노동력 상실을 가져온 상해
　③ **경상해** : 부상으로 1일 이상 7일 이하의 노동력 상실을 가져온 상해
　④ **무상해 사고** : 응급처치 이하의 상처로 작업에 종사하면서 치료를 받는 상해

▌ 재해발생 시 조치요령

　운전 정지 → 피해자 구조 → 응급조치 → 2차 재해방지

▌ 사고의 원인

직접원인	물적 원인	불안전한 상태(1차 원인)
	인적 원인	불안전한 행동(1차 원인)
	천재지변	불가항력
간접원인	교육적 원인	개인적 결함(2차 원인)
	기술적 원인	
	관리적 원인	사회적 환경, 유전적 요인

▌ 사고유발의 직접원인

불안전한 상태(물적 원인)	불안전한 행동(인적 원인)
• 물적인 자체의 결함 • 방호조치의 결함 • 물건의 두는 방법, 작업개소의 결함 • 보호구, 복장 등의 결함 • 작업환경의 결함 • 부외적, 자연적 불안전한 상태	• 위험한 장소 접근 • 안전장치의 기능 제거 • 복장, 보호구의 잘못 사용 • 기계·기구의 잘못 사용 • 운전 중인 기계장치의 손질 • 불안전한 속도 조작 • 위험물 취급 부주의 • 불안전한 상태 방치 • 불안전한 자세 동작 • 감독 및 연락 불충분

▌ 보호구의 구비조건

　① 착용이 간편할 것
　② 작업에 방해가 안 될 것
　③ 위험, 유해요소에 대한 방호성능이 충분할 것
　④ 재료의 품질이 양호할 것
　⑤ 구조와 끝마무리가 양호할 것
　⑥ 외양과 외관이 양호할 것

▌ 장갑은 선반작업, 드릴작업, 목공기계작업, 연삭작업, 제어작업 등을 할 때 착용하면 불안전한 보호구이다.

▌ 작업복의 조건
① 주머니가 적고, 팔이나 발이 노출되지 않는 것이 좋다.
② 점퍼형으로 상의 옷자락을 여밀 수 있는 것이 좋다.
③ 소매가 단정할 수 있도록, 소매를 오므려 붙이도록 되어 있는 것이 좋다.
④ 소매를 손목까지 가릴 수 있는 것이 좋다.
⑤ 작업복은 몸에 알맞고, 동작이 편해야 한다.
⑥ 작업복은 항상 깨끗한 상태로 입어야 한다.
⑦ 착용자의 연령, 성별을 감안하여 적절한 스타일을 선정한다.

▌ 방호장치의 일반 원칙
① 작업방해의 제거
② 작업점의 방호
③ 외관상의 안전화
④ 기계특성의 적합성

▌ 안전보건표지의 종류와 형태(산업안전보건법 시행규칙 [별표 6])
① 금지표지

출입금지	보행금지	차량통행금지	사용금지
탑승금지	금연	화기금지	물체이동금지

② 경고표지

인화성물질경고	산화성물질경고	폭발성물질경고	급성독성물질경고
부식성물질경고	발암성·변이원성·생식독성·전신독성·호흡기과민성물질경고	방사성물질경고	고압전기경고
매달린물체경고	낙하물경고	고온경고	저온경고
몸균형상실경고	레이저광선경고	위험장소경고	

③ 지시표지

보안경 착용	방독마스크 착용	방진마스크 착용	보안면 착용	안전모 착용
귀마개 착용	안전화 착용	안전장갑 착용	안전복 착용	

④ 안내표지

녹십자표지	응급구호표지	들 것	세안장치	비상용기구

비상구	좌측비상구	우측비상구

[02] 기계·기기 및 공구에 관한 사항

▌주요 렌치

① **오픈엔드렌치** : 박스렌치보다 큰 힘을 줄 수는 없지만 보다 빠르게 볼트, 너트를 조이거나 풀 수 있으며, 연료파이프라인의 피팅(연결부)을 풀고 조일 때 사용한다.
② **파이프렌치** : 파이프 또는 이와 같이 둥근 물체를 잡고 돌리는 데 사용한다.
③ **토크렌치** : 여러 개의 볼트머리나 너트를 조일 때 조이는 힘을 균일하게 하기 위해 사용하는 렌치로 한 손은 지지점을 고정한 뒤, 눈으로는 게이지 눈금을 확인하면서 조인다.
④ **복스렌치** : 볼트머리나 너트 주위를 완전히 감싸기 때문에 미끄러질 위험성이 적으므로 오픈엔드 렌치보다 더 빠르고, 수월하게 작업할 수 있다는 장점이 있다.
⑤ **조정렌치** : 볼트머리나 너트를 가장 안전하게 조이거나 풀 수 있는 공구이다.

▌스패너 작업 시 유의 사항

① 스패너의 입(口)이 너트의 치수와 들어맞는 것을 사용해야 한다.
② 스패너에 더 큰 힘을 전달하기 위해 자루에 파이프 등을 끼우는 행위를 하지 않아야 한다.
③ 스패너와 너트가 맞지 않을 때 쐐기를 넣어 사용하지 않아야 한다.
④ 너트에 스패너를 깊이 물리도록 하여 완전히 감싸고 조금씩 당기는 방식으로 풀고, 조인다.
⑤ 스패너 작업 시 몸의 균형을 잡는다.
⑥ 스패너를 해머처럼 사용하는 등 본래의 용도가 아닌 방식으로 사용하지 않는다.
⑦ 스패너를 죄고, 풀 때에는 항상 앞으로 당긴다.
⑧ 장시간 보관할 때에는 방청제를 얇게 바른 뒤 건조한 장소에 보관한다.

■ 해머 사용 시 유의 사항
① 손상된 해머(손잡이에 금이 갔거나 해머의 머리가 손상된 것, 쐐기가 없는 것, 낡은 것, 모양이 찌그러진 것)를 사용하지 말 것
② 협소한 장소나 발판이 불안한 장소에서 해머 작업을 하지 않는다.
③ 재료에 변형이나 요철이 있을 때 해머를 타격하면 한쪽으로 튕겨서 부상당할 수 있으므로 주의한다.
④ 불꽃이 생기거나 파편이 생길 수 있는 작업에서는 반드시 보호안경을 써야 한다.
⑤ 장갑이나 기름 묻은 손으로 자루를 잡지 않는다.
⑥ 작업할 물건에 해머를 대고 무게중심이 잘 잡히도록 몸의 위치와 발을 고정하여 작업한다.
⑦ 작업에 적합한 무게의 해머를 선택하여 목표에 잘 맞도록 처음부터 크게 휘두르지 않도록 한두 번 가볍게 타격하다가 점차 크게 휘둘러 적당한 힘으로 작업한다.

■ 연삭 작업 시 유의 사항
① 연삭숫돌은 사용 전 3분 이상 시운전(공회전)하고, 만약 사용 전에 연삭숫돌을 점검하여 균열이 있는 것은 사용하지 않으며, 소음이나 진동이 심할 때 즉시 정지하여 점검한다.
② 연삭기의 덮개 노출각도는 전체 원주의 1/4을 초과하지 말고, 연삭숫돌과 받침대 간격은 3mm 이내로 유지한다.
③ 작업 시 연삭숫돌의 측면을 사용하여 작업하지 말고, 연삭숫돌 정면으로부터 150° 정도 비켜서서 작업한다.
④ 가공물은 급격한 충격을 피하고 점진적으로 접촉시킨다.
⑤ 작업모, 안전화, 보안경, 방진마스크, 보호장갑을 착용한다.

■ 사용한 공구는 면걸레로 깨끗이 닦아서 공구상자나 공구를 보관하는 지정된 장소에 보관한다.

■ 작업복 등이 말려들 수 있는 위험이 존재하는 기계 및 기구에는 회전축, 커플링, 벨트 등이 있으며, 동력전달장치에서 발생하는 재해 중 벨트로 인해 발생하는 사고가 가장 많다.

■ 회전하는 물체를 탈·부착하거나 풀리에 벨트를 거는 등의 작업을 하는 경우에는 회전 물체가 완전히 정지할 때까지 기다렸다가 작업을 해야 한다.

[03] 작업안전(가스)

■ 도시가스사업법상 용어(도시가스사업법 시행규칙 제2조)
   ① 고압 : 1MPa 이상의 압력(게이지 압력)을 말한다. 다만, 액체상태의 액화가스는 고압으로 본다.
   ② 중압 : 0.1MPa 이상 1MPa 미만의 압력을 말한다. 다만, 액화가스가 기화되고, 다른 물질과 혼합되지 아니한 경우에는 0.01MPa 이상 0.2MPa 미만의 압력을 말한다.
   ③ 저압 : 0.1MPa 미만의 압력을 말한다. 다만, 액화가스가 기화되고, 다른 물질과 혼합되지 아니한 경우에는 0.01MPa 미만의 압력을 말한다.
   ※ 1MPa = 10.197kg/cm^2

■ 도시가스가 누출되었을 경우 폭발할 수 있는 조건
   ① 누출된 가스의 농도는 폭발범위 내에 들어야 한다.
   ② 누출된 가스에 불씨 등의 점화원이 있어야 한다.
   ③ 점화가 가능한 공기(산소)가 있어야 한다.
   ④ 가스 누출에 의해 폭발범위 내에 점화원이 존재할 경우 가스는 폭발한다.

■ 지상에 설치된 가스배관의 외면에 반드시 표시해야 할 사항으로 가스명, 흐름 방향, 압력 등이 있다.

■ 가스배관 지하매설 심도(도시가스사업법 시행규칙 [별표 6])
   ① 공동주택 등의 부지 내 : 0.6m 이상
   ② 폭 8m 이상의 도로 : 1.2m 이상. 다만, 도로에 매설된 최고사용압력이 저압인 배관에서 횡으로 분기하여 수요가에게 직접 연결되는 배관의 경우에는 1m 이상으로 할 수 있다.
   ③ 폭 4m 이상 8m 미만인 도로 : 1m 이상. 다만, 다음의 어느 하나에 해당하는 경우에는 0.8m 이상으로 할 수 있다.
      ㉠ 호칭지름이 300mm(KS M 3514에 따른 가스용 폴리에틸렌관의 경우에는 공칭외경 315mm를 말한다) 이하로서 최고 사용압력이 저압인 배관
      ㉡ 도로에 매설된 최고사용압력이 저압인 배관에서 횡으로 분기하여 수요가에게 직접 연결되는 배관

■ 배관은 외면으로부터 도로의 경계까지 수평거리 1m 이상, 도로 밑의 다른 시설물과 0.3m 이상의 거리를 유지한다(도시가스사업법 시행규칙 [별표 5]).

■ 도시가스배관 매설상황 확인(도시가스사업법 제30조의3)

도시가스사업이 허가된 지역에서 굴착공사를 하려는 자는 굴착공사를 하기 전에 해당 지역을 공급권역으로 하는 도시가스사업자가 해당 토지의 지하에 도시가스배관이 묻혀 있는지에 관하여 확인하여 줄 것을 산업통상자원부령으로 정하는 바에 따라 정보지원센터에 요청하여야 한다. 다만, 도시가스 배관에 위험을 발생시킬 우려가 없다고 인정되는 굴착공사로서 대통령령으로 정하는 공사의 경우에는 그러하지 아니하다.

■ 도시가스 배관의 표면색상은 지상 배관은 황색으로 하고, 매설 배관은 최고사용압력이 저압인 배관은 황색, 중압인 배관은 적색으로 한다(도시가스사업법 시행규칙 [별표 5]).

■ 가스용기의 도색 구분(고압가스 안전관리법 시행규칙 [별표 24])

가스의 종류	산 소	수 소	아세틸렌	그 밖의 가스
도색 구분	녹 색	주황색	황 색	회 색

※ 의료용 산소 가스용기의 도색은 백색이다.

[04] 작업안전(전기)

■ 전기기기에 의한 감전사고를 막기 위하여 필요한 설비로 접지설비가 가장 중요하다.

■ 애자란 전선을 철탑의 완금(Arm)에 기계적으로 고정시키고, 전기적으로 절연하기 위해서 사용하는 것이다.

■ 가공전선로의 위험 정도는 애자의 개수에 따라 판별한다.

■ 전압 계급별 애자 수

공칭전압(kV)	22.9	66	154	345
애자 수	2~3	4~5	9~11	18~23

■ 굴착으로부터 전력케이블을 보호하기 위하여 표지시트, 지중선로 표시기, 보호판 등을 시설한다.

■ 전선로가 매설된 도로에서 기계굴착 작업 중 모래가 발견되면 인력으로 작업을 한다.

▌ 도로에서 파일 항타, 굴착작업 중 지하에 매설된 전력케이블에 충격 또는 손상이 가해지면 전력공급이 차단되거나 일정 시일 경과 후 부식 등으로 전력공급이 중단될 수 있다.

▌ 지하 전력케이블이 지상 전주로 입상 또는 지상 전력선이 지하 전력케이블로 입하하는 전주상에는 기기가 설치되어 있어 절대로 접촉 또는 근접해서는 안 된다.

▌ 굴착작업 중 주변의 고압선로 등에 주의할 사항은 작업 전 작업장치를 한 바퀴 회전시켜 고압선과 안전거리를 확인한 후 작업한다.

▌ 전력케이블이 매설돼 있음을 표시하기 위한 표지 시트는 차도에서 지표면 아래 30cm 깊이에 설치되어 있다.

[05] 작업상의 안전(연소와 소화)

▌ 연소의 3요소 : 가연성 물질, 점화원(불), 공기(산소)

▌ 화재의 분류 및 소화대책
① A급 화재 : 일반화재 – 냉각소화
② B급 화재 : 유류・가스화재 – 질식소화
③ C급 화재 : 전기화재 – 냉각 또는 질식소화
④ D급 화재 : 금속화재 – 질식소화(냉각소화는 금지)

▌ 소화설비
① 포말소화설비는 연소면을 포말로 덮어 산소의 공급을 차단하는 질식작용에 의해 화염을 진화시킨다.
② 분말소화설비는 미세한 분말소화제를 화염에 방사시켜 화재를 진화시킨다.
③ 물분무소화설비는 연소물의 온도를 인화점 이하로 냉각시키는 효과가 있다.
④ 이산화탄소소화설비는 질식작용에 의해 화염을 진화시킨다.

[06] 작업상의 안전(용접)

▌ 아세틸렌 용접장치 안전기의 설치
　① 취관마다 안전기를 설치한다(주관 및 취관에 가장 가까운 분기관(分岐管)마다 안전기를 부착한 경우 제외).
　② 가스용기가 발생기와 분리되어 있는 아세틸렌 용접장치에 대하여 발생기와 가스용기 사이에 안전기를 설치한다.

▌ 토치에 점화시킬 때에는 아세틸렌 밸브를 먼저 열고 난 다음에 산소 밸브를 연다.

▌ 가스용접 호스 : 산소용은 흑색 또는 녹색, 아세틸렌용은 적색으로 표시한다.

▌ 용접작업 시 유해 광선으로 눈에 이상이 생겼을 때 응급처치요령은 냉수로 씻어 낸 다음 치료한다.

기출복원문제

제1회~제7회 기출복원문제

합격의 공식 시대에듀 www.sdedu.co.kr

기출복원문제

01 기관에서 피스톤의 행정이란?

① 피스톤의 길이
② 실린더 벽의 상하 길이
③ 상사점과 하사점과의 총면적
❹ 상사점과 하사점과의 거리

02 압력식 라디에이터 캡에 있는 밸브는?

① 입력밸브와 진공밸브
❷ 압력밸브와 진공밸브
③ 입구밸브와 출구밸브
④ 압력밸브와 메인밸브

해설
라디에이터 캡의 압력밸브는 물의 비등점을 높이고, 진공밸브는 냉각 상태를 유지할 때 과랭 현상이 되는 것을 막아 주는 일을 한다.

03 오일펌프에서 펌프량이 적거나 유압이 낮은 원인이 아닌 것은?

❶ 오일탱크에 오일이 너무 많을 때
② 펌프 흡입라인(여과망) 막힘이 있을 때
③ 기어와 펌프 내벽 사이 간격이 클 때
④ 기어 옆 부분과 펌프 내벽 사이 간격이 클 때

해설
① 오일탱크에 오일이 너무 적을 때

04 라디에이터 캡의 스프링이 파손되는 경우 발생하는 현상은?

① 냉각수 비등점이 높아진다.
② 냉각수 순환이 불량해진다.
③ 냉각수 순환이 빨라진다.
❹ 냉각수 비등점이 낮아진다.

해설
스프링이 파손되면 압력 밸브의 밀착이 불량하여 비등점이 낮아진다.

05 엔진오일의 작용에 해당되지 않는 것은?

① **오일제거작용** ✓
② 냉각작용
③ 응력분산작용
④ 방청작용

> 해설
> 엔진오일의 작용
> 윤활작용(마찰감소, 마멸방지), 냉각작용, 응력분산작용, 밀봉작용, 방청작용, 청정작용, 분산작용 등

06 기관에서 작동 중인 엔진오일에 가장 많이 포함되는 이물질은?

① 유입먼지
② 금속분말
③ 산화물
④ **카본(Carbon)** ✓

07 유압식 밸브 리프터의 장점이 아닌 것은?

① 밸브 간극은 자동으로 조절된다.
② 밸브 개폐시기가 정확하다.
③ **밸브 구조가 간단하다.** ✓
④ 밸브 기구의 내구성이 좋다.

> 해설
> 밸브 구조가 복잡하다.

08 디젤기관의 노크 방지 방법으로 틀린 것은?

① 세탄가가 높은 연료를 사용한다.
② 압축비를 높게 한다.
③ 흡기압력을 높게 한다.
④ **실린더 벽의 온도를 낮춘다.** ✓

> 해설
> 실린더 벽의 온도를 높인다.

09 다음 중 내연기관의 구비조건으로 틀린 것은?

① **단위중량당 출력이 작을 것**
② 열효율이 높을 것
③ 저속에서 회전력이 작을 것
④ 점검 및 정비가 쉬울 것

해설
① 단위중량당 출력이 클 것

10 디젤기관 연료장치의 구성품이 아닌 것은?

① **예열플러그**
② 분사노즐
③ 연료공급펌프
④ 연료여과기

해설
예열플러그는 예열장치에 속한다.

11 디젤기관의 직접분사실식 연소실에 대한 특성으로 적합하지 않은 것은?

① 연소압력이 다른 형식에 비하여 상대적으로 높아 진동과 소음이 크다.
② 다른 형식에 비하여 연료소비율이 가장 낮다.
③ 연료의 착화점에 민감하다.
④ **다른 형식에 비하여 기관의 성능이 분사노즐의 상태에 민감하게 반응하지 않는다.**

해설
분사압력이 가장 높아 분사펌프 노즐의 수명이 짧다.

12 기동전동기의 전기자코일을 시험하는 데 사용되는 시험기는?

① 전류계 시험기
② 전압계 시험기
③ **그라울러 시험기**
④ 저항 시험기

13 축전지(Battery)에 대한 설명으로 틀린 것은?

❶ 과방전은 축전지의 충전을 위해 필요하다.
② 전기적 에너지를 화학적 에너지로 바꾸어 저장한다.
③ 원동기를 시동할 때 전력을 공급한다.
④ 전기가 필요할 때는 전기적 에너지로 바꾸어 공급한다.

[해설]
축전지를 과방전 상태로 오래 두면 극판이 영구 황산납이 되는 셜페이션 현상이 발생하여 충전하여도 회복되지 못하는 상태가 된다.

14 종합경보장치인 에탁스(ETACS)의 기능으로 가장 거리가 먼 것은?

① 간헐 와이퍼 제어기능
② 뒷유리 열선 제어기능
③ 감광 룸 램프 제어기능
❹ 메모리 파워시트 제어기능

[해설]
ETACS는 Electronic(전자), Time(시간), Alarm(경보), Control(제어), System(장치)의 머리글자를 하나씩 따서 만든 합성어로 자동차 전기장치 중 시간에 의해 작동하는 장치 또는 경보를 발생해 운전자에게 알려 주는 장치를 통합한 장치이다.

15 디젤기관의 전기장치에 없는 것은?

❶ 스파크 플러그
② 글로 플러그
③ 축전지
④ 솔레노이드 스위치

[해설]
스파크 플러그는 가솔린기관에 사용된다.

16 AC 발전기에서 전류가 발생되는 곳은?

① 여자코일
② 레귤레이터
❸ 스테이터 코일
④ 계자코일

[해설]
스테이터 코일은 로터코일에 의해 교류전기를 발생시킨다.

17 타이어식 건설기계의 휠 얼라인먼트에서 토인의 필요성이 아닌 것은?

☑ ① 조향바퀴의 방향성을 준다.
② 타이어의 이상마멸을 방지한다.
③ 조향바퀴를 평행하게 회전시킨다.
④ 바퀴가 옆방향으로 미끄러지는 것을 방지한다.

해설
①은 캐스터의 필요성이다.
토인의 필요성
• 앞바퀴를 평행하게 회전하도록 하여 주행을 쉽게 해준다.
• 앞바퀴의 옆방향 미끄러짐과 타이어의 마멸을 막는다.
• 조향 링키지 마멸에 의해 토아웃이 되는 것을 방지한다.
• 노면과의 마찰을 줄인다.

18 클러치의 필요성으로 틀린 것은?

☑ ① 전·후진을 위해
② 관성운동을 하기 위해
③ 기어 변속 시 기관의 동력을 차단하기 위해
④ 기관 시동 시 기관을 무부하 상태로 하기 위해

해설
클러치의 필요성
• 기관 시동 시 기관을 무부하 상태로 한다.
• 변속 시 기관 동력을 차단한다.
• 정차 및 기관의 동력을 서서히 전달한다.

19 타이어식 건설기계에서 조향바퀴의 토인을 조정하는 것은?

① 핸들
☑ ② 타이로드
③ 웜기어
④ 드래그링크

해설
타이로드 엔드 불량 시 핸들의 흔들림 및 타이어 이상마모현상이 생긴다.

20 건설기계 안전기준에 관한 규칙상 건설기계 높이의 정의로 옳은 것은?

① 앞차축의 중심에서 건설기계의 가장 윗부분까지의 최단거리
☑ ② 작업장치를 부착한 자체중량 상태의 건설기계의 가장 위쪽 끝이 만드는 수평면으로부터 지면까지의 최단거리
③ 뒷바퀴의 윗부분에서 건설기계의 가장 윗부분까지의 수직 최단거리
④ 지면에서부터 적재할 수 있는 최단거리

21 건설기계관리법령상 국토교통부령으로 정하는 바에 따라 등록번호표를 부착 및 봉인하지 않은 건설기계를 운행하여서는 아니 된다. 이를 1차 위반했을 경우의 과태료는?(단, 임시번호표를 부착한 경우는 제외)

① 5만원 ② 10만원
③ 50만원 ❹ 100만원

[해설]
과태료의 부과기준(건설기계관리법 시행령 [별표 3])

위반행위	과태료 금액		
	1차 위반	2차 위반	3차 위반 이상
등록번호표를 부착하지 않거나 봉인하지 않은 건설기계를 운행한 경우	100만원	200만원	300만원

22 건설기계에서 등록의 경정은 어느 때 하는가?

❶ 등록을 행한 후에 그 등록에 관하여 착오 또는 누락이 있음을 발견한 때
② 등록을 행한 후에 소유권이 이전되었을 때
③ 등록을 행한 후에 등록지가 이전되었을 때
④ 등록을 행한 후에 소재지가 변동되었을 때

[해설]
등록의 경정(건설기계관리법 시행령 제8조)
시·도지사는 규정에 의한 등록을 행한 후에 그 등록에 관하여 착오 또는 누락이 있음을 발견한 때에는 부기로써 경정등록을 하고, 그 뜻을 지체 없이 등록명의인 및 그 건설기계의 검사대행자에게 통보하여야 한다.

23 타이어식 건설기계에서 전후 주행이 되지 않을 때 점검하여야 할 곳으로 틀린 것은?

❶ 타이로드 엔드를 점검한다.
② 변속 장치를 점검한다.
③ 유니버설 조인트를 점검한다.
④ 주차 브레이크 잠김 여부를 점검한다.

24 건설기계소유자 또는 점유자가 건설기계를 도로에 계속하여 버려두거나 정당한 사유 없이 타인의 토지에 버려둔 경우의 처벌은?

① 1년 이하의 징역 또는 500만원 이하의 벌금
② 1년 이하의 징역 또는 400만원 이하의 벌금
❸ 1년 이하의 징역 또는 1,000만원 이하의 벌금
④ 1년 이하의 징역 또는 200만원 이하의 벌금

[해설]
건설기계관리법 제33조제3항을 위반하여 건설기계를 도로나 타인의 토지에 버려둔 자는 1년 이하의 징역 또는 1,000만원 이하의 벌금에 처한다(건설기계관리법 제41조제19호).
건설기계의 소유자 또는 점유자의 금지행위(건설기계관리법 제33조제3항)
건설기계의 소유자 또는 점유자는 건설기계를 도로에 계속하여 버려두거나 정당한 사유 없이 타인의 토지에 버려두어서는 아니 된다.

25 건설기계관리법에서 규정하는 "건설기계정비업"의 범위에 해당하는 것은?

① 배터리·전구의 교환
② 오일의 보충
❸ 기계 부분품의 가공제작·교체
④ 타이어의 점검 정비 및 트랙의 장력 조정

해설
건설기계정비업이란 건설기계를 분해·조립 또는 수리하고 그 부분품을 가공제작·교체하는 등 건설기계를 원활하게 사용하기 위한 모든 행위(경미한 정비행위 등 국토교통부령으로 정하는 것은 제외)를 업으로 하는 것을 말한다(건설기계관리법 제2조제1항제5호).
건설기계정비업의 범위에서 제외되는 행위(건설기계관리법 시행규칙 제1조의3)
• 오일의 보충
• 에어클리너 엘리먼트 및 필터류의 교환
• 배터리·전구의 교환
• 타이어의 점검·정비 및 트랙의 장력 조정
• 창유리의 교환

26 시·도지사로부터 등록번호표제작통지 등에 관한 통지서를 받은 건설기계소유자는 받은 날부터 며칠 이내에 등록번호표 제작자에게 제작 신청을 하여야 하는가?

❶ 3일
② 10일
③ 20일
④ 30일

해설
등록번호표제작 등의 통지(건설기계관리법 시행규칙 제17조제3항)
규정에 의하여 통지서 또는 명령서를 받은 건설기계소유자는 그 받은 날부터 3일 이내에 등록번호표제작자에게 그 통지서 또는 명령서를 제출하고 등록번호표제작 등을 신청하여야 한다.

27 건설기계조종사면허의 취소·정지 사유가 아닌 것은?

❶ 등록번호표를 가리거나 훼손하여 알아보기 곤란하게 한 때
② 건설기계조종사면허증을 타인에게 대여한 때
③ 고의 또는 과실로 건설기계에 중대한 사고를 발생하게 한 때
④ 부정한 방법으로 조종사면허를 받은 때

해설
등록번호표를 가리거나 훼손하여 알아보기 곤란하게 한 자 또는 그러한 건설기계를 운행한 자에게는 100만원 이하의 과태료를 부과한다(건설기계관리법 제44조제2항).

28 건설기계사업을 영위하고자 하는 자는 누구에게 등록하여야 하는가?

❶ 시장·군수·구청장
② 전문건설기계정비업자
③ 국토교통부장관
④ 건설기계폐기업자

해설
건설기계사업의 등록(건설기계관리법 제21조제1항)
건설기계사업을 하려는 자(지방자치단체는 제외)는 대통령령으로 정하는 바에 따라 사업의 종류별로 특별자치시장·특별자치도지사·시장·군수 또는 자치구의 구청장(시장·군수·구청장)에게 등록하여야 한다.

29 다음 중 건설기계 등록 신청을 받을 수 있는 자는 누구인가?

① 행정안전부장관
② 읍·면·동장
③ **서울특별시장** ✓
④ 경찰서장

해설
건설기계 등록의 신청(건설기계관리법 제3조제2항)
건설기계의 소유자가 건설기계 등록을 할 때에는 특별시장·광역시장·특별자치시장·도지사 또는 특별자치도지사(시·도지사)에게 건설기계 등록신청을 하여야 한다.

30 건설기계의 봉인을 떼고 번호표를 반납하는 경우가 아닌 것은?

① 부정한 방법으로 등록한 때
② 수출하는 때
③ 건설기계의 차대가 등록 시의 차대와 다를 때
④ **건설기계를 도난당한 때** ✓

해설
등록번호표의 반납(건설기계관리법 제9조)
등록된 건설기계의 소유자는 다음의 어느 하나에 해당하는 경우에는 10일 이내에 등록번호표의 봉인을 떼어낸 후 그 등록번호표를 국토교통부령으로 정하는 바에 따라 시·도지사에게 반납하여야 한다.
• 건설기계의 등록이 말소된 경우(건설기계가 천재지변 또는 이에 준하는 사고 등으로 사용할 수 없게 되거나 멸실된 경우, 건설기계를 도난당한 경우, 건설기계를 폐기한 경우는 제외)
• 건설기계의 등록사항 중 등록번호가 변경된 경우
• 등록번호표의 부착 및 봉인을 신청하는 경우

31 타이어 롤러 구동체인의 조정은?

① **디퍼렌셜 기어 하우징의 조정심(Shim)으로 한다.** ✓
② 구동체인을 늘이거나 줄여서 한다.
③ 뒷바퀴 축이 구동하므로 조정하지 않는다.
④ 타이어의 공기압력을 조정하면 된다.

32 머캐덤 롤러 작업 시 모래땅이나 연약 지반에서 작업 또는 직진성을 좋게 하기 위하여 설치하는 장치는?

① 트랜스미션 록 장치
② 파이널 드라이브 유성기어 장치
③ 전·후진 미션 저·고속장치
④ **차동로크장치** ✓

해설
차동로크장치(차동제한장치, 차동고정장치)는 일시자동장치를 정지시키는 것으로 구동륜이 무른 땅에 빠지거나 슬립이 일어날 때에 이용할 수 있다.

33 2륜 철륜 롤러에서 안내륜과 연결되어 있는 요크의 주유는?

① 유압오일을 주유한다.
❷ 그리스를 주유한다.
③ 주유할 필요가 없다.
④ 기어오일을 주유한다.

34 유압구동식 롤러의 특징이 아닌 것은?

① 동력의 단절과 연결, 가속이 원활하다.
② 전·후진의 교체, 변속 등이 한 개의 레버로 변환이 가능하다.
③ 부하에 관계없이 속도 조절이 된다.
❹ 작동유 관리가 불필요하다.

[해설]
④ 작동유 관리가 필요하다.

35 건설장비 중 롤러(Roller)에 관한 설명으로 틀린 것은?

❶ 앞바퀴와 뒷바퀴가 각각 1개씩 일직선으로 되어 있는 롤러를 머캐덤 롤러라고 한다.
② 탬핑 롤러는 댐의 축제공사와 제방, 도로, 비행장 등의 다짐작업에 쓰인다.
③ 진동 롤러는 조종사가 진동에 따른 피로감으로 인해 장시간 작업을 하기 힘들다.
④ 타이어 롤러는 공기타이어의 특성을 이용한 것으로, 탠덤 롤러에 비하여 기동성이 좋다.

[해설]
앞바퀴와 뒷바퀴가 각각 1개씩 일직선으로 되어 있는 롤러는 탠덤 롤러이다.

36 로드 롤러 작업 시 롤 표면에 부착한 불순물, 아스팔트 혼합물을 제거하기 위한 장치는?

① 차동제한장치
② 플랫(Flat)
③ 테이퍼(Taper)
❹ 롤 스크래이퍼(Scraper)

[해설]
작업 시 롤 표면에 부착한 불순물, 아스팔트 혼합물을 제거하기 위하여 스크래이퍼 장치가 있다.

37 롤러의 다짐방법에 따른 분류상 전압식으로 아스팔트 포장의 표층 다짐에 적합하고 끝마무리 작업에 가장 적합한 장비는?

① 탬 퍼　　② 진동 롤러
❸ 탠덤 롤러　④ 탬핑 롤러

[해설]
일반적인 다짐작업 단계별 사용 롤러의 선정
- 1차 다짐 : 머캐덤 롤러 또는 진동 탠덤 롤러
- 2차 다짐 : 타이어 롤러 또는 무진동 탠덤 롤러 또는 머캐덤 롤러
- 마무리 다짐 : 무진동 탠덤 롤러

38 유니버설 조인트의 설치 목적에 대한 설명 중 맞는 것은?

① 추진축의 길이 변화를 가능케 한다.
② 추진축의 회전속도를 변화해 준다.
③ 추진축의 신축성을 제공한다.
❹ 추진축의 각도 변화를 가능케 한다.

39 축압기(어큐뮬레이터) 취급상의 주의사항으로 틀린 것은?

① 충격 흡수용 축압기는 충격 발생원에 가깝게 설치한다.
❷ 유압펌프 맥동 방지용 축압기는 펌프의 입구 측에 설치한다.
③ 축압기에 봉입하는 가스는 폭발성 기체를 사용하면 안 된다.
④ 축압기에 용접을 하거나 가공, 구멍 뚫기 등을 해서는 안 된다.

[해설]
유압펌프 맥동 방지용 축압기는 펌프의 출구 측에 설치한다.

40 유압 작동유의 특성 중 틀린 것은?

① 온도에 따른 점도변화를 최소로 줄이기 위하여 점도지수는 높아야 한다.
❷ 겨울철 낮은 온도에서 충분한 유동을 보장하기 위하여 유동점은 높아야 한다.
③ 마찰손실을 최대로 줄이기 위한 점도가 있어야 한다.
④ 펌프, 실린더, 밸브 등의 누유를 최소로 줄이기 위한 점도가 있어야 한다.

[해설]
겨울철 낮은 온도에서 충분한 유동을 보장하기 위하여 유동점은 낮아야 한다.

41 유압모터의 특징을 설명한 것으로 틀린 것은?

☑ ① 관성력이 크다.
② 구조가 간단하다.
③ 무단변속이 가능하다.
④ 자동 원격조작이 가능하다.

해설
회전체의 관성력이 작으므로 응답성이 빠르다.

43 유압회로 내의 밸브를 갑자기 닫았을 때, 오일의 속도에너지가 압력에너지로 변하면서 일시적으로 큰 압력 증가가 생기는 현상을 무엇이라 하는가?

① 캐비테이션(Cavitation) 현상
☑ ② 서지(Surge) 현상
③ 채터링(Chattering) 현상
④ 에어레이션(Aeration) 현상

해설
① 캐비테이션(Cavitation) 현상 : 유체의 급격한 압력 변화로 발생하는 공동에 의해 소음, 진동, 마모가 발생하는 현상이다.
③ 채터링(Chattering) 현상 : 유압계통에서 릴리프 밸브 스프링의 장력이 약화될 때 발생할 수 있으며 릴리프 밸브에서 볼(Ball)이 밸브의 시트(Seat)를 때려 소음을 발생시키는 현상이다.
④ 에어레이션(Aeration) 현상 : 액체에 외부 공기나 증기가 미세한 기포 형태로 혼합·유입되어 유체 내에 기포 상태가 형성되는 현상이다.

42 체크 밸브를 나타낸 것은?

☑ ①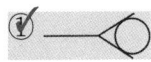
②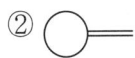
③
④

44 유압으로 작동되는 작업 장치에서 작업 중 힘이 떨어질 때의 원인과 가장 밀접한 밸브는?

☑ ① 메인 릴리프 밸브
② 체크 밸브
③ 방향 전환 밸브
④ 메이크업 밸브

45 유압회로에서 유량제어를 통하여 작업속도를 조절하는 방식에 속하지 않는 것은?

① 미터 인(Meter-in) 방식
② 미터 아웃(Meter-out) 방식
③ 블리드 오프(Bleed-off) 방식
❹ 블리드 온(Bleed-on) 방식

해설
유량제어밸브의 속도제어회로
- 미터 인 회로 : 유압실린더의 입구 측에 유량제어밸브를 설치하여 작동기로 유입되는 유량을 제어함으로써 작동기의 속도를 제어하는 회로
- 미터 아웃 회로 : 유압실린더 출구에 유량제어밸브 설치
- 블리드 오프 회로 : 유압실린더 입구에 병렬로 설치

46 유압유의 점도가 지나치게 높았을 때 나타나는 현상이 아닌 것은?

❶ 오일 누설이 증가한다.
② 유동저항이 커져 압력손실이 증가한다.
③ 동력손실이 증가하여 기계효율이 감소한다.
④ 내부마찰이 증가하고 압력이 상승한다.

해설
오일 누설 증가는 유압유의 점도가 지나치게 낮았을 때 나타나는 현상이다.

47 유압장치에 사용되는 펌프가 아닌 것은?

① 기어 펌프
❷ 원심 펌프
③ 베인 펌프
④ 플런저 펌프

해설
원심 펌프는 해수, 청수용이다.

48 유압펌프 내의 내부 누설은 무엇에 반비례하여 증가하는가?

① 작동유의 오염
❷ 작동유의 점도
③ 작동유의 압력
④ 작동유의 온도

해설
점도는 기름 누설에 반비례한다.

49 유압장치에서 금속가루 또는 불순물을 제거하기 위해 사용되는 부품으로 짝지어진 것은?

① 여과기와 어큐뮬레이터
② 스크레이퍼와 필터
❸ **필터와 스트레이너**
④ 어큐뮬레이터와 스트레이너

해설
유압작동유에 들어 있는 먼지, 철분 등의 불순물은 유압기기 슬라이드 부분을 마모시키고 운동에 저항으로 작용하므로 이를 제거하기 위하여 필터와 스트레이너를 사용한다.
- 필터 : 배관 도중이나 복귀회로, 바이패스 회로 등에 설치하여 미세한 불순물을 여과한다.
- 스트레이너 : 비교적 큰 불순물을 제거하기 위하여 사용하며 유압펌프의 흡입 측에 장치하여 오일탱크로부터 펌프나 회로에 불순물이 혼입되는 것을 방지한다.

50 유압펌프에서 발생한 유압을 저장하고 맥동을 제거시키는 것은?

❶ **어큐뮬레이터**
② 언로딩 밸브
③ 릴리프 밸브
④ 스트레이너

해설
축압기(어큐뮬레이터)는 압력을 저장하거나 맥동 제거, 충격 완화 등의 역할을 한다.

51 중량물 운반 시 안전사항으로 틀린 것은?

① 크레인은 규정용량을 초과하지 않는다.
② 화물을 운반할 경우에는 운전반경 내를 확인한다.
③ 무거운 물건을 상승시킨 채 오랫동안 방치하지 않는다.
❹ **흔들리는 화물은 사람이 승차하여 붙잡도록 한다.**

해설
흔들리기 쉬운 인양물은 가이드로프를 이용해 유도한다.

52 수공구 사용 시 유의사항으로 맞지 않는 것은?

① 무리한 공구 취급을 금한다.
❷ **토크렌치는 볼트를 풀 때 사용한다.**
③ 수공구는 사용법을 숙지하여 사용한다.
④ 공구를 사용하고 나면 일정한 장소에 관리 보관한다.

해설
토크렌치는 볼트, 너트, 작은 나사 등의 조임에 필요한 토크를 주기 위한 체결용 공구이다.

53 작업을 위한 공구관리의 요건으로 가장 거리가 먼 것은?

① 공구별로 장소를 지정하여 보관할 것
❷ 공구는 항상 최소 보유량 이하로 유지할 것
③ 공구 사용 점검 후 파손된 공구는 교환할 것
④ 사용한 공구는 항상 깨끗이 한 후 보관할 것

[해설]
② 공구는 적정 보유량을 확보할 것

54 가스 용접 시 사용되는 산소용 호스는 어떤 색인가?

① 적 색　　② 황 색
❸ 녹 색　　④ 청 색

[해설]
가스 용접 호스 : 산소용은 흑색 또는 녹색, 아세틸렌용은 적색으로 표시한다.

55 벨트에 대한 안전사항으로 틀린 것은?

① 벨트의 이음쇠는 돌기가 없는 구조로 한다.
② 벨트를 걸 때나 벗길 때에는 기계를 정지한 상태에서 실시한다.
③ 벨트가 풀리에 감겨 돌아가는 부분은 커버나 덮개를 설치한다.
❹ 바닥면으로부터 2m 이내에 있는 벨트는 덮개를 제거한다.

56 작업장의 사다리식 통로 등의 설치 기준이 관련법상 틀린 것은?

① 견고한 구조로 할 것
② 발판의 간격은 일정하게 할 것
③ 사다리가 넘어지거나 미끄러지는 것을 방지하기 위한 조치를 할 것
❹ 사다리식 통로의 길이가 10m 이상인 때에는 접이식으로 설치할 것

[해설]
사다리식 통로 등의 구조(산업안전보건기준에 관한 규칙 제24조제1항)
• 견고한 구조로 할 것
• 심한 손상·부식 등이 없는 재료를 사용할 것
• 발판의 간격은 일정하게 할 것
• 발판과 벽과의 사이는 15cm 이상의 간격을 유지할 것
• 폭은 30cm 이상으로 할 것
• 사다리가 넘어지거나 미끄러지는 것을 방지하기 위한 조치를 할 것
• 사다리의 상단은 걸쳐놓은 지점으로부터 60cm 이상 올라가도록 할 것
• 사다리식 통로의 길이가 10m 이상인 경우에는 5m 이내마다 계단참을 설치할 것
• 사다리식 통로의 기울기는 75° 이하로 할 것. 다만, 고정식 사다리식 통로의 기울기는 90° 이하로 하고, 그 높이가 7m 이상인 경우에는 다음 구분에 따른 조치를 할 것
 – 등받이울이 있어도 근로자 이동에 지장이 없는 경우 : 바닥으로부터 높이가 2.5m 되는 지점부터 등받이울을 설치할 것
 – 등받이울이 있으면 근로자가 이동이 곤란한 경우 : 한국산업표준에서 정하는 기준에 적합한 개인용 추락 방지 시스템을 설치하고 근로자로 하여금 한국산업표준에서 정하는 기준에 적합한 전신안전대를 사용하도록 할 것

57 공장 내 작업 안전수칙으로 옳은 것은?

☑ ① 기름걸레나 인화물질은 철재 상자에 보관한다.
② 공구나 부속품을 닦을 때에는 휘발유를 사용한다.
③ 차가 잭에 의해 올려져 있을 때는 직원 외에는 차내 출입을 삼간다.
④ 높은 곳에서 작업 시 훅을 놓치지 않게 잘 잡고, 체인 블록을 이용한다.

58 산업안전보건법령상 안전보건표지에서 색채와 용도가 틀리게 짝지어진 것은?

① 파란색 : 지시
② 녹색 : 안내
☑ ③ 노란색 : 위험
④ 빨간색 : 금지, 경고

해설
안전보건표지의 색도기준 및 용도(산업안전보건법 시행규칙 [별표 8])

색 채	용 도	사용례
빨간색	금 지	정지신호, 소화설비 및 그 장소, 유해행위의 금지
	경 고	화학물질 취급장소에서의 유해·위험 경고
노란색	경 고	화학물질 취급장소에서의 유해·위험경고 이외의 위험경고, 주의표지 또는 기계방호물
파란색	지 시	특정 행위의 지시 및 사실의 고지
녹 색	안 내	비상구 및 피난소, 사람 또는 차량의 통행표지
흰 색		파란색 또는 녹색에 대한 보조색
검은색		문자 및 빨간색 또는 노란색에 대한 보조색

59 소화방식의 종류 중 주된 작용이 질식소화에 해당하는 것은?

① 강화액
② 호스방수
☑ ③ 에어-폼
④ 스프링클러

해설
①, ②, ④는 냉각소화에 해당한다.
질식소화 : 산소 공급을 차단하여 불을 끄는 소화 방법이다. 포말소화기(화학포, 공기포, 에어 폼, 알코올포 등)를 사용하는 유화소화 방식과 분말소화기, CO_2 소화기 등을 사용하는 피복소화 방식 등이 있다.

60 소화설비 선택 시 고려하여야 할 사항이 아닌 것은?

① 작업의 성질
☑ ② 작업자의 성격
③ 화재의 성질
④ 작업장의 환경

제2회 기출복원문제

01 열에너지를 기계적 에너지로 변환시켜 주는 장치는?

① 펌프　② 모터
❸ 엔진　④ 밸브

02 노킹이 발생되었을 때 디젤기관에 미치는 영향이 아닌 것은?

❶ 기관의 rpm이 높아진다.
② 연소실 온도가 상승한다.
③ 엔진에 손상이 발생할 수 있다.
④ 출력이 저하된다.

해설
디젤기관의 노킹 피해
• 기관이 과열되고, 배기 온도가 상승된다.
• 열효율이 저하된다.
• 실린더, 피스톤, 밸브의 손상 및 고착을 발생시킨다.
• 출력이 저하된다.

03 크랭크축의 비틀림 진동에 대한 설명 중 틀린 것은?

① 각 실린더의 회전력 변동이 클수록 커진다.
② 크랭크축이 길수록 커진다.
❸ 강성이 클수록 커진다.
④ 회전부분의 질량이 클수록 커진다.

해설
비틀림 진동은 각 실린더의 크랭크 회전력이 클수록, 회전부분의 질량이 클수록, 크랭크축이 길수록, 강성이 작을수록 커진다.

04 디젤기관에서 압축압력이 저하되는 가장 큰 원인은?

① 냉각수 부족
② 엔진오일 과다
③ 기어오일의 열화
❹ 피스톤링의 마모

해설
기관에서 압축압력이 저하되는 큰 원인은 피스톤링의 마모와 실린더 벽의 마모이다.

05 디젤기관에서 발생하는 진동의 원인이 아닌 것은?

❶ 프로펠러 샤프트의 불균형
② 분사시기의 불균형
③ 분사량의 불균형
④ 분사압력의 불균형

[해설]
프로펠러 샤프트의 불균형 시 소음이 난다.

06 디젤엔진의 연소실에는 연료가 어떤 상태로 공급되는가?

① 기화기와 같은 기구를 사용하여 연료를 공급한다.
❷ 노즐로 연료를 안개와 같이 분사한다.
③ 가솔린 엔진과 동일한 연료공급펌프로 공급한다.
④ 액체 상태로 공급한다.

[해설]
디젤기관은 압축된 고온의 공기 중에 연료를 고압으로 분사하여 자연착화시키는 기관이다.

07 2행정 디젤기관의 소기방식에 속하지 않는 것은?

① 루프 소기식
② 횡단 소기식
❸ 복류 소기식
④ 단류 소기식

[해설]
2행정 디젤기관의 소기방식의 종류 : 루프 소기식, 횡단 소기식, 단류 소기식

08 압력식 라디에이터 캡에 대한 설명으로 옳은 것은?

① 냉각장치 내부압력이 규정보다 낮을 때 공기 밸브는 열린다.
② 냉각장치 내부압력이 규정보다 높을 때 진공 밸브는 열린다.
❸ 냉각장치 내부압력이 부압이 되면 진공 밸브는 열린다.
④ 냉각장치 내부압력이 부압이 되면 공기 밸브는 열린다.

[해설]
냉각장치 내부압력이 규정보다 높을 때는 공기 밸브가 열리고 부압이 되면 진공 밸브가 열린다.

09 수온조절기의 종류가 아닌 것은?

① 벨로스 형식
② 펠릿 형식
③ 바이메탈 형식
④ **마몬 형식** ✓

[해설]
수온조절기의 종류에는 펠릿형, 벨로스형, 바이메탈형이 있으나 펠릿형을 많이 사용한다.

10 4행정 사이클 기관에 주로 사용되고 있는 펌프는?

① 원심식과 플런저식
② 기어식과 플런저식
③ **로터리식과 기어식** ✓
④ 로터리식과 나사식

[해설]
유압펌프의 종류에는 로터리식, 기어식, 플런저식, 베인식이 있으나 기어식과 로터리식이 주로 사용된다.

11 다음 중 윤활유의 기능으로 옳은 것은?

① 마찰 감소, 스러스트작용, 밀봉작용, 냉각작용
② 마멸 방지, 수분 흡수, 밀봉작용, 마찰 증대
③ **마찰 감소, 마멸 방지, 밀봉작용, 냉각작용** ✓
④ 마찰 증대, 냉각작용, 스러스트작용, 응력분산

[해설]
엔진오일의 작용
윤활작용(마찰 감소, 마멸 방지), 밀봉작용, 냉각작용, 청정작용, 방청작용, 응력분산작용, 기포발생 방지작용 등

12 건설기계 운전 작업 중 온도 게이지가 "H" 위치에 근접되어 있다. 운전자가 취해야 할 조치로 가장 알맞은 것은?

① 작업을 계속해도 무방하다.
② 잠시 작업을 중단하고 휴식을 취한 후 다시 작업한다.
③ 윤활유를 즉시 보충하고 계속 작업한다.
④ **작업을 중단하고 냉각수 계통을 점검한다.** ✓

[해설]
"C"는 엔진이 차가운 상태, "H"는 엔진이 필요 이상으로 뜨거운 것을 나타낸다. 따라서 작업을 중단하고 냉각수 계통을 점검한다.

13 전기자 철심을 두께 0.35~1.0mm의 얇은 철판을 각각 절연하여 겹쳐 만드는 주된 이유는?

① 열 발산을 방지하기 위해
② 코일의 발열 방지를 위해
❹ **맴돌이 전류를 감소시키기 위해**
④ 자력선의 통과를 차단시키기 위해

[해설]
전기자 철심은 자력선의 통과를 쉽게 하고, 맴돌이 전류를 감소시키기 위해 성층 철심으로 구성되어 있다.

14 4행정 기관에서 흡·배기밸브가 동시에 열려 있는 구간은?

① 래 그
② 리 드
③ 캠 각
❹ **오버랩**

[해설]
밸브 오버랩(Valve Overlap) : 흡기밸브와 배기밸브가 동시에 열려 있는 시간으로 소기와 급기를 돕고, 배기밸브와 연소실을 냉각시키는 역할을 한다.

15 일반적인 축전지 터미널의 식별법으로 적합하지 않은 것은?

① (+), (-)의 표시로 구분한다.
❷ **터미널의 요철로 구분한다.**
③ 굵고, 가는 것으로 구분한다.
④ 적색과 흑색 등 색으로 구분한다.

[해설]
터미널의 식별방법

구 분	양 극	음 극
문 자	POS	NEG
부 호	+	-
직경(굵기)	음극보다 굵다.	양극보다 가늘다.
색 깔	빨간색	검은색
특 징	부식물이 많은 쪽	

16 교류발전기에서 높은 전압으로부터 다이오드를 보호하는 구성품은 어느 것인가?

❶ **콘덴서**
② 필드 코일
③ 정류기
④ 로 터

[해설]
콘덴서(축전기, Capacitor)의 역할
• 직류 전압을 가하면 각 전극에 전기(전하)를 축적(저장)하는 역할
• 교류에서 직류를 차단하고 교류 성분을 통과시키는 역할

17 납산축전지의 전해액을 만들 때 올바른 방법은?

① 황산에 물을 조금씩 부으면서 유리막대로 젓는다.
② 황산과 물을 1 : 1의 비율로 동시에 붓고 잘 젓는다.
❸ 증류수에 황산을 조금씩 부으면서 잘 젓는다.
④ 축전지에 필요한 양의 황산을 직접 붓는다.

[해설]
전해액을 만들 때 절연체인 용기(질그릇)를 사용하며 증류수에 황산을 조금씩 혼합한다.

18 수동식 변속기가 장착된 건설기계에서 기어의 이상음이 발생하는 이유가 아닌 것은?

① 기어 백래시가 과다
② 변속기의 오일 부족
③ 변속기 베어링의 마모
❹ 웜과 웜기어의 마모

[해설]
웜과 웜기어는 변속기가 아니고 조향기어이다.

19 변속기의 필요성과 관계가 없는 것은?

① 시동 시 장비를 무부하 상태로 한다.
② 기관의 회전력을 증대시킨다.
③ 장비의 후진 시 필요로 한다.
❹ 환향을 빠르게 한다.

[해설]
변속기의 필요성
• 정차 시 엔진의 공전운전을 가능하게 한다.
• 엔진의 회전력(토크)을 증대시킨다.
• 후진을 가능하게 한다.
• 주행속도를 증·감속할 수 있게 한다.

20 건설기계의 출장검사가 허용되는 경우가 아닌 것은?

① 도서지역에 있는 건설기계
❷ 너비가 2.0m를 초과하는 건설기계
③ 최고속도가 35km/h 미만인 건설기계
④ 차체중량이 40ton을 초과하거나 축하중이 10ton을 초과하는 건설기계

[해설]
출장검사(건설기계관리법 시행규칙 제32조제2항)
건설기계가 다음의 어느 하나에 해당하는 경우에는 규정에 불구하고 해당 건설기계가 위치한 장소에서 검사를 할 수 있다.
• 도서지역에 있는 경우
• 자체중량이 40ton을 초과하거나 축중중이 10ton을 초과하는 경우
• 너비가 2.5m를 초과하는 경우
• 최고속도가 35km/h 미만인 경우

21 건설기계조종사의 면허취소 사유에 해당하는 것은?

① 그 밖의 인명피해로 1명을 사망하게 하였을 경우
☑ ② 면허의 효력정지 기간 중 건설기계를 조종한 경우
③ 그 밖의 인명피해로 10명에게 경상을 입힌 경우
④ 건설기계로 1,000만원 이상의 재산피해를 냈을 경우

해설
건설기계조종사면허의 취소·정지처분기준(건설기계관리법 시행규칙 [별표 22])
- 그 밖의 인명피해로 1명을 사망하게 하였을 경우 : 면허효력정지 45일
- 그 밖의 인명피해로 10명에게 경상을 입힌 경우 : 면허효력정지 50일
- 건설기계로 1,000만원 이상의 재산피해를 냈을 경우 : 면허효력정지 20일 이상

22 건설기계관리법령상 연식이 20년 이하의 기종 중 정기검사 유효기간이 3년인 건설기계는?

① 덤프트럭
② 콘크리트믹서트럭
③ 트럭적재식 콘크리트펌프
☑ ④ 무한궤도식 굴착기

해설
정기검사 유효기간(건설기계관리법 시행규칙 [별표 7])
- 무한궤도식 굴착기 : 3년(20년 이하), 1년(20년 초과)
- 덤프트럭 : 1년(20년 이하), 6개월(20년 초과)
- 콘크리트믹서트럭 : 1년(20년 이하), 6개월(20년 초과)
- 트럭적재식 콘크리트펌프 : 1년(20년 이하), 6개월(20년 초과)

23 시·도지사가 지정한 교육기관에서 해당 건설기계의 조종에 관한 교육과정을 이수한 경우 건설기계조종사면허를 받은 것으로 보는 소형 건설기계는?

☑ ① 5ton 미만의 불도저
② 5ton 미만의 지게차
③ 5ton 미만의 굴착기
④ 5ton 미만의 타워크레인

해설
국토교통부령으로 정하는 소형건설기계(건설기계관리법 시행규칙 제73조제2항)
- 5ton 미만의 불도저·로더·천공기(단, 트럭적재식은 제외)
- 3ton 미만의 지게차·굴착기·타워크레인
- 공기압축기, 쇄석기, 준설선
- 콘크리트펌프(단, 이동식에 한정)

24 시·도지사는 검사에 불합격된 건설기계에 대해 며칠 이내의 기간을 정하여 해당 건설기계의 소유자에게 정비명령을 해야 하는가?

① 15일 이내
② 90일 이내
③ 60일 이내
☑ ④ 31일 이내

해설
시·도지사는 검사에 불합격된 건설기계에 대하여는 31일 이내의 기간을 정하여 해당 건설기계의 소유자에게 검사를 완료한 날(검사를 대행하게 한 경우에는 검사결과를 보고받은 날)부터 10일 이내에 정비명령을 하여야 한다. 다만, 건설기계소유자의 주소 등을 통상적인 방법으로 확인할 수 없거나 통지가 불가능한 경우에는 해당 시·도의 공보 및 인터넷 홈페이지에 공고해야 한다(건설기계관리법 시행규칙 제31조제1항).

25 기관의 냉각 팬이 회전할 때 공기가 불어가는 방향은?

✓ ① 방열기 방향
② 엔진 방향
③ 상부 방향
④ 하부 방향

26 건설기계의 연료 주입구는 배기관의 끝으로부터 얼마 이상 떨어져 설치하여야 하는가?

① 5cm
② 10cm
✓ ③ 30cm
④ 50cm

해설
연료장치(건설기계 안전기준에 관한 규칙 제132조)
건설기계의 연료탱크, 주입구 및 가스배출구는 다음의 기준에 맞아야 한다.
- 연료탱크, 연료펌프, 연료배관 및 각종 이음장치에서 연료가 새지 아니할 것
- 연료 주입구 부근에는 사용하는 연료의 종류를 표시하여야 하며, 연료 등의 용제에 의하여 쉽게 지워지지 아니할 것
- 노출된 전기단자 및 전기개폐기로부터 20cm 이상 떨어져 있을 것(연료탱크는 제외)
- 연료 주입구는 배기관의 끝으로부터 30cm 이상 떨어져 있을 것
- 연료탱크는 벽 또는 보호판 등으로 조종석과 분리되는 구조일 것
- 연료탱크는 건설기계 차체에 견고하게 고정되어 있을 것
- 경유를 연료로 사용하는 건설기계의 조속기(연료 분사량 조정기를 말함)는 연료의 분사량을 조작할 수 없도록 봉인되어 있을 것

27 건설기계의 형식에 관한 승인을 얻거나 그 형식을 신고한 자의 사후관리 사항으로 적절하지 않은 것은?

① 건설기계를 판매한 날부터 12개월 동안 무상으로 건설기계의 정비 및 정비에 필요한 부품을 공급하여야 한다.
② 사후관리 기간 내일지라도 취급설명서에 따라 관리하지 아니함으로 인하여 발생한 고장 또는 하자는 유상으로 정비하거나 부품을 공급할 수 있다.
③ 사후관리 기간 내일지라도 정기적으로 교체하여야 하는 부품 또는 소모성 부품에 대하여는 유상으로 공급할 수 있다.
✓ ④ 주행거리가 20,000km를 초과하거나 가동시간이 2,000시간을 초과하여도 2개월 이내이면 무상으로 사후 관리하여야 한다.

해설
건설기계의 사후관리(건설기계관리법 시행규칙 제55조)
㉠ 규정에 의하여 건설기계형식에 관한 승인을 얻거나 그 형식을 신고한 자(제작자 등)는 건설기계를 판매한 날부터 12개월(당사자 간에 12개월을 초과하여 별도 계약하는 경우에는 그 해당 기간) 동안 무상으로 건설기계의 정비 및 정비에 필요한 부품을 공급하여야 한다. 다만, 취급설명서에 따라 관리하지 아니함으로 인하여 발생한 고장 또는 하자와 정기적으로 교체하여야 하는 부품 또는 소모성 부품에 대하여는 유상으로 정비하거나 정비에 필요한 부품을 공급할 수 있다.
㉡ ㉠의 경우 12개월 이내에 건설기계의 주행거리가 20,000km(원동기 및 차동장치의 경우에는 40,000km)를 초과하거나 가동시간이 2,000시간을 초과하는 때에는 12개월이 경과한 것으로 본다.

28 유압식 롤러에서 조향 불능 원인으로 잘못된 것은?

① 유압펌프 결함
② 유압 호스 파손
③ 조향 유압실린더 결함
❹ 밸러스트 불량

29 건설기계의 주요 구조 또는 장치를 변경할 때와 관련된 사항으로 적합하지 않은 것은?

❶ 관할 경찰서장에게 구조변경 승인을 받아야 한다.
② 변경은 건설기계안전기준에 적합하게 하여야 한다.
③ 구조변경검사를 받아야 한다.
④ 구조변경검사는 주요 구조를 변경 또는 개조한 날로부터 20일 이내에 신청하여야 한다.

[해설]
② 누구든지 등록된 건설기계의 주요 구조나 원동기, 동력전달장치, 제동장치 등 주요 장치를 변경 또는 개조하고자 하는 때에는 건설기계안전기준에 적합하게 하여야 한다(건설기계관리법 제17조).
③ 구조변경검사는 건설기계의 주요 구조를 변경하거나 개조한 경우 실시하는 검사이다(건설기계관리법 제13조).
④ 구조변경검사를 받으려는 자는 주요 구조를 변경 또는 개조한 날부터 20일 이내(타워크레인의 주요 구조부를 변경 또는 개조하는 경우에는 변경 또는 개조 후 검사에 소요되는 기간 전에 건설기계구조변경 검사신청서에 서류를 첨부하여 시·도지사에게 제출해야 한다(건설기계관리법 시행규칙 제25조제1항).

30 건설기계 검사소에서 검사를 받아야 하는 건설기계는?

① 콘크리트살포기
❷ 트럭적재식 콘크리트펌프
③ 지게차
④ 스크레이퍼

[해설]
건설기계 검사소에서 검사를 받아야 하는 건설기계(건설기계관리법 시행규칙 제32조제1항)
• 덤프트럭
• 콘크리트믹서트럭
• 콘크리트펌프(트럭적재식)
• 아스팔트살포기
• 트럭지게차(국토교통부장관이 정하는 특수건설기계인 트럭지게차)

31 건설기계관리법에서 정의한 건설기계 형식을 가장 잘 나타낸 것은?

① 엔진구조 및 성능을 말한다.
② 형식 및 규격을 말한다.
③ 성능 및 용량을 말한다.
❹ 구조, 규격 및 성능 등에 관하여 일정하게 정한 것을 말한다.

[해설]
건설기계 형식이란 건설기계의 구조·규격 및 성능 등에 관하여 일정하게 정한 것을 말한다(건설기계관리법 제2조).

32 머캐덤 롤러는 차동장치를 갖고 있는데, 차동장치를 사용하는 목적으로 가장 적합한 것은?

① 좌우 양륜의 회전속도를 일정하게 하기 위해서
☑ 커브에서 무리한 힘을 가하지 않고 선회하기 위해서
③ 연약지반에서 차륜의 공회전을 방지하기 위해서
④ 전륜과 후륜의 접지압을 같게 하기 위해서

해설
머캐덤 롤러 : 3개의 철륜이 3륜 자동차의 바퀴와 같이 배열되어 있는 것을 말하며, 자중은 6~12ton 정도이며 선회 시 원활한 회전을 위해 차동장치가 필요하다.

33 로드 롤러에서 선압이란?

☑ 바퀴의 접지중량을 바퀴의 폭으로 나눈 값
② 바퀴의 폭을 접지중량으로 나눈 값
③ 접지중량을 롤러 1개의 무게로 나눈 값
④ 바퀴의 접지중량을 롤러 총중량으로 나눈 값

해설
"선압"이란 롤러의 다짐압력을 표시하는 것으로서 롤의 중량(W)을 롤의 폭(B)으로 나눈 것을 말한다.

34 공기 타이어의 특성을 이용하여 노면을 다지는 기계로 로드 롤러에 비하여 기동성이 좋은 것은?

① 진동 콤팩터
② 래머와 탬퍼
③ 진동 롤러
☑ 타이어 롤러

35 전압식 롤러(Roller) 중 함수량이 적은 토사를 얕은 두께로 다질 때, 특히 아스팔트 포장의 초기 전압에 적합한 것은?

☑ 머캐덤(Macadam) 롤러
② 탠덤(Tandem) 롤러
③ 탬핑(Tamping) 롤러
④ 타이어(Tire) 롤러

36 타이어 롤러의 차륜 지지방식이 아닌 것은?

① 고정식   ☑ 진동식
③ 요동식   ④ 독립지지식

해설
타이어형 롤러의 차륜 지지방식에는 고정식, 상호요동식, 독립지지식이 있다.

37 연소에 필요한 공기를 실린더로 흡입할 때 먼지 등의 불순물을 여과하여 피스톤 등의 마모를 방지하는 역할을 하는 장치는?

① 과급기(Super Charger)
❷ 에어 클리너(Air Cleaner)
③ 플라이휠(Fly Wheel)
④ 냉각 장치(Cooling System)

38 유압 작동유 및 유압 작동부 온도가 과도하게 상승할 때 원인으로 틀린 것은?

① 유압 작동유가 부족하다.
② 유압펌프 내부 누설이 증가하고 있다.
❸ 유압실린더의 행정이 너무 크다.
④ 밸브의 누유가 많고, 무부하 시간이 짧다.

해설
유압유(작동유)의 온도가 높아지는 원인
• 유압 작동유가 부족할 때
• 유압펌프 내부 누설이 증가되고 있을 때
• 밸브의 누유가 많고, 무부하 시간이 짧을 때
• 유압 작동유가 노화되었을 때
• 유압의 점도가 부적당할 때
• 펌프의 효율이 불량할 때
• 오일 냉각기의 냉각핀 오손
• 냉각 팬의 회전속도가 느릴 때
• 릴리프 밸브가 과도하게 작동할 때

39 도로를 주행 중인 건설기계의 수동식 변속기 기어가 잘 빠지는 원인으로 가장 거리가 먼 것은?

① 로크 볼의 마멸 또는 로크 볼 스프링이 파손되었다.
② 기어 시프트 포크가 마멸되었다.
❸ 기어오일이 부족하거나 변질되었다.
④ 시프트 로드 조정이 불량하다.

해설
기어오일이 부족하거나 오일의 불량 시 변속기에서 소리가 난다.

40 유압회로 내의 공기 혼입 시 조치방법 중 틀린 것은?

❶ 시동을 건 채 유압을 상승시키고 작업한다.
② 시동을 걸어 유압을 상승시킨 후 시동을 끄고 한다.
③ 제어밸브와 공기빼기 플러그를 이용해야 한다.
④ 공기빼기 플러그를 조금씩 풀면서 한다.

해설
유압제동에 공기 혼입 시 공기빼기 순서
• 먼저 엔진을 시동하여 저속 공회전 상태로 두거나 엔진을 정지한 후, 제어밸브를 움직여서 대부분의 유압을 제거하고, 공기빼기 플러그를 조금씩 느슨하게 푼 뒤 제어밸브의 레버를 가볍게 움직여 공기가 전부 배출될 때까지 조작한다.
• 작업이 완료되면 탱크 유면을 점검하여 부족 시에는 보충하면 된다.

41 유압장치에서 오일탱크의 구비조건이 아닌 것은?

① 유면은 적정 위치 "F"에 가깝게 유지해야 한다.
② 발생한 열을 발산할 수 있어야 한다.
③ 공기 및 이물질을 오일로부터 분리할 수 있어야 한다.
❹ **탱크의 크기는 정지할 때 되돌아오는 오일량의 용량과 동일하게 한다.**

[해설]
탱크의 크기는 정지할 때 되돌아오는 오일량의 용량보다 크게 한다.

42 베인 펌프에 대한 설명으로 틀린 것은?

① 날개로 펌핑 동작을 한다.
② 토크(Torque)가 안정되어 소음이 적다.
③ 싱글형과 더블형이 있다.
❹ **베인 펌프는 1단 고정으로 설계된다.**

[해설]
베인 펌프
• 정용량형 펌프와 가변용량형 펌프 등으로 나뉜다.
• 정용량형 펌프에는 1단 펌프, 2단 펌프, 이중 펌프, 복합 펌프 등이 있다.

43 유압의 단점으로 틀린 것은?

❶ **과부하를 막기 어렵다.**
② 오일은 가연성이므로 화재위험이 있다.
③ 회로구성이 어렵고, 누설되는 경우가 있다.
④ 오일은 온도변화에 따라 점도가 변하여 기계의 작동속도가 변한다.

[해설]
유압의 장단점

장 점	단 점
• 작은 동력원으로 큰 힘을 낼 수 있다. • 과부하 방지가 용이하다. • 운동방향을 쉽게 변할 수 있다. • 에너지 축적이 가능하다.	• 구조가 복잡하여 고장 원인을 발견하기 어렵다. • 오일의 온도변화에 따라 점도가 변하면 기계의 작동속도도 변하게 된다. • 관로를 연결하는 곳에서 작동유가 누출될 수 있다. • 작동유 누유로 인해 환경오염을 유발할 수 있다.

44 타이어식 건설기계에서 브레이크를 연속하여 자주 사용해서 브레이크 드럼이 과열되어 마찰계수가 떨어지며, 브레이크 효과가 나빠지는 현상은?

① 노킹 현상
❷ **페이드 현상**
③ 하이드로플레이닝 현상
④ 채팅 현상

45 순차 작동 밸브라고도 하며, 각 유압실린더를 일정한 순서로 순차 작동시키고자 할 때 사용하는 것은?

① 릴리프 밸브
② 감압 밸브
③ **시퀀스 밸브** ✓
④ 언로드 밸브

해설
③ 시퀀스 밸브 : 2개 이상의 분기회로가 있을 때 순차적인 작동을 하기 위한 압력제어밸브
① 릴리프 밸브 : 설정압력을 유지하는 압력제어밸브
② 감압 밸브 : 유량 또는 입구 쪽 압력에 관계없이 출력쪽 압력을 입구 쪽 압력보다 작은 설정압력으로 조정하는 압력제어밸브
④ 언로드 밸브 : 유압회로 내의 압력이 설정압력에 도달하면 펌프에서 토출된 오일을 전부 탱크로 회송시켜 펌프를 무부하로 운전시키는 데 사용하는 밸브

46 플런저가 구동축의 직각방향으로 설치되어 있는 유압모터는?

① 캠형 플런저 모터
② 액시얼형 플런저 모터
③ 블래더형 플런저 모터
④ **레이디얼형 플런저 모터** ✓

해설
플런저 모터 종류
• 레이디얼형 : 플런저가 회전축에 대하여 직각방사형으로 배열된 형식
• 액시얼형 : 플런저가 구동축 방향으로 작동하는 형식

47 유압실린더의 종류에 해당하지 않는 것은?

① 복동실린더 싱글로드형
② 복동실린더 더블로드형
③ **단동실린더 배플형** ✓
④ 단동실린더 램형

해설
유압실린더의 종류
• 단동실린더 : 표준형(단로드 실린더), 특수형(램형, 텔레스코프, 단동 양로드)
• 복동실린더 : 싱글로드형, 더블로드형, 쿠션 내장형, 복동 텔레스코프, 차동 실린더
• 다단실린더 : 텔레스코프형, 디지털형

48 유압·공기압 도면기호 중 그림이 나타내는 것은?

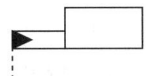

① **유압 파일럿(외부)** ✓
② 공기압 파일럿(외부)
③ 유압 파일럿(내부)
④ 공기압 파일럿(내부)

49 작동유에서 점도지수에 관한 설명으로 틀린 것은?

① 점도지수는 온도에 따른 작동유의 점도변화를 나타내는 값이다.
❷ 점도지수는 클수록 온도변화에 따른 점도변화가 크다.
③ 점도지수가 작은 작동유를 사용하면 예비 운전 시간이 길어질 수가 있다.
④ 일반적으로는 점도지수가 큰 작동유를 선정하는 것이 유리하다.

[해설]
온도에 따라 점도변화가 큰 오일은 점도지수가 작다.

50 건설기계의 작동유 탱크 역할로 틀린 것은?

① 유온을 적정하게 유지하는 역할을 한다.
② 작동유를 저장한다.
③ 오일 내 이물질의 침전작용을 한다.
❹ 유압을 적정하게 유지하는 역할을 한다.

51 전기화재에 적합하며 화재 때 화점에 분사하는 소화기로 산소를 차단하는 소화기는?

① 포말 소화기
❷ 이산화탄소 소화기
③ 분말 소화기
④ 증발 소화기

52 건설기계의 작업 시 주의사항으로 틀린 것은?

① 운전석을 떠날 때는 기관을 정지시킨다.
② 작업 시에는 항상 사람의 접근에 특별히 주의한다.
③ 가능한 한 평탄한 지면으로 주행한다.
❹ 후진 시 후진한 후에 사람 및 장애물 등을 확인한다.

[해설]
후진 시 후진하기 전에 사람 및 장애물 등을 확인한다.

53 기계의 회전부분(기어, 벨트, 체인)에 덮개를 설치하는 이유는?

① 좋은 품질의 제품을 얻기 위하여
② 회전부분의 속도를 높이기 위하여
③ 제품의 제작과정을 숨기기 위하여
❹ 회전부분과 신체의 접촉을 방지하기 위하여

54 수공구 사용방법으로 옳지 않은 것은?

① 좋은 공구를 사용할 것
② 해머의 쐐기 유무를 확인할 것
③ 스패너는 너트에 잘 맞는 것을 사용할 것
❹ 해머의 사용면이 넓고, 얇아진 것을 사용할 것

55 산업재해의 통상적인 분류 중 통계적 분류에 대한 설명으로 틀린 것은?

① 사망 : 업무로 인해서 목숨을 잃게 되는 경우
❷ **중경상 : 부상으로 인하여 30일 이상의 노동 상실을 가져온 상해 정도**
③ 경상해 : 부상으로 1일 이상 7일 이하의 노동 상실을 가져온 상해 정도
④ 무상해 사고 : 응급처치 이하의 상처로 작업에 종사하면서 치료를 받는 상해 정도

해설
산업재해의 통상적 분류에서 통계적 분류
- 사망 : 업무상 목숨을 잃게 되는 경우
- 중상해 : 부상으로 인하여 8일 이상 노동력 상실을 가져온 상해
- 경상해 : 부상으로 1일 이상 7일 이하의 노동력 상실을 가져온 상해
- 무상해 사고 : 응급처치 이하의 상처로 작업에 종사하면서 치료를 받는 상해

56 다음 중 가스누설 검사에 가장 좋고 안전한 것은?

① 아세톤
② 성냥불
③ 순수한 물
❹ **비눗물**

해설
가스누설 검사는 비눗물에 의한 기포발생 여부로 검사한다.

57 안전표지의 종류 중 안내표지에 속하지 않는 것은?

① 녹십자표지
② 응급구호표지
③ 비상구
❹ **출입금지**

해설
출입금지는 금지표지에 속한다.

58 수공구 보관 방법 중 바르지 못한 것은?

❶ **수공구는 한곳에 모아서 보관한다.**
② 숫돌은 건조하고 통풍이 잘되는 곳에 보관한다.
③ 날이 있거나 끝이 뾰족한 물건은 뚜껑을 씌워 보관한다.
④ 종류와 크기를 구분하여 보관한다.

59 일반적인 보호구의 구비조건으로 맞지 않는 것은?

① 착용이 간편할 것
❷ 햇볕에 잘 열화될 것
③ 재료의 품질이 양호할 것
④ 위험·유해요소에 대한 방호성능이 충분할 것

[해설]
보호구의 구비조건
• 착용이 간편할 것
• 작업에 방해가 안 될 것
• 재료의 품질이 양호할 것
• 위험·유해요소에 대한 방호성능이 충분할 것
• 구조와 끝마무리가 양호할 것
• 외양과 외관이 양호할 것

60 굴착공사 중 적색으로 된 도시가스 배관을 손상시켰으나 다행히 가스는 누출되지 않고 피복만 벗겨졌다. 이때의 조치사항으로 가장 적합한 것은?

❶ 해당 도시가스회사에 그 사실을 알려 보수하도록 한다.
② 가스가 누출되지 않았으므로 그냥 되메우기 한다.
③ 벗겨지거나 손상된 피복은 고무판이나 비닐테이프로 감은 후 되메우기 한다.
④ 벗겨진 피복은 부식방지를 위하여 아스팔트를 칠하고 비닐테이프로 감은 후 직접 되메우기 한다.

제3회 기출복원문제

01 특별표지판 부착 대상인 대형 건설기계가 아닌 것은?

① **길이가 15m인 건설기계**
② 너비가 2.8m인 건설기계
③ 높이가 6m인 건설기계
④ 총중량이 45ton인 건설기계

해설
특별표지판을 부착하여야 하는 대형 건설기계의 범위 (건설기계 안전기준에 관한 규칙 제2조)
- 길이가 16.7m를 초과하는 건설기계
- 너비가 2.5m를 초과하는 건설기계
- 높이가 4.0m를 초과하는 건설기계
- 최소회전반경이 12m를 초과하는 건설기계
- 총중량이 40ton을 초과하는 건설기계(단, 굴착기, 로더 및 지게차는 운전중량이 40ton을 초과하는 경우를 말한다)
- 총중량 상태에서 축하중이 10ton을 초과하는 건설기계(단, 굴착기, 로더 및 지게차는 운전중량 상태에서 축하중이 10ton을 초과하는 경우를 말한다)

02 건설기계관리법에 따라 최고주행속도 15 km/h 미만의 타이어식 건설기계가 필히 갖추어야 할 조명장치가 아닌 것은?

① 전조등
② 후부반사기
③ **비상점멸 표시등**
④ 제동등

해설
타이어식 건설기계의 조명장치 설치 기준(건설기계안전기준에 관한 규칙 제155조)

1. 최고주행속도가 15 km/h 미만인 건설기계	• 전조등 • 제동등(단, 유량 제어로 속도를 감속하거나 가속하는 건설기계는 제외) • 후부반사기 • 후부반사판 또는 후부반사지
2. 최고주행속도가 15 km/h 이상 50km/h 미만인 건설기계	• 1.에 해당하는 조명장치 • 방향지시등 • 번호등 • 후미등 • 차폭등
3. 도로교통법에 따른 운전면허를 받아 조종하는 건설기계 또는 50km/h 이상 운전이 가능한 타이어식 건설기계	• 1. 및 2.에 따른 조명장치 • 후퇴등 • 비상점멸 표시등

03 대여사업용 건설기계등록번호표의 색상은?

- ✔ ① 주황색 바탕에 검은색 문자
- ② 흰색 바탕에 검은색 문자
- ③ 초록색 바탕에 흰색 문자
- ④ 빨간색 바탕에 흰색 문자

해설
건설기계등록번호표 색상과 일련번호 숫자(건설기계관리법 시행규칙 [별표 2])
- 관용 : 흰색 바탕에 검은색 문자, 0001~0999
- 자가용 : 흰색 바탕에 검은색 문자, 1000~5999
- 대여사업용 : 주황색 바탕에 검은색 문자, 6000~9999

04 건설기계등록번호표의 표시내용이 아닌 것은?

- ① 기 종
- ② 등록 번호
- ③ 용 도
- ✔ ④ 장비 연식

해설
건설기계등록번호표(등록번호표)에는 용도 · 기종 및 등록 번호를 표시해야 한다(건설기계관리법 시행규칙 제13조).

05 성능이 불량하거나 사고가 자주 발생하는 건설기계의 안전성 등을 점검하기 위하여 실시하는 심사는?

- ① 예비검사
- ② 구조변경검사
- ✔ ③ 수시검사
- ④ 정기검사

해설
수시검사 : 성능이 불량하거나 사고가 자주 발생하는 건설기계의 안전성 등을 점검하기 위하여 수시로 실시하는 검사와 건설기계 소유자의 신청을 받아 실시하는 검사

06 건설기계 운전중량 산정 시 조종사 1명의 체중으로 맞는 것은?

- ① 50kg
- ② 55kg
- ③ 60kg
- ✔ ④ 65kg

해설
운전중량(건설기계 안전기준에 관한 규칙 제2조)
자체중량에 건설기계의 조종에 필요한 최소의 조종사가 탑승한 상태의 중량을 말하며, 조종사 1명의 체중은 65kg으로 본다.

07 우리나라에서 건설기계에 대한 정기검사를 실시하는 검사업무 대행기관은?

☑ ① 대한건설기계 안전관리원
② 자동차정비업협회
③ 건설기계정비협회
④ 교통안전공단

[해설]
대한건설기계 안전관리원은 국내 유일의 건설기계 검사기관이다.

08 해당 건설기계 운전의 국가기술자격소지자가 건설기계 조종 시 면허를 받지 않고 건설기계를 조종할 경우는?

☑ ① 무면허이다.
② 사고 발생 시에만 무면허이다.
③ 도로주행만 하지 않으면 괜찮다.
④ 면허를 가진 것으로 본다.

[해설]
건설기계조종사면허(건설기계관리법 제26조)
건설기계조종사면허를 받으려는 사람은 국가기술자격법에 따른 해당 분야의 기술자격을 취득하고 적성검사에 합격하여야 한다.

09 건설기계소유자가 건설기계의 정비를 요청하여 그 정비가 완료된 후 장기간 해당 건설기계를 찾아가지 않을 시 정비사업자가 할 수 있는 조치사항은?

① 건설기계말소를 할 수 있다.
☑ ② 보관·관리에 소요되는 비용을 받을 수 있다.
③ 폐기인수증을 발부할 수 있다.
④ 과태료를 부과할 수 있다.

[해설]
건설기계의 보관·관리비용의 징수(건설기계관리법 제24조의3)
건설기계사업자는 건설기계의 정비를 요청한 자가 정비가 완료된 후 장기간 건설기계를 찾아가지 아니하는 경우에는 국토교통부령으로 정하는 바에 따라 건설기계의 정비를 요청한 자로부터 건설기계의 보관·관리에 드는 비용을 받을 수 있다.

10 건설기계 형식에 관한 승인을 얻거나 그 형식을 신고한 자는 당사자 간에 별도의 계약이 없는 경우에 건설기계를 판매한 날로부터 몇 개월 동안 무상으로 건설기계를 정비해 주어야 하는가?

① 3개월 ② 6개월
☑ ③ 12개월 ④ 24개월

[해설]
건설기계의 사후관리(건설기계관리법 시행규칙 제55조)
건설기계 형식에 관한 승인을 얻거나 그 형식을 신고한 자(제작자 등)는 건설기계를 판매한 날부터 12개월(당사자 간에 12개월을 초과하여 별도 계약하는 경우에는 그 해당 기간) 동안 무상으로 건설기계의 정비 및 정비에 필요한 부품을 공급하여야 한다.

11 모래, 자갈 및 분쇄된 돌보다 퍼석퍼석한 지반의 시초작업에 주로 사용되는 롤러는?

① **탬핑 롤러**
② 머캐덤 롤러
③ 진동 롤러
④ 타이어 롤러

해설
탬핑 롤러
중공드럼에 돌기를 심은 것으로 단동식과 복동식이 있다. 모래, 자갈 및 분쇄된 돌보다 퍼석퍼석한 지반의 시초작업에 주로 사용된다.

12 타이어 롤러의 바퀴지지 방식 중 각 바퀴마다 독립된 유압실린더 또는 공기 스프링 등을 사용하여 개별 상하운동을 하는 방식은?

① 상호 요동식
② 고정식
③ 일체 지지식
④ **수직 가동식**

해설
타이어 롤러의 차륜지지 방식
- 독립 지지식(수직 가동식) : 각 바퀴마다 독립된 유압실린더 또는 공기 스프링 등을 사용하여 개별 상하운동을 하는 방식, 즉 타이어가 각각의 축에 지지되어 있어 요동하는 형식이다.
- 고정식 : 롤러의 타이어 전체가 하나의 축에 설치되어 있다.
- 상호 요동식 : 2개 이상의 타이어가 동시에 동일한 축에 설치되어 축 중앙부 차체의 핀에 결합되어 있어 지면에 대응하여 좌우로 요동한다.

13 자주식과 피견인식이 있는 방식으로 제방 및 도로 경사지 모서리 다짐에 사용되는 롤러 형식은?

① **진동 롤러**
② 머캐덤 롤러
③ 타이어형 롤러
④ 탬핑 롤러

해설
진동 롤러는 롤러에 유압으로 기진장치를 작동하는 방식으로서 다짐효과가 크고, 적은 다짐 횟수로 충분히 다질 수 있다.

14 롤러의 유압실린더 적용으로 가장 적절한 것은?

① **방향 전환에 사용한다.**
② 살수장치에 사용한다.
③ 메인 클러치 차단에 사용한다.
④ 역전장치에 사용한다.

15 자주식 진동 롤러가 경사지를 내려올 때 안전한 방법은?

① **구동 타이어를 앞쪽으로 하고 내려온다.**
② 드럼 롤러를 앞쪽으로 하고 내려온다.
③ 어느 쪽이나 상관없다.
④ 지그재그 방향으로 내려온다.

16 탠덤, 머캐덤 롤러의 살수 탱크는 어떤 역할을 하는가?

① 엔진에 공급하는 연료를 저장한다.
② 각부 장치에 주유하는 오일을 저장한다.
③ 롤러에 물을 적셔주어 작업 시 점착성을 향상시킨다.
④ **롤러에 물을 적셔주어 작업 시 점착성 물질이 롤에 묻는 것을 방지한다.**

[해설] 살수장치는 타이어 또는 롤에 아스팔트가 부착되지 않도록 물을 뿌려 주는 장치이다.

17 롤러 작업 후 점검 및 관리사항이 아닌 것은?

① 깨끗하게 유지 관리할 것
② 부족한 연료량을 보충할 것
③ **작업 후 항상 모든 타이어를 로테이션 할 것**
④ 볼트, 너트 등의 풀림 상태를 점검할 것

18 유압기기에서 사용하는 배관으로 주로 링크 연결부위의 움직이는 부분에 안전을 위하여 고압의 내구성이 강한 것으로 많이 사용하는 호스는?

① **플렉시블 호스**
② PVC밸브
③ 비닐호스
④ 동 파이프 호스

19 작업복 등이 말려드는 위험이 주로 존재하는 기계 및 기구와 가장 거리가 먼 것은?

① 회전축
② 커플링
③ 벨트
④ **프레스**

[해설] 프레스 작업 중 금형과 금형 사이에 작업자가 끼이는 협착재해가 주로 일어난다.

20 간단한 장비 점검 및 수리를 위해 스패너를 사용하려고 한다. 맞는 것은?

① 스패너는 볼트 너트에 관계없이 아무거나 사용한다.
② 크기가 맞지 않으면 쐐기를 박아서 사용한다.
③ 파이프를 스패너 자루에 끼워서 사용한다.
④ **스패너는 볼트 너트에 맞는 것을 사용한다.**

21 기관의 연료분사펌프에 연료를 보내거나 공기빼기 작업을 할 때 필요한 장치는?

① 체크 밸브(Check Valve)
❷ 프라이밍 펌프(Priming Pump)
③ 오버플로 펌프(Overflow Pump)
④ 드레인 펌프(Drain Pump)

[해설]
프라이밍 펌프 : 연료공급계통의 공기빼기 작업 및 공급펌프를 수동으로 작동시켜 연료탱크 내의 연료를 분사펌프까지 공급하는 공급펌프이다.

22 기동 전동기 구성품 중 자력선을 형성하는 것은?

① 전기자
❷ 계자코일
③ 슬립링
④ 브러시

[해설]
계자코일 : 계자 철심에 감겨져 자력선을 발생한다.

23 디젤기관 시동보조 장치에 사용되는 디컴프(De-comp)의 기능에 대한 설명으로 틀린 것은?

❶ 기관의 출력을 증대하는 장치이다.
② 한랭 시 시동할 때 원활한 회전으로 시동이 잘 될 수 있도록 하는 역할을 하는 장치이다.
③ 기관의 시동을 정지할 때 사용될 수 있다.
④ 기동전동기에 무리가 가는 것을 예방하는 효과가 있다.

[해설]
디컴프는 시동을 원활하게 하는 장치이고 출력을 증대시키는 장치는 과급기이다.

24 엔진오일이 연소실로 올라오는 주된 이유는?

❶ 피스톤링 마모
② 피스톤핀 마모
③ 커넥팅로드 마모
④ 크랭크축 마모

[해설]
기관에서 엔진오일이 연소실로 올라오는 이유는 실린더나 피스톤링이 마모되었기 때문이다.

25 4행정 기관에서 1사이클을 완료할 때 크랭크축은 몇 회전하는가?

① 1회전 ✅ 2회전
③ 3회전 ④ 4회전

해설
4행정 기관은 1사이클당 크랭크축은 2회전, 분사펌프는 1회전하는 기관이다.

26 축전지의 전해액으로 알맞은 것은?

① 순수한 물
② 과산화납
③ 해면상납
✅ 묽은 황산

해설
양극판은 과산화납, 음극판은 해면상납을 사용하며 전해액은 묽은 황산을 이용한다.

27 디젤기관 연료여과기에 설치된 오버플로 밸브(Overflow Valve)의 기능이 아닌 것은?

① 여과기 각 부분 보호
② 연료공급펌프 소음 발생 억제
③ 운전 중 공기 배출 작용
✅ 인젝터의 연료분사시기 제어

해설
오버플로 밸브의 기능
• 연료필터 엘리먼트를 보호한다.
• 연료공급펌프의 소음 발생을 방지한다.
• 연료계통의 공기를 배출한다.

28 교류발전기의 다이오드가 하는 역할은?

① 전류를 조정하고, 교류를 정류한다.
② 전압을 조정하고, 교류를 정류한다.
✅ 교류를 정류하고, 역류를 방지한다.
④ 여자전류를 조정하고, 역류를 방지한다.

29 라디에이터(Radiator)에 대한 설명으로 틀린 것은?

① 라디에이터의 재료 대부분은 알루미늄 합금이 사용된다.
② 단위면적당 방열량이 커야 한다.
③ 냉각효율을 높이기 위해 방열판이 설치된다.
✅ 공기 흐름저항이 커야 냉각효율이 높다.

해설
공기 흐름저항이 작아야 냉각효율이 높다.

30 다음 중 연소실과 연소의 구비조건이 아닌 것은?

✅ 분사된 연료를 가능한 한 긴 시간 동안 완전연소시킬 것
② 평균 유효압력이 높을 것
③ 고속회전에서의 연소 상태가 좋을 것
④ 노크 발생이 적을 것

[해설]
분사된 연료를 가능한 한 짧은 시간 동안 완전연소시킬 것

31 윤활유의 점도가 너무 높은 것을 사용했을 때의 설명으로 맞는 것은?

① 좁은 공간에 잘 침투하므로 충분한 주유가 된다.
✅ 엔진 시동을 할 때 필요 이상의 동력이 소모된다.
③ 점차 묽어지기 때문에 경제적이다.
④ 겨울철에 특히 사용하기 좋다.

[해설]
점도는 오일의 끈적거리는 정도를 나타내며 점도가 너무 높으면 윤활유의 내부마찰과 저항이 커져 동력의 손실이 증가하며, 너무 낮으면 동력의 손실은 적어지지만 유막이 파괴되어 마모감소작용이 원활하지 못하게 된다.

32 기관에서 배기상태가 불량하여 배압이 높을 때 발생하는 현상과 관련 없는 것은?

① 기관이 과열된다.
✅ 냉각수 온도가 내려간다.
③ 기관의 출력이 감소된다.
④ 피스톤의 운동을 방해한다.

[해설]
배압이 높아지면 배출되지 못한 가스열에 의해 기관이 과열되며 이로 인해 냉각수 온도가 상승된다.

33 교류발전기(AC)의 주요 부품이 아닌 것은?

① 로터
② 브러시
③ 스테이터 코일
✅ 솔레노이드 조정기

[해설]
교류발전기의 구조
고정자(스테이터), 회전자(로터), 다이오드, 브러시, 팬 등으로 구성

34 축전지의 용량(전류)에 영향을 주는 요소로 틀린 것은?

① 극판의 수
② 극판의 크기
③ 전해액의 양
✅ **냉각률**

[해설]
축전지 용량에 영향을 미치는 요소
- 셀당 극판의 수
- 극판의 크기
- 전해액(황산)의 양
- 셀의 크기
- 극판의 두께

35 다음 중 디젤기관에만 있는 부품은?

① 워터펌프
② 오일펌프
③ 발전기
✅ **분사펌프**

[해설]
분사펌프는 디젤기관의 연료 분사장치이다.

36 기관의 온도를 측정하기 위해 냉각수의 수온을 측정하는 곳으로 가장 적절한 곳은?

✅ **실린더 헤드 물 재킷 출구부**
② 엔진 크랭크케이스 내부
③ 라디에이터 하부
④ 수온조절기 내부

[해설]
수온 센서는 엔진의 실린더 헤드 물 재킷 출구 부분에 설치되어 냉각수의 온도를 검출한다.

37 엔진오일의 압력이 낮은 원인이 아닌 것은?

① 오일 파이프의 파손
② 오일 펌프의 고장
③ 오일에 다량의 연료 혼입
✅ **프라이밍 펌프의 파손**

[해설]
프라이밍 펌프 : 연료공급계통의 공기빼기 작업 및 공급펌프를 수동으로 작동시켜 연료 탱크 내의 연료를 분사펌프까지 공급하는 공급펌프이다.

38 조향핸들의 유격이 커지는 원인과 관계없는 것은?

① 피트먼 암의 헐거움
✅ **타이어 공기압 과대**
③ 조향기어, 링키지 조정 불량
④ 앞바퀴 베어링 과대 마모

[해설]
타이어의 공기압 과대 시 외부의 충격에 약하고, 불규칙한 마모의 원인이 되며, 특히 중앙 부분이 집중 마모된다.

39 롤러의 운전 중 점검 사항이 아닌 것은?

① 냉각수 온도
② 유압 오일 온도
③ 엔진 회전수
✓ **배터리 전해액**

해설
배터리 전해액 점검은 시동 전 점검 사항이다.

40 조향기어 백래시가 클 경우 발생될 수 있는 현상은?

✓ **핸들의 유격이 커진다.**
② 조향핸들의 축방향 유격이 커진다.
③ 조향각도가 커진다.
④ 핸들이 한쪽으로 쏠린다.

해설
조향기어 백래시가 작으면 핸들이 무거워지고, 너무 크면 핸들의 유격이 커진다.

41 유압장치에서 방향제어밸브에 대한 설명으로 틀린 것은?

① 유체의 흐름 방향을 변환한다.
✓ **액추에이터의 속도를 제어한다.**
③ 유체의 흐름 방향을 한쪽으로 허용한다.
④ 유압실린더나 유압모터의 작동 방향을 바꾸는 데 사용된다.

해설
유량제어밸브가 액추에이터의 속도를 제어한다.

42 유압펌프가 작동 중 소음이 발생할 때의 원인으로 틀린 것은?

① 펌프 축의 편심 오차가 크다.
② 펌프 흡입관 접합부로부터 공기가 유입된다.
✓ **릴리프 밸브 출구에서 오일이 배출되고 있다.**
④ 스트레이너가 막혀 흡입용량이 너무 작아졌다.

해설
유압펌프 작동 중 소음 발생은 기계적인 원인과 흡입되는 공기에 의하며, 릴리프 밸브에서 오일이 누유되면 압력이 떨어지는 원인이 된다.

43 유압 에너지를 공급받아 회전운동을 하는 유압기기는?

① 유압실린더
✓ **유압모터**
③ 유압밸브
④ 롤러 리밋

44 다음 유압기호가 나타내는 것은?

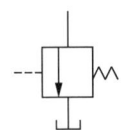

① 릴리프 밸브
② 감압 밸브
③ 순차 밸브
④ 무부하 밸브 ✓

해설
유압기호

릴리프 밸브	감압 밸브

45 유압회로 내에서 서지압(Surge Pressure)이란?

① 과도하게 발생하는 이상 압력의 최댓값 ✓
② 정상적으로 발생하는 압력의 최댓값
③ 정상적으로 발생하는 압력의 최솟값
④ 과도하게 발생하는 이상 압력의 최솟값

46 유압계통 내의 최대압력을 제어하는 밸브는?

① 체크 밸브
② 초크 밸브
③ 오리피스 밸브
④ 릴리프 밸브 ✓

47 유압장치에서 작동 및 움직임이 있는 곳의 연결관으로 적합한 것은?

① 플렉시블 호스 ✓
② 구리 파이프
③ 강 파이프
④ PVC 호스

해설
브레이크액의 유압 전달 또는 차체나 현가장치처럼 상대적으로 움직이는 부분, 작동 및 움직임이 있는 곳에는 플렉시블 호스(Flexible Hose)를 사용하며 외부의 손상에 튜브를 보호하기 위하여 보호용 리브를 부착하기도 한다.

48 2개 이상의 분기회로를 갖는 회로 내에서 작동순서를 회로의 압력 등에 의하여 제어하는 밸브는?

① 체크 밸브
② 시퀀스 밸브 ✓
③ 한계 밸브
④ 서보 밸브

49 유압계통에 사용되는 오일의 점도가 너무 낮을 경우 나타날 수 있는 현상이 아닌 것은?

☑ ① 시동 저항 증가
② 펌프 효율 저하
③ 오일 누설 증가
④ 유압회로 내 압력 저하

[해설]
점도가 너무 낮을 경우
- 유압펌프, 모터 등의 용적효율 저하
- 내부 오일 누설의 증대
- 압력유지의 곤란
- 기기마모의 증대
- 압력 발생 저하로 정확한 작동 불가

50 제동 유압장치의 작동원리는 어느 이론에 바탕을 둔 것인가?

① 열역학 제1법칙
② 보일의 법칙
☑ ③ 파스칼의 원리
④ 가속도 법칙

[해설]
파스칼의 원리
밀폐된 용기 속의 유체 일부에 가해진 압력은 각부의 모든 부분에 같은 세기로 전달된다는 원리이다.

51 전기기기에 의한 감전사고를 막기 위하여 필요한 설비로 가장 중요한 것은?

☑ ① 접지설비
② 방폭등 설비
③ 고압계 설비
④ 대지 전위 상승 설비

[해설]
전기장치는 접지를 하고, 이동식 전기기구는 방호장치를 한다.

52 유류 화재 시 소화방법으로 부적절한 것은?

① 모래를 뿌린다.
☑ ② 다량의 물을 부어 끈다.
③ ABC 소화기를 사용한다.
④ B급 화재 소화기를 사용한다.

[해설]
기름과 물은 섞이지 않기 때문에 기름이 물을 타고 더 확산하게 된다.

53 소화 작업의 기본요소가 아닌 것은?

① 가연물질을 제거하면 된다.
② 산소를 차단하면 된다.
③ 점화원을 제거하면 된다.
④ **연료를 기화시키면 된다.**

[해설]
연료를 기화시키면 화재위험이 더 커진다.

55 안전표지 중 금지표지의 형태는?

① **흰색 바탕에 적색 테두리와 빗선**
② 삼각형의 노란색 바탕에 검정 테두리
③ 원형의 파란색 바탕에 흰색
④ 사각형의 흰색 바탕에 내용 및 문자

54 사고의 원인 중 가장 많은 부분을 차지하는 것은?

① 불가항력
② 불안전한 환경
③ **불안전한 행동**
④ 불안전한 지시

[해설]
산업현장에서는 불안전한 행동에 의한 재해 발생률이 압도적으로 높다.

56 근로자 1,000명당 1년간에 발생하는 재해자수를 나타낸 것은?

① 도수율
② 강도율
③ **연천인율**
④ 사고율

[해설]
연천인율 = (재해자 수 / 평균 근로자 수) × 1,000

57 건설기계의 안전수칙에 대한 설명으로 틀린 것은?

① 운전석을 떠날 때 기관을 정지시켜야 한다.
② 버킷이나 하중을 달아 올린 채로 브레이크를 걸어 두어서는 안 된다.
③ **장비를 다른 곳으로 이동할 때에는 반드시 선회 브레이크를 풀어 놓고 장비로부터 내려와야 한다.**
④ 무거운 하중은 5~10m 들어 올려 브레이크나 기계의 안전을 확인한 후 작업에 임하도록 한다.

해설
장비를 다른 곳으로 이동할 때에는 반드시 선회 브레이크를 걸어 놓고 장비로부터 내려와야 한다.

58 해머 작업 시 틀린 것은?

① 장갑을 끼지 않는다.
② 작업에 알맞은 무게의 해머를 사용한다.
③ **해머는 처음부터 힘차게 때린다.**
④ 자루가 단단한 것을 사용한다.

해설
해머로 타격할 때, 처음과 마지막에는 힘을 많이 가하지 말아야 한다.

59 다음 중 드라이버 사용방법으로 틀린 것은?

① 날 끝 홈의 폭과 깊이가 같은 것을 사용한다.
② **전기 작업 시 자루는 모두 금속으로 되어 있는 것을 사용한다.**
③ 날 끝이 수평이어야 하며 둥글거나 빠진 것은 사용하지 않는다.
④ 작은 공작물이라도 한손으로 잡지 않고 바이스 등으로 고정하고 사용한다.

해설
전기 작업 시 자루는 비전도체 재료(나무, 고무, 플라스틱)로 되어 있는 것을 사용한다.

60 화재 시 연소의 주요 3요소로 틀린 것은?

① **고 압**
② 가연물
③ 점화원
④ 산 소

해설
연소의 3요소 : 가연물(연료), 산소, 점화원(열)

제4회 기출복원문제

01 원심력을 이용해 이물질을 제거하는 여과기는?

① 건식 여과기
② 오일 여과기
③ 습식 여과기
✓ **원심 여과기**

[해설]
원심 여과기
다공형 구조의 원통형 버킷과 그것을 둘러싼 케이싱으로 구성된다. 버킷 안쪽의 여과포에서 여과가 진행되며, 탈수를 동시에 하는 원심 분리기이다.

02 유압 액추에이터의 기능으로 옳은 것은?

✓ **유압을 일로 바꿔 주는 것**
② 유압의 방향을 바꿔 주는 것
③ 오염을 방지하는 것
④ 빠르기를 조절하는 것

[해설]
유압 액추에이터는 유압펌프에서 송출된 압력에너지(힘)를 기계적 에너지로 변환하여 실질적으로 일을 한다.

03 타이어 롤러의 바퀴 지지방식이 아닌 것은?

① 고정식
② 수직 가동식
✓ **부동식**
④ 상호 요동식

[해설]
타이어 롤러의 타이어 지지방식
• 수직 가동식 : 유압식, 공기 스프링식, 프레임 가동식
• 상호 요동식
• 고정식 : 차륜 고정식, 차륜 사행식

04 12V로 동일한 용량의 축전기 두 개를 직렬로 연결하면 나타나는 상황으로 옳은 것은?

① 용량이 감소한다.
② 용량이 증가한다.
✓ **전압이 증가한다.**
④ 저항이 감소한다.

[해설]
축전지의 병렬연결과 직렬연결
같은 용량, 같은 전압의 축전지 두 개를 병렬연결하면 용량은 두 배가 되고, 전압은 한 개일 때와 같다. 반면 직렬연결하면 전압은 상승하여 두 배가 되고, 용량은 한 개일 때와 같다.

05 유압장치에서 방향제어밸브의 설명으로 가장 적절한 것은?

✅ ① 오일의 흐름 방향을 바꿔 주는 밸브이다.
② 오일의 압력을 바꿔 주는 밸브이다.
③ 오일의 유량을 바꿔 주는 밸브이다.
④ 오일의 온도를 바꿔 주는 밸브이다.

해설
유압회로에 사용되는 제어밸브
- 압력제어밸브 : 일의 크기 제어
- 유량제어밸브 : 일의 속도 제어
- 방향제어밸브 : 일의 방향 제어

07 다음 중 금속화재에 해당되는 것은?

① A급 화재
✅ ② D급 화재
③ B급 화재
④ C급 화재

해설
화재의 분류 및 소화대책
- A급 화재 : 일반화재 – 냉각소화
- B급 화재 : 유류·가스화재 – 질식소화
- C급 화재 : 전기화재 – 냉각 또는 질식소화
- D급 화재 : 금속화재 – 질식소화(냉각소화는 금지)

06 건설기계정비업의 범위에서 제외되는 행위가 아닌 것은?

① 배터리 교환
✅ ② 엔진 탈·부착 및 정비
③ 오일의 보충
④ 창유리의 교환

해설
건설기계정비업의 범위에서 제외되는 행위(건설기계관리법 시행규칙 제1조의3)
- 오일의 보충
- 에어클리너 엘리먼트 및 필터류의 교환
- 배터리·전구의 교환
- 타이어의 점검·정비 및 트랙의 장력 조정
- 창유리의 교환

08 디젤기관 연료여과기에 설치된 오버플로 밸브(Overflow Valve)의 기능이 아닌 것은?

① 여과기 각 부분 보호
② 연료 공급 펌프 소음 발생 억제
③ 운전 중 공기 배출 작용
✅ ④ 인젝터의 연료 분사시기 제어

해설
오버플로 밸브의 역할
- 연료필터 엘리먼트를 보호한다.
- 연료 공급 펌프의 소음 발생을 방지한다.
- 연료계통의 공기를 배출한다.

09 다음 중 가변용량형 유압펌프의 기호는?

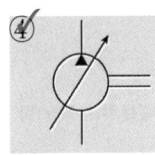

해설
① 가변 교축밸브, ② 단동 실린더, ③ 여과기

10 검사소 이외의 장소에서 출장검사를 받을 수 있는 건설기계에 해당하는 것은?

① 덤프트럭
② 아스팔트살포기
③ 트럭적재식 콘크리트펌프
④ **피견인식 롤러**

해설
검사소에서 검사하여야 하는 건설기계(건설기계관리법 시행규칙 제32조)
• 덤프트럭
• 콘크리트믹서트럭
• 콘크리트펌프(트럭적재식)
• 아스팔트살포기
• 트럭지게차(영 [별표 1] 제26호에 따라 국토교통부장관이 정하는 특수건설기계인 트럭지게차)

11 로드 롤러 작업 시 롤 표면에 부착된 불순물이나 아스팔트 혼합물을 제거하는 장치는?

① 테이퍼(Taper)
② 플랫(Flat)
③ 밸러스트(Ballast)
④ **롤 스크레이퍼(Scraper)**

해설
로드 롤러 작업 시 롤 표면에 부착된 불순물, 아스팔트 혼합물을 제거하기 위해 스크레이퍼를 설치한다.

12 전류의 3대 작용이 아닌 것은?

① 자기작용
② 발열작용
③ **전기작용**
④ 화학작용

해설
전류의 3대 작용과 응용
• 자기작용 : 전동기, 발전기, 솔레노이드 기구 등
• 발열작용 : 전구, 예열플러그
• 화학작용 : 축전지의 충·방전 작용

13 안전보건표지 중 경고표지로 옳지 않은 것은?

① 급성독성물질 경고
② 인화성물질 경고
☑ 방진마스크 경고
④ 낙하물 경고

해설
'방진마스크 경고'라는 안전보건표지는 없다. '방진마스크 착용' 표지는 지시표지이다(산업안전보건법 시행규칙 [별표 6]).

14 머캐덤 롤러의 동력전달 순서는?

☑ 기관 → 클러치 → 변속기 → 역전기 → 차동장치 → 종감속장치 → 뒤 차륜
② 기관 → 클러치 → 역전기 → 변속기 → 차동장치 → 뒤 차축 → 뒤 차륜
③ 기관 → 클러치 → 역전기 → 변속기 → 차동장치 → 종감속장치 → 뒤 차륜
④ 기관 → 클러치 → 변속기 → 역전기 → 차동장치 → 뒤 차축 → 뒤 차륜

해설
머캐덤 롤러(Macadam Roller)
• 3륜 철륜으로 구성되어 작업의 직진성을 위해 차동제한장치가 있다.
• 가열 포장 아스팔트의 초기 다짐 롤러로 가장 적당하다.

15 롤러의 사용설명서에 대한 내용 중 틀린 것은?

☑ 각 부품의 단가를 파악한다.
② 각부의 명칭과 기능을 파악한다.
③ 장비의 성능을 파악한다.
④ 장비의 유지 관리에 대한 사항을 파악한다.

해설
롤러의 장비 사용설명서를 활용하여 파악할 수 있는 내용
• 각부의 명칭과 기능
• 장비의 작동법과 성능
• 장비의 유지 관리에 대한 사항
• 장비의 안전과 관련된 사항

16 안전장치에 대한 설명으로 옳지 않은 것은?

① 필요한 안전장치는 반드시 설치한다.
② 안전장치 불량 시 즉시 수리한다.
③ 안전장치는 작업 전에 점검한다.
☑ 안전장치는 상황에 따라서 제거해도 된다.

17 롤러의 시동 후 점검사항으로 옳지 않은 것은?

① 엔진에서 이상음이 들리거나 진동이 발생하는지 확인한다.
② 각종 계기의 작동상태를 확인한다.
③ 주행레버 및 작업레버를 작동시켜 시험 운전을 한다.
❹ **엔진 예열 없이 주행한다.**

[해설]
시동 후에는 5~10분 정도 엔진을 예열해야 한다.

18 다음 그림의 안전보건표지가 나타내는 것은?

① 보행금지
② 탑승금지
❸ **몸균형 상실 경고**
④ 위험장소 경고

[해설]
안전보건표지의 종류와 형태(산업안전보건법 시행규칙 [별표 6])

보행금지	탑승금지	위험장소 경고
🚷	🚷	⚠️

19 오일탱크의 구성 부품이 아닌 것은?

① 유면계　② 배 플
❸ **피스톤 로드**　④ 배유구

[해설]
오일탱크 내부를 구성하는 부품으로 스트레이너, 드레인 플러그, 배플, 주입구 캡, 유면계, 배유구 등이 있다. 피스톤 로드는 유압실린더의 구성품이다.

20 건설기계의 등록 전에 임시운행 사유에 해당되지 않는 것은?

❶ **장비 구입 전 이상 유무 확인을 위해 1일간 예비 운행을 하는 경우**
② 등록신청을 하기 위하여 건설기계용 등록지로 운행하는 경우
③ 수출을 하기 위하여 건설기계를 선적지로 운행하는 경우
④ 신개발 건설기계를 시험·연구의 목적으로 운행하는 경우

[해설]
미등록 건설기계의 임시운행 가능 사유(건설기계관리법 시행규칙 제6조)
• 등록신청을 하기 위하여 건설기계를 등록지로 운행하는 경우
• 신규등록검사 및 확인검사를 받기 위하여 건설기계를 검사장소로 운행하는 경우
• 수출을 하기 위하여 건설기계를 선적지로 운행하는 경우
• 수출을 하기 위하여 등록말소한 건설기계를 점검·정비의 목적으로 운행하는 경우
• 신개발 건설기계를 시험·연구의 목적으로 운행하는 경우
• 판매 또는 전시를 위하여 건설기계를 일시적으로 운행하는 경우

21 기동전동기의 마그네틱 스위치란?

① 전류 조절기
② 전압 조절기
③ 저항 조절기
④ **전자석 스위치** ✓

해설
마그네틱 스위치
기동전동기 회전 시 전원을 단속하고 피니언 기어를 플라이휠 링 기어에 치합하도록 기능하는 스위치로 전자석으로 개폐한다.

22 건설기계관리법에서 건설기계조종사의 적성검사 기준항목으로 틀린 것은?

① 시각이 150° 이상일 것
② **언어분별력이 50% 이상일 것** ✓
③ 보청기를 낀 경우 40dB 이상으로 들을 수 있을 것
④ 두 눈을 동시에 떴을 때 양쪽 시력이 0.7 이상일 것

해설
건설기계조종사 적성검사의 기준(건설기계관리법 시행규칙 제76조)
- 두 눈을 동시에 뜨고 잰 시력(교정시력을 포함)이 0.7 이상이고 두 눈의 시력이 각각 0.3 이상일 것
- 55dB(보청기를 사용하는 사람은 40dB)의 소리를 들을 수 있고, 언어분별력이 80% 이상일 것
- 시각은 150° 이상일 것
- 다음의 사유에 해당되지 아니할 것
  - 건설기계 조종상의 위험과 장해를 일으킬 수 있는 정신질환자 또는 뇌전증환자로서 국토교통부령으로 정하는 사람
  - 건설기계 조종상의 위험과 장해를 일으킬 수 있는 마약 · 대마 · 향정신성의약품 또는 알코올중독자로서 국토교통부령으로 정하는 사람

23 건설기계 등록의 말소 사유에 해당하지 않는 것은?

① 건설기계를 폐기한 때
② **건설기계의 구조를 변경했을 때** ✓
③ 건설기계가 천재지변 등으로 멸실되었을 때
④ 건설기계를 수출할 때

해설
등록의 말소(건설기계관리법 제6조)
시 · 도지사는 등록된 건설기계가 다음의 어느 하나에 해당하는 경우에는 그 소유자의 신청이나 시 · 도지사의 직권으로 등록을 말소할 수 있다. 다만, ①, ⑤, ⑧(건설기계의 강제처리(법 제34조의2제2항)에 따라 폐기한 경우로 한정) 또는 ⑫에 해당하는 경우에는 직권으로 등록을 말소하여야 한다.
① 거짓이나 그 밖의 부정한 방법으로 등록을 한 경우
② 건설기계가 천재지변 또는 이에 준하는 사고 등으로 사용할 수 없게 되거나 멸실된 경우
③ 건설기계의 차대(車臺)가 등록 시의 차대와 다른 경우
④ 건설기계가 건설기계안전기준에 적합하지 아니하게 된 경우
⑤ 정기검사 명령, 수시검사 명령 또는 정비 명령에 따르지 아니한 경우
⑥ 건설기계를 수출하는 경우
⑦ 건설기계를 도난당한 경우
⑧ 건설기계를 폐기한 경우
⑨ 건설기계해체재활용업을 등록한 자(건설기계해체재활용업자)에게 폐기를 요청한 경우
⑩ 구조적 제작 결함 등으로 건설기계를 제작자 또는 판매자에게 반품한 경우
⑪ 건설기계를 교육 · 연구 목적으로 사용하는 경우
⑫ 대통령령으로 정하는 내구연한을 초과한 건설기계. 다만, 정밀진단을 받아 연장된 경우는 그 연장기간을 초과한 건설기계
⑬ 건설기계를 횡령 또는 편취당한 경우

24 건설기계조종사의 면허취소 사유가 아닌 것은?

① 거짓이나 그 밖의 부정한 방법으로 건설기계조종사면허를 받은 경우
❷ 도로주행 중 적재한 화물이 추락하여 사람 한 명이 다치는 사고를 일으킨 경우
③ 건설기계의 조종 중 고의로 인명피해를 입힌 경우
④ 약물(마약, 대마, 향정신성 의약품 등)을 투여한 상태에서 건설기계를 조종한 경우

[해설]
건설기계의 조종 중 중대재해가 아닌 과실로 인명피해를 입힌 경우 사망 1명마다 면허효력정지 45일, 중상 1명마다 면허효력정지 15일, 경상 1명마다 면허효력정지 5일의 처분을 받는다(건설기계관리법 시행규칙 [별표 22]).

25 건설기계를 도로나 타인의 토지에 버려둔 자에 대한 처벌로 옳은 것은?

① 2년 이하의 징역 또는 2,000만원 이하의 벌금
❷ 1년 이하의 징역 또는 1,000만원 이하의 벌금
③ 300만원 이하의 벌금
④ 200만원 이하의 벌금

[해설]
건설기계를 도로나 타인의 토지에 버려둔 자는 1년 이하의 징역 또는 1,000만원 이하의 벌금에 처한다(건설기계관리법 제41조).

26 축전지의 구비조건으로 가장 거리가 먼 것은?

① 축전지의 용량이 클 것
② 전기적 절연이 완전할 것
❸ 가급적 크고 다루기 쉬울 것
④ 전해액의 누설방지가 완전할 것

[해설]
축전지의 구비조건
• 축전지의 용량이 클 것
• 전기적 절연이 완전할 것
• 소형으로 가벼우며 운반이 편리할 것
• 전해액의 누설방지가 완전할 것
• 진동에 견딜 수 있을 것
• 축전지의 충전, 검사에 편리한 구조일 것

27 유압장치의 구성요소가 아닌 것은?

① 제어밸브
② 오일탱크
③ 유압펌프
❹ 차동장치

[해설]
유압장치의 기본 구성요소
• 유압발생장치 : 유압펌프, 오일탱크, 배관, 부속장치 (오일 냉각기, 필터, 압력계)
• 유압제어장치 : 방향전환밸브, 압력제어밸브, 유량조절밸브
• 유압구동장치 : 유압모터, 유압실린더 등

28 롤러의 구분으로 옳지 않은 것은?

✓ ① 쇄석 롤러
② 머캐덤 롤러
③ 탠덤 롤러
④ 탬핑 롤러

해설
로드 롤러(머캐덤 롤러, 탠덤 롤러), 탬핑 롤러는 전압식 롤러로 구분된다.

29 유압장치에 사용되는 펌프가 아닌 것은?

① 기어 펌프
✓ ② 원심 펌프
③ 베인 펌프
④ 플런저 펌프

해설
원심 펌프는 해수, 청수용이다.

30 롤러의 일일 점검사항이 아닌 것은?

① 엔진오일 및 연료량 점검
✓ ② 오일 필터 점검
③ 벨트 장력 점검
④ 냉각수 점검

해설
엔진오일 필터는 매 500시간마다 점검하고 교체한다.

31 건설기계조종사면허가 취소되었을 경우 그 사유가 발생한 날부터 며칠 이내에 면허증을 반납해야 하는가?

① 5일
② 7일
✓ ③ 10일
④ 14일

해설
건설기계조종사면허증의 반납(건설기계관리법 시행규칙 제80조)
건설기계조종사면허를 받은 사람은 다음의 어느 하나에 해당하는 때에는 그 사유가 발생한 날부터 10일 이내에 시장·군수 또는 구청장에게 그 면허증을 반납해야 한다.
• 면허가 취소된 때
• 면허의 효력이 정지된 때
• 면허증의 재교부를 받은 후 잃어버린 면허증을 발견한 때

32 건설기계 등록 시 첨부 서류 중 건설기계 출처를 증명하는 서류가 아닌 것은?

① 건설기계제작증
② 수입면장
③ 매수증서
✓ ④ 건설기계제원표

해설
건설기계의 출처를 증명하는 서류(건설기계관리법 시행령 제3조)
• 국내에서 제작한 건설기계 : 건설기계제작증
• 수입한 건설기계 : 수입면장 등 수입사실을 증명하는 서류(다만, 타워크레인의 경우에는 건설기계제작증을 추가로 제출하여야 함)
• 행정기관으로부터 매수한 건설기계 : 매수증서
※ 해당 서류를 분실한 경우에는 해당 서류의 발행사실을 증명하는 서류(원본 발행기관에서 발행한 것으로 한정)로 대체할 수 있다.

33 건설기계조종사 면허를 받지 아니하고 건설기계를 조종한 자에 대한 벌칙 기준은?

① 2년 이하의 징역 또는 2,000만원 이하의 벌금
❷ **1년 이하의 징역 또는 1,000만원 이하의 벌금**
③ 300만원 이하의 벌금
④ 100만원 이하의 벌금

해설
건설기계조종사면허를 받지 아니하고 건설기계를 조종한 자는 1년 이하의 징역 또는 1,000만원 이하의 벌금에 처한다(건설기계관리법 제41조).

34 유압식 진동 롤러의 동력전달 순서로 맞는 것은?

❶ **기관 → 유압펌프 → 유압제어장치 → 유압모터 → 차동기어장치 → 최종감속장치 → 바퀴**
② 기관 → 유압펌프 → 유압제어장치 → 유압모터 → 최종감속장치 → 차동기어장치 → 바퀴
③ 기관 → 유압펌프 → 유압모터 → 유압제어장치 → 차동기어장치 → 최종감속장치 → 바퀴
④ 기관 → 유압펌프 → 유압모터 → 유압제어장치 → 최종감속장치 → 차동기어장치 → 바퀴

해설
진동 롤러
수평 방향의 하중이 수직으로 미칠 때 원심력을 가하고, 기전력을 서로 조합하여 흙을 다짐하며, 적은 무게로 큰 다짐효과를 올릴 수 있는 롤러이다. 종류에는 자주식과 피견인식이 있다.

35 롤러의 시동 전 점검사항이 아닌 것은?

① 냉각수량
② 연료량
❸ **기관의 출력 상태**
④ 작동유 누유 상태

해설
롤러의 시동 전 점검사항
• 보닛을 열고 엔진오일, 냉각수, 팬벨트 장력 등을 확인한다.
• 브레이크액 및 클러치액 용량을 점검한다.
• 작동유량 게이지의 작동유량을 확인한다.
• 차체의 외관 및 롤러, 타이어의 상태를 확인한다.

36 타이어 롤러의 주차 시 안전사항으로 틀린 것은?

① 가능한 한 평탄한 지면을 택한다.
② 부득이하게 경사지에 주차할 때는 경사지에 대하여 직각 주차한다.
❸ **경사지에 주차하더라도 주차제동장치만 체결하면 안전하다.**
④ 주차할 때 깃발이나 점멸등과 같은 경고 등 신호장치를 설치한다.

해설
경사지에 주차할 때는 경사면의 아래를 향한 드럼에 굄 장치를 별도로 해야 한다.

37 다음 중 건설기계사업이 아닌 것은?

☑ 건설기계수출업
② 건설기계대여업
③ 건설기계정비업
④ 건설기계매매업

해설
건설기계사업이란 건설기계대여업, 건설기계정비업, 건설기계매매업 및 건설기계해체재활용업을 말한다(건설기계관리법 제2조).

38 유압유의 압력을 제어하는 밸브가 아닌 것은?

① 릴리프 밸브
☑ 체크 밸브
③ 리듀싱 밸브
④ 시퀀스 밸브

해설
체크 밸브는 유압회로에서 역류를 방지하여 회로 내의 잔류압력을 유지하는 방향제어밸브이다.

39 렌치 작업 시 주의사항으로 틀린 것은?

☑ 너트보다 큰 치수를 사용한다.
② 너트에 렌치를 깊이 물린다.
③ 높거나 좁은 위치에서는 안정된 자세로 작업한다.
④ 렌치를 해머로 두드려서는 안 된다.

해설
렌치(스패너) 작업 시에는 입(口)이 너트의 치수와 들어맞는 것을 사용해야 한다.

40 작업장에서 작업복을 착용하는 이유로 가장 옳은 것은?

① 작업장의 질서를 확립시키기 위해서
② 작업자의 직책과 직급을 알리기 위해서
☑ 재해로부터 작업자의 몸을 보호하기 위해서
④ 작업자의 복장 통일을 위해서

해설
작업복의 조건
- 주머니가 적고, 팔이나 발이 노출되지 않는 것이 좋다.
- 점퍼형으로 상의 옷자락을 여밀 수 있는 것이 좋다.
- 협착사고를 방지하고 분진 등의 유입을 방지하기 위해 작업복의 소매는 오므려 붙이도록 되어 있는 것(고무 밴드, 단추, 벨크로 등으로 조여지는 형태)이 좋다.
- 소매를 손목까지 가릴 수 있는 것이 좋다.
- 몸에 알맞고, 동작이 편한 것이 좋다.
- 항상 깨끗한 상태로 입어야 한다.
- 착용자의 연령, 성별을 감안하여 적절한 스타일을 선정해야 한다.

41 먼지가 많이 발생하는 건설기계 작업장에서 사용하는 마스크로 가장 적합한 것은?

① 산소 마스크
② 가스 마스크
③ 방독 마스크
☑ **방진 마스크**

[해설]
방진 마스크는 공기 중에 부유하고 있는 물질, 즉 고체인 분진이나 퓸 또는 안개와 같은 액체 입자의 흡입을 방지하기 위하여 사용하는 것이다.

42 진동 롤러에 대한 설명으로 맞는 것은?

① 진동 롤러의 기진 장치는 엔진의 폭발을 직접 이용하고 있다.
☑ **진동 롤러는 기진 계통과 주행 계통의 동력전달 계통을 갖추고 있다.**
③ 진동 롤러의 진동수가 높을수록 다짐효과는 작다.
④ 진동 롤러는 모두 자주식이다.

[해설]
① 진동 롤러는 롤러에 유압으로 기진 장치를 작동하는 방식이다.
③ 진동 롤러의 진동수가 높을수록 다짐효과는 커진다.
④ 진동 롤러는 자주식과 피견인식이 있다.

43 유압장치의 수명 연장을 위해 가장 중요한 작업은?

① 오일탱크의 세척
② 오일냉각기의 점검 및 세척
③ 오일펌프의 교환
☑ **오일 필터의 점검 및 교환**

44 강판으로 만든 속이 빈 원통의 외주에 다수의 돌기를 붙인 것으로, 사질토보다는 점토질의 다짐에 효과적인 롤러는?

☑ **탬핑 롤러**
② 탠덤 롤러
③ 머캐덤 롤러
④ 진동 콤팩터

[해설]
탬핑 롤러(Tamping Roller)
• 강판으로 만든 속이 빈 원통의 외주에 다수의 돌기를 붙인 롤러로, 사질토보다는 점토질의 다짐에 효과적이다. 종류에는 자주식과 피견인식이 있다.
• 도로의 성토, 하천제방, 어스 댐(Earth Dam) 등의 넓은 면적을 두꺼운 층으로 균일한 다짐이 필요한 경우에 사용되는 롤러이다.
• 탬핑 롤러의 형태에 따른 구분
  – Sheep Foot Roller : 양 발굽 모양의 가늘고 긴 돌기를 지그재그로 배치한 것
  – Taper Foot Roller : 드럼에 많은 수의 사다리꼴 모양 돌기를 붙인 것
  – Turn Foot Roller : 표면 지층에서 20cm가 넘는 연약한 지반에 사용되며, 흙의 표면을 분쇄하여 다질 수 있고, 그물 모양의 바퀴를 사용하는 롤러 형식
  – Grid Roller : 강봉을 격자상으로 엮은 것

45 엔진오일의 구비조건으로 틀린 것은?

✓ ① 응고점이 높을 것
② 비중과 점도가 적당할 것
③ 인화점과 발화점이 높을 것
④ 기포 발생과 카본 생성에 대한 저항력이 클 것

해설
엔진오일의 구비조건
- 높으면 좋은 것 : 인화점, 발화점, 청정력, 열 및 산에 대한 안정성
- 낮으면 좋은 것 : 카본 생성, 응고점, 유동점, 압축성
- 비중과 점도가 적당할 것
- 기포 발생과 카본 생성에 대한 저항력이 클 것

46 전압식 롤러(Roller) 중 함수량이 적은 토사를 얇은 두께로 다질 때, 특히 아스팔트 포장의 초기 전압에 적합한 것은?

✓ ① 머캐덤(Macadam) 롤러
② 탠덤(Tandem) 롤러
③ 탬핑(Tamping) 롤러
④ 타이어(Tire) 롤러

해설
롤러 종류별 적용 작업
- 머캐덤(Macadam) 롤러 : 가열 포장 아스팔트의 초기 다짐 롤러로 가장 적당하다.
- 탠덤(Tandem) 롤러 : 사질토, 점질토, 쇄석 등의 다짐과 아스팔트 포장의 표층 다짐에 적합하다.
- 탬핑(Tamping) 롤러 : 점토질의 다짐에 효과적이며 도로의 성토, 하천제방, 어스 댐(Earth Dam) 등 넓은 면적을 두꺼운 층으로 균일하게 다져야 할 경우에 사용한다.
- 타이어(Tire) 롤러 : 아스팔트 포장 2차 다듬질에 효과적으로 사용된다.
- 진동 롤러 : 도로 및 구조물의 기초 다짐에 사용하거나 도로, 비행장 활주로 등의 공사에서 마지막 지반·지층 다짐용으로 활용된다.

47 정기심사에 불합격한 건설기계의 정비명령 기간으로 옳은 것은?

① 4개월 이내
② 3개월 이내
③ 60일 이내
✓ ④ 31일 이내

해설
정비명령의 기간(건설기계관리법 시행규칙 제31조)
시·도지사는 검사에 불합격된 건설기계에 대해서는 31일 이내의 기간을 정하여 해당 건설기계의 소유자에게 검사를 완료한 날(검사를 대행하게 한 경우에는 검사 결과를 보고받은 날)부터 10일 이내에 별도 서식에 따라 정비명령을 해야 한다. 다만, 건설기계소유자의 주소 등을 통상적인 방법으로 확인할 수 없거나 통지가 불가능한 경우에는 해당 시·도의 공보 및 인터넷 홈페이지에 공고해야 한다.

48 유압펌프에서 발생한 유압을 저장하고 맥동을 제거하는 것은?

✓ ① 어큐뮬레이터
② 언로딩밸브
③ 릴리프 밸브
④ 스트레이너

해설
축압기(어큐뮬레이터)는 압력을 저장하거나 맥동 제거, 충격 완화 등의 역할을 한다.

49 순차작동 밸브라고도 하며, 각 유압실린더를 일정한 순서로 작동시키고자 할 때 사용하는 것은?

① 릴리프 밸브 ② 감압 밸브
❸ **시퀀스 밸브** ④ 언로드 밸브

해설
① 릴리프 밸브 : 유압회로의 최고압력을 제어하며, 회로의 압력을 일정하게 유지시키는 밸브로서 펌프와 제어밸브 사이에 설치한다.
② 감압(리듀싱) 밸브 : 유압회로에서 입구압력을 감압하여 유압실린더 출구 설정압력 유압으로 유지하는 밸브이다.
④ 언로드(무부하) 밸브 : 유압장치에서 고압·소용량, 저압·대용량 펌프를 조합하여 운전할 때, 작동압이 규정압력 이상으로 상승할 때 동력 절감을 위해 사용하는 밸브이다.

50 특별표지판 부착 대상인 대형 건설기계가 아닌 것은?

❶ **길이가 15m인 건설기계**
② 너비가 2.8m인 건설기계
③ 높이가 6m인 건설기계
④ 총중량 45ton인 건설기계

해설
대형 건설기계의 기준(건설기계 안전기준에 관한 규칙 제2조)
• 길이가 16.7m를 초과하는 건설기계
• 너비가 2.5m를 초과하는 건설기계
• 높이가 4.0m를 초과하는 건설기계
• 최소회전반경이 12m를 초과하는 건설기계
• 총중량이 40ton을 초과하는 건설기계(단, 굴착기, 로더 및 지게차는 운전중량이 40ton을 초과하는 경우)
• 총중량 상태에서 축하중이 10ton을 초과하는 건설기계(단, 굴착기, 로더 및 지게차는 운전중량 상태에서 축하중이 10ton을 초과하는 경우)
※ 대형 건설기계에는 기준에 적합한 특별표지판을 부착하여야 한다(건설기계 안전기준에 관한 규칙 제168조).

51 간단한 장비 점검 및 수리를 위해 스패너를 사용할 때 옳은 것은?

① 스패너는 볼트·너트에 관계없이 아무거나 사용한다.
② 크기가 맞지 않으면 쐐기를 박아서 사용한다.
③ 파이프를 스패너 자루에 끼워서 사용한다.
❹ **스패너는 볼트·너트에 맞는 것을 사용한다.**

해설
①, ④ 스패너의 입(口)이 너트의 치수와 들어맞는 것을 사용해야 한다.
② 스패너와 너트가 맞지 않는다고 쐐기를 넣어 사용하면 안 된다.
③ 스패너에 더 큰 힘을 전달하기 위해 자루에 파이프 등을 끼우면 안 된다.

52 롤러의 운전 중 점검사항이 아닌 것은?

① 냉각수 온도
② 유압 오일 온도
③ 엔진 회전수
❹ **배터리 전해액**

해설
배터리 전해액 점검은 시동 전에 한다.

53 유압 작동유의 점도가 지나치게 낮을 때 나타날 수 있는 현상은?

① 출력이 증가한다.
② 압력이 증가한다.
③ 유동저항이 증가한다.
☑ **유압실린더의 속도가 느려진다.**

> [해설]
> 유압유의 점도별 발생 현상

점도가 너무 높을 경우	점도가 너무 낮을 경우
• 유동저항의 증가로 인한 압력손실 증가 • 동력손실 증가로 기계효율 저하 • 내부마찰의 증대에 의한 온도 상승 • 소음 또는 공동현상 발생 • 유압기기 작동의 둔화	• 압력 저하로 정확한 작동 불가 • 유압펌프, 모터 등의 용적효율 저하 • 내부 오일의 누설 증대 • 압력 유지의 곤란 • 기기의 마모 가속화

55 유압 에너지의 저장, 충격 흡수 등에 이용되는 장치는?

☑ **축압기(Accumulator)**
② 스트레이너(Strainer)
③ 펌프(Pump)
④ 오일탱크(Oil Tank)

> [해설]
> 축압기의 용도 : 유압 에너지의 저장, 충격 압력 흡수, 압력 보상, 유체의 맥동 감쇠 등

54 일반적인 보호구의 구비조건으로 맞지 않는 것은?

① 착용이 간편할 것
☑ **햇볕에 잘 열화될 것**
③ 재료의 품질이 양호할 것
④ 위험·유해요소에 대한 방호성능이 충분할 것

> [해설]
> 보호구의 구비조건
> • 착용이 간편할 것
> • 작업에 방해가 안 될 것
> • 위험·유해요소에 대한 방호성능이 충분할 것
> • 재료의 품질이 양호할 것
> • 구조와 끝마무리가 양호할 것
> • 외양과 외관이 양호할 것

56 작업현장에서 작업 시 사고 예방을 위하여 알아 두어야 할 가장 중요한 사항은?

① 장비의 최고 주행 속도
② 1인당 작업량
③ 최신 기술 적용 정도
☑ **안전수칙**

> [해설]
> 안전수칙 준수의 효과
> • 직장의 신뢰도를 높여 준다.
> • 이직률이 감소된다.
> • 기업의 투자경비를 절감할 수 있다.
> • 상하 동료 간 인간관계가 개선된다.
> • 고유 기술이 축적되어 품질이 향상되고, 생산효율을 높인다.
> • 회사 내 규율과 안전수칙이 준수되어 질서 유지가 실현된다.

57 디젤기관에서 노크 방지법으로 옳지 않은 것은?

① 착화성이 좋은 연료를 사용한다.
② 연소실 벽 온도를 높게 유지한다.
☑ **압축비를 낮춘다.**
④ 착화기간 중의 분사량을 적게 한다.

[해설]
디젤기관의 노크 방지를 위해서는 압축비를 높여야 한다.

58 기관에서 수온 조절기의 설치 위치로 옳은 것은?

☑ **실린더 헤드 물 재킷 출구 부분**
② 실린더 블록 물 재킷 출구 부분
③ 라디에이터 위 탱크 입구 부분
④ 라디에이터 아래 탱크 출구 부분

[해설]
수온 조절기(Thermostat)
실린더 헤드 물 재킷 출구 부분에 설치되어 냉각수 온도에 따라 냉각수 통로를 개폐하여 엔진의 온도를 알맞게 유지하는 기구이다.

59 탠덤, 머캐덤 롤러의 살수장치의 역할로 옳은 것은?

① 엔진에 공급하는 연료를 저장한다.
② 각부 장치에 주유하는 오일을 저장한다.
③ 롤러에 물을 적셔 작업 시 점착성을 향상시킨다.
☑ **롤러에 물을 적셔 작업 시 점착성 물질이 롤에 묻는 것을 방지한다.**

[해설]
살수장치는 타이어 또는 롤에 아스팔트가 부착되지 않도록 물을 뿌려 주는 장치이다.

60 건설기계의 정기검사 신청기간까지 정기검사를 신청한 경우, 다음 정기검사 유효기간의 산정방법으로 옳은 것은?

① 정기검사를 받은 날부터 기산한다.
② 정기검사를 받은 날의 다음 날부터 기산한다.
③ 종전 검사 유효기간 만료일부터 기산한다.
☑ **종전 검사 유효기간 만료일의 다음 날부터 기산한다.**

[해설]
정기검사 유효기간의 산정방법(건설기계관리법 시행규칙 제23조제5항)
시·도지사 또는 검사대행자는 검사결과 해당 건설기계가 검사기준에 적합하다고 인정하는 경우에는 건설기계검사증에 유효기간을 적어 발급해야 한다. 이 경우 유효기간의 산정은 정기검사 신청기간까지 정기검사를 신청한 경우에는 종전 검사 유효기간 만료일의 다음 날부터, 그 외의 경우에는 검사를 받은 날의 다음 날부터 기산한다.

제5회 기출복원문제

01 실린더의 내경이 피스톤 행정보다 작은 기관은?

① 스퀘어 기관
② 단행정 기관
③ 장행정 기관
④ 정방행정 기관

해설
실린더의 내경과 피스톤 행정의 비율에 따른 분류
• 장행정 기관 : 피스톤 행정 > 실린더 내경
• 단행정 기관 : 피스톤 행정 < 실린더 내경
• 정방행정 기관 : 피스톤 행정 = 실린더 내경

02 연소실과 연소의 구비조건으로 옳지 않은 것은?

① 분사된 연료를 가능한 한 긴 시간 동안 완전연소시킬 것
② 평균 유효압력이 높을 것
③ 고속회전에서 연소 상태가 좋을 것
④ 노크 발생이 적을 것

해설
분사된 연료를 가능한 한 짧은 시간 동안 완전연소시켜야 한다.

03 기관효율에 대한 설명으로 옳은 것은?

① 1사이클 중 1개의 실린더에서 수행된 일과 행정체적의 비
② 일을 하기 위해 발생한 동력과 마찰에 의해 손실된 동력의 비
③ 기관에 공급된 총열량 중에서 일로 변환된 열량이 차지하는 비율
④ 실린더에 흡입된 공기질량과 행정체적에 상당하는 대기질량의 비

04 디젤기관의 노크를 방지하기 위한 방법으로 옳지 않은 것은?

① 세탄가가 높은 연료를 사용한다.
② 실린더 벽의 온도를 높게 유지한다.
③ 압축비를 낮게 한다.
④ 연료의 착화성을 좋게 한다.

해설
디젤기관의 노크를 방지하기 위해 압축비를 높게 한다.

05 가솔린기관과 비교하여 디젤기관의 일반적인 특징으로 옳지 않은 것은?

① 소음이 크다.
☑ ② 회전수가 높다.
③ 마력당 무게가 무겁다.
④ 진동이 크다.

해설
디젤기관의 장단점

장 점	단 점
• 압축비가 높아 열효율이 높다. • 값이 싼 저질 중유 사용이 가능하다. • 연료유 사용범위가 넓다. • 자기점화이므로 대형 기관으로 가능하다. • 2행정 제작이 가능하다. • 전기점화장치(고장 잦음)가 필요 없다. • 인화 및 폭발 위험이 낮다.	• 압축압력이 크기 때문에 진동과 소음이 크다. • 마력당 부피가 크고 무겁다. • 큰 시동장치가 필요하다. • 기관 재료비가 비싸다. • 매연이 발생한다. • 가솔린기관과 비교하여 최고 회전수가 낮다.

06 기관에서 피스톤의 행정이란?

① 피스톤의 길이
② 실린더 벽의 상하 길이
③ 상사점과 하사점과의 총면적
☑ ④ 상사점과 하사점과의 거리

07 건설기계 기관이 과열된 상태에서 냉각수를 보충할 때 적합한 방법은?

① 시동을 끄고 즉시 보충한다.
☑ ② 시동을 끄고 냉각시킨 후 보충한다.
③ 기관을 가감속하면서 보충한다.
④ 주행하면서 조금씩 보충한다.

해설
주행 중 냉각수 경고등이 점등되면 엔진을 냉각시킨 후 라디에이터 캡을 열고 냉각수를 보충한다.

08 4행정 기관은 1사이클당 크랭크축이 몇 회전하는가?

① 1회전   ☑ ② 2회전
③ 3회전   ④ 4회전

09 기관의 크랭크축 베어링의 구비조건으로 옳지 않은 것은?

☑ ① 마찰계수가 클 것
② 내피로성이 클 것
③ 매입성이 있을 것
④ 추종 유동성이 있을 것

해설
크랭크축 베어링의 구비조건
• 마찰계수가 작을 것
• 내피로성이 클 것
• 매입성이 있을 것
• 추종 유동성이 있을 것
• 내부식성이 클 것
• 폭발압력에 견딜 수 있는 하중부담능력이 있을 것

10 기관의 피스톤핀을 고정시키는 방법이 아닌 것은?

① 고정식　　　✓ ② 반고정식
③ 전부동식　　④ 반부동식

[해설]
기관의 피스톤핀을 고정시키는 방법 : 고정식, 반부동식(요동식), 전부동식

11 디젤기관의 연소실에 연료를 공급시키는 방법은?

① 기화기와 같은 기구를 사용하여 연료를 공급한다.
✓ ② 노즐로 연료를 안개와 같이 분사한다.
③ 가솔린기관과 동일한 연료공급펌프로 공급한다.
④ 액체 상태로 공급한다.

[해설]
디젤기관은 압축된 고온의 공기 중에 연료를 고압으로 분사하여 자연착화시키는 기관이다.

12 기관의 플라이휠과 항상 같이 회전하는 장치는?

✓ ① 압력판　　　② 릴리스 베어링
③ 클러치축　　④ 디스크

[해설]
압력판은 클러치 커버에 지지되어 클러치 페달을 놓았을 때 클러치 스프링의 장력에 의해 클러치판을 플라이휠에 압착시키는 작용을 한다.

13 클러치의 필요성으로 옳지 않은 것은?

✓ ① 전·후진을 위해
② 관성운동을 하기 위해
③ 기어 변속 시 기관의 동력을 차단하기 위해
④ 기관 시동 시 기관을 무부하 상태로 하기 위해

[해설]
클러치의 필요성
• 기관 시동 시 기관을 무부하 상태로 하기 위해
• 관성운동을 하기 위해
• 기어 변속 시 기관의 동력을 차단하기 위해

14 다음 중 윤활유의 기능으로 옳은 것은?

① 마찰 감소, 스러스트작용, 밀봉작용, 냉각작용
② 마멸 방지, 수분 흡수, 밀봉작용, 마찰 증대
✓ ③ 마찰 감소, 마멸 방지, 밀봉작용, 냉각작용
④ 마찰 증대, 냉각작용, 스러스트작용, 응력분산

[해설]
엔진오일의 기능
윤활작용(마찰 감소, 마멸 방지), 냉각작용, 응력분산작용, 밀봉작용, 방청작용, 청정작용, 분산작용 등

15 엔진오일의 구비조건으로 옳지 않은 것은?

① 응고점이 높을 것 ✓
② 비중과 점도가 적당할 것
③ 인화점과 발화점이 높을 것
④ 기포 발생과 카본 생성에 대한 저항력이 클 것

해설
엔진오일의 구비조건
- 높으면 좋은 것 : 인화점, 발화점, 청정력, 열 및 산에 대한 안정성
- 낮으면 좋은 것 : 카본 생성, 응고점, 유동점, 압축성
- 비중과 점도가 적당할 것
- 기포 발생과 카본 생성에 대한 저항력이 클 것

16 4행정 사이클 기관의 윤활방식 중 피스톤과 피스톤 핀까지 윤활유를 압송하여 윤활하는 방식은?

① 압력식
② 압송식 ✓
③ 비산식
④ 비산압송식

해설
4행정 사이클 기관의 윤활방식
- 비산식 : 커넥팅 로드에 붙어 있는 주걱으로 오일 팬 안의 오일을 각 섭동부에 뿌리는 방식으로 소형 엔진에만 사용된다.
- 압송식 : 크랭크축에 의해 구동되는 오일펌프가 오일 팬 안의 오일을 흡입, 가압하여 각 섭동부에 보내는 방식이다.
- 비산압송식 : 비산식 + 압송식

17 밸브 오버랩에 대한 설명으로 옳은 것은?

① 매 사이클이 끝날 무렵, 상사점 부근에서 흡기밸브와 배기밸브가 함께 닫혀 있는 구간
② 매 사이클이 끝날 무렵, 상사점 부근에서 흡기밸브와 배기밸브가 함께 열려 있는 구간 ✓
③ 매 사이클이 끝날 무렵, 하사점 부근에서 흡기밸브와 배기밸브가 함께 닫혀 있는 구간
④ 매 사이클이 끝날 무렵, 하사점 부근에서 흡기밸브와 배기밸브가 함께 열려 있는 구간

해설
밸브 오버랩(Valve Overlap) : 흡기밸브와 배기밸브가 동시에 열려 있는 구간으로 소기와 급기를 돕고, 배기밸브와 연소실을 냉각시키는 역할을 한다.

18 기관에 사용되는 밸브 스프링 점검과 관계 없는 사항은?

① 직각도
② 코일의 수 ✓
③ 자유 높이
④ 스프링 장력

해설
밸브 스프링 점검사항
- 직각도 : 자유 높이 100mm당 3mm 이상 기울어지면 교환한다.
- 밸브 스프링 접촉면 상태는 2/3 이상 수평이어야 한다.
- 자유 높이 : 규정값의 3% 이상이 감소하면 교환한다.
- 장력 : 장착한 상태에서 장력이 규정값보다 15% 감소하면 교환한다.

19 디젤기관에서 가속페달을 밟으면 직접 연결되어 작용하는 장치는?

① 스로틀 밸브
✓ **② 연료 분사펌프의 랙과 피니언**
③ 노즐
④ 프라이밍펌프

해설
조속기는 가속페달의 모든 조작을 랙에 전달한다. 제어 피니언은 제어 랙의 수평 직선운동을 회전운동으로 바꾸어 제어 슬리브를 회전시켜 피니언과 제어 랙의 상태 위치를 변화시킨다.

20 변속기의 구비조건으로 옳지 않은 것은?

✓ **① 전달효율이 작을 것**
② 변속 조작이 용이할 것
③ 소형, 경량일 것
④ 단계가 없이 연속적인 변속 조작이 가능할 것

해설
변속기의 구비조건
• 전달효율이 좋아야 한다.
• 변속 조작이 쉽고, 신속·정확·정숙하게 이루어져야 한다.
• 소형, 경량이며 수리하기가 쉬워야 한다.
• 단계 없이 연속적으로 변속되어야 한다.

21 회로 내 유체의 흐름 방향을 제어하는 데 사용되는 밸브는?

① 교축 밸브
✓ **② 셔틀 밸브**
③ 감압 밸브
④ 순차 밸브

해설
밸브의 종류
• 방향제어밸브 : 체크 밸브, 셔틀 밸브, 디셀러레이션 밸브, 매뉴얼 밸브(로터리형) 등
• 유량제어밸브 : 교축(스로틀) 밸브, 디바이더 밸브, 플로컨트롤 밸브 등
• 압력제어밸브 : 감압 밸브, 순차(시퀀스) 밸브, 릴리프 밸브, 언로더 밸브, 카운터밸런스 밸브 등

22 엔진의 회전수를 나타내는 rpm이 의미하는 것은?

① 시간당 엔진 회전수
✓ **② 분당 엔진 회전수**
③ 초당 엔진 회전수
④ 10분간 엔진 회전수

23 토크 컨버터에 대한 설명으로 옳은 것은?

① **유체를 사용하여 동력을 전달하는 장치로서 회전력을 증대시킨다.** ✓
② 수동변속기에서 동력을 전달하는 장치로서 회전수를 증대시킨다.
③ 수동변속기에서 동력을 전달하는 장치로서 회전력을 증대시킨다.
④ 인히비터 스위치 신호를 받아 컨트롤 밸브를 작동시킨다.

24 토크 컨버터 내에서 오일의 흐름 방향을 바꾸어 주는 장치는?

① 펌프
② 터빈
③ 가이드 링
④ **스테이터** ✓

[해설]
스테이터는 토크 컨버터 내에서 회전력을 증대시키고 오일의 흐름 방향을 바꾸어 준다.

25 디젤기관 연료장치 내에 있는 공기를 배출하기 위하여 사용하는 펌프는?

① 연료펌프
② 공기펌프
③ 인젝션펌프
④ **프라이밍펌프** ✓

[해설]
프라이밍펌프
디젤기관의 최초 기동 시 또는 연료 공급라인의 탈·장착 시 연료탱크로부터 분사펌프까지의 연료라인 내에 연료를 채우고 연료 속에 들어 있는 공기를 배출하는 역할을 한다.

26 디젤기관의 윤활장치에서 오일여과기의 역할은?

① 오일의 역순환 방지작용
② 오일에 필요한 방청작용
③ **오일에 포함된 불순물 제거작용** ✓
④ 오일 계통에 압력 증대작용

[해설]
오일클리너(여과기)
오일 속의 금속분말이나 이물질을 청정·여과시켜 주는 역할을 한다.

27 다음 기호의 명칭은?

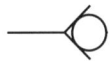

① 무부하 밸브
② 감압 밸브
③ **체크 밸브** ✓
④ 릴리프 밸브

28 유압 작동유가 갖추어야 할 조건에 대한 설명으로 옳지 않은 것은?

① 방청성이 좋을 것
② 온도에 대하여 점도변화가 작을 것
❸ 인화점이 낮을 것
④ 화학적으로 안정될 것

[해설]
유압 작동유는 인화점과 발화점이 높아야 한다.

29 기관의 윤활유를 점검한 결과 검은색을 띤 경우, 그 원인은?

① 냉각수가 유입되었다.
② 경유가 혼입되었다.
❸ 심하게 오염되었다.
④ 정상이다.

30 유압회로 내의 밸브를 갑자기 닫았을 때 오일의 속도에너지가 압력에너지로 변하면서 일시적으로 큰 압력 증가가 생기는 현상은?

① 캐비테이션(Cavitation) 현상
❷ 서지(Surge) 현상
③ 채터링(Chattering) 현상
④ 에어레이션(Aeration) 현상

31 산업안전보건법령상 산업재해의 정의로 옳은 것은?

① 고의성 없는 행동이나 조건이 선행되어 인명의 손실을 가져올 수 있는 사건
② 안전사고의 결과로 일어난 인명피해 및 재산 손실
❸ 근로자가 업무에 관계되는 설비 등에 의하여 사망 또는 부상하거나 질병에 걸리는 것
④ 통제를 벗어난 에너지의 광란으로 인하여 입은 인명과 재산의 피해 현상

[해설]
'산업재해'란 노무를 제공하는 사람이 업무에 관계되는 건설물·설비·원재료·가스·증기·분진 등에 의하거나 작업 또는 그 밖의 업무로 인하여 사망 또는 부상하거나 질병에 걸리는 것을 말한다(산업안전보건법 제2조).

32 재해예방의 4원칙에 해당하는 내용이 아닌 것은?

① 예방가능의 원칙
② 원인계기의 원칙
③ 손실우연의 원칙
❹ 사고조사의 원칙

[해설]
재해예방의 4원칙
• 예방가능의 원칙
• 원인계기의 원칙
• 손실우연의 원칙
• 대책선정의 원칙

33 사고의 원인 중 가장 많은 부분을 차지하는 것은?

① 불가항력
② 불안전한 환경
✓ ③ 불안전한 행동
④ 불안전한 지시

해설
산업현장에서는 불안전한 행동에 의한 재해 발생률이 압도적으로 높다.

34 물체가 떨어지거나 날아올 위험 또는 근로자가 추락할 위험이 있는 작업 시 착용하여야 할 보호구는?

① 보안경
✓ ② 안전모
③ 방열복
④ 방한복

해설
① 보안경 : 물체가 흩날릴 위험이 있는 작업 시 착용한다.
③ 방열복 : 고열에 의한 화상 등의 위험이 있는 작업 시 착용한다.
④ 방한복 : 섭씨 영하 18℃ 이하인 급냉동 어창에서 하는 하역작업 시 착용한다.

35 산업안전보건법상 안전보건표지의 용도별 색채로 옳지 않은 것은?

① 녹색 – 안내
✓ ② 파란색 – 경고
③ 빨간색 – 금지
④ 노란색 – 경고

해설
② 파란색 : 지시

36 산업안전보건법령상 안전보건표지의 종류 중 다음 그림이 의미하는 것은?(단, 바탕은 무색, 기본모형은 빨간색, 그림은 검은색이다)

① 산화성물질경고
✓ ② 인화성물질경고
③ 폭발성물질경고
④ 급성독성물질경고

해설
안전보건표지(산업안전보건법 시행규칙 [별표 6])

산화성물질경고	폭발성물질경고	급성독성물질경고

37 해머 작업 시 안전상 가장 옳은 것은?

① 해머로 타격 시에 처음과 마지막에 힘을 특히 많이 가해야 한다.
✓ ② 타격하려는 곳에 시선을 고정시킨다.
③ 해머의 타격 면에 기름을 발라서 사용한다.
④ 해머로 녹슨 것을 때릴 때에는 반드시 안전모만 착용한다.

38 다음 중 일반적으로 장갑을 착용하지 않고 해야 하는 작업은?

① 전기용접 작업
② 타이어 교체작업
③ 건설기계 운전작업
✔ ④ 선반 등의 절삭가공 작업

[해설]
작업 시 장갑을 착용하지 않고 해야 하는 작업
- 연삭작업
- 해머작업
- 정밀기계 작업
- 드릴작업
- 선반 등의 절삭가공 작업 등

39 볼트·너트 등을 풀고 조일 때 사용하며 소켓, 디프 소켓, 익스텐션 바, 래칫 핸들, 티형 핸들, 유니버설 조인트, 스피드 핸들 등으로 구성되어 있는 공구는?

✔ ① 소켓렌치 세트
② 기어 풀러 세트
③ 더블 오픈 스패너 세트
④ 콤비네이션 플라이어 세트

40 전기로 작동되는 기계운전 중 기계에서 이상한 소음, 진동, 냄새 등이 날 경우 가장 먼저 취해야 할 조치는?

✔ ① 즉시 전원을 내린다.
② 상급자에게 보고한다.
③ 기계를 가동하면서 고장 여부를 파악한다.
④ 기계 수리공이 올 때까지 기다린다.

41 건설기계관리법상 건설기계에 해당되지 않는 것은?

① 자체 중량 2ton 이상의 로더
② 노상안정기
✔ ③ 천장크레인
④ 콘크리트살포기

[해설]
건설기계의 범위(건설기계관리법 시행령 [별표 1])

1. 불도저	2. 굴착기
3. 로 더	4. 지게차
5. 스크레이퍼	6. 덤프트럭
7. 기중기	8. 모터그레이더
9. 롤 러	10. 노상안정기
11. 콘크리트배칭플랜트	12. 콘크리트피니셔
13. 콘크리트살포기	14. 콘크리트믹서트럭
15. 콘크리트펌프	16. 아스팔트믹싱플랜트
17. 아스팔트피니셔	18. 아스팔트살포기
19. 골재살포기	20. 쇄석기
21. 공기압축기	22. 천공기
23. 항타 및 항발기	24. 자갈채취기
25. 준설선	26. 특수건설기계
27. 타워크레인	

42 건설기계관리법상 건설기계의 소유자는 건설기계를 취득한 날부터 얼마 이내에 건설기계 등록신청을 해야 하는가?

☑ **2개월 이내** ② 3개월 이내
③ 6개월 이내 ④ 1년 이내

[해설]
등록의 신청(건설기계관리법 시행령 제3조제2항)
건설기계등록신청은 건설기계를 취득한 날(판매를 목적으로 수입된 건설기계의 경우에는 판매한 날)부터 2월 이내에 하여야 한다. 다만, 전시·사변 기타 이에 준하는 국가비상사태하에 있어서는 5일 이내에 신청하여야 한다.

43 건설기계 등록이 말소되는 사유에 해당하지 않는 것은?

① 건설기계를 폐기한 때
☑ **건설기계의 구조 변경을 했을 때**
③ 건설기계가 멸실되었을 때
④ 건설기계를 수출할 때

[해설]
② 누구든지 등록된 건설기계의 주요 구조나 원동기, 동력전달장치, 제동장치 등 주요 장치를 변경 또는 개조하고자 하는 때에는 건설기계안전기준에 적합하게 하여야 한다(건설기계관리법 제17조).
①, ③, ④ 건설기계관리법 제6조제1항

44 반드시 건설기계정비업체에서 정비하여야 하는 사항은?

① 오일의 보충
② 배터리·전구의 교환
③ 창유리의 교환
☑ **엔진 탈·부착 및 정비**

[해설]
건설기계정비업의 범위에서 제외되는 행위(건설기계관리법 시행규칙 제1조의3)
• 오일의 보충
• 에어클리너 엘리먼트 및 필터류의 교환
• 배터리·전구의 교환
• 타이어의 점검·정비 및 트랙의 장력 조정
• 창유리의 교환

45 등록된 건설기계의 소유자는 등록번호표의 반납 사유가 발생하였을 경우에는 며칠 이내에 반납하여야 하는가?

① 20일   ☑ **10일**
③ 15일   ④ 30일

[해설]
등록번호표의 반납(건설기계관리법 제9조)
등록된 건설기계의 소유자는 건설기계의 등록이 말소된 경우, 건설기계의 등록사항 중 등록번호가 변경된 경우, 등록번호표의 부착 및 봉인을 신청하는 경우에는 10일 이내에 등록번호표의 봉인을 떼어낸 후 그 등록번호표를 국토교통부령이 정하는 바에 따라 시·도지사에게 반납하여야 한다.

46 롤러의 일일 점검사항이 아닌 것은?

① 엔진오일 및 연료량 점검
☑ ② 오일 필터 점검
③ 벨트 장력 점검
④ 냉각수 점검

[해설]
엔진오일 필터는 500시간마다 점검하고 교체한다.

47 건설기계 검사소에서 검사를 받아야 하는 건설기계는?

① 콘크리트살포기
☑ ② 트럭적재식 콘크리트펌프
③ 지게차
④ 스크레이퍼

[해설]
건설기계 검사소에서 검사를 받아야 하는 건설기계(건설기계관리법 시행규칙 제32조)
• 덤프트럭
• 콘크리트믹서트럭
• 콘크리트펌프(트럭적재식)
• 아스팔트살포기
• 트럭지게차(영 [별표 1] 제26호에 따라 국토교통부장관이 정하는 특수건설기계인 트럭지게차를 말한다)

48 건설기계관리법령상 건설기계에 대하여 실시하는 검사가 아닌 것은?

① 신규등록검사
☑ ② 예비검사
③ 구조변경검사
④ 수시검사

[해설]
건설기계 검사의 종류(건설기계관리법 제13조제1항)
신규등록검사, 정기검사, 구조변경검사, 수시검사

49 건설기계관리법령상 미등록 건설기계의 임시운행 사유에 해당되지 않는 경우는?

① 등록신청을 하기 위하여 건설기계를 등록지로 운행하는 경우
☑ ② 등록신청 전에 건설기계 공사를 하기 위하여 임시로 사용하는 경우
③ 수출을 하기 위하여 건설기계를 선적지로 운행하는 경우
④ 신개발 건설기계를 시험·연구의 목적으로 운행하는 경우

[해설]
건설기계의 등록 전에 일시적으로 운행을 할 수 있는 경우(건설기계관리법 시행규칙 제6조)
• 등록신청을 하기 위하여 건설기계를 등록지로 운행하는 경우
• 신규등록검사 및 확인검사를 받기 위하여 건설기계를 검사장소로 운행하는 경우
• 수출을 하기 위하여 건설기계를 선적지로 운행하는 경우
• 수출을 하기 위하여 등록 말소한 건설기계를 점검·정비의 목적으로 운행하는 경우
• 신개발 건설기계를 시험·연구의 목적으로 운행하는 경우
• 판매 또는 전시를 위하여 건설기계를 일시적으로 운행하는 경우

50 건설기계조종사의 면허취소 사유에 해당되는 경우는?

✔ ① 고의로 인명피해를 입힌 때
② 과실로 1명 이상을 사망하게 한 때
③ 과실로 3명 이상에게 중상을 입힌 때
④ 과실로 10명 이상에게 경상을 입힌 때

해설
건설기계조종사면허의 취소·정지처분기준(건설기계관리법 시행규칙 [별표 22])
- 고의로 인명피해를 입힌 때 : 취소
- 과실로 1명 이상을 사망하게 한 때 : 면허효력정지 45일
- 과실로 3명 이상에게 중상을 입힌 때 : 면허효력정지 45일
- 과실로 10명 이상에게 경상을 입힌 때 : 면허효력정지 50일

51 폐기요청을 받은 건설기계를 폐기하지 아니하거나 등록번호표를 폐기하지 아니한 자에 대한 벌칙은?

① 2년 이하의 징역 또는 2,000만원 이하의 벌금
✔ ② 1년 이하의 징역 또는 1,000만원 이하의 벌금
③ 200만원 이하의 벌금
④ 100만원 이하의 벌금

해설
폐기요청을 받은 건설기계를 폐기하지 아니하거나 등록번호표를 폐기하지 아니한 자는 1년 이하의 징역 또는 1천만원 이하의 벌금에 처한다(건설기계관리법 제41조).

52 롤러의 종류 중 진동식 다짐방식으로 옳은 것은?

① 탠덤 롤러
✔ ② 진동 롤러
③ 타이어 롤러
④ 머캐덤 롤러

해설
롤러의 다짐방식에 의한 구분
- 전압식(자체 중량을 이용) : 로드 롤러(머캐덤 롤러, 탠덤 롤러), 탬핑 롤러, 타이어 롤러, 콤비 롤러 등
- 진동식(진동을 이용) : 진동 롤러, 진동식 타이어 롤러, 진동 분사력 콤팩터 등
- 충격식(충격하중을 이용) : 래머, 탬퍼 등

53 로드 롤러의 동력전달 순서로 옳은 것은?

① 기관 → 클러치 → 차동장치 → 변속기 → 뒤 차축 → 뒤 차륜
② 기관 → 변속기 → 종감속장치 → 클러치 → 뒤 차축 → 뒤 차륜
③ 기관 → 클러치 → 차동장치 → 변속기 → 종감속장치 → 뒤 차륜
✔ ④ 기관 → 클러치 → 변속기 → 감속기어 → 차동장치 → 최종감속기어 → 뒤 차륜

54 다짐방법 결정 시 점토질 다짐에 적합하지 않은 롤러는?

① 탬핑 롤러
② 탠덤 롤러
③ 머캐덤 롤러
❹ 진동형 타이어 롤러

[해설]
다짐방법
• 점토질 : 머캐덤 롤러, 탠덤 롤러, 타이어 롤러, 탬핑 롤러
• 사질토 : 진동 롤러, 진동형 타이어 롤러

55 진동 롤러의 기진력 크기를 결정하는 요소로 옳지 않은 것은?

❶ 편심추의 강도
② 편심추의 회전수
③ 편심추의 무게
④ 편심추의 편심량

[해설]
진동 롤러 기진력의 크기를 결정하는 요소
• 편심추의 편심량에 비례한다.
• 편심추의 회전수에 비례한다.
• 편심추의 무게에 비례한다.

56 탠덤, 머캐덤 롤러의 살수탱크의 역할은?

① 엔진에 공급하는 연료를 저장한다.
② 각부 장치에 주유하는 오일을 저장한다.
③ 롤러에 물을 적셔 주어 작업 시 점착성을 향상시킨다.
❹ 롤러에 물을 적셔 주어 작업 시 점착성 물질이 롤에 묻는 것을 방지한다.

[해설]
살수탱크는 타이어 또는 롤에 아스팔트가 부착되지 않도록 물을 적셔 주는 장치이다.

57 2륜 철륜 롤러에서 안내륜과 연결되어 있는 요크의 주유는?

① 유압오일을 주유한다.
❷ 그리스를 주유한다.
③ 주유할 필요가 없다.
④ 기어오일을 주유한다.

58 롤러를 이용한 다짐 또는 포장작업의 설명으로 옳지 않은 것은?

① 포장작업 물량은 거리, 너비, 용량으로 확인한다.
② 다짐은 정지 상태에서 진동을 작동하지 않아야 한다.
③ 경사진 곳에서는 낮은 곳에서 높은 곳으로 다짐한다.
✅ 드럼에 살수가 부족하면 스카프 현상이 나타난다.

[해설]
드럼에 살수가 부족하면 눌어붙음 현상이 나타나고, 스카프(긁힘) 현상은 대형 롤러에 작은 직경의 드럼을 장착하였을 때 발생한다.

60 롤러 장비의 누유 및 누수의 점검사항 중 옳지 않은 것은?

① 롤러의 다음 작업을 위하여 운행 후 장비의 상태를 점검한다.
② 장비를 점검하기 위하여 지면에 떨어진 누유 여부를 확인하고 조치한다.
③ 기관의 원활한 작동을 위하여 냉각장치에서 발생된 냉각수 누수를 확인하고 조치한다.
✅ 작동 중 냉각수 누수가 확인되면, 즉시 라디에이터 캡을 열어 확인한다.

[해설]
시동을 끄고 즉시 라디에이터 캡을 열면 내부의 뜨거워진 냉각수가 분출돼 화상을 입을 수 있다.

59 롤러의 다짐작업 방법으로 옳지 않은 것은?

① 소정의 접지압력을 받을 수 있도록 부가 하중을 증감한다.
✅ 다짐작업 시 정지시간은 길게 한다.
③ 다짐작업 시 급격한 조향은 하지 않는다.
④ 1/2씩 중첩되게 다짐을 한다.

[해설]
다짐작업 시 전·후진 조작을 원활히 하고, 정지시간은 짧게 한다.

기출복원문제

01 4행정 기관에서 1사이클을 완료할 때 크랭크축은 몇 회전을 하는가?

① 1회전 ✔ 2회전
③ 3회전 ④ 4회전

해설
4행정 기관 : 흡기, 압축, 연소, 배기라는 4가지 피스톤 행정을 1사이클로 하여 크랭크축이 2회전할 때 1회의 사이클이 완료되는 기관이다.

02 4행정 사이클 기관의 윤활방식 중 피스톤과 피스톤핀까지 윤활유를 압송하여 윤활하는 방식은?

① 압력식 ✔ 압송식
③ 비산식 ④ 비산압송식

해설
압송식은 오일펌프에 의해 강제적으로 윤활부에 압송하는 방식이다.
4행정 사이클의 윤활방식
- 비산식 : 커넥팅로드에 붙어 있는 주걱으로 오일 팬 안의 오일을 각 섭동부에 뿌리는 방식으로 소형 엔진에만 사용된다.
- 압송식 : 크랭크축에 의해 구동되는 오일펌프가 오일 팬 안의 오일을 흡입, 가압하여 각 섭동부에 보내는 방식이다.
- 비산압송식 : 비산식 + 압송식

03 커먼레일 디젤기관의 연료장치 시스템에서 출력요소는?

① 공기유량센서
✔ 인젝터
③ 엔진 ECU
④ 브레이크 스위치

해설
커먼레일 디젤기관의 입·출력요소

입력요소	출력요소
• 연료압력센서(R.P.S)	• 인젝터(Injector)
• 에어플로센서(A.F.S)	• 레일 압력조절 밸브
• 냉각수온센서(W.T.S)	(I.M.V)
• 가속페달센서 1,2	• 예열장치
(A.P.S 1,2)	• E.G.R 제어장치
• 연료온도센서(F.T.S)	• 냉각장치
• 크랭크 포지션 센서	• 보조 히터장치
(C.K.P)	• 스로틀 플랩장치
• T.D.C 센서	
• 부스터 압력센서	

04 엔진오일이 연소실로 올라오는 주된 이유는?

✔ 피스톤링 마모
② 피스톤핀 마모
③ 커넥팅로드 마모
④ 크랭크축 마모

해설
피스톤링이나 실린더 벽이 마모되면 실린더 벽을 타고 오일이 연소실로 들어와 연소되므로 소비가 많아진다.

05 기관에서 배기상태가 불량하여 배압이 높을 때 생기는 현상과 관련 없는 것은?

① 기관이 과열된다.
☑ **② 냉각수 온도가 내려간다.**
③ 기관의 출력이 감소된다.
④ 피스톤의 운동을 방해한다.

[해설]
배압이 높아지면 배출되지 못한 가스열에 의해 과열되며 이로 인해 냉각수 온도가 올라간다.

06 라디에이터(Radiator)에 대한 설명으로 틀린 것은?

① 라디에이터의 재료 대부분은 알루미늄 합금이 사용된다.
② 단위면적당 방열량이 커야 한다.
③ 냉각효율을 높이기 위해 방열판이 설치된다.
☑ **④ 공기 흐름저항이 커야 냉각효율이 높다.**

[해설]
공기 흐름저항이 적어야 냉각효율이 높다.

07 밀봉 압력식 냉각 방식에서 보조탱크 내의 냉각수가 라디에이터로 빨려 들어갈 때 개방되는 압력 캡의 밸브는?

① 릴리프 밸브
☑ **② 진공 밸브**
③ 압력 밸브
④ 리듀싱 밸브

[해설]
라디에이터 캡의 압력 밸브는 물의 비등점을 높이고, 진공 밸브는 냉각 상태를 유지할 때 과랭현상이 되는 것을 막아주는 일을 한다.

08 전기가 이동하지 않고 물질에 정지하고 있는 전기는?

① 동전기
☑ **② 정전기**
③ 직류전기
④ 교류전기

[해설]
정전기 : 서로 다른 두 물체를 마찰시키면 전기가 생기는데 움직이지 않고 한군데 머무른다고 하여 정지해 있는 전기라는 뜻이다. 이때 한쪽은 양(+)의 전기, 다른 쪽은 음(-)의 전기가 생긴다.
※ **동전기** : 정전기의 이동(전류에 의해 생기는 현상)을 동전기라 한다.

09 교류발전기의 다이오드가 하는 역할은?

① 전류를 조정하고, 교류를 정류한다.
② 전압을 조정하고, 교류를 정류한다.
❸ **교류를 정류하고, 역류를 방지한다.**
④ 여자전류를 조정하고, 역류를 방지한다.

해설
AC 발전기에서 다이오드의 역할
- 교류발전기는 고정 설치된 다이오드를 이용하여 정류한다.
- 다이오드는 축전지로부터 발전기로 전류가 역류되는 것을 방지한다.

10 축전지의 전해액으로 알맞은 것은?

① 순수한 물 ② 과산화납
③ 해면상납 ❹ **묽은 황산**

해설
납산축전지
- 양극판은 과산화납
- 음극판은 해면상납
- 전해액은 묽은 황산

11 직류발전기와 비교했을 때 교류발전기의 특징으로 틀린 것은?

① 전압조정기만 필요하다.
❷ **크기가 크고 무겁다.**
③ 브러시 수명이 길다.
④ 저속 발전 성능이 좋다.

해설
교류발전기는 소형·경량이다.

12 실드빔식 전조등에 대한 설명으로 틀린 것은?

① 대기조건에 따라 반사경이 흐려지지 않는다.
② 내부에 불활성 가스가 들어 있다.
③ 사용에 따른 광도의 변화가 적다.
❹ **필라멘트를 갈아 끼울 수 있다.**

해설
실드빔식은 필라멘트가 끊어지면 렌즈나 반사경에 이상이 없어도 전조등 전체를 교환해야 하는 단점이 있다. 필라멘트를 갈아 끼울 수 있는 전조등은 세미 실드빔식이다.

13 냉각장치에서 밀봉 압력식 라디에이터 캡을 사용하는 것으로 가장 적합한 것은?

① 엔진온도를 높일 때
② 엔진온도를 낮출 때
③ 압력 밸브가 고장일 때
❹ **냉각수의 비점을 높일 때**

해설
압력식 캡 : 비등점(끓는점)을 올려 냉각효과를 증대시키는 기능을 한다.

14 동력전달장치에 사용되는 차동기어장치에 대한 설명으로 가장 거리가 먼 것은?

① 선회할 때 좌우 구동바퀴의 회전속도를 다르게 한다.
② 선회할 때 바깥쪽 바퀴의 회전속도를 증대시킨다.
③ 보통 차동기어장치는 노면의 저항을 작게 받는 구동바퀴의 회전속도가 빠르게 될 수 있다.
④ **기관의 회전력을 크게 하여 구동바퀴에 전달한다.**

[해설]
추진축의 회전력을 직각으로 전달하는 장치는 최종감속기어장치이다.

15 제동 유압장치의 작동원리는 어느 이론에 바탕을 둔 것인가?

① 열역학 제1법칙
② 보일의 법칙
③ **파스칼의 원리**
④ 가속도 법칙

[해설]
파스칼의 원리 : 압력을 가하였을 때 유체 내 어느 부분의 압력도 가해진 만큼 증가한다는 원리이며, 유압에서 속도 조절은 유량에 의해 달라진다.

16 휠 구동식의 건설기계에서 기계식 조향장치에 사용되는 구성품이 아닌 것은?

① 섹터 기어
② 웜 기어
③ 타이로드 엔드
④ **하이포이드 기어**

[해설]
하이포이드 기어는 일반적으로 자동차나 기계의 변속기에서 사용되는 기어로, 토크 변환을 위해 사용된다.

17 휠형 건설기계 타이어의 정비점검 중 틀린 것은?

① 적절한 공구와 절차를 이용하여 수행한다.
② 휠 너트를 풀기 전에 차체에 고임목을 고인다.
③ 타이어와 림의 정비 및 교환 작업은 위험하므로 반드시 숙련공이 한다.
④ **림 부속품의 균열이 있는 것은 재가공, 용접, 땜질, 열처리하여 사용한다.**

[해설]
휠이나 림 등에 균열이 있는 것은 바로 교체해야 한다.

18 토크 컨버터의 구성품이 아닌 것은?

① 펌프　　② 터빈
③ 스테이터　　✔ 플라이휠

[해설]
토크 컨버터의 구성 : 펌프, 터빈, 스테이터로 구성되어 플라이휠에 부착되어 있다.

19 건설기계기관의 부동액에 사용되는 종류가 아닌 것은?

✔ 그리스　　② 글리세린
③ 메탄올　　④ 에틸렌글리콜

[해설]
부동액의 종류에는 메탄올(주성분 : 알코올), 에틸렌글리콜, 글리세린 등이 있다.

20 유압펌프가 작동 중 소음이 발생할 때의 원인으로 틀린 것은?

① 펌프 축의 편심 오차가 크다.
② 펌프 흡입관 접합부로부터 공기가 유입된다.
✔ 릴리프 밸브 출구에서 오일이 배출되고 있다.
④ 스트레이너가 막혀 흡입용량이 너무 작아졌다.

21 유압장치에서 방향제어밸브에 대한 설명으로 틀린 것은?

① 유체의 흐름 방향을 변환한다.
✔ 액추에이터의 속도를 제어한다.
③ 유체의 흐름 방향을 한쪽으로 허용한다.
④ 유압실린더나 유압모터의 작동 방향을 바꾸는 데 사용된다.

[해설]
유량제어밸브가 액추에이터의 속도를 제어한다.
※ 방향제어밸브의 기능 : 공기압 회로에 있어서 실린더나 기타의 액추에이터로 공급하는 공기의 흐름 방향을 변환시키는 밸브

22 다음 보기에서 피스톤과 실린더 벽 사이의 간극이 클 때 미치는 영향을 모두 나타낸 것은?

┌보기┐
a. 마찰열에 의해 소결되기 쉽다.
b. 블로바이에 의해 압축압력이 낮아진다.
c. 피스톤링의 기능 저하로 인하여 오일이 연소실에 유입되어 오일 소비가 많아진다.
d. 피스톤 슬랩 현상이 발생되며 기관 출력이 저하된다.

① a, b, c　　② c, d
✔ b, c, d　　④ a, b, c, d

[해설]
피스톤과 실린더 벽 사이의 간극이 너무 크면 압축압력 저하로 출력이 떨어지며, 엔진오일에 거품이 발생하여 수명이 단축된다.

23 유압모터의 종류에 포함되지 않는 것은?

① 기어형　　② 베인형
③ 플런저형　❹ 터빈형

해설
유압모터의 종류 : 기어형, 베인형, 피스톤형(플런저형) 등

24 다음 유압기호가 나타내는 것은?

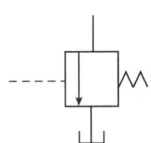

① 릴리프 밸브　　② 감압 밸브
③ 순차 밸브　　　❹ 무부하 밸브

해설
유압기호

순차 밸브	릴리프 밸브	무부하 밸브	감압 밸브

25 유압계통에 사용되는 오일의 점도가 너무 낮을 경우 나타날 수 있는 현상이 아닌 것은?

❶ 시동 저항 증가
② 펌프 효율 저하
③ 오일 누설 증가
④ 유압회로 내 압력 저하

해설
점도는 오일의 끈적거리는 정도를 나타내며 점도가 너무 높으면 윤활유의 내부마찰과 저항이 커져 동력의 손실이 증가하며, 너무 낮으면 동력의 손실은 적어지지만 유막이 파괴되어 마모감소작용이 원활하지 못하게 된다.

26 유압장치에 사용되는 오일 실(Seal)의 종류 중 O링이 갖추어야 할 조건은?

① 체결력이 작을 것
❷ 압축변형이 작을 것
③ 작동 시 마모가 클 것
④ 오일의 입·출입이 가능할 것

해설
O링(가장 많이 사용하는 패킹)의 구비조건
• 오일 누설을 방지할 수 있을 것
• 운동체의 마모를 적게 할 것
• 체결력(죄는 힘)이 클 것
• 누설을 방지하는 기구에서 탄성이 양호하고, 압축변형이 작을 것
• 사용 온도 범위가 넓을 것
• 내노화성이 좋을 것
• 상대 금속을 부식시키지 말 것

27 산업재해의 조사목적에 대한 설명으로 가장 적절한 것은?

① **적절한 예방대책을 수립하기 위하여**
② 작업능률 향상과 근로기강 확립을 위하여
③ 재해 발생에 대한 통계를 작성하기 위하여
④ 재해를 유발한 자의 책임추궁을 위하여

[해설]
산업재해 조사목적
• 동종재해 및 유사재해 재발 방지 → 근본적 목적
• 재해원인 규명
• 자료 수집으로 예방 대책 수립

28 보호구를 선택할 때의 유의 사항을 설명한 것 중 틀린 것은?

① 작업 행동에 방해되지 않을 것
② **사용 목적에 구애받지 않을 것**
③ 보호구 성능기준에 적합하고 보호 성능이 보장될 것
④ 착용이 용이하고 크기 등 사용자에게 편리할 것

[해설]
② 사용 목적 또는 작업에 적합한 보호구일 것

29 산업재해의 직접원인 중 인적 불안전 행위가 아닌 것은?

① 작업복의 부적당
② 작업 태도 불안전
③ 위험한 장소의 출입
④ **기계 공구의 결함**

[해설]
재해발생 원인
• 직접원인
 – 불안전한 상태 : 설비 자체의 결함, 방호조치의 결함, 설비 배치 및 작업장소 불량, 보호구의 결함, 작업환경의 결함
 – 불안전한 행동 : 안전장치의 무효화, 안전조치의 불이행, 위험한 상태로 장치 동작, 기계·공구 등의 목적 외 사용, 운전 중 주유 또는 점검 실시, 보호구의 선택 및 사용방법 불량, 위험장소에의 접근
• 간접원인
 – 기술적 요인 : 건물·기계장치 설계 불량, 구조·재료의 부적합, 생산공정의 부적당, 점검·정비·보존 불량
 – 교육적 요인 : 안전의식 부족, 안전수칙 오해, 경험 훈련 미숙, 교육 불충분
 – 관리적 요인 : 안전관리조직 결함, 안전수칙 미제정, 작업준비 불충분, 작업지시 부적당

30 기계설비의 위험성 중 접선 물림점(Tangential Point)과 가장 관련이 적은 것은?

① V벨트   ② **커플링**
③ 체인벨트 ④ 기어와 랙

[해설]
접선 물림점(Tangential Point) : 회전하는 부분의 접선 방향으로 물려 들어가서 위험이 존재하는 점
예) V벨트와 풀리, 체인과 스프로킷, 랙과 피니언 등
※ 회전 말림점(Trapping Point) : 회전하는 물체의 길이·굵기·속도 등의 불규칙 부위와 돌기회전 부위에 머리카락, 장갑 및 작업복 등이 말려들 위험이 형성되는 점(예 축, 커플링, 회전하는 공구 등)

31 산업안전보건법령상 안전보건표지의 종류 중 다음 그림에 해당하는 것은?

① 산화성물질경고
☑ 인화성물질경고
③ 폭발성물질경고
④ 급성독성물질경고

해설
안전보건표지(산업안전보건법 시행규칙 [별표 6])

산화성 물질경고	폭발성 물질경고	급성독성 물질경고
⬥	⬥	⬥

32 예열플러그를 빼서 보았더니 심하게 오염되어 있다. 그 원인은?

☑ 불완전연소 또는 노킹
② 엔진 과열
③ 플러그의 용량 과다
④ 냉각수 부족

해설
예열플러그가 심하게 오염되어 있으면 불완전연소 또는 노킹의 원인이 된다.

33 전기기기에 의한 감전사고를 막기 위하여 필요한 설비로 가장 중요한 것은?

☑ 접지설비
② 방폭등 설비
③ 고압계 설비
④ 대지 전위 상승 설비

해설
건설현장에서 이동식 전기기계·기구의 감전사고 방지를 위한 설비는 접지설비이다.

34 수공구를 사용할 때 주의사항으로 가장 거리가 먼 것은?

① 양호한 상태의 공구를 사용할 것
② 수공구는 그 목적 이외의 용도에는 사용하지 말 것
③ 수공구는 올바르게 사용할 것
☑ 사용한 수공구는 녹슬지 않도록 손잡이 부분에 오일을 발라서 보관한다.

해설
기름이 묻은 손잡이는 사고를 유발할 수 있으므로 공구 보관 시 손잡이를 청결하게 유지한다.

35 해머 작업 시 틀린 것은?

① 장갑을 끼지 않는다.
② 작업에 알맞은 무게의 해머를 사용한다.
✓ **해머는 처음부터 힘차게 때린다.**
④ 자루가 단단한 것을 사용한다.

[해설]
해머로 타격할 때에는 처음과 마지막에는 힘을 많이 가하지 말아야 한다.

36 성능이 불량하거나 사고가 자주 발생하는 건설기계의 안전성 등을 점검하기 위하여 실시하는 심사는?

① 예비검사   ② 구조변경검사
✓ **수시검사**   ④ 정기검사

[해설]
건설기계의 검사 등(건설기계관리법 제13조)
건설기계의 소유자는 그 건설기계에 대하여 다음의 구분에 따라 국토교통부령으로 정하는 바에 따라 국토교통부장관이 실시하는 검사를 받아야 한다.
- 신규등록검사 : 건설기계를 신규로 등록할 때 실시하는 검사
- 정기검사 : 건설공사용 건설기계로서 3년의 범위에서 국토교통부령으로 정하는 검사유효기간이 끝난 후에 계속하여 운행하려는 경우에 실시하는 검사와 대기환경보전법 및 소음·진동관리법에 따른 운행차의 정기검사
- 구조변경검사 : 건설기계의 주요 구조를 변경하거나 개조한 경우 실시하는 검사
- 수시검사 : 성능이 불량하거나 사고가 자주 발생하는 건설기계의 안전성 등을 점검하기 위하여 수시로 실시하는 검사와 건설기계 소유자의 신청을 받아 실시하는 검사

37 소화 작업의 기본요소가 아닌 것은?

① 가연물질을 제거하면 된다.
② 산소를 차단하면 된다.
③ 점화원을 제거시키면 된다.
✓ **연료를 기화시키면 된다.**

[해설]
연료를 기화시키면 화재위험이 더 커진다.

38 건설기계의 등록 전에 임시운행 사유에 해당되지 않는 것은?

✓ **장비 구입 전 이상 유무 확인을 위해 1일간 예비 운행을 하는 경우**
② 등록신청을 하기 위하여 건설기계용 등록지로 운행하는 경우
③ 수출을 하기 위하여 건설기계를 선적지로 운행하는 경우
④ 신개발 건설기계를 시험·연구의 목적으로 운행하는 경우

[해설]
미등록 건설기계의 임시운행 사유(건설기계관리법 시행규칙 제6조)
- 등록신청을 하기 위하여 건설기계를 등록지로 운행하는 경우
- 신규등록검사 및 확인검사를 받기 위하여 건설기계를 검사장소로 운행하는 경우
- 수출을 하기 위하여 건설기계를 선적지로 운행하는 경우
- 수출을 하기 위하여 등록말소한 건설기계를 점검·정비의 목적으로 운행하는 경우
- 신개발 건설기계를 시험·연구의 목적으로 운행하는 경우
- 판매 또는 전시를 위하여 건설기계를 일시적으로 운행하는 경우

39 작업장에서 휘발유 화재가 일어났을 경우 가장 적합한 소화방법은?

① 물 호스의 사용
② 불의 확대를 막는 덮개의 사용
③ 소다 소화기의 사용
❹ **탄산가스 소화기의 사용**

[해설]
휘발유와 같은 유류의 화재는 공기보다 무거운 탄산가스 소화기를 주로 사용한다.

40 건설기계관리법령상 자가용 건설기계 등록번호표의 도색으로 옳은 것은?

① 파란색 바탕에 흰색 문자
② 빨간색 바탕에 흰색 문자
③ 흰색 바탕에 노란색 문자
❹ **흰색 바탕에 검은색 문자**

[해설]
번호표의 색상(건설기계관리법 시행규칙 [별표 2])
• 비사업용(관용 또는 자가용) : 흰색 바탕에 검은색 문자
• 대여사업용 : 주황색 바탕에 검은색 문자

41 건설기계를 검사유효기간 만료 후에 계속 운행하고자 할 때는 어느 검사를 받아야 하는가?

① 신규등록검사
② 계속검사
③ 수시검사
❹ **정기검사**

[해설]
검사 등(건설기계관리법 제13조제1항제2호)
정기검사 : 건설공사용 건설기계로서 3년의 범위에서 국토교통부령으로 정하는 검사유효기간이 끝난 후에 계속하여 운행하려는 경우에 실시하는 검사와 대기환경보전법 및 소음·진동관리법에 따른 운행차의 정기검사

42 특별표지판 부착 대상인 대형 건설기계가 아닌 것은?

❶ **길이가 15m인 건설기계**
② 너비가 2.8m인 건설기계
③ 높이가 6m인 건설기계
④ 총중량이 45ton인 건설기계

[해설]
특별표지판을 부착하여야 하는 대형건설기계의 범위(건설기계 안전기준에 관한 규칙 제2조)
대형건설기계란 다음의 어느 하나에 해당하는 건설기계를 말한다.
• 길이가 16.7m를 초과하는 건설기계
• 너비가 2.5m를 초과하는 건설기계
• 높이가 4.0m를 초과하는 건설기계
• 최소회전반경이 12m를 초과하는 건설기계
• 총중량이 40ton을 초과하는 건설기계. 다만, 굴착기, 로더 및 지게차는 운전중량이 40ton을 초과하는 경우를 말한다.
• 총중량 상태에서 축하중이 10ton을 초과하는 건설기계. 다만, 굴착기, 로더 및 지게차는 운전중량 상태에서 축하중이 10ton을 초과하는 경우를 말한다.

43 건설기계관리법령상 다음 설명에 해당하는 건설기계사업은?

> 건설기계를 분해·조립 또는 수리하고 그 부분품을 가공제작·교체하는 등 건설기계를 원활하게 사용하기 위한 모든 행위를 업으로 하는 것

✓ ① 건설기계정비업
② 건설기계대여업
③ 건설기계매매업
④ 건설기계해체재활용업

해설
용어의 정의(건설기계관리법 제2조)
- 건설기계대여업 : 건설기계의 대여를 업(業)으로 하는 것을 말한다.
- 건설기계매매업 : 중고(中古) 건설기계의 매매 또는 그 매매의 알선과 그에 따른 등록사항에 관한 변경신고의 대행을 업으로 하는 것을 말한다.
- 건설기계해체재활용업 : 폐기 요청된 건설기계의 인수(引受), 재사용 가능한 부품의 회수, 폐기 및 그 등록말소 신청의 대행을 업으로 하는 것을 말한다.

44 건설기계조종사 면허를 받지 아니하고 건설기계를 조종한 자에 대한 처벌기준은?

✓ ① 1년 이하의 징역 또는 1,000만원 이하의 벌금
② 6개월 이하의 징역 또는 100만원 이하의 벌금
③ 100만원 이하의 벌금
④ 50만원 이하의 과태료

해설
건설기계조종사 면허를 받지 아니하고 건설기계를 조종한 자는 1년 이하의 징역 또는 1,000만원 이하의 벌금에 처한다(건설기계관리법 제41조).

45 등록되지 아니한 건설기계를 사용하거나 운행한 자의 벌칙은?

① 1년 이하의 징역 또는 1,000만원 이하의 벌금
✓ ② 2년 이하의 징역 또는 2,000만원 이하의 벌금
③ 20만원 이하의 벌금
④ 10만원 이하의 벌금

해설
등록되지 아니한 건설기계를 사용하거나 운행한 자는 2년 이하의 징역 또는 2,000만원 이하의 벌금에 처한다(건설기계관리법 제40조).

46 건설기계등록을 말소한 때에는 등록번호표를 며칠 이내에 시·도지사에게 반납하여야 하는가?

✓ ① 10일 ② 15일
③ 20일 ④ 30일

해설
등록번호표의 반납(건설기계관리법 제9조)
등록된 건설기계의 소유자는 다음의 어느 하나에 해당하는 경우에는 10일 이내에 등록번호표의 봉인을 떼어낸 후 그 등록번호표를 국토교통부령으로 정하는 바에 따라 시·도지사에게 반납하여야 한다. 다만, 건설기계가 천재지변 또는 이에 준하는 사고 등으로 사용할 수 없게 되거나 멸실된 경우, 건설기계를 도난당한 경우 또는 건설기계를 폐기한 경우의 사유로 등록을 말소하는 경우에는 그러하지 아니하다.
- 건설기계의 등록이 말소된 경우
- 건설기계의 등록사항 중 등록번호가 변경된 경우
- 등록번호표의 부착 및 봉인을 신청하는 경우

47 정기검사를 받지 아니하고 정기검사 신청 기간 만료일로부터 30일 이내인 때의 과태료는?

① 20만원　　❷ 10만원
③ 5만원　　④ 2만원

해설
정기검사를 받지 아니한 때의 과태료(건설기계관리법 시행령 [별표 3])
• 정기검사 신청기간 만료일부터 30일 이내인 때 : 10만원
• 30일을 초과한 경우에는 3일 초과 시마다 : 10만원

48 건설기계조종사면허의 취소·정지처분기준 중 면허취소에 해당되지 않는 것은?

① 고의로 인명피해를 입힌 때
② 고의로 7명 이상에게 중상을 입힌 때
③ 고의로 19명 이상에게 경상을 입힌 때
❹ 1,000만원 이상 재산피해를 입힌 때

해설
건설기계조종사면허의 취소·정지(건설기계관리법 시행규칙 [별표 22])
건설기계의 조종 중 고의 또는 과실로 중대한 사고를 일으킨 경우
㉠ 인명피해
• 고의로 인명피해(사망·중상·경상 등을 말한다)를 입힌 경우 : 취소
• 과실로 산업안전보건법에 따른 중대재해가 발생한 경우 : 취소
• 그 밖의 인명피해를 입힌 경우
 - 사망 1명마다 : 면허효력정지 45일
 - 중상 1명마다 : 면허효력정지 15일
 - 경상 1명마다 : 면허효력정지 5일
㉡ 재산피해 : 피해금액 50만원마다 면허효력정지 1일 (90일을 넘지 못함)

49 타이어 롤러(Tire Roller)의 전·후진 주행 레버 조종방법으로 옳지 않은 것은?

① 전·후진 주행 레버를 조작하기 전에 변속 기어 레버를 선택한 후 레버 잠금장치로 레버를 고정시킨다.
② 주행 레버를 중립에서부터 앞쪽으로 서서히 밀면 장비가 전진한다.
③ 주행 속도는 주행 레버를 많이 밀수록 속도가 빨라진다.
❹ 언덕을 오르내릴 때에는 3단 기어를 사용하여 엔진을 최고 속도로 회전시킨다.

해설
언덕을 오르내릴 때에는 1단 기어를 사용하여 엔진을 최고 속도로 회전시키고 주행 레버를 최소로 밀거나 당기어 서행한다.

50 진동 롤러의 작동법으로 옳지 않은 것은?

① 진동은 전·후진 레버에 설치되어 있는 진동 스위치와 운전석 우측 패널에 위치한 스위치 양쪽으로 선택 조작할 수 있다.
② 진동 스위치에 의하여 진동의 세기와 진동의 On-Off를 선택할 수 있다.
③ 진동 스위치를 시계 방향으로 돌리면 고진동이 작동하게 된다.
❹ 진동은 엔진 rpm이 1,000rpm 그 이상에서만 가능하다.

해설
진동은 엔진 rpm이 1,800rpm 혹은 그 이상에서만 가능하며, 진동 다지기는 오직 엔진 rpm이 최고인 상태에서 가능하다.

51 머캐덤 롤러의 주행방법으로 적절하지 않은 것은?

① 엔진 rpm은 계기판의 엔진 속도 선택 스위치를 돌려 조정한다.
② 주차 브레이크 해제 후 계기판 지시등의 불이 소등되는지 확인한다.
③ 운행할 방향으로 전·후 주행 레버를 움직이면 롤러는 움직이게 된다.
❹ 주행 속도는 스피드 선택 스위치와 전·후진 주행 레버로 제어할 수 있다.

[해설]
주행 속도는 스로틀 레버와 전·후진 주행 레버로 제어할 수 있다.

52 콤비 롤러의 엔진 시동에 대한 설명으로 옳지 않은 것은?

❶ 시동 전에 비상정지 버튼과 주차 브레이크가 "ON"으로 되어 있는지 확인한다.
② 전·후진 레버는 중립 위치에서 설정하고 엔진 회전속도 선택 레버는 공회전 속도로 설정한다.
③ 엔진 시동은 30초 이내로 하며, 만일 시동이 되지 않으면 1분 이상 기다린 후 재시동하여야 한다.
④ 엔진 시동 시 온도가 10℃ 이하일 때는 공회전 상태로 유압유의 온도가 10℃ 이상이 되도록 워밍업해야 한다.

[해설]
시동 전에 비상정지 버튼은 "OFF" 위치에 있는지, 주차 브레이크는 "ON"으로 되어 있는지 확인한다.

53 탠덤 롤러의 형식과 특징으로 옳지 않은 것은?

① 철륜(鐵輪) 때문에 속도는 느리고, 언덕 길에는 적합하지 않다.
② 평탄한 곳 다지기의 대표적인 기계이다.
❸ 선압(線壓)을 조절할 수 없는 단점이 있다.
④ 용도는 노상이나 노반의 다지기, 아스팔트 합재(合材)의 표층 마무리에 쓰인다.

[해설]
부가하중(드럼 안에 철물·물·모래 등을 넣거나 차륜 또는 프레임에 철 밸러스트를 장식하면 자체 중량이 8ton인 롤러에 2ton의 하중이 부가되어 8~10ton 롤러로 만들 수 있다)에 의해 선압(線壓)을 조절할 수도 있다.
※ 선압 : 다짐 능력을 비교하는 기준이 되는 것으로, 차륜의 접지 중량을 그 차륜의 너비로 나눈 값이며 kg/cm^2로 나타낸다.

54 롤러의 성능과 능력을 나타내는 것이 아닌 것은?

① 선압, 윤하중
② 다짐폭, 접지압
❸ 기진력, 윤거
④ 다짐폭, 기진력

[해설]
롤러의 성능과 능력은 선압, 윤하중, 다짐폭, 접지압, 기진력으로 나타낸다.

55 트랙 프레임 위에 한쪽만 지지하거나 양쪽을 지지하는 브래킷에 1~2개가 설치되어 트랙 아이들러와 스프로킷 사이에서 트랙이 처지는 것을 방지하는 동시에 트랙의 회전위치를 정확하게 유지하는 역할을 하는 것은?

① 브레이스
② 아우터 스프링
③ 스프로킷
④ 캐리어 롤러

[해설]
상부 롤러(캐리어 롤러) : 전부 유동륜과 스프로킷 사이의 트랙이 늘어나 처지는 것을 방지하고 트랙의 회전을 바르게 유지하는 작용을 한다.

56 주행 중 트랙 전면에서 오는 충격을 완화하여 차체 파손을 방지하고, 운전을 원활하게 해주는 것은?

① 트랙 롤러
② 상부 롤러
③ 리코일 스프링
④ 댐퍼 스프링

[해설]
리코일 스프링 : 주행 중 앞쪽으로부터 프런트 아이들러에 가해지는 충격하중을 완충시킴과 동시에 주행체의 전면에서 오는 충격을 흡수하여 진동을 방지하여 작업이 안정되도록 한다.

57 다짐장비와 용도를 설명한 것 중 옳지 않은 것은?

① 탠덤 롤러, 머캐덤 롤러는 쇄석기 층이나 함수비가 높은 재료의 다짐에 적합하다.
② 탬핑 롤러는 흙의 깊은 곳까지 다지는 기계로서 건조된 점토나 실트(Silt)가 섞인 흙 다짐에 적당하다.
③ 진동형 롤러는 함수비가 높은 점성토 다짐에 적당하다.
④ 진동 콤팩터는 뒤채움 비탈면 다짐에 이용한다.

[해설]
진동형 롤러
• 점성이 낮은 사질층이나 모래층 다짐에 효과가 있다.
• 타 기계에 비해 깊은 곳까지 다짐이 가능하다.
• 함수비가 높은 점성토 다짐에는 부적당하다.

58 흙쌓기 노체부의 1층 다짐 완료 후의 두께는?

① 100mm 이하
② 200mm 이하
③ 300mm 이하
④ 400mm 이하

[해설]
흙쌓기 노체부의 1층 다짐 완료 후 두께는 300mm 이하여야 하며, 각 층마다 KS F 2312의 A 또는 B 방법에 의하여 정해진 최대 건조밀도의 90% 이상의 밀도가 되도록 균일하게 다져야 한다

59 아스콘(아스팔트 콘크리트) 1차 다짐작업의 설명으로 틀린 것은?

☑ 일반적으로 1차 다짐의 최적 온도 범위는 110~85℃이다.
② 진동, 탠덤, 머캐덤 롤러 등을 사용한다.
③ 한 개 차로 시공 시 포장 시점의 바깥부분부터 다짐작업을 시작한다
④ 기존 포장면과 접하여 포장하는 경우에는 세로 시공이음부를 먼저 다지고, 포설면은 포장 시점부터 다져서 올라오도록 한다.

해설
일반적으로 1차 다짐의 최적 온도 범위는 140~110℃이다.

60 유압장치의 정상적인 작동을 위한 일상점검 방법으로 옳은 것은?

① 유압 컨트롤 밸브의 세척 및 교환
☑ 오일량 점검 및 필터의 교환
③ 유압펌프의 점검 및 교환
④ 오일 냉각기의 점검 및 세척

해설
유압장치의 일상점검 방법
• 오일량 점검 및 필터의 교환
• 오일 누설 여부 점검
• 소음 및 호스의 누유 여부 점검
• 변질상태 점검

제7회 기출복원문제

01 기관의 맥동적인 회전을 관성력을 이용하여 원활한 회전으로 바꾸어 주는 역할을 하는 것은?

① 크랭크축　② 피스톤
☑ 플라이휠　④ 커넥팅로드

[해설]
플라이휠은 크랭크의 회전을 휠의 관성을 이용해 원활한 회전으로 바꾸어 준다.

02 디젤기관의 연료분사 3대 요건으로 틀린 것은?

☑ 발 화　② 관통력
③ 분 포　④ 무화상태

[해설]
디젤기관의 연료분사 3대 요건 : 관통력, 분포, 무화상태

03 디젤기관에서 노크 방지 방법으로 옳지 않은 것은?

① 착화성이 좋은 연료를 사용한다.
② 연소실 벽 온도를 높게 유지한다.
☑ 압축비를 낮춘다.
④ 착화기간 중의 분사량을 적게 한다.

[해설]
디젤기관의 노크 방지를 위해서는 압축비를 높여야 한다.

04 기관 윤활장치의 유압이 낮아지는 이유가 아닌 것은?

☑ 오일의 점도가 높을 때
② 베어링 윤활 간극이 클 때
③ 오일 팬 오일이 부족할 때
④ 압력조절 스프링 장력이 약할 때

[해설]
오일의 점도가 높으면 내부마찰이 증가하고 압력이 상승한다.

05 기관의 연료분사펌프에 연료를 보내거나 공기빼기 작업을 할 때 필요한 장치는?

① 체크 밸브(Check Valve)
☑ 프라이밍 펌프(Priming Pump)
③ 오버플로 펌프(Overflow Pump)
④ 드레인 펌프(Drain Pump)

[해설]
프라이밍 펌프(Priming Pump) : 연료공급계통의 공기빼기 작업 및 공급펌프를 수동으로 작동시켜 연료탱크 내의 연료를 분사펌프까지 공급하는 펌프이다.

06 밸브 가이드 내부를 상하 왕복운동하며 밸브 헤드가 받는 열을 가이드를 통해 방출하고, 밸브의 개폐를 돕는 부품의 명칭은?

① 밸브 시트 ❷ 밸브 스템
③ 밸브 페이스 ④ 밸브 스템 엔드

해설
① 밸브 시트 : 실린더 헤드 또는 실린더 블록에 설치되어 밸브 페이스와 접촉하는 부분으로, 연소실의 기밀작용과 연소 시에 받는 밸브 헤드의 열을 실린더 헤드에 전달한다.
③ 밸브 페이스 : 밸브 면이라 하며 밸브 스프링 장력에 의해 밸브 시트에 밀착되어 연소가스를 밀봉하는 역할과 밸브 헤드의 열을 시트에 전달하는 냉각작용을 한다.
④ 밸브 스템 엔드 : 밸브에 운동을 전달하는 로커 암과 직접 접하는 부분이다.

08 축전지 내부의 충·방전 작용으로 가장 알맞은 것은?

❶ 화학작용 ② 탄성작용
③ 물리작용 ④ 기계작용

해설
전류의 3대 작용과 응용
• 자기작용 : 전동기, 발전기, 솔레노이드 기구 등
• 발열작용 : 전구, 예열플러그
• 화학작용 : 축전지의 충·방전 작용

07 동절기 냉각수가 빙결되어 기관이 동파되는 원인은?

① 기관 내부의 온도가 상승하기 때문이다.
② 냉각수가 빙결되면 발전이 어렵기 때문이다.
③ 엔진의 쇠붙이가 얼기 때문이다.
❹ 냉각수의 체적이 늘어나기 때문이다.

해설
동절기 냉각수가 빙결되면 체적이 늘어나 실린더 블록 등에 균열이 생긴다.

09 디젤기관을 시동할 때 주의사항으로 틀린 것은?

① 기온이 낮을 때는 예열 경고등이 소등되면 시동한다.
② 기관 시동은 각종 조작레버가 중립위치에 있는가를 확인 후 행한다.
③ 시동과 동시에 급가속하지 않는다.
❹ 시동 후 적어도 1분 정도는 시동 스위치의 스타트(ST) 위치에서 손을 떼지 않아야 한다.

해설
엔진이 시동되면 바로 손을 뗀다. 그렇지 않고 계속 잡고 있으면 전동기가 소손되거나 탄다.

10 예열장치의 예열플러그 방식으로 적합하지 않은 것은?

☑ ① 히트레인지
② 예열플러그 파일럿
③ 예열플러그 저항기
④ 히트릴레이

해설
예열장치
- 흡기가열 방식 : 흡기히터, 히트레인지
- 예열플러그 방식 : 예열플러그, 예열플러그 파일럿, 예열플러그 저항기, 히트릴레이 등

11 축전지의 용량(전류)에 영향을 주는 요소로 틀린 것은?

① 셀당 극판의 수
② 극판의 크기
☑ ③ 단자의 크기
④ 전해액의 양

해설
축전지 용량에 영향을 미치는 요소
- 셀당 극판의 수
- 극판의 크기
- 전해액(황산)의 양
- 셀의 크기
- 극판의 두께

12 교류발전기의 부품이 아닌 것은?

① 다이오드
② 슬립링
③ 스테이터 코일
☑ ④ 전류조정기

해설
④는 직류발전기의 조정기이다.

13 전장품을 안전하게 보호하는 퓨즈의 사용법으로 틀린 것은?

☑ ① 퓨즈가 없으면 임시로 철사를 감아서 사용한다.
② 회로에 맞는 전류 용량의 퓨즈를 사용한다.
③ 오래되어 산화된 퓨즈는 미리 교환해야 한다.
④ 과열되어 끊어진 퓨즈는 과열된 원인을 먼저 수리한다.

해설
퓨즈 대용으로 구리선이나 철선을 사용하면 화재의 위험이 있다.

14 차량에 사용되는 계기의 구비조건으로 틀린 것은?

① **구조가 복잡할 것** ✓
② 소형이고 경량일 것
③ 지침을 읽기가 쉬울 것
④ 가격이 저렴할 것

[해설]
차량에 사용되는 계기는 구조가 간단해야 한다.

15 플라이휠과 압력판 사이에 설치되어 있으며, 클러치 축을 통하여 변속기로 동력을 전달하는 것은?

① **클러치판** ✓
② 클러치 스프링
③ 클러치 커버
④ 릴리스 베어링

[해설]
클러치판(클러치 디스크)
플라이휠과 압력판 사이에 끼워져 있으며, 엔진의 동력을 변속기 입력축을 통하여 변속기로 전달하는 마찰판이다.

16 토크 컨버터의 구성부품이 아닌 것은?

① 펌 프
② 터 빈
③ 스테이터
④ **터 보** ✓

[해설]
토크 컨버터의 구성부품
- 펌프(임펠러)
- 터빈(러너)
- 스테이터
- 가이드 링
- 댐퍼클러치

17 공회전 상태의 기관에서 크랭크축의 회전과 관계없이 작동되는 기구는?

① 발전기
② **스타트 모터** ✓
③ 캠 샤프트
④ 플라이휠

[해설]
스타트 모터
자동차는 엔진의 활동으로 만들어내는 힘을 이용하여 움직이는데, 엔진이 정지 상태에서 활동하려면 외부의 힘이 반드시 필요하다. 이때 엔진이 활동할 수 있도록 엔진 외부에서 힘을 불어 넣는 장치가 스타트 모터이며, 셀프 스타터(Self-starter)라고 불리기도 한다.

18 건설기계 타이어 패턴 중 슈퍼 트랙션 패턴의 특징으로 틀린 것은?

✅ **① 패턴의 폭은 넓고 홈을 낮게 한 것이다.**
② 진행 방향에 대한 방향성을 가진다.
③ 기어 형태로 연약한 흙을 잡으면서 주행한다.
④ 패턴 사이에 흙이 끼는 것을 방지한다.

해설
슈퍼 트랙션 패턴
러그 패턴의 중앙 부분에 연속된 부분을 없애고 진행 방향에 대해 방향성을 지니도록 한 것이다. 기어와 같은 모양으로 되어 연약한 흙을 확실히 잡으면서 주행할 수 있다.

19 브레이크 드럼의 구비조건 중 틀린 것은?

✅ **① 회전 불평형이 유지되어야 한다.**
② 충분한 강성을 가지고 있어야 한다.
③ 방열이 잘되어야 한다.
④ 가벼워야 한다.

해설
브레이크 드럼의 구비조건
• 회전 밸런스가 잡혀 있어야 한다.
• 슈가 확장되었을 때 변형되지 않도록 충분한 강성이 있어야 한다.
• 방열성과 내마모성이 우수해야 한다.
• 무게가 가벼워야 한다.

20 유압구동장치의 구성요소가 아닌 것은?

① 유압모터   ② 요동모터
③ 유압실린더   ✅ **④ 유압펌프**

해설
유압장치의 기본 구성요소
• 유압발생장치 : 유압펌프, 오일탱크, 배관, 부속장치 (오일냉각기, 필터, 압력계)
• 유압제어장치 : 방향전환밸브, 압력제어밸브, 유량조절밸브
• 유압구동장치 : 유압모터, 요동모터, 유압실린더 등

21 유압 라인에서 압력에 영향을 주는 요소가 아닌 것은?

① 유체의 흐름양
✅ **② 관로의 좌우 방향**
③ 유체의 점도
④ 관로 직경의 크기

해설
관로의 좌우 방향 자체는 유압 라인의 압력에 직접적인 영향을 주지 않는다.

22 유압장치에 주로 사용하는 펌프 형식이 아닌 것은?

① 베인펌프   ② 플런저펌프
✅ **③ 분사펌프**   ④ 기어펌프

해설
③은 연료장치에 사용되는 펌프이다.

23 유압장치에서 유압의 제어 방법이 아닌 것은?

① 압력 제어
② 방향 제어
☑ **속도 제어**
④ 유량 제어

[해설]
유압의 제어 방법 : 압력 제어, 방향 제어, 유량 제어

24 유압실린더 등의 중력에 의한 자유낙하 방지를 위해 배압을 유지하는 압력제어 밸브는?

① 감압 밸브
② 시퀀스 밸브
③ 언로더 밸브
☑ **카운터밸런스 밸브**

[해설]
카운터밸런스 밸브 : 자체 중량에 의한 자유낙하 등을 방지하기 위해 회로에 배압을 유지하는 밸브이다.

25 유압모터의 회전력 변화에 영향을 미치는 것은?

☑ **유압유 압력**   ② 유 량
③ 유압유 점도   ④ 유압유 온도

[해설]
유압모터는 공급 작동유의 압력을 제어함으로써 부하축의 출력토크를 조절할 수 있고, 유량을 제어함으로써 부하축의 회전속도를 조절할 수 있다.

26 다음 유압기호가 나타내는 것은?

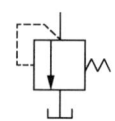

① 체크 밸브
② 카운터밸런스 밸브
☑ **릴리프 밸브**
④ 리듀싱 밸브

[해설]
유압기호

체크 밸브 (스프링 없음)	
카운터밸런스 밸브	
리듀싱 밸브 (감압 밸브)	

27 건설기계 유압회로에서 유압유 온도를 알맞게 유지하기 위해 오일을 냉각하는 부품은?

① 어큐뮬레이터
☑ ② 오일 쿨러
③ 방향 제어 밸브
④ 유압 밸브

> [해설]
> 오일 쿨러는 윤활유 등으로 사용되어 온도가 상승한 기름을 물 또는 공기로 냉각하는 장치이다.

28 다음 안전수칙 중 잘못된 설명은?

① 기계 운전 중에는 자리를 지킨다.
☑ ② 기계의 청소는 작동 중에 수시로 한다.
③ 기계 운전 중 정지 시는 즉시 주 스위치를 끈다.
④ 기계 공장에서는 반드시 작업복과 안전화를 착용한다.

> [해설]
> 기계부 청소는 작동을 멈춘 후에 실시해야 사고를 방지할 수 있다.

29 산소 결핍의 우려가 있는 장소에서 착용해야 하는 마스크의 종류는?

① 방독 마스크   ② 방진 마스크
☑ ③ 송기 마스크   ④ 가스 마스크

> [해설]
> ③ 송기 마스크 : 외부에서 깨끗한 공기를 공급하여 착용자가 유해가스, 분진, 산소 결핍 환경으로부터 보호받을 수 있도록 해주는 마스크
> ① 방독 마스크 : 산업현장에서 발생할 수 있는 유해가스, 증기, 공기 중 미세 입자물질로부터 인체가 질병에 노출되는 것을 예방하기 위해 사용하는 마스크
> ② 방진 마스크 : 분진이 발생하는 장소에서 안전하게 작업하기 위하여 필요한 마스크
> ④ 가스 마스크 : 유해가스, 증기, 분진 등 다양한 형태의 유해물질로부터 호흡기를 보호하는 호흡보호구 전체를 포괄하는 용어

30 산업재해의 직접원인 중 불안전한 행동이 아닌 것은?

① 허가 없이 장치를 운전
☑ ② 불충분한 경보 시스템
③ 목적 외 기계・공구 사용
④ 개인 보호구 미사용

> [해설]
> 불충분한 경보 시스템은 설비 자체의 결함으로, 직접원인 중 불안전한 상태로 볼 수 있다.

31 안전관리의 3단계에 속하지 않는 것은?

① 계 획 ② 실 시
③ **보 상** ④ 평 가

[해설]
안전관리의 3단계 : 계획, 실시, 평가

32 산업안전보건법령상 안전보건표지에서 색채와 용도가 틀리게 짝지어진 것은?

① 파란색 : 지시
② 녹색 : 안내
③ **노란색 : 위험**
④ 빨간색 : 금지, 경고

[해설]
안전보건표지의 색도기준 및 용도(산업안전보건법 시행규칙 [별표 8])

색 채	용 도	사용례
빨간색	금 지	정지신호, 소화설비 및 그 장소, 유해행위의 금지
	경 고	화학물질 취급장소에서의 유해·위험 경고
노란색	경 고	화학물질 취급장소에서의 유해·위험 경고 이외의 위험 경고, 주의표지 또는 기계방호물
파란색	지 시	특정 행위의 지시 및 사실의 고지
녹 색	안 내	비상구 및 피난소, 사람 또는 차량의 통행표지
흰 색	–	파란색 또는 녹색에 대한 보조색
검은색	–	문자 및 빨간색 또는 노란색에 대한 보조색

33 6각 볼트, 너트를 조이고 풀 때 가장 적합한 공구는?

① 바이스
② 플라이어
③ 드라이버
④ **복스렌치**

[해설]
복스렌치는 공구의 끝부분이 볼트나 너트를 완전히 감싸는 렌치이다.

34 수공구 사용 시 유의사항으로 맞지 않는 것은?

① 용도 이외에는 사용하지 않는다.
② **토크렌치는 볼트를 풀 때 사용한다.**
③ 사용 후에는 정해진 장소에 보관한다.
④ 수공구는 손에 잘 잡고 떨어지지 않게 작업한다.

[해설]
토크렌치는 볼트, 너트, 작은 나사 등의 조임에 필요한 토크를 주기 위한 체결용 공구이다.

35 수소 가스용기의 도색으로 맞는 것은?

① 녹 색 ❷ 주황색
③ 백 색 ④ 청 색

해설
가스용기의 도색 구분(고압가스 안전관리법 시행규칙 [별표 24])

가스의 종류	도색 구분
산 소	녹 색
수 소	주황색
아세틸렌	황 색
그 밖의 가스	회 색

※ 의료용 산소 가스용기의 도색은 백색이다.

36 무거운 물건을 들어 올릴 때의 주의사항으로 적합하지 않은 것은?

❶ 장갑에 기름을 묻히고 든다.
② 가능한 이동식 크레인을 이용한다.
③ 힘센 사람과 약한 사람과의 균형을 잡는다.
④ 약간씩 이동하는 것은 지렛대를 이용할 수도 있다.

해설
장갑을 낀 채 무거운 물건을 들어 올릴 때는 장갑 표면의 기름 또는 물기를 없애고 미끄러지지 않는지 확인한다.

37 작업 시 준수해야 할 안전사항으로 틀린 것은?

① 대형 물건의 기중 작업 시 신호 확인을 철저히 할 것
② 고장 중인 기기에는 표시를 해둘 것
③ 정전 시에는 반드시 전원을 차단할 것
❹ 자리를 비울 때 장비 작동은 자동으로 할 것

해설
④ 자리를 비울 때 장비 작동은 정지한다.

38 작업 중 엔진온도가 급상승하였을 때, 가장 먼저 점검해야 할 것은?

① 윤활유 점도지수
② 크랭크축 베어링 상태
③ 부동액 점도
❹ 냉각수의 양

해설
엔진 과열의 흔한 원인 중 하나는 냉각수 부족이므로 가장 먼저 점검해야 한다.

39 소화방식의 종류 중 주된 작용이 질식소화에 해당하는 것은?

① 강화액   ② 호스방수
☑ ③ 에어 폼   ④ 스프링클러

해설
①, ②, ④는 냉각소화에 해당한다.
질식소화 : 산소 공급을 차단하여 불을 끄는 소화 방법이다. 포말소화기(화학포, 공기포, 에어 폼, 알코올포 등)를 사용하는 유화소화 방식과 분말소화기, CO_2 소화기 등을 사용하는 피복소화 방식 등이 있다.

40 등록 건설기계의 기종별 기종번호가 틀린 것은?

☑ ① 01 : 로더
② 04 : 지게차
③ 05 : 스크레이퍼
④ 09 : 롤러

해설
기종별 기종번호(건설기계관리법 시행규칙 [별표 2])
• 01 : 불도저
• 02 : 굴착기
• 03 : 로더
• 04 : 지게차
• 05 : 스크레이퍼
• 06 : 덤프트럭
• 07 : 기중기
• 08 : 모터그레이더
• 09 : 롤러

41 건설기계 등록신청 시 첨부하지 않아도 되는 서류는?

☑ ① 호적등본
② 건설기계의 소유자임을 증명하는 서류
③ 건설기계제작증
④ 건설기계제원표

해설
등록의 신청 등(건설기계관리법 시행령 제3조)
㉠ 다음의 구분에 따른 해당 건설기계의 출처를 증명하는 서류. 다만, 해당 서류를 분실한 경우에는 해당 서류의 발행사실을 증명하는 서류(원본 발행기관에서 발행한 것으로 한정한다)로 대체할 수 있다.
  1. 국내에서 제작한 건설기계 : 건설기계제작증
  2. 수입한 건설기계 : 수입면장 등 수입 사실을 증명하는 서류. 다만, 타워크레인의 경우에는 건설기계제작증을 추가로 제출하여야 한다.
  3. 행정기관으로부터 매수한 건설기계 : 매수증서
㉡ 건설기계의 소유자임을 증명하는 서류. 다만, ㉠의 서류가 건설기계의 소유자임을 증명할 수 있는 경우에는 당해 서류로 갈음할 수 있다.
㉢ 건설기계제원표
㉣ 보험 또는 공제의 가입을 증명하는 서류

42 축전지의 용량을 나타내는 단위는?

① amp   ② Ω
③ V   ☑ ④ Ah

해설
축전지 용량은 Ah를 단위로 사용한다.

43 건설기계에서 등록의 경정은 어느 때 하는가?

✔ ① 등록을 행한 후에 그 등록에 관하여 착오 또는 누락이 있음을 발견한 때
② 등록을 행한 후에 소유권이 이전되었을 때
③ 등록을 행한 후에 등록지가 이전되었을 때
④ 등록을 행한 후에 소재지가 변동되었을 때

해설
시·도지사는 규정에 의한 등록을 행한 후에 그 등록에 관하여 착오 또는 누락이 있음을 발견한 때에는 부기로써 경정등록을 하고, 그 뜻을 지체 없이 등록명의인 및 그 건설기계의 검사대행자에게 통보하여야 한다(건설기계관리법 시행령 제8조).

44 건설기계의 제동장치에 대한 정기검사를 면제받기 위한 건설기계제동장치정비확인서를 발행받을 수 있는 곳은?

① 건설기계대여회사
✔ ② 건설기계정비업자
③ 건설기계부품업자
④ 건설기계매매업자

해설
건설기계의 제동장치에 대한 정기검사를 면제받으려는 자는 규정에 의한 정기검사 신청 시에 해당 건설기계정비업자가 발행한 건설기계제동장치정비확인서를 시·도지사 또는 검사대행자에게 제출해야 한다(건설기계관리법 시행규칙 제32조의2제2항).

45 건설기계에서 구조변경 및 개조를 할 수 없는 항목은?

① 원동기의 형식변경
② 제동장치의 형식변경
③ 유압장치의 형식변경
✔ ④ 적재함의 용량증가를 위한 구조변경

해설
건설기계의 기종변경, 육상작업용 건설기계규격의 증가 또는 적재함의 용량증가를 위한 구조변경은 주요구조의 변경 및 개조의 범위에 포함되지 않는다(건설기계관리법 시행규칙 제42조).

46 건설기계의 구조변경검사를 신청하려는 자가 주요 구조를 변경하거나 개조한 경우 제출해야 하는 서류로 옳지 않은 것은?

① 변경 전후의 주요제원대비표
✔ ② 건설기계조종사 자격증 사본
③ 변경한 부분의 도면
④ 변경 전후의 건설기계 외관도(외관 변경이 있는 경우에 한함)

해설
② 자격증 사본은 제출 서류에 해당하지 않는다.
①, ③, ④ 건설기계관리법 시행규칙 제25조제1항

47 건설기계조종사면허를 받을 때의 결격사유에 해당하지 않는 것은?

① 앞을 보지 못하는 사람
② 건설기계조종사면허의 효력정지처분 기간 중에 있는 사람
✔ ③ 나이가 18세인 사람
④ 듣지 못하는 사람

해설
③ 18세 미만인 사람은 건설기계조종사면허를 받을 자격이 없다.
①, ②, ④ 건설기계관리법 제27조

48 건설기계조종사의 면허취소 사유가 아닌 것은?

① 거짓 또는 부정한 방법으로 건설기계의 면허를 받은 경우
② 면허정지처분을 받은 자가 그 정지기간 중 건설기계를 조종한 경우
③ 건설기계의 조종 중 고의로 중대한 사고를 일으킨 경우
✔ ④ 정비명령을 이행하지 아니한 경우

해설
④ 검사에 불합격된 건설기계에 대한 정비명령을 이행하지 아니한 자는 1년 이하의 징역 또는 1,000만원 이하의 벌금에 처한다(건설기계관리법 제41조).
①, ②, ③ 건설기계관리법 시행규칙 [별표 22]

49 건설기계해체재활용업에 대한 설명으로 적절하지 않은 것은?

① 폐기 요청된 건설기계의 인수
② 재사용 가능한 부품 회수
③ 등록말소 신청 대행
✔ ④ 건설기계 매매 알선

해설
용어의 정의(건설기계관리법 제2조)
• 건설기계매매업이란 중고(中古) 건설기계의 매매 또는 그 매매의 알선과 그에 따른 등록사항에 관한 변경신고의 대행을 업으로 하는 것을 말한다.
• 건설기계해체재활용업이란 폐기 요청된 건설기계의 인수(引受), 재사용 가능한 부품의 회수, 폐기 및 그 등록말소 신청의 대행을 업으로 하는 것을 말한다.

50 건설기계 소유자의 정비작업 범위를 위반하여 건설기계를 정비한 자에 대한 벌칙은?

① 200만원 이하의 벌금
② 100만원 이하의 벌금
③ 100만원 이하의 과태료
✔ ④ 50만원 이하의 과태료

해설
건설기계의 정비 규정을 위반하여 건설기계를 정비한 자는 50만원 이하의 과태료를 부과한다(건설기계관리법 제44조).

51 건설기계관리법령상 건설기계의 구조변경검사를 받지 아니한 자에 대한 처벌은?

① **1,000만원 이하의 벌금**
② 2,000만원 이하의 벌금
③ 300만원 이하의 벌금
④ 100만원 이하의 벌금

해설
구조변경검사 또는 수시검사를 받지 아니한 자는 1년 이하의 징역 또는 1,000만원 이하의 벌금에 처한다(건설기계관리법 제41조제3호).

52 타이어 롤러에 대한 설명 중 틀린 것은?

① 타이어는 내압 변화가 적고 접지압 분포가 균일한 전용 타이어를 사용한다.
② 다짐속도가 비교적 빠르다.
③ **보조기층 다짐 높이는 약 50cm를 표준으로 하는 것이 바람직하다.**
④ 타이어형 롤러의 차륜 지지 방식은 고정식, 상호요동식, 독립지지식이 있다.

해설
보조기층 재료의 포설은 다짐 후의 1층 두께가 20cm를 넘지 않도록 재료를 균일하게 포설하여야 한다.

53 수평 방향의 하중이 수직으로 미칠 때 원심력을 가하고 기전력을 서로 조합하여 흙을 다짐하며, 적은 무게로 큰 다짐효과를 올릴 수 있는 다짐기계는?

① 탬핑 롤러
② 머캐덤 롤러
③ **진동 롤러**
④ 탠덤 롤러

해설
진동 롤러는 자체 중량이 가벼워도 진동에 의한 타격력으로 토사를 다지므로 매우 강한 다짐 작업을 할 수 있다. 하지만 진동 때문에 조종사가 피로감을 많이 느끼므로 장시간 작업을 할 수 없는 결점이 있다.

54 머캐덤 롤러의 동력전달 순서는?

① **기관 → 클러치 → 변속기 → 역전기 → 차동장치 → 종감속장치 → 뒤차륜**
② 기관 → 클러치 → 역전기 → 변속기 → 차동장치 → 뒤차축 → 뒤차륜
③ 기관 → 클러치 → 역전기 → 변속기 → 차동장치 → 종감속장치 → 뒤차륜
④ 기관 → 클러치 → 변속기 → 역전기 → 차동장치 → 뒤차축 → 뒤차륜

55 다짐효과의 향상과 아스팔트가 타이어 또는 롤에 부착되지 않게 하기 위한 장치는?

① 부가하중장치 ② 진동장치
❸ 살수장치 ④ 조향장치

[해설]
살수장치 : 다짐효과의 향상과 아스팔트가 타이어 또는 롤에 부착되지 않게 하기 위한 장치로 기계식 또는 전기식의 노즐 분사 방식이어야 한다.

56 롤러의 규격이 8~12ton일 때, 이 규격의 의미는?

① 전륜 하중이 2ton이고 후륜 하중이 4ton이다.
② 전륜 하중이 2ton이고 전체 하중이 6ton이다.
❸ 자중이 8ton이고 4ton의 부가하중(밸러스트)을 가중시킬 수 있다.
④ 전륜 하중이 12ton이고 후륜 하중이 8ton이다.

[해설]
롤러의 규격이 8~12ton이라는 것은 자체중량 8ton에 밸러스트 4ton을 가중시킬 수 있어 총 12ton이라는 의미이다.

57 도로의 성토, 하천제방, 어스 댐(Earth Dam) 등의 넓은 면적을 두꺼운 층으로 균일한 다짐을 요하는 경우 사용되는 롤러는?

① 탠덤 롤러 ② 머캐덤 롤러
③ 타이어 롤러 ❹ 탬핑 롤러

[해설]
탬핑 롤러 : 강판으로 만든 속이 빈 원통의 외주에 다수의 돌기를 붙인 것으로, 사질토보다는 점토질의 다짐에 효과적이다.

58 상부 롤러와 하부 롤러의 공통점은?

① 싱글 플랜지형만 사용
② 설치 개수는 1~2개 정도
❸ 트랙의 회전을 바르게 유지
④ 장비의 하중을 분산하여 지지

[해설]
상부 롤러와 하부 롤러

상부 롤러	하부 롤러
• 프런트 아이들러와 스프로킷 사이에 1~2개가 설치되어 트랙이 밑으로 처지지 않도록 받쳐주며, 트랙의 회전을 바르게 유지시킨다. • 싱글 플랜지형을 사용하며 구조는 축, 부싱, 칼라, 실 등으로 구성되어 있다.	• 트랙 프레임에 4~7개 정도가 설치되어 장비의 전체 중량을 지지하고, 전체 중량을 트랙에 균등하게 분배해 주며, 트랙의 회전 위치를 바르게 유지시킨다. • 싱글 플랜지형과 더블 플랜지형을 사용한다.

59 무한궤도식 건설기계에서 트랙의 구성품으로 맞는 것은?

① 슈, 조인트, 스프로킷, 핀, 슈볼트
② 스프로킷, 트랙 롤러, 상부 롤러, 아이들러
③ 슈, 스프로킷, 하부 롤러, 상부 롤러, 감속기
❹ **슈, 슈볼트, 링크, 부싱, 핀**

[해설]
트랙은 슈, 슈볼트, 링크, 부싱, 핀 등으로 구성되어 있으며, 프런트 아이들러와 상하부의 롤러, 스프로킷에 감겨져 있다. 스프로킷의 동력을 받아 구동된다.

60 운전자가 작업 전에 실시하는 장비 점검과 관련된 내용으로 거리가 먼 것은?

① 타이어 및 궤도 차륜 상태
② 브레이크 및 클러치의 작동 상태
③ 낙석, 낙하물 등의 위험이 예상되는 작업 시 견고한 헤드 가드 설치 상태
❹ **정격 용량보다 높은 회전으로 수차례 모터를 구동시켜 내구성 상태 점검**

[해설]
작업 전에 기계의 정비 상태를 정비기록표 등에 의해 확인하고 다음 사항을 점검하여야 한다.
• 낙석, 낙하물 등의 위험이 예상되는 작업 시 견고한 헤드 가드 설치 상태
• 브레이크 및 클러치의 작동 상태
• 타이어 및 궤도 차륜 상태
• 경보장치의 작동 상태
• 부속장치의 상태

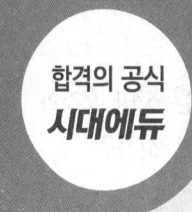

교육은 우리 자신의 무지를 점차 발견해 가는 과정이다.

– 윌 듀란트 –

모의고사

제1회~제7회 모의고사

정답 및 해설

합격의 공식 *시대에듀* www.sdedu.co.kr

제1회 모의고사

정답 및 해설 p.194

01 4행정 기관에서 흡·배기밸브가 모두 열려 있는 시점은?

① 흡입행정 말
② 압축행정 초
③ 폭발행정 초
④ 배기행정 말

02 기관 윤활장치의 유압이 낮아지는 이유가 아닌 것은?

① 오일의 점도가 높을 때
② 베어링 윤활 간극이 클 때
③ 오일 팬 오일이 부족할 때
④ 압력조절 스프링 장력이 약할 때

03 디젤기관에 과급기를 설치하였을 때 장점이 아닌 것은?

① 동일 배기량에서 출력이 감소하고, 연료소비율이 증가된다.
② 냉각손실이 작으며, 높은 지대에서도 기관의 출력 변화가 작다.
③ 연소상태가 좋아지므로 압축온도 상승에 따라 착화지연이 짧아진다.
④ 연소상태가 양호하기 때문에 비교적 질이 낮은 연료를 사용할 수 있다.

04 내연기관의 동력전달 순서가 맞는 것은?

① 피스톤 → 커넥팅로드 → 플라이휠 → 크랭크축
② 피스톤 → 커넥팅로드 → 크랭크축 → 플라이휠
③ 피스톤 → 크랭크축 → 커넥팅로드 → 플라이휠
④ 피스톤 → 크랭크축 → 플라이휠 → 커넥팅로드

05 디젤기관의 연료장치에서 프라이밍 펌프의 사용 시기는?

① 출력을 증가시키고자 할 때
② 연료계통에 공기를 배출할 때
③ 연료의 양을 가감할 때
④ 연료의 분사압력을 측정할 때

06 기관의 밸브 간극이 너무 클 때 발생하는 현상에 관한 설명으로 올바른 것은?

① 정상온도에서 밸브가 확실하게 닫히지 않는다.
② 밸브 스프링의 장력이 약해진다.
③ 푸시로드가 변형이 된다.
④ 정상온도에서 밸브가 완전히 개방되지 않는다.

09 피스톤과 실린더 사이의 간극이 너무 클 때 일어나는 현상은?

① 엔진의 출력 증대
② 압축압력 증가
③ 실린더 소결
④ 엔진오일의 소비 증가

07 인젝터의 점검 항목이 아닌 것은?

① 저 항
② 작동온도
③ 분사량
④ 작동음

08 기관에서 발생하는 진동의 억제 대책이 아닌 것은?

① 플라이휠
② 캠 샤프트
③ 밸런스 샤프트
④ 댐퍼 풀리

10 기관의 윤활유 소모가 많아질 수 있는 원인으로 옳은 것은?

① 비산과 압력
② 비산과 희석
③ 연소와 누설
④ 희석과 혼합

11 엔진 과열 시 먼저 점검할 사항으로 옳은 것은?

① 연료분사량
② 수온 조절기
③ 냉각수 양
④ 물 재킷

12 사용하던 라디에이터와 신품 라디에이터의 냉각수 주입량을 비교했을 때 신품으로 교환해야 할 시점은?

① 10% 이상의 차이가 발생했을 때
② 20% 이상의 차이가 발생했을 때
③ 30% 이상의 차이가 발생했을 때
④ 40% 이상의 차이가 발생했을 때

13 시동 스위치를 시동(ST)위치로 했을 때 솔레노이드 스위치는 작동되나 기동전동기는 작동되지 않는 원인으로 틀린 것은?

① 축전지 방전으로 전류 용량 부족
② 시동 스위치 불량
③ 엔진 내부 피스톤 고착
④ 기동전동기 브러시 손상

14 경음기 스위치를 작동하지 않았는데 경음기가 계속 울리고 있다면 그 원인은?

① 경음기 릴레이의 접점이 용착
② 배터리의 과충전
③ 경음기 접지선이 단선
④ 경음기 전원 공급선이 단선

15 회로 중의 어느 한 점에 있어서 그 점에 흘러 들어오는 전류의 총합과 흘러가는 전류의 총합은 서로 같다는 법칙은?

① 렌츠의 법칙
② 줄의 법칙
③ 키르히호프 제1법칙
④ 플레밍의 왼손 법칙

16 시동키를 뽑은 상태로 주차했음에도 배터리에서 방전되는 전류를 뜻하는 것은?

① 충전전류
② 암전류
③ 시동전류
④ 발전전류

17 AC 발전기에서 전류가 흐를 때 전자석이 되는 것은?

① 계자 철심
② 로 터
③ 스테이터 철심
④ 아마추어

18 배터리에 대한 설명으로 옳은 것은?

① 배터리 터미널 중 굵은 것이 (+)이다.
② 점프 시동할 경우 추가 배터리를 직렬로 연결한다.
③ 배터리는 운행 중 발전기 가동을 목적으로 장착된다.
④ 배터리 탈거 시 (+)단자를 먼저 탈거한다.

19 클러치 작동유 사용상 주의할 점으로 틀린 것은?

① 다른 종류와 섞어 쓰지 않는다.
② 공기빼기 작업을 할 때는 하이드로 백을 통해 배출한다.
③ 오일에 수분이 혼입되지 않도록 주의한다.
④ 도장 면에 오일이 닿으면 벗겨지므로 주의한다.

20 차량을 앞에서 보았을 때 알 수 있는 앞바퀴 정렬 요소는?

① 캠버, 토인
② 캐스터, 토인
③ 캠버, 킹핀 경사각
④ 토인, 킹핀 경사각

21 가동하고 있는 엔진에서 화재가 발생하였다. 불을 끄기 위한 조치 방법으로 올바른 것은?

① 원인분석을 하고, 모래를 뿌린다.
② 포말소화기를 사용 후, 엔진 시동스위치를 끈다.
③ 엔진 시동스위치를 끄고, ABC소화기를 사용한다.
④ 엔진을 급가속하여 팬의 강한 바람을 일으켜 불을 끈다.

22 플레밍의 오른손 법칙에서 가운데(중지) 손가락 방향은?

① 자력선 방향
② 자밀도 방향
③ 유도기전력 방향
④ 운동 방향

23 일반가연성 물질의 화재로서 물질이 연소된 후에 재를 남기는 일반적인 화재는?

① A급 화재
② B급 화재
③ C급 화재
④ D급 화재

24 로드 롤러에 전용의 역전장치가 설치되어 있는 이유는?

① 전·후진 속도를 동일하도록 하기 위하여
② 고속 운행이 가능하도록 하기 위하여
③ 차륜의 슬립 현상을 방지하기 위하여
④ 험한 지역에서 공회전을 막기 위하여

25 롤러를 이용한 다짐 또는 포장작업의 설명으로 옳지 않은 것은?

① 포장작업 물량은 거리, 너비, 용량으로 확인한다.
② 다짐은 정지상태에서 진동을 작동하지 않아야 한다.
③ 경사진 곳에서는 낮은 곳에서 높은 곳으로 다짐한다.
④ 드럼에 살수가 부족하면 스카프 현상이 나타난다.

26 롤러의 다짐방식에 의한 구분으로 틀린 것은?

① 쇄석 롤러
② 머캐덤 롤러
③ 탠덤 롤러
④ 탬핑 롤러

27 롤러를 이용한 다짐방법 중 마무리 다짐에 대한 내용으로 옳지 않은 것은?

① 포장의 요철이나 롤러 자국 등의 제거 및 포장체의 평탄성 확보가 목적이다.
② 15ton 이상의 타이어 롤러를 사용한다.
③ 마무리 다짐(3차 다짐)은 2차 다짐에 이어 70~90℃ 부근에서 다진다.
④ 2차 다짐에 의해 생긴 롤러 자국이 없어질 정도로 다진다.

28 롤러의 엔진오일이 갖춰야 할 기능이 아닌 것은?

① 마모 방지성이 있어야 한다.
② 엔진의 배기가스 농도 조정과 출력 증대 성분이 있어야 한다.
③ 마찰 감소, 녹과 부식의 방지성이 있어야 한다.
④ 냉각성, 밀봉성, 기포 발생 방지성이 있어야 한다.

29 다짐방법 결정 시 점토질 다짐에 적합하지 않은 롤러는?

① 탬핑 롤러
② 탠덤 롤러
③ 머캐덤 롤러
④ 진동형 타이어 롤러

30 롤러의 일일점검사항이 아닌 것은?

① 엔진오일 및 연료량 점검
② 오일 필터 점검
③ 벨트 장력 점검
④ 냉각수 점검

31 등록 건설기계의 기종별 기종번호가 틀린 것은?

① 01 : 굴착기
② 06 : 덤프트럭
③ 07 : 기중기
④ 09 : 롤러

32 건설기계조종사면허에 관한 설명으로 옳은 것은?

① 건설기계조종사면허는 국토교통부장관이 발급한다.
② 콘크리트믹서트럭을 조종하고자 하는 자는 자동차 제1종 대형면허를 받아야 한다.
③ 기중기 면허를 소지하면 굴착기도 조종할 수 있다.
④ 기중기로 도로를 주행하고자 할 때는 자동차 제1종 면허를 받아야 한다.

33 건설기계의 구조변경검사는 누구에게 신청할 수 있는가?

① 건설기계정비업소
② 자동차검사소
③ 건설기계검사대행자
④ 건설기계폐기업소

34 건설기계조종사면허 신청 시의 첨부서류가 아닌 것은?

① 증명사진
② 신체검사서
③ 주민등록등본
④ 소형건설기계조종교육이수증(소형건설기계조종사면허증을 발급 신청하는 경우)

35 건설기계 등록의 말소 사유에 해당되지 않는 것은?

① 거짓이나 그 밖의 부정한 방법으로 등록을 한 경우
② 건설기계를 교육·연구 목적으로 사용하는 경우
③ 정기검사 명령, 수시검사 명령 또는 정비 명령에 따르지 아니한 경우
④ 건설기계조종사 면허가 취소된 경우

36 건설기계관리법상 건설기계조종사면허를 받지 아니하고 건설기계를 조종한 자의 벌칙으로 옳은 것은?

① 2년 이하의 징역 또는 2,000만원 이하의 벌금
② 1년 이하의 징역 또는 1,500만원 이하의 벌금
③ 1년 이하의 징역 또는 1,000만원 이하의 벌금
④ 1년 이하의 금고 또는 1,000만원 이하의 벌금

37 건설기계관리법령상 특별표지판을 부착하여야 할 건설기계의 범위에 해당하지 않는 것은?

① 길이가 10m를 초과하는 건설기계
② 높이가 4.0m를 초과하는 건설기계
③ 총중량이 40ton을 초과하는 건설기계
④ 최소회전반경이 12m를 초과하는 건설기계

38 건설기계의 검사를 연장받을 수 있는 기간을 잘못 설명한 것은?

① 해외 임대를 위하여 일시 반출된 경우 : 반출기간 이내
② 압류된 건설기계의 경우 : 압류기간 이내
③ 건설기계대여업을 휴업한 경우 : 사업의 개시신고를 하는 때까지
④ 장기간 수리가 필요한 경우 : 소유자가 원하는 기간

39 건설기계조종사면허를 받을 때의 결격사유에 해당하지 않는 것은?

① 앞을 보지 못하는 사람
② 건설기계조종사면허의 효력정지처분 기간 중에 있는 사람
③ 나이가 만 18세인 사람
④ 듣지 못하는 사람

40 건설기계의 등록사항 중 등록번호가 변경된 경우 등록번호표를 시·도지사에게 며칠 이내에 반납하여야 하는가?

① 10일　　② 5일
③ 20일　　④ 30일

41 그림과 같은 유압기호에 해당하는 밸브는?

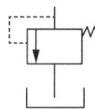

① 체크 밸브
② 카운터밸런스 밸브
③ 릴리프 밸브
④ 리듀싱 밸브

42 다음에서 압력의 단위만 고른 것은?

| ㄱ. psi | ㄴ. kgf/cm² |
| ㄷ. bar | ㄹ. N·m |

① ㄱ, ㄴ, ㄷ
② ㄱ, ㄴ, ㄹ
③ ㄴ, ㄷ, ㄹ
④ ㄱ, ㄷ, ㄹ

43 유압장치에 사용되는 밸브 부품의 세척유로 가장 적절한 것은?

① 엔진오일
② 물
③ 경 유
④ 합성세제

44 유압모터의 회전력이 변화하는 것에 영향을 미치는 것은?

① 유압유 압력
② 유 량
③ 유압유 점도
④ 유압유 온도

45 유압장치에서 피스톤로드에 있는 먼지 또는 오염 물질 등이 실린더 내로 혼입되는 것을 방지하는 것은?

① 필터(Filter)
② 더스트 실(Dust Seal)
③ 밸브(Valve)
④ 실린더 커버(Cylinder Cover)

46 유압장치에서 압력제어밸브가 아닌 것은?

① 릴리프 밸브
② 체크 밸브
③ 감압 밸브
④ 시퀀스 밸브

47 작동유에서 점도의 단위로 맞는 것은?

① kg   ② cm
③ P   ④ S

48 유압펌프에서 토출량에 대한 설명으로 맞는 것은?

① 펌프가 단위시간당 토출하는 액체의 체적
② 펌프가 임의의 체적당 토출하는 액체의 체적
③ 펌프가 임의의 체적당 용기에 가하는 체적
④ 펌프 사용 최대 시간 내에 토출하는 액체의 최대 체적

49 현장에서 유압유의 열화를 찾아내는 방법으로 가장 적합한 것은?

① 오일을 가열했을 때 냉각되는 시간 확인
② 오일을 냉각시켰을 때 침전물의 유무 확인
③ 자극적인 악취·색깔의 변화 확인
④ 건조한 여과지를 오일에 넣어 젖는 시간 확인

50 유압모터의 속도를 감속하는 데 사용하는 밸브는?

① 체크 밸브
② 디셀러레이션 밸브
③ 변환 밸브
④ 압력스위치

51 안전보건표지의 종류와 형태에서 그림의 표지로 맞는 것은?

① 안전복 착용
② 안전모 착용
③ 보안면 착용
④ 출입금지

52 드라이버 사용 시 주의할 점으로 틀린 것은?

① 규격에 맞는 드라이버를 사용한다.
② 드라이버는 지렛대 대신으로 사용하지 않는다.
③ 클립(Clip)이 있는 드라이버는 옷에 걸고 다녀도 무방하다.
④ 잘 풀리지 않는 나사는 플라이어를 이용하여 강제로 뺀다.

53 마이크로미터를 보관하는 방법으로 틀린 것은?

① 습기가 없는 곳에 보관한다.
② 직사광선에 노출되지 않도록 한다.
③ 앤빌과 스핀들을 밀착시켜서 둔다.
④ 측정 부분이 손상되지 않도록 보관함에 보관한다.

54 벨트를 풀리에 걸 때는 어떤 상태에서 걸어야 하는가?

① 저속으로 회전 상태
② 중속으로 회전 상태
③ 고속으로 회전 상태
④ 회전을 중지한 상태

55 지렛대 사용 시 주의사항이 아닌 것은?

① 손잡이가 미끄럽지 않을 것
② 화물 중량과 크기에 적합한 것
③ 화물 접촉면을 미끄럽게 할 것
④ 둥글고 미끄러지기 쉬운 지렛대는 사용하지 말 것

56 다음 중 유류화재에 대하여 가장 적합하지 않은 소화기는?

① 분말 소화기
② 포말 소화기
③ CO_2 소화기
④ 물

57 전장품을 안전하게 보호하는 퓨즈의 사용법으로 틀린 것은?

① 퓨즈가 없으면 임시로 철사를 감아서 사용한다.
② 회로에 맞는 전류 용량의 퓨즈를 사용한다.
③ 오래되어 산화된 퓨즈는 미리 교환한다.
④ 과열되어 끊어진 퓨즈는 과열된 원인을 먼저 수리한다.

58 무거운 짐을 이동할 때 설명으로 틀린 것은?

① 힘겨우면 기계를 이용한다.
② 기름이 묻은 장갑을 끼고 한다.
③ 지렛대를 이용한다.
④ 2인 이상이 작업할 때는 힘센 사람과 약한 사람과의 균형을 잡는다.

59 등록된 건설기계에 등록번호표를 부착·봉인하지 않거나 등록번호를 새기지 않은 경우, 1회 위반 시의 과태료는?

① 100만원
② 50만원
③ 30만원
④ 20만원

60 감전사고 예방을 위한 주의사항의 내용으로 틀린 것은?

① 젖은 손으로는 전기기기를 만지지 않는다.
② 코드를 뺄 때는 반드시 플러그의 몸체를 잡고 뺀다.
③ 전력선에 물체를 접촉하지 않는다.
④ 220V는 단상이고, 저압이므로 생명의 위협은 없다.

제2회 모의고사

정답 및 해설 p.199

01 디젤기관에서 타이머의 역할로 가장 적합한 것은?

① 분사량 조절
② 자동 변속 단 조절
③ 연료분사 시기 조절
④ 기관속도 조절

02 라디에이터 캡의 스프링이 파손되었을 때 가장 먼저 나타나는 현상은?

① 냉각수 비등점이 낮아진다.
② 냉각수 순환이 불량해진다.
③ 냉각수 순환이 빨라진다.
④ 냉각수 비등점이 높아진다.

03 디젤기관을 정지시키는 방법으로 가장 적합한 것은?

① 연료공급을 차단한다.
② 초크 밸브를 닫는다.
③ 기어를 넣어 기관을 정지한다.
④ 축전지를 분리시킨다.

04 다음 중 실린더 블록의 구비조건으로 적당치 않은 것은?

① 기관의 부품 중 가장 큰 부품이므로 가능한 소형·경량일 것
② 기관의 기초 구조물이므로 강도와 강성이 클 것
③ 구조가 복잡하므로 주조 성능 및 절삭 성능이 좋을 것
④ 실린더 벽의 마모성이 클 것

05 엔진오일 교환 후 압력이 높아졌다면 그 원인으로 가장 적절한 것은?

① 엔진오일 교환 시 냉각수가 혼입되었다.
② 오일의 점도가 낮은 것으로 교환하였다.
③ 오일 회로 내 누설이 발생하였다.
④ 오일 점도가 높은 것으로 교환하였다.

06 고속 디젤기관의 장점으로 틀린 것은?
① 열효율이 가솔린기관보다 높다.
② 인화점이 높은 경우를 사용하므로 취급이 용이하다.
③ 가솔린기관보다 최고 회전수가 빠르다.
④ 연료 소비량이 가솔린기관보다 적다.

07 실린더헤드 등 면적이 넓은 부분에서 볼트를 조이는 방법으로 가장 적합한 것은?
① 규정 토크로 한 번에 조인다.
② 중심에서 외측을 향하여 대각선으로 조인다.
③ 외측에서 중심을 향하여 대각선으로 조인다.
④ 조이기 쉬운 곳부터 조인다.

08 건설기계기관에 설치되는 오일 냉각기의 주 기능으로 맞는 것은?
① 오일 온도를 30℃ 이하로 유지하기 위한 기능을 한다.
② 오일 온도를 정상 온도로 일정하게 유지한다.
③ 수분, 슬러지(Sludge) 등을 제거한다.
④ 오일의 압을 일정하게 유지한다.

09 디젤엔진의 시동불량 원인과 관계가 없는 것은?
① 흡·배기밸브의 밀착이 좋지 못할 때
② 압축압력이 저하되었을 때
③ 밸브의 개폐시기가 부정확할 때
④ 점화 플러그가 젖어 있을 때

10 변속기의 필요성이 아닌 것은?
① 회전수를 증가시킨다.
② 기관을 무부하 상태로 한다.
③ 역전이 가능하게 한다.
④ 회전력을 증대시킨다.

11 엔진 과열의 원인이 아닌 것은?

① 히터 스위치 고장
② 헐거워진 냉각 팬 벨트
③ 수온 조절기의 고장
④ 물 통로 내의 물때(Scale)

12 분사노즐 시험기로 점검할 수 있는 것은?

① 분사개시 압력과 분사 속도를 점검할 수 있다.
② 분포상태와 플런저의 성능을 점검할 수 있다.
③ 분사개시 압력과 후적을 점검할 수 있다.
④ 분포상태와 분사량을 점검할 수 있다.

13 동력을 전달하는 계통의 순서를 바르게 나타낸 것은?

① 피스톤 → 커넥팅로드 → 클러치 → 크랭크축
② 피스톤 → 클러치 → 크랭크축 → 커넥팅로드
③ 피스톤 → 크랭크축 → 커넥팅로드 → 클러치
④ 피스톤 → 커넥팅로드 → 크랭크축 → 클러치

14 건설기계장비의 충전장치는 어떤 발전기를 가장 많이 사용하고 있는가?

① 직류발전기
② 단상 교류발전기
③ 3상 교류발전기
④ 와전류 발전기

15 예열플러그의 사용시기로 가장 알맞은 것은?

① 냉각수의 양이 많을 때
② 기온이 영하로 떨어졌을 때
③ 축전지가 방전되었을 때
④ 축전기가 과충전되었을 때

16 전조등의 좌우 램프 간 회로에 대한 설명으로 맞는 것은?

① 직렬 또는 병렬로 되어 있다.
② 병렬과 직렬로 되어 있다.
③ 병렬로 되어 있다.
④ 직렬로 되어 있다.

17 기동 전동기의 전기자 축으로부터 피니언 기어로는 동력이 전달되나 피니언 기어로부터 전기자 축으로는 동력이 전달되지 않도록 해 주는 장치는?

① 오버헤드 가드
② 솔레노이드 스위치
③ 시프트 칼라
④ 오버닝 클러치

18 출발 시 클러치 페달의 거의 끝부분에서 차량이 출발되는 원인으로 틀린 것은?

① 클러치 디스크 과대 마모
② 클러치 자유간극 조정 불량
③ 클러치 케이블 불량
④ 클러치 오일의 부족

19 조향핸들의 조작이 무거운 원인으로 틀린 것은?

① 유압유 부족 시
② 타이어 공기압 과다 주입 시
③ 앞바퀴 휠 얼라인먼트 조절 불량 시
④ 유압계통 내의 공기 혼입 시

20 유니버설 조인트 중에서 훅형(십자형) 조인트가 가장 많이 사용되는 이유가 아닌 것은?

① 구조가 간단하다.
② 급유가 불필요하다.
③ 큰 동력의 전달이 가능하다.
④ 작동이 확실하다.

21 건설기계에서 유압 작동기(액추에이터)의 방향전환밸브로서 원통형 슬리브 면에 내접하여 축방향으로 이동하여 유로를 개폐하는 형식의 밸브는?

① 스풀 형식
② 포핏 형식
③ 베인 형식
④ 카운터밸런스 밸브 형식

22 가연성 가스 저장실의 안전사항으로 옳은 것은?

① 기름걸레를 이용하여 통과 통 사이에 끼워 충격을 적게 한다.
② 휴대용 전등을 사용한다.
③ 담뱃불을 가지고 출입한다.
④ 조명등은 백열등으로 하고 실내에 스위치를 설치한다.

23 기계시설의 안전 유의사항으로 적합하지 않은 것은?

① 회전부분(기어, 벨트, 체인) 등은 위험하므로 반드시 커버를 씌워 둔다.
② 발전기, 용접기, 엔진 등 장비는 한곳에 모아서 배치한다.
③ 작업장의 통로는 근로자가 안전하게 다닐 수 있도록 정리정돈을 한다.
④ 작업장의 바닥은 보행에 지장을 주지 않도록 청결하게 유지한다.

24 로드 롤러의 살수장치에 대한 설명으로 옳지 않은 것은?

① 아스팔트 롤링 작업 시 다짐효과가 향상된다.
② 중력식과 압송식이 있으며 주로 압송식이 많이 사용된다.
③ 타이어 또는 롤에 아스팔트가 부착되지 않도록 물을 뿌려 주는 장치이다.
④ 물펌프 압송식 물탱크 물의 양에 따라 살수 압력이 달라져야 한다.

25 롤러 운행 중 주의사항으로 옳지 않은 것은?

① 경사지를 내려올 때는 속도를 변속하지 말아야 한다.
② 언덕을 오르거나 내려올 때는 저속으로 운행한다.
③ 자주식 진동 롤러로 경사지를 내려올 때는 드럼 롤러를 앞쪽으로 하고 내려온다.
④ 전복방지장치 또는 캡이 장착된 롤러는 반드시 안전벨트와 안전모를 착용해야 한다.

26 수평방향의 하중이 수직으로 미칠 때 원심력을 가하고 기전력을 서로 조합하여 흙을 다짐하면 적은 무게로 큰 다짐효과를 올릴 수 있는 다짐기계는?

① 탬핑 롤러
② 머캐덤 롤러
③ 진동 롤러
④ 탠덤 롤러

27 롤러의 점검사항으로 옳지 않은 것은?

① 배출가스 상태는 운전 전에 점검한다.
② 엔진오일 필터는 500시간마다 점검하고 교체한다.
③ 배터리 충전상태 및 전해액량은 운전 전에 점검한다.
④ 전·후진 레버의 베어링 부위에는 유압오일을 주유한다.

28 표면지층이 연약한 토질에 사용 가능한 롤러로 가장 적합한 것은?

① 탠덤 롤러
② 탬퍼 풋 롤러
③ 콤비 롤러
④ 머캐덤 롤러

29 롤러 운전 중 점검사항으로 적절하지 않은 것은?

① 오일경고등은 외부의 온도나 용도에 맞지 않는 오일 사용, 유압 회로가 막혔을 때, 오일 여과기 엘리먼트가 막혔을 때 켜진다.
② 엔진오일 부족, 필터 막힘, 점도 부적당, 급유라인 이상 시 엔진오일 압력경고등이 켜진다.
③ 여름철에는 워밍업을 하지 않아도 장비의 수명 및 기능에는 이상이 없다.
④ 오일경고등이 켜지면 즉시 기관을 멈추고 그 원인을 점검하여야 한다.

30 타이어형 롤러의 바퀴가 상하로 움직이는 목적은?

① 같은 압력으로 지면을 누르기 위함이다.
② 속도가 느려서 능률을 높이기 위함이다.
③ 기초 다짐에 효과적으로 사용하기 위함이다.
④ 자갈 및 모래 등의 골재 다짐에 용이하기 때문이다.

31 검사·명령이행 기간 연장신청을 하였으나 불허통지를 받은 자는 언제까지 검사를 신청하여야 하는가?

① 불허통지를 받은 날부터 5일 이내
② 불허통지를 받은 날부터 10일 이내
③ 검사신청기간 만료일부터 5일 이내
④ 검사신청기간 만료일부터 10일 이내

32 건설기계조종사면허증의 반납사유에 해당하지 않는 것은?

① 면허가 취소된 때
② 면허의 효력이 정지된 때
③ 건설기계 조종을 하지 않을 때
④ 면허증의 재교부를 받은 후 잃어버린 면허증을 발견한 때

33 다음 중 건설기계대여업에 대한 설명으로 틀린 것은?

① 일반건설기계대여업은 5대 이상의 건설기계로 운영하는 사업이다(단, 2인 이상의 개인 또는 법인이 공동운영하는 경우 포함).
② 개별건설기계대여업은 1인의 개인 또는 법인이 4대 이하의 건설기계로 운영하는 사업이다.
③ 건설기계대여업은 건설기계를 건설기계조종사와 함께 대여하는 경우도 가능하다.
④ 건설기계대여업의 등록을 하려는 자는 국토교통부령이 정하는 서류를 구비하여 관할 시·도지사에게 제출한다.

34 건설기계조종사면허가 취소된 상태로 건설기계를 계속하여 조종한 자에 대한 벌칙은?

① 2년 이하의 징역 또는 1,000만원 이하의 벌금
② 1년 이하의 징역 또는 1,000만원 이하의 벌금
③ 200만원 이하의 벌금
④ 100만원 이하의 벌금

35 건설기계관리법령상 정기검사를 받으려는 자가 정기검사신청기간까지 정기검사를 신청한 경우, 정기검사 유효기간의 산정방법으로 옳은 것은?

① 정기검사를 받은 날부터 기산한다.
② 정기검사를 받은 날의 다음 날부터 기산한다.
③ 종전 검사유효기간 만료일부터 기산한다.
④ 종전 검사유효기간 만료일의 다음 날부터 기산한다.

36 건설기계관리법상 건설기계 소유자는 건설기계를 도난당한 날로부터 얼마 이내에 등록말소를 신청해야 하는가?

① 30일 이내
② 2개월 이내
③ 3개월 이내
④ 6개월 이내

37 건설기계관련법상 건설기계의 정의로 가장 옳은 것은?

① 건설공사에 사용할 수 있는 기계로서 대통령령이 정하는 것을 말한다.
② 건설현장에서 운행하는 장비로서 대통령령이 정하는 것을 말한다.
③ 건설공사에서 사용할 수 있는 기계로서 국토교통부령이 정하는 것을 말한다.
④ 건설현장에서 운행하는 장비로서 국토교통부령이 정하는 것을 말한다.

38 성능이 불량하거나 사고가 빈발하는 건설기계의 성능을 점검하기 위하여 국토교통부장관이 실시하는 검사는?

① 신규등록검사
② 정기검사
③ 수시검사
④ 구조변경검사

39 건설기계 형식승인 또는 형식신고를 한 자가 그 형식에 관한 사항을 변경하고자 할 경우 건설기계관리법령에서 정하는 경미한 사항의 변경이 아닌 것은?

① 타이어 규격 변경(성능이 같거나 향상되는 경우)
② 작업 장치의 형식 변경(작업 장치를 다른 형식으로 변경하는 경우)
③ 부품의 변경(건설기계의 성능 및 안전에 영향을 미치지 않는 경우)
④ 운전실 내외의 형태 변경(건설기계의 길이, 너비 또는 높이의 변경이 없는 경우)

40 정기검사 대상 건설기계의 정기검사 신청기간으로 맞는 것은?

① 건설기계의 정기검사 유효기간 만료일 전 16일 이내에 신청한다.
② 건설기계의 정기검사 유효기간 만료일 전 5일 이내에 신청한다.
③ 건설기계의 정기검사 유효기간 만료일 전 15일 이내에 신청한다.
④ 건설기계의 정기검사 유효기간 만료일 전후 각각 31일 이내에 신청한다.

41 유압장치의 기호 회로도에 사용되는 유압기호의 표시방법으로 적합하지 않은 것은?

① 기호에는 흐름의 방향을 표시한다.
② 각 기기의 기호는 정상상태 또는 중립상태를 표시한다.
③ 기호는 어떠한 경우에도 회전하여서는 안 된다.
④ 기호에는 각 기기의 구조나 작용압력을 표시하지 않는다.

42 유압에너지의 저장, 충격흡수 등에 이용되는 것은?

① 축압기(Accumulator)
② 스트레이너(Strainer)
③ 펌프(Pump)
④ 오일탱크(Oil Tank)

43 유압펌프에서 사용되는 GPM의 의미는?

① 분당 토출하는 작동유의 양
② 복동 실린더의 치수
③ 계통 내에서 형성되는 압력의 크기
④ 흐름에 대한 저항

44 유압계통의 오일장치 내에 슬러지 등이 생겼을 때 이것을 이용하여 장치 내를 깨끗이 하는 작업은?

① 플러싱　② 트램핑
③ 서 징　④ 코 킹

45 외접형 기어펌프의 폐입현상에 대한 설명으로 틀린 것은?

① 폐입현상은 소음과 진동의 원인이 된다.
② 폐입된 부분의 기름은 압축이나 팽창을 받는다.
③ 보통기어 측면에 접하는 펌프 측판(Side Plate)에 릴리프 홈을 만들어 방지한다.
④ 펌프의 압력, 유량, 회전수 등이 주기적으로 변동해서 발생하는 진동현상이다.

46 건설기계 작업 중 갑자기 유압회로 내의 유압이 상승되지 않아 점검하려고 한다. 내용으로 적합하지 않은 것은?

① 펌프로부터 유압발생이 되는지 점검
② 오일탱크의 오일량 점검
③ 오일이 누출되었는지 점검
④ 작업장치의 자기탐상법에 의한 균열 점검

47 다음에서 유압계통에 사용되는 오일의 점도가 너무 낮을 경우 나타날 수 있는 현상을 모두 고른 것은?

> ㄱ. 펌프 효율 저하
> ㄴ. 실린더 및 컨트롤 밸브에서 누출 현상
> ㄷ. 계통(회로) 내의 압력 저하
> ㄹ. 시동 시 저항 증가

① ㄱ, ㄴ, ㄷ　② ㄱ, ㄴ, ㄹ
③ ㄴ, ㄷ, ㄹ　④ ㄱ, ㄷ, ㄹ

48 유압장치 운전 중 갑작스럽게 유압배관에서 오일이 분출되기 시작하였을 때 가장 먼저 운전자가 취해야 할 조치는?

① 작업장치를 지면에 내리고 시동을 정지한다.
② 작업을 멈추고 배터리 선을 분리한다.
③ 오일이 분출되는 호스를 분리하고 플러그로 막는다.
④ 유압회로 내의 잔압을 제거한다.

49 유압회로 내에서 유압을 일정하게 조절하여 일의 크기를 결정하는 밸브가 아닌 것은?

① 시퀀스 밸브
② 서보 밸브
③ 언로드 밸브
④ 카운터밸런스 밸브

50 수공구의 재해 방지에 관한 유의사항 중 ( ) 안에 적합한 내용은?

> a. ( ) 이상 유무를 반드시 점검한다.
> b. 작업에 ( ) 공구를 이용한다.
> c. 작업자에게 필요한 ( ) 착용시킨다.
> d. 수공구 ( ) 충분한 사용법을 숙지한다.
> e. ( ) 공구 사용 취급을 금한다.

① a : 사용 전에, b : 적합한, c : 안전모를, d : 사용 전에, e : 최대한
② a : 사용 전에, b : 적합한, c : 보호장구를, d : 사용 전에, e : 무리한
③ a : 사용 후에, b : 최대한, c : 보호장구를, d : 사용 전에, e : 무리한
④ a : 사용 전에, b : 적합한, c : 보호장구를, d : 사용 후에, e : 최대한

51 벨트를 풀리에 걸 때는 어떤 상태에서 걸어야 하는가?

① 회전을 중지시킨 후 건다.
② 저속으로 회전시키면서 건다.
③ 중속으로 회전시키면서 건다.
④ 고속으로 회전시키면서 건다.

52 유체의 에너지를 이용하여 기계적인 일로 변환하는 기기는?

① 유압모터
② 근접스위치
③ 오일탱크
④ 밸 브

53 도시가스 배관 주위를 굴착 후 되메우기 시 지하에 매몰하면 안 되는 것은?

① 전기방식 전위 테스트 박스(T/B)
② 보호판
③ 전기방식용 양극
④ 보호포

54 롤러에 유압으로 기진장치를 작동하여 다짐효과가 크고, 적은 다짐 횟수로 충분히 다질 수 있으며, 진흙, 바위, 부서진 돌 등 기초 다짐에 쓰이는 건설기계는 무엇인가?

① 타이어식 롤러(Tire Roller)
② 탬핑 롤러(Tamping Roller)
③ 콤비 롤러(Combi Roller)
④ 진동 롤러(Vibratory Roller)

55 특고압 전선로 주변에서 건설기계에 의한 작업을 위해 전선을 지지하는 애자 수를 확인한 결과 애자 수가 3개였다. 예측 가능한 전압은?

① 22,900V
② 66,000V
③ 154,000V
④ 345,000V

56 건설기계 등록사항 변경이 있을 때, 소유자는 건설기계등록사항 변경신고서를 누구에게 제출하여야 하는가?

① 검사대행자
② 시·도지사
③ 고용노동부장관
④ 행정안전부장관

57 조정렌치 사용 및 관리요령으로 적합하지 않은 것은?

① 볼트를 풀 때는 렌치에 연결대 등을 이용한다.
② 적당한 힘을 가하여 볼트, 너트를 죄고 풀어야 한다.
③ 잡아당길 때 힘을 가하면서 작업한다.
④ 볼트, 너트를 풀거나 조일 때 볼트머리나 너트에 꼭 끼워져야 한다.

58 해머 사용 시 주의사항으로 틀린 것은?

① 타격면이 마모되어 경사진 것은 사용하지 않는다.
② 담금질한 것은 단단하므로 한 번에 정확하게 강타한다.
③ 기름 묻는 손으로 자루를 잡지 않는다.
④ 열처리된 재료는 해머로 때리지 않도록 주의한다.

60 다음 중 전등 스위치가 옥내에 있으면 안 되는 장소는?

① 건설기계장비 차고
② 절삭유 저장소
③ 카바이드 저장소
④ 기계류 저장소

59 그림의 안전표지 종류로 옳은 것은?

① 지시표지
② 금지표지
③ 경고표지
④ 안내표지

제3회 모의고사

01 디젤기관의 연료분사펌프에서 연료 분사량 조정 방법은?

① 프라이밍 펌프의 조정
② 리밋 슬리브의 조정
③ 플런저 스프링의 장력 조정
④ 컨트롤 슬리브와 피니언의 관계 위치를 변화하여 조정

02 기관온도를 일정하게 유지하기 위해 설치된 물 통로는?

① 오일 팬   ② 밸브
③ 워터 재킷   ④ 실린더헤드

03 기관에서 열효율이 높은 것은?

① 일정한 연료 소비로서 큰 출력을 얻는 것이다.
② 연료가 완전연소하지 않는 것이다.
③ 기관의 온도가 표준보다 높은 것이다.
④ 부조가 없고, 진동이 적은 것이다.

04 오일 압력이 낮은 것과 관계없는 것은?

① 커넥팅로드 대단부 베어링과 핀 저널의 간극이 클 때
② 실린더 벽과 피스톤 간극이 클 때
③ 각 마찰 부분 윤활 간극이 마모되었을 때
④ 엔진오일에 경유가 혼입되었을 때

05 디젤기관에서 연료 라인에 공기가 혼입되었을 때의 현상으로 가장 적절한 것은?

① 분사압력이 높아진다.
② 디젤 노크가 일어난다.
③ 연료 분사량이 많아진다.
④ 기관 부조 현상이 발생된다.

06 그림과 같은 경고등의 의미는?

① 엔진오일 압력 경고등
② 워셔액 부족 경고등
③ 브레이크액 누유 경고등
④ 냉각수 온도 경고등

07 엔진에서 라디에이터의 방열기 캡을 열어 냉각수를 점검했더니 엔진오일이 떠 있다면, 그 원인은?

① 피스톤링과 실린더 마모
② 밸브 간격 과다
③ 압축압력이 높아 역화 현상 발생
④ 실린더헤드 개스킷 파손

08 다음 중 습식 공기청정기에 대한 설명으로 틀린 것은?

① 청정효율은 공기량이 증가할수록 높아지며, 회전속도가 빠르면 효율이 좋고, 낮으면 저하된다.
② 흡입 공기는 오일로 적셔진 여과망을 통과시켜 여과시킨다.
③ 공기청정기 케이스 밑에 일정한 양의 오일이 들어 있다.
④ 일정 기간 사용 후 무조건 신품으로 교환해야 한다.

09 기관의 엔진오일 여과기가 막히는 것을 방지하기 위해서 설치하는 것은?

① 체크 밸브(Check Valve)
② 바이패스 밸브(Bypass Valve)
③ 오일 디퍼(Oil Dipper)
④ 오일 팬(Oil Pan)

10 다음 중 유압에서 사용되는 속도제어 회로의 종류가 아닌 것은?

① 최대압력 제한 회로
② 미터 인 회로
③ 미터 아웃 회로
④ 블리드 오프 회로

11 6기통 디젤기관에서 병렬로 연결된 예열플러그가 있다. 3번 기통의 예열플러그가 단선되면 어떤 현상이 발생되는가?

① 예열플러그 전체가 작동이 안 된다.
② 3번 실린더의 예열플러그만 작동이 안 된다.
③ 2번과 4번의 예열플러그도 작동이 안 된다.
④ 축전지 용량의 배가 방전된다.

12 충전장치에서 발전기는 어떤 축과 연동되어 구동되는가?

① 크랭크축
② 캠 축
③ 추진축
④ 변속기 입력축

13 기동 전동기의 기능으로 틀린 것은?

① 기관을 구동시킬 때 사용한다.
② 플라이휠의 링 기어에 기동 전동기의 피니언을 맞물려 크랭크축을 회전시킨다.
③ 축전지와 각부 전장품에 전기를 공급한다.
④ 기관의 시동이 완료되면 피니언을 링 기어로부터 분리시킨다.

14 배터리 취급 시에 지켜야 할 안전수칙으로 틀린 것은?

① 배터리를 사용할 때는 반지를 끼지 말 것
② 배터리 취급 시는 손을 얼굴에서 멀리 할 것
③ 배터리 충전장치를 운반 시에는 제조회사 지시에 따를 것
④ 배터리 액을 만들 때는 물을 황산에 부을 것

15 다음 중 납산 배터리의 축전지액 성분으로 맞는 것은?

① 황산 + 소금물
② 증류수 + 황산
③ 염산 + 황산
④ 염산 + 증류수

16 건설기계를 조정하던 중 감전되었을 때 위험을 결정하는 요소로 틀린 것은?

① 전압의 차체 충격 경로
② 인체에 흐르는 전류의 크기
③ 인체에 전류가 흐른 시간
④ 전류의 인체 통과 경로

17 유체 클러치(Fluid Coupling)에서 가이드 링의 역할은?

① 와류를 감소시킨다.
② 터빈(Turbine)의 손상을 줄이는 역할을 한다.
③ 마찰을 증대시킨다.
④ 플라이휠의 마모를 방지시킨다.

18 자동변속기의 구성품이 아닌 것은?

① 토크 변환기
② 유압제어 장치
③ 싱크로메시 기구
④ 유성기어 유닛

19 클러치 차단이 불량한 원인이 아닌 것은?

① 릴리스 레버의 마멸
② 클러치판의 흔들림
③ 페달 유격의 과대
④ 토션 스프링의 약화

20 휠 구동식의 건설기계에서 기계식 조향장치에 사용되는 구성품이 아닌 것은?

① 섹터 기어
② 웜 기어
③ 타이로드 엔드
④ 하이포이드 기어

21 유압모터에 장착되어 있는 릴리프 밸브의 기능 중 틀린 것은?

① 고압에 대한 회로 보호
② 모터의 속도 증가
③ 설정압력 유지
④ 모터 내의 쇼크방지 기능

22 방향제어밸브를 동작시키는 방식이 아닌 것은?

① 수동식
② 전자식
③ 스프링식
④ 유압 파일럿식

23 소화설비를 설명한 내용으로 맞지 않는 것은?

① 포말 소화설비는 저온압축한 질소가스를 방사시켜 화재를 진화한다.
② 분말 소화설비는 미세한 분말소화제를 화염에 방사시켜 화재를 진화시킨다.
③ 물 분무 소화설비는 연소물의 온도를 인화점 이하로 냉각시키는 효과가 있다.
④ 이산화탄소 소화설비는 질식 작용에 의해 화염을 진화시킨다.

24 표층 위에 일정 높이로 쌓아 올린 흙을 롤러로 작업하여 단단한 지반으로 만드는 다짐은?

① 성토 다짐
② 토사 다짐
③ 포장 다짐
④ 아스팔트 다짐

25 롤러의 시동 후 점검사항이 아닌 것은?

① 엔진작동 상태 및 소리를 듣고 이상음 발생 여부를 확인한다.
② 각종 계기의 작동상태를 확인한다.
③ 브레이크, 핸들의 작동상태를 확인한다.
④ 작동유량 게이지의 유량을 확인한다.

26 롤러에 부착된 부품을 확인하였더니 3.00 – 24 – 18PR로 명기되어 있었다. 다음 중 어느 것에 해당되는가?

① 유압펌프
② 엔진 일련번호
③ 타이어 규격
④ 시동 모터 용량

27 롤러의 하체 구성 부품에서 마모가 증가되는 원인이 아닌 것은?

① 부품끼리 접촉이 증가할 때
② 부품끼리 상대운동이 증가할 때
③ 부품에 윤활막이 유지될 때
④ 부품에 부하가 가해졌을 때

28 다음 롤러의 차동장치에 대한 설명 중 틀린 것은?

① 조향할 때 골재가 밀리는 것을 방지한다.
② 좌우 바퀴의 회전비율을 다르게 한다.
③ 조향을 원활하게 한다.
④ 작업 시 자동제한 차동장치는 반드시 체결하고 한다.

29 다짐 효과를 향상시키고 아스팔트가 타이어 또는 롤에 부착되지 않게 하기 위한 장치는?

① 부가하중장치
② 진동장치
③ 살수장치
④ 조향장치

30 롤러의 종류 중 전압식이 아닌 것은?

① 탠덤 롤러
② 진동 롤러
③ 타이어 롤러
④ 머캐덤 롤러

31 건설기계의 정비명령은 누구에게 하여야 하는가?

① 해당 기계 운전자
② 해당 기계 검사업자
③ 해당 기계 정비업자
④ 해당 기계 소유자

32 건설기계관리법상 건설기계의 구조변경 검사 신청은 주요 구조를 변경 또는 개조한 날부터 며칠 이내에 하여야 하는가?

① 5일 이내
② 15일 이내
③ 20일 이내
④ 30일 이내

33 건설기계 안전기준에 관한 규칙에서 정한 타이어식 건설기계의 조명장치가 아닌 것은?

① 작업등
② 전조등
③ 후부반사기
④ 제동등

34 건설기계의 출장검사가 허용되는 경우가 아닌 것은?

① 도서지역에 있는 건설기계
② 너비가 2.0m를 초과하는 건설기계
③ 최고속도가 35km/h 미만인 건설기계
④ 차체중량이 40ton을 초과하거나 축하중이 10ton을 초과하는 건설기계

35 건설기계에 대하여 국토교통부장관이 실시하는 검사가 아닌 것은?

① 수시검사
② 연속검사
③ 신규등록검사
④ 구조변경검사

36 건설기계관리법상 건설기계조종사면허 중 롤러 면허 보유자가 조종할 수 없는 건설기계는?

① 스크레이퍼
② 콘크리트피니셔
③ 자갈채취기
④ 골재살포기

37 건설기계 공제사업의 허가권자는?

① 국토교통부장관
② 시·도지사
③ 경찰청장
④ 행정안전부장관

38 기관을 시동하여 공전 시에 점검할 사항이 아닌 것은?

① 기관의 팬벨트 장력을 점검
② 오일의 누출 여부를 점검
③ 냉각수의 누출 여부를 점검
④ 배기가스의 색깔을 점검

39 건설기계의 정기검사 연기사유에 해당되지 않는 것은?

① 천재지변
② 건설기계의 도난
③ 사고발생
④ 3일 이내의 기계수리

40 등록번호표 또는 그 봉인이 떨어지거나 알아보기 어렵게 된 경우 건설기계 소유자의 처리방법은?

① 시·도지사에게 등록번호표의 부착 및 봉인을 신청하여야 한다.
② 국토교통부장관에게 등록번호표의 부착 및 봉인을 신청하여야 한다.
③ 고용노동부장관에게 등록번호표의 부착 및 봉인을 신청하여야 한다.
④ 검사소에 등록번호표의 부착 및 봉인을 신청하여야 한다.

41 내경이 작은 파이프에서 미세한 유량을 조정하는 밸브는?

① 압력보상 밸브
② 니들 밸브
③ 바이패스 밸브
④ 스로틀 밸브

42 일상점검에 대한 설명으로 가장 적절한 것은?

① 1일 1회로 행하는 점검
② 신호수가 행하는 점검
③ 감독관이 행하는 점검
④ 운전 전·중·후에 행하는 점검

43 유압실린더의 종류가 아닌 것은?

① 단동형
② 복동형
③ 레이디얼형
④ 다단형

44 그림의 공·유압기호는 무엇을 표시하는가?

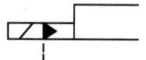

① 전자·공기압 파일럿
② 전자·유압 파일럿
③ 유압 2단 파일럿
④ 유압 가변 파일럿

45 베인 모터는 항상 베인을 캠링(Cam Ring) 면에 압착시켜 두어야 한다. 이때 사용하는 장치는?

① 볼트와 너트
② 스프링 또는 로킹 빔(Locking Beam)
③ 스프링 또는 배플 플레이트
④ 캠링 홀더(Cam Ring Holder)

46 유압유의 점도에 대한 설명으로 틀린 것은?

① 온도가 상승하면 점도는 저하된다.
② 점성의 정도를 나타내는 척도이다.
③ 온도가 내려가면 점도는 높아진다.
④ 점성계수를 밀도로 나눈 값이다.

47 원동기(내연기관, 전동기 등)로부터의 기계적인 에너지를 이용하여 작동유에 유체 에너지를 부여해 주는 유압기기는?

① 유압탱크
② 유압펌프
③ 유압밸브
④ 유압스위치

48 실(Seal)의 구분 중 고정 부분에만 사용되는 것은?

① 패 킹
② 로드 실
③ 개스킷
④ 메커니컬 실

49 유압이 규정치보다 높아질 때 작동하여 계통을 보호하는 밸브는?

① 릴리프 밸브
② 리듀싱 밸브
③ 카운터밸런스 밸브
④ 시퀀스 밸브

50 유압펌프 중 토출량을 변화시킬 수 있는 것은?

① 가변 토출량형
② 고정 토출량형
③ 회전 토출량형
④ 수평 토출량형

51 목재, 섬유 등 일반화재에도 사용되며 가솔린과 같은 유류나 화학 약품의 화재에도 적당하나 전기화재에는 부적당한 소화기는?

① ABC소화기
② 모 래
③ 포말소화기
④ 분말소화기

52 렌치 작업 시 안전사항으로 옳은 것은?

① 오픈렌치를 사용 시 몸의 중심을 옆으로 한 후 작업한다.
② 오픈렌치의 크기는 너트의 치수보다 약간 큰 것을 선택하여 사용한다.
③ 볼트의 크기에 따라 큰 토크가 필요할 때는 오픈렌치 2개를 연결하여 사용한다.
④ 오픈렌치로 볼트를 조이거나 풀 때 모두 작업자의 앞으로 당긴다.

53 작업 장치를 갖춘 건설기계의 작업 전 점검사항으로 틀린 것은?

① 제동장치 및 조종장치 기능의 이상 유무
② 하역장치 및 유압장치 기능의 이상 유무
③ 유압장치의 과열 이상 유무
④ 전조등, 후미등, 방향지시등 및 경보장치의 이상 유무

54 불안전한 조명, 불안전한 환경, 방호장치의 결함으로 인하여 오는 산업재해 요인은?

① 지적 요인
② 물적 요인
③ 신체적 요인
④ 정신적 요인

55 작업장에서 지켜야 할 안전수칙이 아닌 것은?

① 작업 중 입은 부상은 즉시 응급조치하고 보고한다.
② 밀폐된 실내에서는 장비의 시동을 걸지 않는다.
③ 통로나 마룻바닥에 공구나 부품을 방치하지 않는다.
④ 기름걸레나 인화물질은 나무상자에 보관한다.

56 수공구를 사용할 때 주의사항으로 가장 거리가 먼 것은?

① 양호한 상태의 공구를 사용할 것
② 수공구는 그 목적 이외의 용도에는 사용하지 말 것
③ 수공구는 올바르게 사용할 것
④ 수공구는 녹 방지를 위해 기름걸레에 싸서 보관할 것

57 산업재해의 직접원인 중 인적 불안전 행위가 아닌 것은?

① 작업복의 부적당
② 작업 태도 불안전
③ 위험한 장소의 출입
④ 기계 공구의 결함

58 다음 중 옳은 작업방법이 아닌 것은?

① 배터리 전해액을 다룰 때는 고무장갑을 껴야 한다.
② 배터리는 그늘진 곳에 보관해야 한다.
③ 공구 손잡이가 짧을 때는 파이프를 연결하여 사용한다.
④ 무거운 것은 혼자 작업하면 위험하다.

59 다음 중 사용구분에 따른 차광보안경의 종류에 해당하지 않는 것은?

① 자외선용
② 적외선용
③ 용접용
④ 비산방지용

60 긴 내리막길을 내려갈 때 베이퍼 로크를 방지하는 좋은 운전 방법은?

① 변속레버를 중립으로 놓고 브레이크 페달을 밟고 내려간다.
② 시동을 끄고 브레이크 페달을 밟고 내려간다.
③ 엔진 브레이크를 사용한다.
④ 클러치를 끊고 브레이크 페달을 계속 밟고 속도를 조정하며 내려간다.

제4회 모의고사

정답 및 해설 p.207

01 건설기계장비 운전 시 계기판에서 냉각수량 경고등이 점등되었다. 그 원인으로 가장 거리가 먼 것은?

① 냉각수량이 부족할 때
② 냉각 계통의 물 호스가 파손되었을 때
③ 라디에이터 캡이 열린 채 운행하였을 때
④ 냉각수 통로에 스케일(물때)이 없을 때

02 엔진의 밸브가 닫혀 있는 동안 밸브 시트와 밸브 페이스를 밀착시켜 기밀이 유지되도록 하는 것은?

① 밸브 리테이너
② 밸브 가이드
③ 밸브 스템
④ 밸브 스프링

03 다음 디젤기관에서 과급기를 사용하는 이유로 맞지 않는 것은?

① 체적효율 증대
② 냉각효율 증대
③ 출력 증대
④ 회전력 증대

04 윤활유의 점도가 기준보다 높은 것을 사용했을 때의 현상으로 맞는 것은?

① 좁은 공간에 잘 스며들어 충분한 윤활이 된다.
② 동절기에 사용하면 기관 시동이 용이하다.
③ 점차 묽어지므로 경제적이다.
④ 윤활유 압력이 다소 높아진다.

05 디젤엔진의 연료탱크에서 분사노즐까지 연료의 순환 순서로 맞는 것은?

① 연료탱크 → 연료공급펌프 → 분사펌프 → 연료필터 → 분사노즐
② 연료탱크 → 연료필터 → 분사펌프 → 연료공급펌프 → 분사노즐
③ 연료탱크 → 연료공급펌프 → 연료필터 → 분사펌프 → 분사노즐
④ 연료탱크 → 분사펌프 → 연료필터 → 연료공급펌프 → 분사노즐

06 기관을 점검하는 요소 중 디젤기관과 관계 없는 것은?

① 예 열
② 점 화
③ 연 료
④ 연 소

07 디젤엔진에서 오일을 가압하여 윤활부에 공급하는 역할을 하는 것은?

① 냉각수 펌프
② 진공 펌프
③ 공기 압축 펌프
④ 오일 펌프

08 4행정 디젤엔진에서 흡입행정 시 실린더 내에 흡입되는 것은?

① 혼합기
② 연 료
③ 공 기
④ 스파크

09 착화지연기간이 길어져 실린더 내에 연소 및 압력 상승이 급격하게 일어나는 현상은?

① 디젤 노크
② 조기점화
③ 가솔린 노크
④ 정상 연소

10 노킹이 발생하였을 때 기관에 미치는 영향은?

① 압축비가 커진다.
② 제동마력이 커진다.
③ 기관이 과열될 수 있다.
④ 기관의 출력이 향상된다.

11 기관이 과열되는 원인이 아닌 것은?

① 물 재킷 내의 물때 형성
② 팬벨트의 장력 과다
③ 냉각수 부족
④ 무리한 부하 운전

12 커먼레일 디젤기관의 센서에 대한 설명이 아닌 것은?

① 연료온도센서는 연료온도에 따른 연료량 보정신호를 한다.
② 수온센서는 기관의 온도에 따른 연료량을 증감하는 보정신호로 사용된다.
③ 수온센서는 기관의 온도에 따른 냉각팬 제어신호로 사용된다.
④ 크랭크 포지션 센서는 밸브 개폐시기를 감지한다.

13 방향 지시등 스위치를 작동하자 한쪽은 정상이나 다른 쪽은 점멸 작용이 정상과 다르게(빠르게 또는 느리게) 될 때, 고장 원인이 아닌 것은?

① 전구 1개가 단선되었을 때
② 전구를 교체하면서 규정 용량의 전구를 사용하지 않았을 때
③ 플래셔 유닛이 고장 났을 때
④ 한쪽 전구 소켓에 녹이 발생하여 전압강하가 있을 때

14 기동 전동기의 구성품이 아닌 것은?

① 전기자
② 브러시
③ 스테이터
④ 구동피니언

15 축전지 전해액 내의 황산을 설명한 것이다. 틀린 것은?

① 피부에 닿게 되면 화상을 입을 수도 있다.
② 의복에 묻으면 구멍을 뚫을 수도 있다.
③ 눈에 들어가면 실명될 수도 있다.
④ 라이터를 사용하여 점검할 수도 있다.

16 납산 축전지 터미널에 녹이 발생했을 때의 조치방법으로 가장 적합한 것은?

① 물걸레로 닦아내고 더 조인다.
② 녹을 닦은 후 고정시키고 소량의 그리스를 상부에 도포한다.
③ (+)와 (-)터미널을 서로 교환한다.
④ 녹슬지 않게 엔진오일을 도포하고 확실히 더 조인다.

17 디젤기관에만 해당되는 회로는?

① 예열플러그 회로
② 시동 회로
③ 충전 회로
④ 등화 회로

18 클러치페달에 대한 설명으로 틀린 것은?

① 펜던트식과 플로어식이 있다.
② 페달 자유유격은 일반적으로 20~30mm 정도로 조정한다.
③ 클러치판이 마모될수록 자유유격이 커져서 미끄러지는 현상이 발생한다.
④ 클러치가 완전히 끊긴 상태에서도 발판과 페달과의 간격은 20mm 이상 확보해야 한다.

19 유압브레이크 장치에서 잔압을 유지시켜 주는 부품으로 옳은 것은?

① 피스톤
② 피스톤 컵
③ 체크 밸브
④ 실린더 보디

20 양축 끝에 십자형의 조인트를 가지며, 중간 혹은 Y형의 원통으로 되어 있고, 그 양끝의 각 축에 십자축이 설치되어 있는 조인트는 무엇인가?

① 파빌레 조인트
② 스파이서 그랜저 조인트
③ 트랙터 조인트
④ 벤딕스 조인트

21 유압모터를 선택할 때 고려해야 할 특성이 아닌 것은?

① 점 도
② 효 율
③ 동 력
④ 부 하

22 유압모터의 용량을 나타내는 것은?

① 입구압력(kgf/cm^2)당 토크
② 체적(m^3)
③ 유압 작동부 압력(kgf/cm^2)당 토크
④ 주입된 동력(HP)

23 유압회로에서 호스의 노화 현상이 아닌 것은?

① 호스의 탄성이 거의 없는 상태로 굳어 있는 경우
② 표면에 크랙(Crack)이 발생한 경우
③ 정상적인 압력 상태에서 호스가 파손될 경우
④ 액추에이터(작업장치)의 작동이 원활하지 않을 경우

24 롤러 살수장치에서 노즐 분사 방식으로 맞는 것은?

① 기계식 또는 전기식
② 기계식 또는 수압식
③ 수압식 또는 전기식
④ 전자식 또는 전기식

25 롤러 주행 작업 시 주의사항이 아닌 것은?

① 천천히 출발하고 천천히 멈춘다.
② 조종사 이외에 탑승하지 않도록 한다.
③ 경사지를 운행할 때는 고속으로 운전한다.
④ 경사지를 옆으로 운행하지 말고, 방향 전환이나 회전하면 안 된다.

26 아스팔트 다짐(롤링)작업 시 바퀴에 물을 뿌리는 이유는?

① 바퀴를 냉각시키기 위해
② 아스팔트를 냉각시키기 위해
③ 브레이크 성능을 좋게 하기 위해
④ 바퀴에 아스팔트가 부착되는 것을 막기 위해

27 머캐덤 롤러 변속기의 부품이 아닌 것은?

① 시프트 포크
② 시프트 축
③ 변속기어
④ 차동기어 록 장치

28 타이어형 롤러의 차륜 지지방식에는 고정식, 상호요동식, 독립지지식이 있다. 이 기구들의 주된 작용은 무엇인가?

① 동력의 전달을 원활히 한다.
② 제동능력을 향상시킨다.
③ 노면 상태와 관계없이 균일한 하중으로 다짐 작업을 할 수 있다.
④ 가속능력과 조향능력 및 등판능력을 향상시킨다.

29 롤러의 종감속장치에서 동력 전달방식이 아닌 것은?

① 평기어식
② 베벨기어식
③ 체인 구동식
④ 벨트 구동식

30 타이어 롤러에 대한 설명으로 옳지 않은 것은?

① 다짐 작업에 따라 공기압과 부가 하중을 조정할 수 있다.
② 타이어의 접지압과 면적에 따라 전압 특성이 정해진다.
③ 타이어의 공기압을 감소시켜서 점질토의 다짐에 적용할 수 있다.
④ 부가 하중을 감소시키면 접지압이 감소한다.

31 시·도지사는 수시검사를 명령하고자 하는 때에는 수시검사 명령의 이행을 위한 검사의 신청기간을 며칠 이내로 정하여 건설기계소유자에게 통지해야 하는가?

① 7일　　② 31일
③ 15일　　④ 10일

32 정기검사에 불합격한 건설기계의 정비명령 기간으로 가장 적합한 것은?

① 31일 이내
② 20일 이내
③ 15일 이내
④ 10일 이내

33 건설기계 임시운행 사유가 아닌 것은?

① 확인검사를 받기 위하여 건설기계를 검사장소로 운행하는 경우
② 신규등록검사를 받기 위하여 건설기계를 검사장소로 운행하는 경우
③ 신개발 건설기계를 시험·연구의 목적으로 운행하는 경우
④ 말소등록을 하기 위하여 운행하는 경우

34 건설기계사업에 해당되지 않는 것은?

① 건설기계대여업
② 건설기계매매업
③ 건설기계재생업
④ 건설기계정비업

35 건설기계를 주택가 주변의 도로나 공터 등에 주차하여 교통소통을 방해하거나 소음 등으로 주민의 조용하고 평온한 생활환경을 침해한 자에 대한 벌칙은?

① 200만원 이하의 벌금
② 100만원 이하의 벌금
③ 100만원 이하의 과태료
④ 50만원 이하의 과태료

36 건설기계 등록사항 변경이 있을 때, 그 소유자는 누구에게 신고하여야 하는가?

① 관할검사소장
② 고용노동부장관
③ 행정안전부장관
④ 시·도지사

37 건설기계등록사항의 변경신고에서 건설기계 등록사항 변경신고서에 첨부하여야 하는 서류에 해당되는 것은?

① 형식변경 신청서류
② 건설기계 검사소의 서면확인
③ 건설기계 등록원부 등본
④ 건설기계검사증

38 건설기계조종사에 관한 설명 중 틀린 것은?

① 해당 건설기계 조종의 국가기술자격소지자가 건설기계조종사면허를 받지 않고 건설기계를 조종한 때에는 무면허이다.
② 거짓이나 그 밖의 부정한 방법으로 건설기계조종사면허를 받은 경우는 면허를 취소하여야 한다.
③ 정기적성검사 또는 수시적성검사에 불합격한 경우는 건설기계조종사면허의 효력을 정지시킬 수 있다.
④ 건설기계조종사면허의 효력정지 기간 중 건설기계를 조종한 때에는 시·도지사는 건설기계조종사면허를 취소하여야 한다.

39 건설기계관리법령상 건설기계의 범위에서 벗어나는 것은?

① 이동식으로 20kW의 원동기를 가진 쇄석기
② 혼합장치를 가진 자주식인 콘크리트믹서트럭
③ 정지장치를 가진 자주식인 모터그레이더
④ 무한궤도 또는 타이어식인 롤러

40 건설기계관리법의 입법 목적에 해당되지 않는 것은?

① 건설기계의 효율적인 관리를 하기 위함
② 건설기계의 안전도 확보를 위함
③ 건설기계의 규제 및 통제를 하기 위함
④ 건설공사의 기계화를 촉진하기 위함

41 유압 작동유의 점도가 지나치게 낮을 때 나타날 수 있는 현상은?

① 출력이 증가한다.
② 압력이 상승한다.
③ 유동 저항이 증가한다.
④ 유압실린더의 속도가 늦어진다.

42 유압장치에서 회전축 둘레의 누유를 방지하기 위하여 사용되는 밀봉장치(Seal)는?

① 오링(O-ring)
② 개스킷(Gasket)
③ 더스트 실(Dust Seal)
④ 기계적 실(Mechanical Seal)

43 유압펌프에서 경사판의 각을 조정하여 토출유량을 변화시키는 펌프는?

① 기어 펌프
② 로터리 펌프
③ 베인 펌프
④ 플런저 펌프

44 유압장치의 장점이 아닌 것은?

① 작은 동력원으로 큰 힘을 낼 수 있다.
② 과부하 방지가 용이하다.
③ 운동방향을 쉽게 변경할 수 있다.
④ 고장원인의 발견이 쉽고, 구조가 간단하다.

45 실린더의 피스톤이 고속으로 왕복운동할 때 행정의 끝에서 피스톤이 커버에 충돌하여 발생하는 충격을 흡수하고, 그 충격력에 의해서 발생하는 유압회로의 악영향이나 유압기기의 손상을 방지하기 위해서 설치하는 것은?

① 쿠션기구
② 밸브기구
③ 유량제어기구
④ 셔틀기구

46 유압실린더의 숨 돌리기 현상이 생겼을 때 일어나는 현상이 아닌 것은?

① 작동 지연 현상이 생긴다.
② 서지압이 발생한다.
③ 오일의 공급이 과대해진다.
④ 피스톤 작동이 불안정하게 된다.

47 피스톤식 유압펌프에서 회전경사판의 기능으로 가장 적합한 것은?

① 펌프 압력을 조정
② 펌프 출구의 개폐
③ 펌프 용량을 조정
④ 펌프 회전속도를 조정

48 유압장치의 방향전환밸브(중립 상태)에서 실린더가 외력에 의해 충격을 받았을 때 발생되는 고압을 릴리프 시키는 밸브는?

① 반전방지 밸브
② 과부하(포트) 릴리프 밸브
③ 메인 릴리프 밸브
④ 유량감지 밸브

49 타이어에서 트레드 패턴과 관련 없는 것은?

① 제동력
② 구동력 및 견인력
③ 편평률
④ 타이어의 배수효과

50 유압모터의 일반적인 특징으로 가장 적합한 것은?

① 운동량을 직선으로 속도조절이 용이하다.
② 운동량을 자동으로 직선 조작할 수 있다.
③ 넓은 범위의 무단변속이 용이하다.
④ 각도에 제한 없이 왕복 각운동을 한다.

51 미끄러운 노면이 아닌 일반 작업조건에서 건설기계 운전 중 장비를 멈추었다가 출발하려고 하는데 전·후진이 되질 않아 점검하려고 한다. 가장 먼저 점검해 봐야 하는 장치는?

① 스티어링 장치
② 트랜스미션 장치
③ 디퍼렌셜 장치
④ 서스펜션 장치

52 다음 중 안전 보호구가 아닌 것은?

① 안전모
② 안전화
③ 안전가드레일
④ 안전장갑

53 수공구 사용 시 주의사항이 아닌 것은?
① 작업에 알맞은 공구를 선택해 사용한다.
② 공구는 사용 전에 기름 등을 닦은 후 사용한다.
③ 공구를 취급할 때는 올바른 방법으로 사용한다.
④ 개인이 만든 공구는 일반적인 작업에 사용한다.

54 유류화재 시 소화방법으로 부적절한 것은?
① 모래를 뿌린다.
② ABC소화기를 사용한다.
③ 다량의 물을 부어 끈다.
④ B급 화재 소화기를 사용한다.

55 보안경을 사용하는 이유로 틀린 것은?
① 유해 약물의 침입을 막기 위하여
② 떨어지는 중량물을 피하기 위하여
③ 비산되는 칩에 의한 부상을 막기 위하여
④ 유해 광선으로부터 눈을 보호하기 위하여

56 방호장치의 일반원칙으로 옳지 않은 것은?
① 작업방해의 제거
② 작업점의 방호
③ 외관상의 안전화
④ 기계특성에의 부적합성

57 지상에 설치되어 있는 도시가스배관 외면에 반드시 표시해야 하는 사항이 아닌 것은?

① 사용 가스명
② 가스 흐름방향
③ 소유자명
④ 최고사용압력

58 특별고압 가공 송전선로에 대한 설명으로 틀린 것은?

① 애자의 수가 많을수록 전압이 높다.
② 겨울철에 비하여 여름철에는 전선이 더 많이 처진다.
③ 154,000V 가공전선은 피복전선이다.
④ 철탑과 철탑과의 거리가 멀수록 전선의 흔들림이 크다.

59 수출을 하기 위하여 건설기계를 선적지로 운행하는 경우 임시운행기간은 얼마로 하는가?

① 7일 이내
② 15일 이내
③ 31일 이내
④ 1년 이내

60 전기선로 주변에서 크레인, 지게차, 굴착기 등으로 작업 중 활선에 접촉하여 사고가 발생하였을 경우 조치 요령으로 가장 거리가 먼 것은?

① 발생개소, 정돈, 진척상태를 정확히 파악하여 조치한다.
② 이상상태 확대 및 재해 방지를 위한 조치, 강구 등의 응급조치를 한다.
③ 사고 당사자가 모든 상황을 처리한 후 상사인 안전담당자 및 작업관계자에게 통보한다.
④ 재해가 더 이상 확대되지 않도록 응급상황에 대처한다.

제5회 모의고사

01 건설기계의 조종 중 고의 또는 과실로 가스공급시설을 손괴할 경우 조종사면허의 처분기준은?

① 면허효력정지 10일
② 면허효력정지 15일
③ 면허효력정지 25일
④ 면허효력정지 180일

02 건설기계 등록이 말소되는 사유에 해당하지 않는 것은?

① 건설기계를 폐기한 때
② 건설기계의 구조 변경을 했을 때
③ 건설기계가 천재지변 등으로 멸실되었을 때
④ 건설기계를 수출할 때

03 건설기계의 구조변경검사신청서에 첨부할 서류가 아닌 것은?

① 변경 전후의 건설기계 외관도(외관의 변경이 있는 경우에 한함)
② 변경 전후의 주요제원 대비표
③ 변경한 부분의 도면
④ 변경한 부분의 사진

04 건설기계의 제동장치에 대한 정기검사를 면제받기 위한 건설기계제동장치정비확인서를 발행받을 수 있는 곳은?

① 건설기계대여회사
② 건설기계정비업자
③ 건설기계부품업자
④ 건설기계매매업자

05 건설기계관리법상 건설기계의 소유자는 건설기계를 취득한 날부터 얼마 이내에 건설기계 등록신청을 해야 하는가?

① 2개월 이내
② 3개월 이내
③ 6개월 이내
④ 1년 이내

06 건설기계정비업 사업범위의 정비항목에 해당하는 것은?

① 오일의 보충
② 배터리·전구의 교환
③ 창유리의 교환
④ 엔진 탈·부착 및 정비

07 폐기요청을 받은 건설기계를 폐기하지 아니하거나 등록번호표를 폐기하지 아니한 자에 대한 벌칙은?

① 2년 이하의 징역 또는 2,000만원 이하의 벌금
② 1년 이하의 징역 또는 1,000만원 이하의 벌금
③ 200만원 이하의 벌금
④ 100만원 이하의 벌금

08 건설기계에서 구조변경 및 개조를 할 수 없는 항목은?

① 원동기의 형식변경
② 제동장치의 형식변경
③ 유압장치의 형식변경
④ 적재함의 용량증가를 위한 구조변경

09 건설기계의 검사를 연장받을 수 있는 기간을 잘못 설명한 것은?

① 해외 임대를 위하여 일시 반출된 경우 : 반출기간 이내
② 압류된 건설기계의 경우 : 압류기간 이내
③ 건설기계대여업의 휴업을 신고한 경우 : 사업의 개시신고를 하는 때까지
④ 장기간 수리가 필요한 경우 : 소유자가 원하는 기간

10 건설기계관리법령상 조종사면허를 받은 자가 면허의 효력이 정지된 때에는 그 사유가 발생한 날부터 며칠 이내에 주소지를 관할하는 시장·군수 또는 구청장에게 그 면허증을 반납해야 하는가?

① 10일 이내
② 30일 이내
③ 60일 이내
④ 100일 이내

11 2륜식 철륜 롤러 종감속기어 장치의 설명으로 맞는 것은?

① 기어오일로 윤활한다.
② 감속비가 작아야 한다.
③ 추진축으로 구동한다.
④ 구동륜에 직접 설치되어 있다.

12 타이어 롤러에 대한 설명 중 틀린 것은?

① 다짐속도가 비교적 빠르다.
② 골재를 파괴시키지 않고 골고루 다질 수 있다.
③ 아스팔트 혼합재 다짐용으로 적합하다.
④ 타이어 공기압으로 다짐능력을 조정할 수 없다.

13 롤러 장비의 누유 및 누수의 점검 사항 중 틀린 것은?

① 롤러의 다음 작업을 위하여 운행 후 장비의 상태를 점검한다.
② 장비를 점검하기 위하여 지면에 떨어진 누유 여부를 확인하고, 조치한다.
③ 기관의 원활한 작동을 위하여 냉각장치에서 발생된 냉각수 누수를 확인하고, 조치한다.
④ 작동 중 냉각수 누수가 확인되면, 즉시 라디에이터 캡을 열어 확인한다.

14 롤러의 사용설명서로 파악할 수 없는 것은?

① 각 부품의 단가
② 각부 명칭과 기능
③ 장비의 성능
④ 장비의 유지관리에 대한 사항

15 탠덤 롤러를 설명한 것 중 옳은 것은?

① 전륜은 타이어, 후륜은 드럼 형태의 쇠바퀴로 구성되었다.
② 전륜은 드럼 형태의 쇠바퀴, 후륜은 타이어로 구성되었다.
③ 전·후륜 모두 타이어로 구성되어 있다.
④ 전·후륜 모두 드럼 형태의 쇠바퀴 2개로 구성되어 있다.

16 머캐덤 롤러의 동력전달 순서는?

① 기관 → 클러치 → 변속기 → 역전기
　→ 차동장치 → 종감속장치 → 뒤차륜
② 기관 → 클러치 → 역전기 → 변속기
　→ 차동장치 → 뒤차축 → 뒤차륜
③ 기관 → 클러치 → 역전기 → 변속기
　→ 차동장치 → 종감속장치 → 뒤차륜
④ 기관 → 클러치 → 변속기 → 역전기
　→ 차동장치 → 뒤차축 → 뒤차륜

17 3륜 철륜으로 구성되어 아스팔트 포장면의 초기다짐 장비로 사용되는 롤러는?

① 타이어 롤러
② 탬핑 롤러
③ 머캐덤 롤러
④ 진동 롤러

18 다음 중 기어펌프에서 맥동 원인이 되는 폐입 현상을 방지하기 위해 사용하는 방법으로 가장 적절한 것은?

① 피스톤로드 강도를 크게 한다.
② 기어펌프의 토출압을 낮춘다.
③ 백래시를 적게 한다.
④ 릴리프 홈을 만든다.

19 연소실 중에서 복실식이 아닌 것은?

① 직접분사실식
② 와류실식
③ 공기실식
④ 예연소실식

20 전해액의 비중은 그 전해액의 온도가 내려감에 따라 어떻게 되는가?

① 낮아진다.
② 낮은 곳에 머문다.
③ 높아진다.
④ 변화가 없다.

21 건식 공기청정기의 장점과 거리가 먼 것은?

① 작은 입자의 먼지나 이물질은 여과할 수 없다.
② 설치 또는 분해·조립이 간단하다.
③ 장기간 사용할 수 있으며, 청소를 간단히 할 수 있다.
④ 기관 회전속도의 변동에도 안정된 공기 청정 효율을 얻을 수 있다.

22 축전지의 구비조건으로 가장 거리가 먼 것은?

① 축전지의 양이 클 것
② 전기적 절연이 완전할 것
③ 가급적 크고, 다루기 쉬울 것
④ 전해액의 누설방지가 완전할 것

23 일상점검 내용에 속하지 않는 것은?

① 기관 윤활유량
② 브레이크 오일량
③ 라디에이터 냉각수량
④ 연료분사량

24 전압(Voltage)에 대한 설명으로 적당한 것은?

① 자유전자가 도선을 통하여 흐르는 것을 말한다.
② 전기적인 높이, 즉 전기적인 압력을 말한다.
③ 물질에 전류가 흐를 수 있는 정도를 나타낸다.
④ 도체의 저항에 의해 발생되는 열을 나타낸다.

25 기관의 오일펌프 유압이 낮아지는 원인이 아닌 것은?

① 윤활유 점도가 너무 높을 때
② 베어링의 오일 간극이 클 때
③ 윤활유의 양이 부족할 때
④ 오일 스트레이너가 막힐 때

26 예열플러그를 빼서 보았더니 심하게 오염되어 있다. 그 원인으로 가장 적합한 것은?

① 불완전연소 또는 노킹
② 기관의 과열
③ 플러그의 용량 과다
④ 냉각수 부족

27 기관에 사용되는 시동모터가 회전이 안 되거나 회전력이 약한 원인이 아닌 것은?

① 시동스위치의 접촉이 불량하다.
② 배터리 단자와 터미널의 접촉이 나쁘다.
③ 브러시가 정류자에 잘 밀착되어 있다.
④ 축전지 전압이 낮다.

28 디젤기관 냉각장치에서 냉각수의 비등점을 높여 주기 위해 설치된 부품으로 알맞은 것은?

① 코 어   ② 냉각핀
③ 보조탱크   ④ 압력식 캡

29 교류발전기에서 교류를 직류로 바꾸어 주는 것은?

① 계 자   ② 슬립링
③ 브러시   ④ 다이오드

30 디젤기관의 노킹 발생 원인과 가장 거리가 먼 것은?

① 착화기간 중 분사량이 많다.
② 노즐의 분무상태가 불량하다.
③ 세탄가가 높은 연료를 사용하였다.
④ 기관이 과도하게 냉각되어 있다.

31 유압장치의 구성요소가 아닌 것은?

① 제어밸브
② 오일탱크
③ 유압펌프
④ 차동장치

32 건설기계 유압회로에서 유압유 온도를 알맞게 유지하기 위해 오일을 냉각하는 부품은?

① 어큐뮬레이터
② 오일 쿨러
③ 방향제어밸브
④ 유압밸브

33 유압유의 점도에 대한 설명으로 틀린 것은?

① 온도가 상승하면 점도는 낮아진다.
② 점성의 정도를 표시하는 값이다.
③ 점도가 낮아지면 유압이 떨어진다.
④ 점성계수를 밀도로 나눈 값이다.

34 디젤기관의 윤활장치에서 오일 여과기의 역할은?

① 오일의 역순환 방지 작용
② 오일에 필요한 방청 작용
③ 오일에 포함된 불순물 제거 작용
④ 오일 계통에 압력 증대 작용

35 유압모터의 속도를 감속하는 데 사용하는 밸브는?

① 체크 밸브
② 디셀러레이션 밸브
③ 변환 밸브
④ 압력스위치

36 그림의 유압기호는 무엇을 표시하는가?

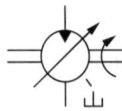

① 가변 유압모터
② 유압펌프
③ 가변 토출 밸브
④ 가변 흡입 밸브

37 유압실린더를 교환 후 우선적으로 시행하여야 할 사항은?

① 엔진을 저속 공회전시킨 후 공기빼기 작업을 실시한다.
② 엔진을 고속 공회전시킨 후 공기빼기 작업을 실시한다.
③ 유압장치를 최대한 부하 상태로 유지한다.
④ 시험 작업을 실시한다.

38 유압장치의 단점이 아닌 것은?

① 관로를 연결하는 곳에서 작동유가 누출될 수 있다.
② 고압 사용으로 인한 위험성이 존재한다.
③ 작동유의 누유로 인해 환경오염을 유발할 수 있다.
④ 전기, 전자의 조합으로 자동제어가 곤란하다.

39 유압 작동부에서 오일이 새고 있을 때 일반적으로 먼저 점검해야 하는 것은?

① 밸브(Valve)
② 기어(Gear)
③ 플런저(Plunger)
④ 실(Seal)

40 유압장치 내의 압력을 일정하게 유지하고 최고압력을 제한하여 회로를 보호해 주는 밸브는?

① 릴리프 밸브
② 체크 밸브
③ 제어 밸브
④ 로터리 밸브

41 부동액으로 사용되는 에틸렌글리콜의 특징으로 맞지 않는 것은?

① 냄새가 없으며, 휘발하지 않는다.
② 도료를 침식하지 않는다.
③ 끓는점이 약 197.2℃이다.
④ 물과 잘 섞이지 못한다.

42 브레이크의 분류 중 주브레이크가 아닌 것은?

① 유압식 브레이크
② 배기 브레이크
③ 배력식 브레이크
④ 공기식 브레이크

43 액슬축의 종류가 아닌 것은?

① 반부동식
② 3/4부동식
③ 1/2전동식
④ 전부동식

44 변속기의 구비조건으로 틀린 것은?

① 전달효율이 작을 것
② 변속 조작이 용이할 것
③ 소형·경량일 것
④ 단계가 없이 연속적인 변속 조작이 가능할 것

45 수동식 변속기가 장착된 장비에서 클러치 페달에 유격을 두는 이유는?

① 클러치 용량을 크게 하기 위해
② 클러치의 미끄럼을 방지하기 위해
③ 엔진 출력을 증가시키기 위해
④ 제동 성능을 증가시키기 위해

46 기관의 플라이휠과 항상 같이 회전하는 부품은?

① 압력판
② 릴리스 베어링
③ 클러치축
④ 디스크

47 엔진의 회전수를 나타내는 rpm의 의미는?

① 시간당 엔진회전수
② 분당 엔진회전수
③ 초당 엔진회전수
④ 10분간 엔진회전수

48 기관의 실린더 수가 많을 때의 장점이 아닌 것은?

① 기관의 진동이 작다.
② 저속 회전이 용이하고, 큰 동력을 얻을 수 있다.
③ 연료 소비가 적고, 큰 동력을 얻을 수 있다.
④ 가속이 원활하고, 신속하다.

49 실린더헤드 개스킷에 대한 구비조건으로 틀린 것은?

① 기밀 유지가 좋을 것
② 내열성과 내압성이 있을 것
③ 복원성이 작을 것
④ 강도가 적당할 것

50 실린더의 내경이 행정보다 작은 기관을 무엇이라고 하는가?

① 스퀘어 기관
② 단행정 기관
③ 장행정 기관
④ 정방행정 기관

51 운전자의 작업 전 장비 점검과 관련된 내용으로 거리가 먼 것은?

① 타이어 및 궤도 차륜 상태
② 브레이크 및 클러치의 작동 상태
③ 낙석, 낙하물 등의 위험이 예상되는 작업 시 견고한 헤드 가이드 설치 상태
④ 정격 용량보다 높은 회전으로 수차례 모터를 구동시켜 내구성 상태 점검

52 작업안전상 드라이버 사용 시 유의사항이 아닌 것은?

① 날 끝이 홈의 폭과 길이가 같은 것을 사용한다.
② 날 끝이 수평이어야 한다.
③ 작은 부품은 한손으로 잡고 사용한다.
④ 전기 작업 시 금속 부분이 자루 밖으로 나와 있지 않아야 한다.

53 사고 원인으로서 작업자의 불안전한 행위는?

① 안전 조치의 불이행
② 작업장 환경 불량
③ 물적 위험상태
④ 기계의 결함상태

54 작업장에 대한 안전관리상 설명으로 틀린 것은?

① 항상 청결하게 유지한다.
② 작업대 사이 또는 기계 사이의 통로는 안전을 위한 일정한 너비가 필요하다.
③ 공장 바닥은 폐유를 뿌려, 먼지 등이 일어나지 않도록 한다.
④ 전원 콘센트 및 스위치 등에 물을 뿌리지 않는다.

55 금속나트륨이나 금속칼륨 화재의 소화제로서 가장 적합한 것은?

① 물
② 포소화기
③ 건조사
④ 이산화탄소 소화기

56 산업공장에서 재해의 발생을 줄이기 위한 방법으로 틀린 것은?

① 폐기물은 정해진 위치에 모아둔다.
② 공구는 소정의 장소에 보관한다.
③ 소화기 근처에 물건을 적재한다.
④ 통로나 창문 등에 물건을 세워 놓아서는 안 된다.

57 산소 가스용기(의료용 제외)의 도색으로 맞는 것은?

① 녹 색
② 노란색
③ 흰 색
④ 갈 색

58 공기(Air)기구 사용 작업에 대한 설명으로 적절하지 않은 것은?

① 공기 기구의 섭동 부위에 윤활유를 주유하면 안 된다.
② 규정에 맞는 토크를 유지하며 작업한다.
③ 공기를 공급하는 고무호스가 꺾이지 않도록 한다.
④ 공기기구의 반동으로 생길 수 있는 사고를 미연에 방지한다.

59 작업복에 대한 설명으로 적합하지 않은 것은?

① 작업복은 몸에 알맞고 동작이 편해야 한다.
② 착용자의 연령, 성별 등에 관계없이 일률적인 스타일을 선정해야 한다.
③ 작업복은 항상 깨끗한 상태로 입어야 한다.
④ 주머니가 너무 많지 않고, 소매가 단정한 것이 좋다.

60 사고의 결과로 인하여 인간이 입는 인명피해와 재산상의 손실을 무엇이라 하는가?

① 재 해
② 안 전
③ 사 고
④ 부 상

정답 및 해설 p.216

01 디젤기관의 연소실 중 연료소비율이 낮으며 연소압력이 가장 높은 연소실 형식은?

① 예연소실식
② 와류실식
③ 직접분사실식
④ 공기실식

02 오일의 압력이 낮아지는 원인과 가장 거리가 먼 것은?

① 유압펌프의 성능이 불량할 때
② 오일의 점도가 높아졌을 때
③ 오일의 점도가 낮아졌을 때
④ 계통 내에서 누설이 있을 때

03 디젤기관 연료장치 내에 있는 공기를 배출하기 위하여 사용하는 펌프는?

① 인젝션 펌프
② 연료 펌프
③ 프라이밍 펌프
④ 공기 펌프

04 피스톤링에 대한 설명으로 틀린 것은?

① 피스톤이 받는 열의 대부분을 실린더 벽에 전달한다.
② 압축과 팽창가스 압력에 대해 연소실의 기밀을 유지한다.
③ 링의 절개구 모양은 버튼 이음, 랩 이음 등이 있다.
④ 피스톤링이 마모된 경우 크랭크케이스 내에 블로다운 현상으로 인한 연소가스가 많아진다.

05 습식 공기청정기에 대한 설명으로 틀린 것은?

① 청정효율은 공기량이 증가할수록 높아지며, 회전속도가 빠르면 효율이 좋고 낮으면 저하한다.
② 흡입 공기는 오일로 적셔진 여과망을 통과시켜 여과시킨다.
③ 공기청정기 케이스 밑에는 일정한 양의 오일이 들어 있다.
④ 공기청정기는 일정 기간 사용 후 무조건 신품으로 교환한다.

제6회 :: 모의고사 **171**

06 수랭식 냉각 방식에서 냉각수를 순환시키는 방식이 아닌 것은?

① 자연 순환식
② 강제 순환식
③ 진공 순환식
④ 밀봉 압력식

07 엔진에서 라디에이터의 방열기 캡을 열어 냉각수를 점검했더니 엔진오일이 떠 있다면, 그 원인은?

① 피스톤링과 실린더 마모
② 밸브 간격 과다
③ 압축압력이 높아 역화현상 발생
④ 실린더헤드 개스킷 파손

08 좌·우측 전조등 회로의 연결방법으로 옳은 것은?

① 직렬연결
② 단식 배선
③ 병렬연결
④ 직·병렬연결

09 디젤기관의 예열장치에서 코일형 예열플러그와 비교한 실드형 예열플러그의 설명 중 틀린 것은?

① 발열량이 크고 열용량도 크다.
② 예열플러그들 사이의 회로는 병렬로 결선되어 있다.
③ 기계적 강도 및 가스에 의한 부식에 약하다.
④ 예열플러그 하나가 단선되어도 나머지는 작동된다.

10 축전지 커버에 묻은 전해액을 세척할 때 사용하는 중화제로 가장 좋은 것은?

① 증류수
② 비눗물
③ 암모니아수
④ 베이킹 소다수

11 충전장치에서 발전기는 어떤 축과 연동되어 구동되는가?

① 크랭크축
② 캠 축
③ 추진축
④ 변속기 입력축

12 그림과 같은 경고등의 의미는?

① 엔진오일 압력 경고등
② 와셔액 부족 경고등
③ 브레이크액 누유 경고등
④ 냉각수 온도 경고등

13 실린더헤드 개스킷에 대한 구비조건으로 틀린 것은?

① 기밀 유지가 좋을 것
② 내열성과 내압성이 있을 것
③ 복원성이 적을 것
④ 강도가 적당할 것

14 유체 클러치(Fluid Coupling)에서 가이드 링의 역할은?

① 와류를 감소시킨다.
② 터빈(Turbine)의 손상을 줄이는 역할을 한다.
③ 마찰을 증대시킨다.
④ 플라이휠의 마모를 방지시킨다.

15 장비에 부하가 걸릴 때 토크 컨버터의 터빈 속도는 어떻게 되는가?

① 빨라진다.
② 느려진다.
③ 일정하다.
④ 관계없다.

16 유압식 조향장치의 핸들 조작이 무거운 원인과 가장 거리가 먼 것은?

① 유압이 낮다.
② 오일이 부족하다.
③ 유압계통 내에 공기가 혼입되었다.
④ 펌프의 회전이 빠르다.

17 타이어식 건설기계에서 조향바퀴의 토인을 조정하는 곳은?

① 핸 들
② 타이로드
③ 웜기어
④ 드래그링크

18 타이어식 건설기계에서 브레이크를 연속하여 자주 사용함으로써 브레이크 드럼이 과열되어 마찰계수가 떨어지며, 브레이크 효과가 나빠지는 현상은?

① 노킹 현상
② 페이드 현상
③ 하이드로플레이닝 현상
④ 채팅 현상

19 부동액에 대한 설명으로 옳은 것은?

① 주요 성분인 에틸렌글리콜과 글리세린은 단맛이 있다.
② 부동액 100%인 원액 사용을 원칙으로 한다.
③ 온도가 낮아지면 화학적 변화를 일으킨다.
④ 부동액은 냉각계통에 부식을 일으키는 특징이 있다.

20 원동기(내연기관, 전동기 등)로부터의 기계적인 에너지를 이용하여 작동유에 유체에너지를 부여해주는 유압기기는?

① 유압탱크
② 유압펌프
③ 유압밸브
④ 유압스위치

21 계통 내의 최대 압력을 설정함으로써 계통을 보호하는 밸브는?

① 릴리프 밸브
② 릴레이 밸브
③ 리듀싱 밸브
④ 리타더 밸브

22 유압실린더의 속도를 제어하는 블리드 오프(Bleed-off) 회로에 대한 설명으로 틀린 것은?

① 유량제어밸브를 실린더와 직렬로 설치한다.
② 펌프 토출량 중 일정한 양을 탱크로 되돌린다.
③ 릴리프 밸브에서 과잉압력을 줄일 필요가 없다.
④ 부하변동이 급격한 경우에는 정확한 유량제어가 곤란하다.

23 유압모터의 가장 큰 장점은?

① 공기와 먼지 등이 침투하면 성능에 영향을 준다.
② 오일의 누출을 방지한다.
③ 압력 조정이 용이하다.
④ 무단변속이 용이하다.

24 그림의 유압기호에서 "A"부분이 나타내는 것은?

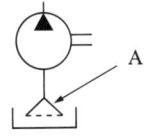

① 오일 냉각기
② 스트레이너
③ 가변용량 유압펌프
④ 가변용량 유압모터

25 유압유의 구비조건으로 옳지 않은 것은?

① 비압축성이어야 한다.
② 점도지수가 커야 한다.
③ 인화점 및 발화점이 높아야 한다.
④ 체적 탄성계수가 작아야 한다.

26 유압장치에서 작동 및 움직임이 있는 곳의 연결관으로 적합한 것은?

① 플렉시블 호스
② 구리 파이프
③ 강 파이프
④ PVC 호스

27 산업재해 중 중대재해가 아닌 것은?

① 사망자가 1명 이상 발생한 재해
② 부상자 또는 직업성 질병자가 동시에 10명 이상 발생한 재해
③ 3개월 이상의 요양을 요하는 부상자가 동시에 2명 이상 발생한 재해
④ 4일 이상의 요양을 요하는 부상을 입은 자가 5명 발생한 재해

28 안전작업의 복장상태로 틀린 것은?

① 땀을 닦기 위한 수건이나 손수건을 허리나 목에 걸고 작업해서는 안 된다.
② 옷소매 폭이 너무 넓지 않은 것이 좋고, 단추가 달린 것은 되도록 피한다.
③ 물체 추락의 우려가 있는 작업장에서는 작업모를 착용해야 한다.
④ 복장을 단정하게 하기 위해 넥타이를 꼭 매야 한다.

29 작업장에서 지켜야 할 안전수칙이 아닌 것은?

① 작업 중 입은 부상은 즉시 응급조치하고 보고한다.
② 밀폐된 실내에서는 장비의 시동을 걸지 않는다.
③ 통로나 마룻바닥에 공구나 부품을 방치하지 않는다.
④ 기름걸레나 인화물질은 나무상자에 보관한다.

30 체인이나 벨트, 풀리 등에서 일어나는 사고로 기계의 운동 부분 사이에 신체가 끼는 사고는?

① 협 착   ② 접 촉
③ 충 격   ④ 얽 힘

31 다음 그림의 안전표지가 나타내는 것은?

① 비상구
② 출입금지
③ 인화성물질경고
④ 보안경 착용

32 엔진오일이 우유색을 띠고 있을 때의 원인에 해당될 수 있는 것은?

① 가솔린이 유입되었다.
② 연소가스가 섞여 있다.
③ 경유가 유입되었다.
④ 냉각수가 섞여 있다.

33 고압선로 주변에서 건설기계에 의한 작업 중 고압선로 또는 지지물에 접촉 위험이 가장 높은 것은?

① 붐 또는 권상 로프
② 상부 회전체
③ 하부 주행체
④ 장비 운전석

34 작업장에서 전기가 별도의 예고 없이 정전되었을 경우 전기로 작동하던 기계·기구의 조치방법으로 가장 적합하지 않은 것은?

① 즉시 스위치를 끈다.
② 안전을 위해 작업장을 미리 정리해 놓는다.
③ 퓨즈의 단선 유·무를 검사한다.
④ 전기가 들어오는 것을 알기 위해 스위치를 켜 둔다.

35 벨트 취급 시 안전에 대한 주의사항으로 틀린 것은?

① 벨트에 기름이 묻지 않도록 한다.
② 벨트의 적당한 유격을 유지하도록 한다.
③ 벨트 교환 시 회전이 완전히 멈춘 상태에서 한다.
④ 벨트의 회전을 정지시킬 때 손으로 잡아 정지시킨다.

36 화재 및 폭발의 우려가 있는 가스발생장치 작업장에서 지켜야 할 사항으로 맞지 않는 것은?

① 불연성 재료 사용금지
② 화기 사용금지
③ 인화성물질 사용금지
④ 점화원이 될 수 있는 기재 사용금지

37 건설기계의 등록신청은 누구에게 하는가?

① 건설기계 작업현장 관할 시·도지사
② 국토해양부장관
③ 건설기계 소유자의 주소지 또는 사용본거지 관할 시·도지사
④ 국무총리실

38 건설기계관리법령상 건설기계 형식 신고를 하지 아니할 수 있는 사람은?

① 건설기계를 사용목적으로 제작하려는 자
② 건설기계를 사용목적으로 조립하려는 자
③ 건설기계를 사용목적으로 수입하려는 자
④ 건설기계를 연구개발 목적으로 제작하려는 자

39 건설기계관리법령상 정기검사 유효기간이 다른 건설기계는?

① 덤프트럭(연식 20년 이하)
② 콘크리트믹스트럭(연식 20년 이하)
③ 타워크레인
④ 굴착기(타이어식)

40 건설기계등록번호표의 표시내용이 아닌 것은?

① 기 종
② 등록 번호
③ 용 도
④ 장비 연식

41 시·도지사가 직권으로 등록 말소할 수 있는 사유가 아닌 것은?

① 거짓이나 그 밖의 부정한 방법으로 등록을 한 경우
② 규정에 따른 정기검사 명령, 수시검사 명령 또는 정비 명령에 따르지 아니한 경우
③ 건설기계를 폐기한 경우
④ 건설기계의 등록이 말소된 후 등록번호표를 반납하지 아니한 경우

42 건설기계의 정비명령은 누구에게 하여야 하는가?

① 해당 기계 운전자
② 해당 기계 검사업자
③ 해당 기계 정비업자
④ 해당 기계 소유자

43 건설기계 공제사업의 허가권자는?

① 국토교통부장관
② 시·도지사
③ 경찰청장
④ 행정안전부장관

44 건설기계조종사면허가 취소되거나 효력정지처분을 받은 후에도 건설기계를 계속하여 조종한 자에 대한 벌칙은?

① 과태료 50만원
② 1년 이하의 징역 또는 1,000만원 이하의 벌금
③ 최소기간 연장조치
④ 조종사면허 취득 절대 불가

45 건설기계등록번호표를 가리거나 훼손하여 알아보기 곤란하게 한 자 또는 그러한 건설기계를 운행한 자에게 부과하는 과태료로 옳은 것은?

① 50만원 이하
② 100만원 이하
③ 300만원 이하
④ 1000만원 이하

46 시·도지사로부터 등록번호표 제작통지를 받은 건설기계소유자는 며칠 이내에 등록번호표 제작자에게 제작 신청을 하여야 하는가?

① 3일
② 10일
③ 20일
④ 30일

47 건설기계의 구조변경 가능 범위에 속하지 않는 것은?

① 수상작업용 건설기계 선체의 형식 변경
② 적재함의 용량 증가를 위한 변경
③ 건설기계의 깊이, 너비, 높이 변경
④ 조종장치의 형식 변경

48 등록 건설기계의 기종별 표시 방법 중 맞는 것은?

① 09 : 롤러
② 02 : 모터그레이더
③ 03 : 지게차
④ 04 : 덤프트럭

49 타이어 롤러에서 전압은 무엇으로 조정하는가?

① 타이어의 자중
② 다짐속도와 밸러스트(Ballast)
③ 밸러스트와 타이어 공기압
④ 다짐속도와 타이어 공기압

50 진동 롤러를 장기간 보관하는 경우 유지관리로 옳지 않은 것은?

① 오일과 그리스를 주입하고, 각종 오일을 교환한다.
② 배터리는 (−) 케이블을 탈거한 후 덮어놓거나, 장비에서 배터리를 완전히 탈거하여 안전한 장소에 보관한다.
③ 전·후 주행 레버를 OFF에 위치시킨다.
④ 진동 스위치를 OFF에 위치시키고 주차 브레이크를 체결한다.

51 머캐덤 롤러의 시동을 걸었을 때 엔진에 이상이 있어 엔진 체크등에 불이 들어왔을 경우 점검사항이 아닌 것은?

① 연료필터 막힘
② 엔진에 공급되는 공기량 부족
③ 연료 부족
④ 유압오일

52 콤비 롤러의 인터로크, 비상정지, 주차 브레이크 점검으로 옳지 않은 것은?

① 인터로크 기능 점검은 롤러를 정지하고 운전자가 운전석을 이탈하게 되면 점검할 수 있다.
② 점검 시에는 장비가 급정지할 때를 대비하여 조향 휠을 단단히 잡고 실시한다.
③ 인터로크 기능이 작동되면 엔진은 정지하고 브레이크가 작동된 후 7초 후 경고음이 발생된다.
④ 주차 브레이크 작동 점검은 롤러를 매우 느린 속도로 전진 또는 후진(양방향 모두 점검)시키면서 주차 브레이크를 작동시켜 점검한다.

53 탠덤 롤러의 진동다짐 설명으로 옳지 않은 것은?

① 자유다짐은 2개의 안내륜을 노면의 상태에 따라서 자유로이 상하로 움직일 수 있으며, 모든 차륜이 항상 접지하고 있는 상태이다.
② 반고정다짐은 중간 안내륜이 위쪽으로만 움직일 수 있는 상태이다
③ 전고정다짐은 모든 차륜이 언제나 같은 평면상에 있는 상태이다.
④ 3축 탠덤 롤러는 다짐의 종류에 따라서 중량 분포와 선압이 다르다.

54 트랙식 건설장치에서 트랙의 구성부품으로 맞는 것은?

① 슈, 조인트, 실(Seal), 핀, 슈볼트
② 스프로킷, 트랙 롤러, 상부 롤러, 아이들러
③ 슈, 스프로킷, 하부 롤러, 상부 롤러, 감속기
④ 슈, 슈볼트, 링크, 부싱, 핀

55 트랙 프레임 상부 롤러에 대한 설명으로 틀린 것은?

① 더블 플랜지형을 주로 사용한다.
② 트랙의 회전을 바르게 유지한다.
③ 트랙이 밑으로 처지는 것을 방지한다.
④ 전부 유동륜과 기동륜 사이에 1~2개가 설치된다.

56 트랙 슈의 종류로 틀린 것은?

① 단일돌기 슈
② 습지용 슈
③ 이중돌기 슈
④ 변하중돌기 슈

57 롤러의 다짐작업 방법으로 틀린 것은?

① 소정의 접지 압력을 받을 수 있도록 부가하중을 증감한다.
② 다짐작업 시 정지시간은 길게 한다.
③ 다짐작업 시 급격한 조향은 하지 않는다.
④ 1/2씩 중첩되게 다짐을 한다.

58 진동 콤팩터의 설명으로 옳지 않은 것은?

① 매우 민첩하여 취급이 용이하다.
② 롤러에 의해 전압이 곤란한 장소에 사용한다.
③ 뒤채움 비탈면 다짐에 이용한다
④ 자갈 모래 실트를 배합한 흙다짐에 적합하다.

59 진동 롤러의 진동작업에 대한 설명으로 옳지 않은 것은?

① 진동 다지기 기능은 오직 엔진 rpm이 최대일 경우에만 가능하다.
② 진동 중 가장 적절한 주행 속도는 2~5 km/h이다.
③ 주행 방향 전환은 신속히 하여야 한다.
④ 장비가 주행하지 않는 상태에서는 진동을 사용하지 말아야 한다.

60 운전자는 작업 전에 장비의 정비상태를 확인하고 점검해야 하는데, 이에 대한 내용으로 적합하지 않은 것은?

① 타이어 및 궤도 차륜상태
② 브레이크 및 클러치의 작동상태
③ 낙석, 낙하물 등의 위험이 예상되는 작업 시 견고한 헤드 가이드 설치상태
④ 엔진의 진공도 상태

제 7 회 모의고사

01 공기가 실린더에 혼입되면 피스톤 작동이 불량해져 작동시간이 지연되는 현상은?

① 폐입현상
② 공동현상
③ 숨 돌리기 현상
④ 채터링 현상

02 동력을 전달하는 계통의 순서를 바르게 나타낸 것은?

① 피스톤 → 커넥팅로드 → 클러치 → 크랭크축
② 피스톤 → 클러치 → 크랭크축 → 커넥팅로드
③ 피스톤 → 크랭크축 → 커넥팅로드 → 클러치
④ 피스톤 → 커넥팅로드 → 크랭크축 → 클러치

03 디젤기관에 과급기를 설치하였을 때 장점이 아닌 것은?

① 동일 배기량에서 출력이 감소하고, 연료소비율이 증가된다.
② 냉각 손실이 적으며 높은 지대에서도 기관의 출력 변화가 적다.
③ 연소상태가 좋아짐으로 압축온도 상승에 따라 착화지연이 짧아진다.
④ 연소상태가 양호하기 때문에 비교적 질이 낮은 연료를 사용할 수 있다.

04 엔진의 윤활유 소비량이 과다해지는 가장 큰 원인은?

① 기관의 과랭
② 피스톤링 마멸
③ 냉각펌프 손상
④ 오일 여과기 필터 불량

05 인젝터의 점검 항목이 아닌 것은?

① 저 항
② 작동온도
③ 분사량
④ 작동음

06 피스톤과 실린더 간극이 너무 클 때 일어나는 현상은?

① 실린더의 소결
② 압축압력 증가
③ 기관 출력 향상
④ 윤활유 소비량 증대

07 가압식 라디에이터의 장점으로 틀린 것은?

① 방열기를 작게 할 수 있다.
② 냉각수의 비등점을 높일 수 있다.
③ 냉각수의 순환 속도가 빠르다.
④ 냉각장치의 효율을 높일 수 있다.

08 디젤기관의 전기장치에 없는 것은?

① 스파크 플러그
② 글로 플러그
③ 축전지
④ 솔레노이드 스위치

09 기동전동기의 피니언과 기관의 플라이휠 링기어가 치합되는 방식 중 피니언의 관성과 직류 직권전동기가 무부하에서 고속 회전하는 특성을 이용한 방식은?

① 피니언 섭동식
② 벤딕스식
③ 전기자 섭동식
④ 전자식

10 예열장치의 고장 원인이 아닌 것은?

① 가열시간이 너무 길면 자체 발열에 의해 단선된다.
② 접지가 불량하면 전류의 흐름이 적어 발열이 충분하지 못하다.
③ 규정 이상의 전류가 흐르면 단선되는 고장의 원인이 된다.
④ 예열 릴레이가 회로를 차단하면 예열플러그가 단선된다.

11 건설기계 기관에 사용되는 축전지의 가장 중요한 역할은?

① 주행 중 점화장치에 전류를 공급한다.
② 주행 중 등화장치에 전류를 공급한다.
③ 주행 중 발생하는 전기부하를 담당한다.
④ 기동장치의 전기적 부하를 담당한다.

12 AC 발전기에서 전류가 발생되는 곳은?

① 로터코일
② 레귤레이터
③ 스테이터 코일
④ 전기자코일

13 퓨즈에 대한 설명 중 틀린 것은?

① 퓨즈는 정격용량을 사용한다.
② 퓨즈 용량은 A로 표시한다.
③ 퓨즈는 철사로 대용된다.
④ 퓨즈는 표면이 산화되면 끊어지기 쉽다.

14 경음기 스위치를 작동하지 않았는데 경음기가 계속 울린다면 그 원인은?

① 경음기 릴레이의 접점이 용착
② 배터리의 과충전
③ 경음기 접지선이 단선
④ 경음기 전원 공급선이 단선

15 머캐덤 롤러의 클러치가 미끄러지는 원인에 대한 설명 중 틀린 것은?

① 클러치 스프링의 노후
② 라이닝에 기름이 묻었을 때
③ 클러치 릴리스 레버 선단의 마모
④ 클러치판의 마모

16 자연발화가 일어나기 쉬운 조건으로 틀린 것은?

① 발열량이 클 때
② 주위 온도가 높을 때
③ 착화점이 낮을 때
④ 표면적이 작을 때

17 타이어식 건설기계의 휠 얼라인먼트에서 토인의 필요성이 아닌 것은?

① 조향바퀴의 방향성을 준다.
② 타이어의 이상마멸을 방지한다.
③ 조향바퀴를 평행하게 회전시킨다.
④ 바퀴가 옆방향으로 미끄러지는 것을 방지한다.

18 타이어식 건설기계에서 전후 주행이 되지 않을 때 점검하여야 할 곳으로 틀린 것은?

① 타이로드 엔드를 점검한다.
② 변속장치를 점검한다.
③ 유니버설 조인트를 점검한다.
④ 주차 브레이크 잠김 여부를 점검한다.

19 브레이크의 분류 중 주브레이크가 아닌 것은?

① 유압식 브레이크
② 배기 브레이크
③ 배력식 브레이크
④ 공기식 브레이크

20 유압장치에 대한 설명 중 틀린 것은?

① 관로를 연결하는 곳에서 작동유가 누출될 수 있다.
② 고압 사용으로 인한 위험성이 존재한다.
③ 작동유 누유로 인해 환경오염을 유발할 수 있다.
④ 전기, 전자의 조합으로 자동제어가 곤란하다.

21 축압기의 용도로 적합하지 않은 것은?

① 유압에너지의 저장
② 충격 흡수
③ 유량 분배 및 제어
④ 압력 보상

22 유압모터에 대한 설명 중 맞는 것은?

① 유압발생장치에 속한다.
② 압력, 유량, 방향을 제어한다.
③ 직선운동을 하는 작동기(Actuator)에 해당한다.
④ 유압에너지를 기계적 일로 변환한다.

23 유압장치 내의 압력을 일정하게 유지하고 최고압력을 제한하여 회로를 보호해 주는 밸브는?

① 릴리프 밸브
② 체크 밸브
③ 제어 밸브
④ 로터리 밸브

24 유압탱크에 대한 구비조건으로 가장 거리가 먼 것은?

① 적당한 크기의 주유구 및 스트레이너를 설치한다.
② 드레인(배출밸브) 및 유면계를 설치한다.
③ 오일에 이물질이 혼입되지 않도록 밀폐되어야 한다.
④ 오일 냉각을 위한 쿨러를 설치한다.

25 롤러의 유압실린더 적용으로 가장 적절한 것은?

① 방향 전환에 사용한다.
② 살수장치에 사용한다.
③ 메인 클러치 차단에 사용한다.
④ 역전장치에 사용한다.

26 체크 밸브를 나타낸 것은?

①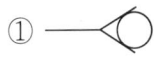
②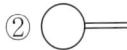
③
④

27 엔진오일의 작용에 해당되지 않는 것은?

① 오일제거작용 ② 냉각작용
③ 응력분산작용 ④ 방청작용

28 산업안전보건법령상 산업재해의 정의로 옳은 것은?

① 고의로 물적 시설을 파손한 것을 말한다.
② 운전 중 본인의 부주의로 교통사고가 발생된 것을 말한다.
③ 일상 활동에서 발생하는 사고로서 인적 피해에 해당하는 부분을 말한다.
④ 근로자가 업무에 관계되는 건설물·설비·원재료·가스·증기·분진 등에 의하거나 작업 또는 그 밖의 업무로 인하여 사망 또는 부상하거나 질병에 걸리는 것을 말한다.

29 작업장에서 작업복을 착용하는 이유로 가장 옳은 것은?

① 작업장의 질서를 확립시키기 위해서
② 작업자의 직책과 직급을 알리기 위해서
③ 재해로부터 작업자의 몸을 보호하기 위해서
④ 작업자의 복장 통일을 위해서

30 드라이버 사용 시 주의할 점으로 적절하지 않은 것은?

① 규격에 맞는 드라이버를 사용한다.
② 드라이버는 지렛대 대신으로 사용하지 않는다.
③ 클립(Clip)이 있는 드라이버는 옷에 걸고 다녀도 무방하다.
④ 잘 풀리지 않는 나사는 플라이어를 이용하여 강제로 뺀다.

31 안전보건표지의 종류와 형태에서 그림의 표지로 맞는 것은?

① 안전복 착용 ② 안전모 착용
③ 보안면 착용 ④ 출입금지

32 사고를 일으킬 수 있는 직접적인 재해의 원인은?

① 기술적 원인
② 교육적 원인
③ 작업관리의 원인
④ 불안전한 행동의 원인

33 작업을 위한 공구관리의 요건으로 가장 거리가 먼 것은?

① 공구별로 장소를 지정하여 보관할 것
② 공구는 항상 최소 보유량 이하로 유지할 것
③ 공구 사용 점검 후 파손된 공구는 교환할 것
④ 사용한 공구는 항상 깨끗이 한 후 보관할 것

34 벨트에 대한 안전사항으로 틀린 것은?

① 벨트의 이음쇠는 돌기가 없는 구조로 한다.
② 벨트를 걸 때나 벗길 때는 기계를 정지한 상태에서 실시한다.
③ 벨트가 풀리에 감겨 돌아가는 부분은 커버나 덮개를 설치한다.
④ 바닥면으로부터 2m 이내에 있는 벨트는 덮개를 제거한다.

35 중량물 운반 시 안전사항으로 틀린 것은?

① 크레인은 규정용량을 초과하지 않는다.
② 화물을 운반할 경우에는 운전반경 내를 확인한다.
③ 무거운 물건을 상승시킨 채 오랫동안 방치하지 않는다.
④ 흔들리는 화물은 사람이 승차하여 붙잡도록 한다.

36 작업장 안전관리에 대한 설명으로 적절하지 않은 것은?

① 항상 청결하게 유지한다.
② 작업대 사이 또는 기계 사이의 통로는 안전을 위한 일정한 너비가 필요하다.
③ 공장 바닥은 폐유를 뿌려 먼지 등이 일어나지 않도록 한다.
④ 전원 콘센트 및 스위치 등에 물을 뿌리지 않는다.

37 금속나트륨이나 금속칼륨 화재의 소화재로 가장 적합한 것은?

① 물
② 포소화기
③ 건조사
④ 이산화탄소 소화기

38 소화설비 선택 시 고려하여야 할 사항이 아닌 것은?

① 작업의 성질 ② 작업자의 성격
③ 화재의 성질 ④ 작업장의 환경

39 건설기계관리법상 건설기계에 해당되지 않는 것은?

① 자체 중량 2ton 이상의 로더
② 노상안정기
③ 천장크레인
④ 콘크리트살포기

40 시·도지사가 등록된 건설기계를 그 소유자의 신청이나 시·도지사의 직권으로 등록을 말소할 수 있는 경우가 아닌 것은?

① 건설기계를 도난당한 경우
② 건설기계를 수입하는 경우
③ 건설기계의 차대가 등록 시의 차대와 다른 경우
④ 건설기계가 천재지변 또는 이에 준하는 사고 등으로 사용할 수 없게 되거나 멸실된 경우

41 관용 건설기계등록번호표의 색상은?

① 주황색 바탕에 흰색 문자
② 적색 바탕에 흰색 문자
③ 흰색 바탕에 검은색 문자
④ 녹색 바탕에 흰색 문자

42 정기검사 신청을 받은 검사대행자는 며칠 이내에 검사일시 및 장소를 신청인에게 통지하여야 하는가?

① 20일   ② 15일
③ 5일   ④ 3일

43 정기검사신청기간 내에 건설기계의 정기검사를 신청한 경우, 다음 정기검사 유효기간의 산정방법으로 옳은 것은?

① 정기검사를 받은 날부터 기산한다.
② 정기검사를 받은 날의 다음 날부터 기산한다.
③ 종전 검사유효기간 만료일부터 기산한다.
④ 종전 검사유효기간 만료일의 다음 날부터 기산한다.

44 건설기계의 형식 승인은 누가 하는가?

① 국토교통부장관
② 시장·군수 또는 구청장
③ 시·도지사
④ 고용노동부장관

45 건설기계조종사면허에 관한 설명으로 옳은 것은?

① 건설기계조종사면허는 국토교통부장관이 발급한다.
② 콘크리트믹서트럭을 조종하고자 하는 자는 자동차 제1종 대형면허를 받아야 한다.
③ 기중기 면허를 소지하면 굴착기도 조종할 수 있다.
④ 기중기로 도로를 주행하고자 할 때는 자동차 제1종 면허를 받아야 한다.

46 건설기계조종사의 면허취소 사유에 해당되는 것은?

① 고의로 인명피해를 입힌 때
② 과실로 1명 이상을 사망하게 한 때
③ 과실로 3명 이상에게 중상을 입힌 때
④ 과실로 10명 이상에게 경상을 입힌 때

47 건설기계관리법에 따른 건설기계정비업의 등록 구분이 아닌 것은?

① 부분건설기계정비업
② 특수건설기계정비업
③ 전문건설기계정비업
④ 종합건설기계정비업

48 최고주행속도 15km/h 미만의 타이어식 건설기계가 필히 갖추어야 할 조명장치가 아닌 것은?

① 전조등
② 후부반사기
③ 비상점멸 표시등
④ 제동등

49 건설기계소유자 또는 점유자가 건설기계를 도로에 계속하여 버려두거나 정당한 사유 없이 타인의 토지에 버려둔 경우의 처벌은?

① 300만원 이하의 과태료
② 500만원 이하의 과태료
③ 1년 이하의 징역 또는 1,000만원 이하의 벌금
④ 2년 이하의 징역 또는 2,000만원 이하의 벌금

50 건설기계관리법령상 국토교통부령으로 정하는 바에 따라 등록번호표를 부착 및 봉인하지 않은 건설기계를 운행하여서는 아니 된다. 이를 1차 위반했을 경우의 과태료는?(단, 임시번호표를 부착한 경우는 제외)

① 5만원　　　　② 10만원
③ 50만원　　　 ④ 100만원

51 타이어 롤러의 바퀴지지 방식 중 바퀴마다 독립된 유압실린더 또는 공기 스프링 등을 사용하여 개별 상하운동을 하는 방식은?

① 상호 요동식
② 고정식
③ 일체 지지식
④ 수직 가동식

52 진동 롤러에 대한 설명 중 옳은 것은?

① 기전력을 조합하여 흙을 다짐한다.
② 진동 다지기 기능은 엔진 rpm이 최저일 경우에도 가능하다.
③ 다짐능력을 높이기 위한 장치로는 환향 클러치를 사용하여야 한다.
④ 진동륜은 고정식으로 유동이 없어야 한다.

53 가열 포장 아스팔트의 초기 다짐 롤러로 가장 적당한 것은?

① 머캐덤 롤러
② 타이어 롤러
③ 탬핑 롤러
④ 진동 롤러

54 롤러 살수장치에서 노즐 분사 방식으로 맞는 것은?

① 기계식 또는 전기식
② 기계식 또는 수압식
③ 수압식 또는 전기식
④ 전자식 또는 전기식

55 탠덤, 머캐덤 롤러의 살수탱크는 어떤 역할을 하는가?

① 엔진에 공급하는 연료를 저장한다.
② 각부 장치에 주유하는 오일을 저장한다.
③ 롤러에 물을 적셔 주어 작업 시 점착성을 향상시킨다.
④ 롤러에 물을 적셔 주어 작업 시 점착성 물질이 롤에 묻는 것을 방지한다.

56 롤러의 종류 중 전압식 다짐방법이 아닌 것은?
① 탠덤 롤러 ② 진동 롤러
③ 타이어 롤러 ④ 머캐덤 롤러

57 탠덤 롤러를 설명한 것 중 옳은 것은?
① 전륜은 타이어, 후륜은 드럼 형태의 쇠바퀴로 구성되어 있다.
② 전륜은 드럼 형태의 쇠바퀴, 후륜은 타이어로 구성되어 있다.
③ 전·후륜 모두 타이어로 구성되어 있다.
④ 전·후륜 모두 드럼 형태의 쇠바퀴 2개로 구성되어 있다.

58 롤러의 운전조작으로 옳지 않은 것은?
① 주차할 때 반드시 주차 브레이크를 작동시킨다.
② 다짐작업은 대각선 방향으로 한다.
③ 클러치 조작은 반클러치를 사용하지 않도록 한다.
④ 전·후진 시의 변속은 정지시킨 다음에 한다.

59 건설기계 운전 중 점검사항이 아닌 것은?
① 경고등 점멸 여부
② 라디에이터 냉각수량 점검
③ 작동 중 기계 이상음 점검
④ 작동상태 이상 유무 점검

60 롤러 작업 후 점검 및 관리사항이 아닌 것은?
① 깨끗하게 유지 관리할 것
② 부족한 연료량을 보충할 것
③ 작업 후 항상 모든 타이어를 로테이션 할 것
④ 볼트, 너트 등의 풀림 상태를 점검할 것

제1회 정답 및 해설

> 모의고사 p.109

01	④	02	①	03	①	04	②	05	②	06	④	07	②	08	②	09	④	10	③
11	③	12	②	13	②	14	①	15	③	16	②	17	②	18	①	19	②	20	③
21	②	22	③	23	①	24	①	25	④	26	①	27	②	28	②	29	④	30	②
31	①	32	②	33	③	34	③	35	④	36	③	37	①	38	④	39	①	40	①
41	③	42	①	43	②	44	②	45	②	46	②	47	③	48	①	49	②	50	②
51	②	52	④	53	③	54	④	55	③	56	④	57	①	58	②	59	①	60	④

01 4행정 엔진에서는 배기행정이 끝나고 흡입행정이 시작할 때 상사점 부근에서 흡입밸브와 배기밸브가 동시에 열려 있는 시점이다.

02 점도가 높으면 마찰력이 높아지기 때문에 압력이 높아진다.

03 과급기는 엔진의 행정체적이나 회전속도에 변화를 주지 않고 흡입효율(공기밀도 증가)을 높이기 위해 흡기에 압력을 가하는 공기 펌프로서 엔진의 출력 증대, 연료소비율의 향상, 회전력을 증대시키는 역할을 한다.

06 밸브 기구의 열팽창으로 밸브 면과 밸브 시트 사이가 떨어지는 것을 막기 위해 밸브 스템 엔드와 로커암 사이의 간극을 두는데 만약 크게 되면, 정상온도에서 완전 밀착이 안 되어 소리가 나고, 밸브가 완전 개방이 안 된다.

08 캠 샤프트는 배기밸브를 개폐하기 위한 캠이 붙어 있는 회전축이다.

09 피스톤과 실린더 사이의 간극이 너무 클 때 일어나는 현상
- 피스톤 슬랩 현상이 발생되며 기관 출력이 저하된다.
- 블로바이에 의해 압축압력이 낮아진다.
- 피스톤링의 기능 저하로 인하여 오일이 연소실에 유입되어 오일 소비가 많아진다.

12 라디에이터의 코어 막힘이 20% 이상이면 라디에이터를 교환하여야 한다.

13 시동스위치가 불량하면 솔레노이드 스위치도 작동되지 않는다.

15 ① 렌츠의 법칙 : 유도 기전력은 코일 내의 자속 변화를 방해하는 방향으로 발생한다는 법칙
② 줄의 법칙 : 도선 안을 흐르는 정상 전류가 일정 시간 안에 내는 줄 열의 양은 전류 세기의 제곱 및 도선의 저항에 비례한다는 법칙
④ 플레밍의 왼손 법칙 : 전류가 흐르는 도선의 미소 부분이 자장에게 받는 힘은 왼손 중지와 검지를 각각 직교하는 전류의 방향, 자장의 방향으로 향하게 했을 때 이것에 수직인 엄지의 방향을 향한다는 법칙

19 공기빼기 작업을 할 때는 프라이밍 펌프를 통해 배출한다.

20 앞바퀴 정렬의 종류에는 토인, 캠버, 캐스터, 킹핀 경사각 등이 있다.

21 ABC소화기에 표시된 A는 일반화재(목재, 섬유류, 종이, 플라스틱 등), B는 유류화재(휘발유, 콩기름 등), C는 전기화재(전기설비, 전기기구 등)에 효율적으로 사용이 가능하다는 표시이다.

22 플레밍의 오른손 법칙
자기장 안에서 도체가 운동할 때 자속의 방향과 도체의 운동방향을 통해 유도기전력의 방향을 확인할 수 있는 법칙이다.

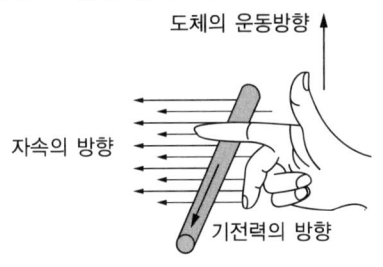

23 ① A급 화재 : 일반(물질이 연소된 후 재를 남기는)화재
② B급 화재 : 유류(기름)화재
③ C급 화재 : 전기화재
④ D급 화재 : 금속화재

24 롤러는 전진과 후진을 동일한 속도로 작업해야 하므로 별도로 역전장치(전·후진 전환장치)를 갖추고 있다.

25 드럼에 살수가 부족하면 눌어붙음 현상이 나타나고, 스카프(긁힘) 현상은 대형롤러에 작은 직경의 드럼을 장착하였을 때 발생한다.

26 롤러의 다짐방식에 의한 구분
• 전압식(자체중량을 이용) : 로드 롤러(머캐덤 롤러, 탠덤 롤러), 탬핑 롤러, 전압식 타이어 롤러, 콤비 롤러 등
• 진동식(진동을 이용) : 진동 롤러, 진동식 타이어 롤러, 진동 분사력 콤팩터 등
• 충격식(충격하중을 이용) : 래머, 탬퍼 등

27 2차 다짐에는 15ton 이상의 타이어 롤러를 사용하고, 3차 다짐에는 12ton 이상의 탠덤 롤러를 사용한다.

28 엔진오일의 기능
• 마찰 감소, 윤활 작용
• 피스톤과 실린더 사이의 밀봉작용
• 마찰열을 흡수, 제거하는 냉각작용
• 내부의 이물을 씻어 내는 청정작용
• 운동부의 산화 및 부식을 방지하는 방청작용
• 운동부의 충격 완화 및 소음 완화작용 등
• 기포발생 방지작용

29 토질별 사용 롤러
• 점토질 : 머캐덤 롤러, 탠덤 롤러, 타이어 롤러, 탬핑 롤러
• 사질토 : 진동 롤러, 진동형 타이어 롤러

30 엔진오일 필터는 매 500시간마다 점검하고 교체한다.

31 기종별 기종번호(건설기계관리법 시행규칙 [별표 2])
• 01 : 불도저
• 02 : 굴착기
• 06 : 덤프트럭
• 07 : 기중기
• 09 : 롤러

32 ② 도로교통법 시행규칙 [별표 18]
① 건설기계를 조종하려는 사람은 시장·군수 또는 구청장에게 건설기계조종사면허를 받아야 한다. 다만, 국토교통부령으로 정하는 건설기계를 조종하려는 사람은 도로교통법에 따른 운전면허를 받아야 한다(건설기계관리법 제26조제1항).
③ 기중기 면허를 소지하면 기중기만 조종할 수 있다.
④ 기중기로 도로를 주행하고자 할 때는 건설기계조종사면허(기중기)를 받아야 한다.

33 구조변경검사를 받으려는 자는 주요 구조를 변경 또는 개조한 날부터 20일 이내(타워크레인의 주요 구조부를 변경 또는 개조하는 경우에는 변경 또는 개조 후 검사에 소요되는 기간 전)에 별도 서식의 건설기계구조변경 검사신청서에 정해진 서류를 첨부하여 시·도지사에게 제출해야 한다. 다만, 검사대행자를 지정한 경우에는 검사대행자에게 제출해야 한다(건설기계관리법 시행규칙 제25조).

34 건설기계조종사면허증 발급 신청 시 첨부서류(건설기계관리법 시행규칙 제71조제1항)
- 신체검사서
- 소형건설기계조종교육이수증(소형건설기계조종사면허증을 발급 신청하는 경우에 한정)
- 건설기계조종사면허증(건설기계조종사면허를 받은 자가 면허의 종류를 추가하고자 하는 때에 한함)
- 신청일 전 6개월 이내에 모자 등을 쓰지 않고 촬영한 천연색 상반신 정면사진 1장

35 등록의 말소(건설기계관리법 제6조제1항)
시·도지사는 등록된 건설기계가 다음의 어느 하나에 해당하는 경우에는 그 소유자의 신청이나 시·도지사의 직권으로 등록을 말소할 수 있다. 다만, ①, ⑤, ⑧[건설기계의 강제처리(법 제34조의2제2항)에 따라 폐기한 경우로 한정] 또는 ⑫에 해당하는 경우에는 직권으로 등록을 말소하여야 한다.
① 거짓이나 그 밖의 부정한 방법으로 등록을 한 경우
② 건설기계가 천재지변 또는 이에 준하는 사고 등으로 사용할 수 없게 되거나 멸실된 경우
③ 건설기계의 차대(車臺)가 등록 시의 차대와 다른 경우
④ 건설기계가 건설기계안전기준에 적합하지 아니하게 된 경우
⑤ 정기검사 명령, 수시검사 명령 또는 정비 명령에 따르지 아니한 경우
⑥ 건설기계를 수출하는 경우
⑦ 건설기계를 도난당한 경우
⑧ 건설기계를 폐기한 경우
⑨ 건설기계해체재활용업을 등록한 자(건설기계해체재활용업자)에게 폐기를 요청한 경우
⑩ 구조적 제작 결함 등으로 건설기계를 제작자 또는 판매자에게 반품한 경우
⑪ 건설기계를 교육·연구 목적으로 사용하는 경우
⑫ 대통령령으로 정하는 내구연한을 초과한 건설기계. 다만, 정밀진단을 받아 연장된 경우는 그 연장기간을 초과한 건설기계
⑬ 건설기계를 횡령 또는 편취당한 경우

36 건설기계조종사면허를 받지 아니하고 건설기계를 조종한 자는 1년 이하의 징역 또는 1,000만원 이하의 벌금에 처한다(건설기계관리법 제41조제14호).

37 특별표지판 부착을 하여야 하는 대형건설기계의 범위(건설기계 안전기준에 관한 규칙 제2조)
- 길이가 16.7m를 초과하는 건설기계
- 너비가 2.5m를 초과하는 건설기계
- 높이가 4.0m를 초과하는 건설기계
- 최소회전반경이 12m를 초과하는 건설기계
- 총중량이 40ton을 초과하는 건설기계(단, 굴착기, 로더 및 지게차는 운전중량이 40ton을 초과하는 경우를 말한다)
- 총중량 상태에서 축하중이 10ton을 초과하는 건설기계(단, 굴착기, 로더 및 지게차는 운전중량 상태에서 축하중이 10ton을 초과하는 경우를 말한다)

38 검사 또는 명령이행 기간의 연장(건설기계관리법 시행규칙 제31조의2제3·5항)
① 검사·명령이행기간을 연장하는 경우 그 연장기간은 다음의 구분에 따른 기간 이내로 한다. 이 경우 정기검사, 구조변경검사, 수시검사는 ㉠에 따른 연장기간동안 검사유효기간이 연장된 것으로 본다.
 ㉠ 정기검사, 구조변경검사, 수시검사 : 6개월. 다만, 남북경제협력 등으로 북한지역의 건설공사에 사용되는 건설기계와 해외 임대를 위하여 일시 반출되는 건설기계의 경우에는 반출기간, 압류된 건설기계의 경우에는 그 압류기간, 타워크레인 또는 천공기(터널보링식 및 실드굴진식으로 한정)가 해체된 경우에는 해체되어 있는 기간으로 한다.
 ㉡ 정기검사 명령, 수시검사 명령 또는 정비명령 : 31일
② 건설기계의 소유자가 해당 건설기계를 사용하는 사업을 영위하는 경우로서 해당 사업의 휴업을 신고한 경우에는 해당 사업의 개시신고를 하는 때까지 검사유효기간이 연장된 것으로 본다.

40 등록번호표의 반납(건설기계관리법 제9조 전단)
등록된 건설기계의 소유자는 다음의 어느 하나에 해당하는 경우에는 10일 이내에 등록번호표의 봉인을 떼어낸 후 그 등록번호표를 국토교통부령으로 정하는 바에 따라 시·도지사에게 반납하여야 한다.
- 건설기계의 등록이 말소된 경우
- 건설기계의 등록사항 중 등록번호가 변경된 경우
- 등록번호표의 부착 및 봉인을 신청하는 경우

42 압력의 단위
1psi = 0.070307kgf/cm² = 0.068948bar
     = 68,947.33dyne/cm²
※ psi(pound per square inch) : 평방인치당 파운드

46 체크 밸브는 방향제어밸브이다.

47 점도의 단위

CGS 단위계	SI 단위계
cP(centi Poise) = 0.01P	Pa·s

49 현장에서 오일의 열화를 찾아내는 방법
- 유압유를 흔들었을 때 거품이 발생되는지 확인
- 유압유 색깔의 변화나 수분 및 침전물의 유무를 확인
- 유압유에서 자극적인 악취가 발생되는지 확인
- 유압유의 외관으로 판정(색채, 냄새, 점도)

51 안전보건표지(산업안전보건법 시행규칙 [별표 6])

안전복 착용	보안면 착용	출입금지

52 플라이어는 철선을 꼬거나 굽힐 때나 자를 때 쓴다.
    드라이버 사용 시 주의사항
    - 날 끝 홈의 폭과 깊이가 같은 것을 사용한다.
    - 날 끝이 수평인 것을 사용하며, 둥글거나 빠진 것은 사용하지 않는다.
    - 작은 공작물이라도 한 손으로 잡지 말고 바이스 등으로 고정한다.
    - 규격에 맞는 드라이버를 사용한다.
    - 드라이버를 지렛대 대신 사용해서는 안 된다.
    - 클립(Clip)이 있는 드라이버는 옷에 걸고 다녀도 무방하다.

53 보관 시에는 앤빌 면과 스핀들 면을 약간 떨어뜨려 놓아야 한다.

56 유류화재 시 물을 이용한 소화는 화재를 급격히 번지게 하므로 절대 금한다.

57 퓨즈 대용으로 구리선이나 철선을 사용하면 화재의 위험이 있다.

59 주요 위반행위의 과태료 금액 기준(건설기계관리법 시행령 [별표 3])
    - 등록번호표를 부착·봉인하지 않거나 등록번호를 새기지 않은 경우
      - 1차 위반 : 100만원
      - 2차 위반 : 100만원
      - 3차 위반 이상 : 100만원
    - 등록번호표를 부착하지 않거나 봉인하지 않은 건설기계를 운행한 경우
      - 1차 위반 : 100만원
      - 2차 위반 : 200만원
      - 3차 위반 이상 : 300만원
    - 등록번호표를 가리거나 훼손하여 알아보기 곤란하게 한 경우 또는 그러한 건설기계를 운행한 경우
      - 1차 위반 : 50만원
      - 2차 위반 : 70만원
      - 3차 위반 이상 : 100만원
    - 건설기계의 소유자 또는 점유자가 자신의 정비시설을 갖추어 건설기계를 정비하려는 경우에는 정비시설의 종류 및 규모에 따라 정비하여야 하는데 국토교통부령으로 정하는 범위를 넘어 정비한 경우
      - 1차 위반 : 50만원
      - 2차 위반 : 50만원
      - 3차 위반 이상 : 50만원
    - 건설기계를 주택가 주변의 도로·공터 등에 세워 두어 교통소통을 방해하거나 소음 등으로 주민의 조용하고 평온한 생활환경을 침해한 경우
      - 1차 위반 : 5만원
      - 2차 위반 : 10만원
      - 3차 위반 이상 : 30만원

60 220V로 감전되었을 때 사망할 확률이 110V에 비해 훨씬 높다.

제2회 정답 및 해설

▶ 모의고사 p.121

01	③	02	①	03	①	04	④	05	④	06	③	07	②	08	②	09	④	10	①
11	①	12	③	13	④	14	①	15	②	16	③	17	①	18	④	19	③	20	②
21	①	22	②	23	②	24	④	25	③	26	③	27	①	28	②	29	③	30	①
31	④	32	③	33	④	34	②	35	④	36	③	37	①	38	③	39	①	40	④
41	③	42	①	43	①	44	①	45	①	46	④	47	①	48	①	49	②	50	②
51	①	52	①	53	①	54	④	55	①	56	②	57	①	58	②	59	①	60	③

01 디젤기관에서 연료량을 조절하는 것은 조속기(거버너)이며, 연료분사 시기를 조절하는 것은 타이머이다.

02 스프링이 파손되면 압력 밸브의 밀착이 불량하여 비등점이 낮아진다.

04 실린더 벽이 마모되지 않도록 내마모성이 커야 한다.

05 점도가 높으면 마찰력이 높아지기 때문에 압력이 높아진다.

06 디젤기관은 폭발력이 강해서 엔진이 너무 빨리 돌아가면 엔진에 무리가 생기므로 회전수가 낮다.

07 실린더헤드의 볼트를 조일 때는 중심 부분에서 외측으로 토크 렌치를 이용하여 대각선으로 조인다.

08 오일 냉각기
- 작동유의 온도를 40~60℃ 정도로 유지시키고, 열화를 방지하는 역할을 한다.
- 슬러지 형성과 유막의 파괴를 방지한다.

09 가솔린이나 LPG 엔진에는 점화 플러그가 있어 연소를 도와주지만 디젤엔진에는 예열플러그만 있다.

10 변속기의 필요성
- 엔진의 회전력(토크) 증대를 위해
- 정차 시 엔진의 공전운전을 가능하도록 하기 위해
- 후진을 가능하게 하기 위해
- 주행속도를 증감속하게 하기 위해

12 분사노즐 시험기로 점검할 수 있는 것
- 후적의 유무 점검
- 분무상태 점검
- 분사각도 점검
- 분사개시 압력

14 건설기계의 발전기는 저속에서도 발생전압이 높고, 고속에서도 안정된 성능을 발휘해야 하므로 3상 교류발전기를 사용한다.

15 예열플러그는 기온이 낮을 때 시동을 돕기 위한 것이다.

16 일반적인 등화장치에는 직렬연결법이 사용되나 전조등 회로는 병렬로 연결한다.

17 오버러닝 클러치의 기능
엔진이 기동되면 피니언 기어와 링 기어가 물린 상태이므로 기동 전동기가 엔진에 의해 고속으로 회전하여 전기자, 베어링 및 브러시 등이 파손된다. 오버러닝 클러치는 이를 방지하기 위하여 엔진이 기동된 다음에 피니언 기어가 공전하여 기동 전동기가 엔진에 의해 회전되지 않도록 한다.

18 출발 시 클러치 페달의 거의 끝부분에서 차량이 출발 시에는 클러치 유격을 점검한다.

19 조향핸들의 조작이 무거운 원인
• 유압유 부족
• 타이어 공기압이 낮을 때
• 앞바퀴 휠 얼라인먼트 조절 불량 시
• 유압 계통 내에 공기 혼입 시
• 타이어가 과도하게 마멸되고 유격이 클 때

20 훅 조인트는 십자형 자재이음이라고도 하며, 구조가 간단하고, 작동도 확실하기 때문에 가장 많이 사용되고 있다.

21 주 밸브의 기본구조에 따른 분류
• 스풀(Spool)형 : 밸브 몸체가 원통형 미끄럼면에 내접하여 축방향으로 이동하여 유로를 개폐하는 형식
• 포핏형 : 밸브 몸체가 밸브자리에서 수직방향으로 이동하여 유로를 개폐하는 형식
• 슬라이드형 : 밸브 몸체와 밸브자리가 미끄러지면서 유로를 개폐하는 형식

22 가연성 가스를 저장하는 곳에는 휴대용 손전등 외의 등화를 휴대하지 않는다.

23 발전기, 아크용접기, 엔진 등 소음과 진동이 나는 기계는 각각 다른 곳에 배치하여 각각의 기기에 손상이 일어나지 않도록 해야 한다.

24 물펌프 압송식 물탱크 물의 양에 상관없이 살수 압력이 일정해야 한다.
살수장치의 물 공급 : 물탱크 → 물펌프 → 살수바 순서로 이루어진다.

25 자주식 진동 롤러로 경사지를 내려올 때는 구동 타이어를 앞쪽으로 하고 내려온다.

27 배출가스 상태는 엔진 시동 후 시험 운전을 통해 점검한다.

28 탬핑 롤러(Tamping Roller)는 점질토의 다짐에는 적합하지만 사질토 계통의 흙에는 부적당하다.

29 워밍업을 하지 않고 무리하게 운행하면 장비의 수명 단축 및 기능 저하, 엔진소음 증가, 진동이 발생할 우려가 있다.

31 검사 또는 명령이행 기간의 연장(건설기계관리법 시행규칙 제31조의2제2항)
검사・명령이행 기간 연장신청을 받은 시・도지사는 그 신청일부터 5일 이내에 검사・명령이행 기간 연장 여부를 결정하여 신청인에게 서면으로 통지하고 검사대행자에게 통보해야 한다. 이 경우 검사・명령이행기간 연장 불허통지를 받은 자는 정기검사 등 신청기간 만료일부터 10일 이내에 검사신청을 해야 한다.

32 건설기계조종사면허증의 반납(건설기계관리법 시행규칙 제80조제1항)
건설기계조종사면허를 받은 사람은 다음의 어느 하나에 해당하는 때에는 그 사유가 발생한 날부터 10일 이내에 시장·군수 또는 구청장에게 그 면허증을 반납해야 한다.
- 면허가 취소된 때
- 면허의 효력이 정지된 때
- 면허증의 재교부를 받은 후 잃어버린 면허증을 발견한 때

33 건설기계대여업의 등록 등(건설기계관리법 시행령 제13조)
- 건설기계대여업(건설기계조종사와 함께 건설기계를 대여하는 경우와 건설기계의 운전경비를 부담하면서 건설기계를 대여하는 경우를 포함)의 등록을 하려는 자는 건설기계대여업등록신청서에 국토교통부령이 정하는 서류를 첨부하여 시장·군수 또는 구청장에게 제출하여야 한다.
- 건설기계대여업의 등록의 구분
  - 일반건설기계대여업 : 5대 이상의 건설기계로 운영하는 사업(2 이상의 개인 또는 법인이 공동으로 운영하는 경우를 포함)
  - 개별건설기계대여업 : 1인의 개인 또는 법인이 4대 이하의 건설기계로 운영하는 사업

34 건설기계조종사면허가 취소되거나 건설기계조종사면허의 효력정지처분을 받은 후에도 건설기계를 계속하여 조종한 자는 1년 이하의 징역 또는 1,000만원 이하의 벌금에 처한다(건설기계관리법 제41조제18호).

35 유효기간의 산정은 정기검사신청기간까지 정기검사를 신청한 경우에는 종전 검사유효기간 만료일의 다음 날부터, 그 외의 경우에는 검사를 받은 날의 다음 날부터 기산한다(건설기계관리법 시행규칙 제23조제5항 후단).

36 건설기계의 소유자는 건설기계를 도난당한 경우의 사유가 발생한 날부터 2개월 이내로 시·도지사에게 등록 말소를 신청하여야 한다(건설기계관리법 제6조제2항제2호).

37 건설기계란 건설공사에 사용할 수 있는 기계로서 대통령령으로 정하는 것을 말한다(건설기계관리법 제2조제1항제1호).

38 수시검사(건설기계관리법 제13조제1항제4호)
성능이 불량하거나 사고가 자주 발생하는 건설기계의 안전성 등을 점검하기 위하여 수시로 실시하는 검사와 건설기계 소유자의 신청을 받아 실시하는 검사

39 형식승인을 받거나 형식신고를 한 자가 그 형식에 관한 사항을 변경하려면 형식승인을 받은 사항인 경우에는 국토교통부장관의 승인을 받아야 하고, 형식신고를 한 사항인 경우에는 국토교통부장관에게 신고하여야 한다. 다만, 국토교통부령으로 정하는 경미한 사항의 변경인 경우에는 그러하지 아니하다(건설기계관리법 제18조제3항).
경미한 사항의 변경(건설기계관리법 시행규칙 제45조)
- 운전실 내외의 형태(건설기계의 길이·너비 또는 높이의 변경이 없는 경우에 한함) 변경
- 타이어의 규격(성능이 같거나 향상되는 경우에 한함) 변경
- 부품(건설기계의 성능 및 안전에 영향을 미치지 아니하는 경우에 한함) 변경

40 정기검사의 신청(건설기계관리법 시행규칙 제23조제1항 전단)
정기검사를 받으려는 자는 검사유효기간의 만료일 전후 각각 31일 이내의 기간에 정기검사신청서를 시·도지사에게 제출해야 한다.

41 유압장치 기호도 회전표시를 할 수 있다.

42 축압기(어큐뮬레이터)는 압력을 저장하거나 맥동제거, 충격완화 등의 역할을 한다.

43 GPM이란 계통 내에서 이동되는 유체의 양을 표시할 때 사용하는 단위로 분당 유량 단위(Gallons Per Minute)를 뜻한다.

44 플러싱은 유압계통 내를 깨끗이 청소하는 것으로 노화를 방지하는 일이다.

45 ④는 서징현상에 대한 설명이다.
폐입현상
외접기어펌프에서 토출된 유량의 일부가 입구 쪽으로 되돌려지므로 토출량 감소, 축 동력의 증가, 케이싱 마모 등의 원인을 유발하는 현상을 말한다.

46 작업장치의 균열은 유압장치에 직접적인 영향을 주지 않는다.

47 시동 시 저항 증가는 오일의 점도가 높은 경우에 나타난다.

49 서보 밸브는 기계적 또는 전기적 입력 신호에 의해서 압력 또는 유량을 제어하는 밸브이다.

53 테스트 박스(Test Box)는 전기방식의 적정유무를 확인하기 위한 전위측정 및 양극전류 측정, 기타 피복손상탐사 등 전기방식 유지관리를 위하여 필요한 시설이다.

54 진동 롤러(Vibratory Roller)
- 롤러에 유압으로 기진장치를 작동하는 방식이다.
- 다짐효과가 크고, 적은 다짐 횟수로 충분히 다질 수 있다.
- 진흙, 바위, 부서진 돌 등 기초 다짐에 쓰이며, 안정된 흙, 시멘트와 아스팔트, 콘크리트를 다지는 데 특히 효과적이다.

55 전압 계급별 애자 수

공칭전압(kV)	22.9	66	154	345
애자 수(개)	2~3	4~5	9~11	18~23

56 등록사항의 변경신고(건설기계관리법 시행령 제5조제1항 전단)
건설기계의 소유자는 건설기계등록사항에 변경이 있는 때에는 그 변경이 있은 날부터 30일 이내에 건설기계등록사항변경신고서에 첨부서류를 첨부하여 등록을 한 시·도지사에게 제출하여야 한다.

58 담금질(열처리)한 것은 해머로 때리지 않도록 주의한다.

60 카바이드 저장소는 옥내에 전등 스위치가 있을 경우 스위치 작동 시 스파크 발생에 의한 화재 및 폭발 우려가 있다.

제3회 정답 및 해설

> 모의고사 p.134

01	④	02	③	03	①	04	②	05	④	06	①	07	④	08	④	09	②	10	①
11	②	12	③	13	③	14	②	15	②	16	①	17	①	18	③	19	④	20	④
21	②	22	③	23	①	24	①	25	④	26	③	27	③	28	④	29	③	30	②
31	③	32	③	33	①	34	②	35	②	36	③	37	③	38	①	39	④	40	①
41	②	42	③	43	③	44	②	45	②	46	④	47	②	48	③	49	③	50	①
51	③	52	④	53	③	54	②	55	④	56	④	57	④	58	③	59	④	60	③

01 디젤기관의 연료분사펌프에서 연료 분사량은 슬리브와 피니언의 관계 위치를 변경하면서 조정한다.

02 워터 재킷 : 엔진 외부를 둘러싼 냉각수 통로이다.

03 열효율(Thermal Efficiency)
열기관이 하는 유효한 일과 이것에 공급한 열량 또는 연료의 발열량과의 비를 의미하며, 그 값은 열기관의 급기온도와 배기온도와의 차가 클수록 높다.

04 실린더와 피스톤 간극이 크면 피스톤이 운동방향을 바꿀 때 측압에 의하여 실린더 벽을 때리는 현상(피스톤 슬랩)이 발생한다.

05 디젤기관에서 부조 발생의 원인은 연료계통에 공기가 혼입되는 것이다.

06 경고등

워셔액 부족 경고등	브레이크액 경고등	냉각수 온도 경고등
(워셔액 기호)	(!)(P)	(냉각수 기호)

07 실린더헤드 개스킷
실린더헤드와 블록 사이에 삽입하여 압축과 폭발가스의 기밀을 유지하고, 냉각수와 엔진오일이 누출되는 것을 방지하는 역할을 한다.

08 습식 공기청정기는 구조가 간단하고, 여과망을 세척하여 사용할 수 있다.

09 여과기와 바이패스 밸브
- 여과기는 계통 내에서 마멸에 의해 생기는 금속가루와 같은 이물질을 걸러 준다.
- 여과기가 막힐 경우를 대비하여 바이패스 밸브가 설치되어 있다. 여과기가 막히면 작동유는 바이패스 밸브를 통해 여과기를 우회하여 지나간다.

10 속도제어 회로의 종류
- 미터 인 회로
- 미터 아웃 회로
- 블리드 오프 회로

11 직렬연결일 때는 단선 시 모두 작동 불능이 되나, 병렬연결일 때는 해당 실린더만 작동 불능이 된다.

12 충전장치인 발전기는 기관의 크랭크축에 의하여 구동된다.

13 기동 전동기는 엔진을 시동하는 전동기로서 점화 스위치(기동 스위치)에 의하여 작동된다.

14 전해액을 만들 때는 황산을 증류수에 부어야 한다. 증류수를 황산에 부으면 폭발할 수 있다.

16 감전 시 위험 영향 요소
인체에 흐르는 전류의 경로, 전원의 종류, 전류의 크기, 통전 시간, 건강상태에 따라 피해 정도는 다르지만 가장 인체에 영향을 주는 것은 전류의 크기와 통전시간이다.

17 가이드 링은 유체 클러치에서 와류를 줄여 전달 효율을 향상시키는 장치이다.

18 싱크로메시 기구는 수동변속기의 구성품이다.

19 토션 스프링의 약화 시 클러치를 연결할 때 떨림 현상이 발생한다.

20 하이포이드 기어는 동력전달장치인 종감속장치에 사용된다.

21 릴리프 밸브
최고압력을 항상 일정하게 유지하여 과도한 압력으로부터 시스템을 보호하는 안전밸브(Safety Valve) 역할을 한다.

22 방향제어밸브의 조작방식
수동 조작, 기계 조작, 파일럿 조작, 전자 조작, 유압 조작, 공압 조작

23 포말 소화설비는 연소 면을 포말로 덮어 산소의 공급을 차단하는 질식 작용에 의해 화염을 진화시킨다.

24 다짐작업의 종류
- 성토 다짐 : 표층 위에 일정 높이로 쌓아 올린 흙을 롤러로 작업하여 단단한 지반으로 만드는 다짐 작업
- 토사 다짐 : 토사 입자 사이의 틈을 줄이는 다짐 작업

25 ④는 시동 전 점검사항이다.

26 바이어스 타이어의 호칭 치수

타이어 단면 폭	림의 지름	플라이 레이팅 (타이어 강도)
3.00	24	18PR

27 부품에 윤활막이 유지되지 않으면 구성 부품의 마모가 증가된다.

28 자동제한 차동장치는 차동장치에서 자동적으로 차동작용을 정지 또는 제한하여 미끄러지기 쉬운 노면으로부터의 발진을 용이하게 하고 한쪽 브레이크만의 작동으로 옆으로 미끄러지는 것을 방지하는 것이므로 작업 시 체결하면 안 된다.

30 롤러의 다짐방식에 의한 구분
- 전압식(자체중량을 이용) : 로드 롤러(머캐덤 롤러, 탠덤 롤러), 탬핑 롤러, 전압식 타이어 롤러, 콤비 롤러 등
- 진동식(진동을 이용) : 진동 롤러, 진동식 타이어 롤러, 진동 분사력 콤팩터 등
- 충격식(충격하중을 이용) : 래머, 탬퍼 등

31 정비명령의 기간 및 방법(건설기계관리법 시행규칙 제31조)

시·도지사는 검사에 불합격된 건설기계에 대해서는 31일 이내의 기간을 정하여 해당 건설기계의 소유자에게 검사를 완료한 날(검사를 대행하게 한 경우에는 검사결과를 보고받은 날)부터 10일 이내에 정비명령을 해야 한다. 다만, 건설기계 소유자의 주소 등을 통상적인 방법으로 확인할 수 없거나 통지가 불가능한 경우에는 해당 시·도의 공보 및 인터넷 홈페이지에 공고해야 한다.

32 구조변경검사(건설기계관리법 시행규칙 제25조 제1항)

구조변경검사를 받으려는 자는 주요 구조를 변경 또는 개조한 날부터 20일 이내(타워크레인의 주요 구조부를 변경 또는 개조하는 경우에는 변경 또는 개조 후 검사에 소요되는 기간 전)에 건설기계구조변경 검사신청서에 서류를 첨부하여 시·도지사에게 제출해야 한다.

33 타이어식 건설기계의 조명장치 설치(건설기계 안전기준에 관한 규칙 제155조제1항)

1. 최고주행속도가 15km/h 미만인 건설기계	가. 전조등 나. 제동등(단, 유량 제어로 속도를 감속하거나 가속하는 건설기계는 제외) 다. 후부반사기 라. 후부반사판 또는 후부반사지
2. 최고주행속도가 15km/h 이상 50km/h 미만인 건설기계	가. 1.에 해당하는 조명장치 나. 방향지시등 다. 번호등 라. 후미등 마. 차폭등
3. 도로교통법에 따른 운전면허를 받아 조종하는 건설기계 또는 50km/h 이상 운전이 가능한 타이어식 건설기계	가. 1. 및 2.에 따른 조명장치 나. 후퇴등 다. 비상점멸 표시등

34 출장검사(건설기계관리법 시행규칙 제32조제2항)

건설기계가 다음의 어느 하나에 해당하는 경우에는 규정에 불구하고 해당 건설기계가 위치한 장소에서 검사를 할 수 있다.
- 도서지역에 있는 경우
- 자체중량이 40ton을 초과하거나 축하중이 10ton을 초과하는 경우
- 너비가 2.5m를 초과하는 경우
- 최고속도가 35km/h 미만인 경우

35 검사 등(건설기계관리법 제13조)

건설기계의 소유자는 그 건설기계에 대하여 국토교통부령으로 정하는 바에 따라 국토교통부장관이 실시하는 신규등록검사, 정기검사, 구조변경검사, 수시검사를 받아야 한다.

36 롤러 면허 보유자가 조종할 수 있는 건설기계(건설기계관리법 시행규칙 [별표 21])

롤러, 모터그레이더, 스크레이퍼, 아스팔트피니셔, 콘크리트피니셔, 콘크리트살포기 및 골재살포기

37 공제사업(건설기계관리법 제32조의2제1항)

건설기계사업자가 설립한 협회는 대통령령으로 정하는 바에 따라 국토교통부장관의 허가를 받아 건설기계사업자의 건설기계 사고로 인한 손해배상책임의 보장사업 등 공제사업(共濟事業)을 할 수 있다.

38 팬벨트의 점검은 시동을 하지 않을 때 한다.

39 검사 또는 명령이행 기간의 연장(건설기계관리법 시행규칙 제31조의2)
건설기계의 소유자는 천재지변, 건설기계의 도난, 사고발생, 압류, 31일 이상에 걸친 정비 또는 그 밖의 부득이한 사유로 규정에 따른 검사 또는 규정에 따른 정기검사 명령, 수시검사 명령 또는 정비 명령의 이행을 위한 검사(이하 "정기검사 등"이라 한다)의 신청기간 내에 검사를 신청할 수 없는 경우에는 정기검사 등 신청기간 만료일까지 별도 서식의 검사·명령이행 기간 연장신청서에 연장사유를 증명할 수 있는 서류를 첨부하여 시·도지사(검사대행자가 지정된 경우에는 검사대행자를 말함)에게 제출해야 한다.

40 건설기계 소유자는 등록번호표 또는 그 봉인이 떨어지거나 알아보기 어렵게 된 경우에는 시·도지사에게 등록번호표의 부착 및 봉인을 신청하여야 한다(건설기계관리법 제8조제2항).

41 니들 밸브(Needle Valve)의 특징
- 작은 지름의 파이프에서 유량을 미세하게 조정하기에 적합하다.
- 부하의 변동(압력의 변화)에 따른 유량을 정확히 제어할 수 없다.

43 유압실린더의 분류
- 단동형 : 피스톤형, 플런저 램형
- 복동형 : 단로드형, 양로드형
- 다단형 : 텔레스코픽형, 디지털형

45 베인 모터는 정용량형이며, 그 구조는 베인 펌프와 같으나 베인 스프링 또는 로킹 빔에 의해 캠링에 밀어붙이는 장치가 서로 상이하다.

46 ④는 동점성계수를 말한다.
점도는 오일의 끈적거리는 정도를 나타내며, 온도가 높아지면 점도는 낮아지고, 온도가 낮아지면 점도는 증가한다.

48 배관이나 압력용기 등과 같이 정지(고정)부분을 밀봉하는 데 사용하는 고정용 실(Static Seal)은 정지용 실이라고 부르며, 개스킷(Gasket)이라고 한다.

51 포말소화기는 전기화재에 사용하면 누전이 일어날 수 있기 때문에 적당하지 않다.

54 사고의 원인

직접 원인	물적 원인	불안전한 상태(1차 원인)
	인적 원인	불안전한 행동(1차 원인)
	천재지변	불가항력
간접 원인	교육적 원인	개인적 결함(2차 원인)
	기술적 원인	
	관리적 원인	사회적 환경, 유전적 요인

55 기름걸레나 인화물질은 철재 상자에 보관한다.

56 사용한 공구는 면 걸레로 깨끗이 닦아서 공구상자 또는 공구보관 장소로 지정된 곳에 보관한다.

정답 및 해설

▶ 모의고사 p.146

01	④	02	④	03	②	04	④	05	③	06	②	07	④	08	③	09	①	10	③
11	②	12	④	13	③	14	③	15	④	16	②	17	①	18	③	19	③	20	②
21	①	22	①	23	④	24	①	25	③	26	④	27	④	28	③	29	④	30	④
31	②	32	①	33	④	34	③	35	④	36	④	37	③	38	③	39	④	40	③
41	④	42	④	43	④	44	④	45	④	46	②	47	③	48	②	49	③	50	③
51	②	52	③	53	④	54	③	55	②	56	④	57	③	58	③	59	②	60	③

01 엔진에서 발생한 열을 식히는 냉각수 수온이 120℃ 이상으로 높거나 냉각수량이 부족할 때 경고등이 켜진다.

03 과급기의 역할
- 엔진의 출력 증대
- 회전력 증대
- 연료소비율의 향상
- 체적효율 향상

04 점도가 너무 높으면 윤활유의 내부마찰과 저항이 커져 동력의 손실이 증가하며, 너무 낮으면 동력의 손실은 적어지지만 유막이 파괴되어 마모감소작용이 원활하지 못하게 된다.

06 디젤기관은 압축열에 의한 자기 착화로 연소하며 점화는 필요하지 않다.

08 흡입행정 : 피스톤이 상사점으로부터 하강하면서 실린더 내로 공기만을 흡입한다.

10 디젤기관의 노킹 피해
- 기관이 과열되고, 배기 온도가 상승된다.
- 열효율과 출력이 저하된다.
- 실린더, 피스톤, 밸브의 손상 및 고착이 발생한다.

11 팬벨트의 장력이 느슨할 때 기관이 과열된다.

12 크랭크 포지션 센서는 크랭크축의 각도 및 피스톤의 위치, 기관 회전속도 등을 검출한다.

13 방향지시등의 한쪽 등에만 이상이 있을 때는 이상이 있는 쪽 전구의 문제인 경우가 많다.
플래셔 유닛
방향등으로의 전원을 주기적으로 끊어 주어 방향등을 점멸하게 하는 장치

14 스테이터는 토크 컨버터의 구성품이다.

15 전해액 내의 황산은 강산화성 물질로 산화력이 강하며, 가열 시 산소를 발생하며, 가연물과 접촉 시 발열하여 강하게 발화시킨다.

17 가솔린이나 LPG기관은 점화 플러그가 있어 연소를 도와주고, 디젤기관은 예열플러그가 시동이 걸리게 도와준다.

18 클러치판이 마멸되면 유격이 좁아진다.

19 **체크 밸브** : 연료의 압송이 정지될 때 체크 밸브가 닫혀 연료 라인 내에 잔압을 유지시켜 고온 시 베이퍼 로크 현상을 방지하고, 재시동성을 향상시킨다.

21 유압모터를 선택할 때에는 효율, 동력, 부하 등을 고려하여야 한다.

22 유압모터의 용량은 입구압력(kgf/cm^2)당 토크로 나타낸다.

24 **살수장치(건설기계안전기준에 관한 규칙 제45조)**
- 롤러에는 롤의 표면에 자재 또는 이물질이 부착되는 것을 방지하기 위한 제거장치 또는 살수장치를 설치하여야 한다.
- 살수장치는 기계식 또는 전기식의 노즐 분사 방식이어야 한다.

25 경사지를 운행할 때는 저속으로 운전한다.

29 롤러의 종감속장치의 동력 전달방식에는 평기어식, 베벨기어식, 체인 구동식 등이 있다.

30 부가 하중(밸러스트)을 감소시키면 접지압은 그대로이나 접지 면적이 감소하여 다짐 깊이가 변하게 된다.

31 시·도지사는 수시검사를 명령하려는 때에는 수시검사 명령의 이행을 위한 검사의 신청기간을 31일 이내로 정하여 건설기계 소유자에게 별도 서식의 건설기계 수시검사명령서를 서면으로 통지해야 한다(건설기계관리법 시행규칙 제30조의2제1항 전단).

32 시·도지사는 검사에 불합격된 건설기계에 대해서는 31일 이내의 기간을 정하여 해당 건설기계의 소유자에게 검사를 완료한 날(검사를 대행하게 한 경우에는 검사결과를 보고받은 날)부터 10일 이내에 정비명령을 하여야 한다. 다만, 건설기계 소유자의 주소 등을 통상적인 방법으로 확인할 수 없거나 통지가 불가능한 경우에는 해당 시·도의 공보 및 인터넷 홈페이지에 공고해야 한다(건설기계관리법 시행규칙 제31조).

33 **미등록 건설기계의 임시운행 사유(건설기계관리법 시행규칙 제6조제1항)**
- 등록신청을 하기 위하여 건설기계를 등록지로 운행하는 경우
- 신규등록검사 및 확인검사를 받기 위하여 건설기계를 검사장소로 운행하는 경우
- 수출을 하기 위하여 건설기계를 선적지로 운행하는 경우
- 수출을 하기 위하여 등록 말소한 건설기계를 점검·정비의 목적으로 운행하는 경우
- 신개발 건설기계를 시험·연구의 목적으로 운행하는 경우
- 판매 또는 전시를 위하여 건설기계를 일시적으로 운행하는 경우

34 "건설기계사업"이란 건설기계대여업, 건설기계정비업, 건설기계매매업 및 건설기계해체재활용업을 말한다(건설기계관리법 제2조제1항제3호).

35 건설기계관리법 제33조제2항을 위반하여 건설기계를 세워 둔 자에게는 50만원 이하의 과태료를 부과한다(건설기계관리법 제44조제3항제12호).
건설기계의 소유자 또는 점유자의 금지행위(건설기계관리법 제33조제2항)
건설기계의 소유자 또는 점유자는 건설기계를 주택가 주변의 도로·공터 등에 세워 두어 교통소통을 방해하거나 소음 등으로 주민의 조용하고 평온한 생활환경을 침해하여서는 아니 된다.

36 **등록사항의 변경신고(건설기계관리법 시행령 제5조제1항)**
건설기계의 소유자는 건설기계등록사항에 변경이 있는 때에는 그 변경이 있은 날부터 30일(상속의 경우에는 상속개시일부터 6개월) 이내에 건설기계등록사항변경신고서(전자문서로 된 신고서를 포함)에 다음의 서류(전자문서를 포함)를 첨부하여 등록을 한 시·도지사에게 제출해야 한다. 다만, 전시·사변 기타 이에 준하는 국가비상사태에 있어서는 5일 이내에 해야 한다.
• 변경내용을 증명하는 서류
• 건설기계등록증
• 건설기계검사증

37 36번 해설 참고

38 시장·군수 또는 구청장은 건설기계조종사가 정기적성검사를 받지 아니하고 1년이 지난 경우와 정기적성검사 또는 수시적성검사에서 불합격한 경우에는 건설기계조종사면허를 취소하여야 한다(건설기계관리법 제28조).

39 건설기계의 범위(건설기계관리법 시행령 [별표 1])

건설 기계명	범 위
쇄석기	20kW 이상의 원동기를 가진 이동식인 것
콘크리트 믹서트럭	혼합장치를 가진 자주식인 것(재료의 투입·배출을 위한 보조장치가 부착된 것을 포함)
모터 그레이더	정지장치를 가진 자주식인 것
롤러	• 조종석과 전압장치를 가진 자주식인 것 • 피견인 진동식인 것

40 **목적(건설기계관리법 제1조)**
건설기계의 등록·검사·형식승인 및 건설기계사업과 건설기계조종사면허 등에 관한 사항을 정하여 건설기계를 효율적으로 관리하고 건설기계의 안전도를 확보하여 건설공사의 기계화를 촉진함을 목적으로 한다.

41 점도가 낮아지면 유압이 떨어져 정확한 작동이 안 된다.

42 **기계적 실(Mechanical Seal)**
유체기계에서 송출하는 유체가 인체에 유해하거나 주변 환경에 영향을 주는 경우 외부누설을 완전히 차단할 목적으로 설치된 기계적인 축방향 밀봉장치이다.

44 고장 원인의 발견이 어렵고, 구조가 복잡한 것이 유압장치의 단점이다.

46 **숨 돌리기 현상**
공기가 실린더에 혼입되면 피스톤의 작동이 불량해져서 작동시간의 지연을 초래하는 현상으로 오일공급 부족과 서징이 발생한다.

47 경사판(Swash Plate) 각도를 조정하여 송출유량을 조정한다.

48 릴리프 밸브는 유압회로의 파손을 방지하기 위한 밸브로 일반적으로 펌프와 제어밸브 사이에 설치되며, 제어밸브와 작동실린더 사이에 설치되는 밸브는 과부하 밸브이다.

49 트레드 패턴은 타이어의 제동력, 구동력 및 견인력을 높인다. 또한 조종 안정성을 향상시키고, 타이어의 방열효과 및 배수효과를 주기도 한다.

50 유압모터의 장단점

장 점	단 점
• 무단변속이 용이하다. • 소형·경량으로서 큰 출력을 낼 수 있다. • 변속·역전 제어가 용이하다. • 속도나 방향의 제어가 용이하다.	• 작동유의 점도변화에 의하여 유압모터의 사용에 제약이 있다. • 작동유가 인화하기 쉽다. • 작동유에 먼지나 공기가 침입하지 않도록 특히 보수에 주의해야 한다. • 공기와 먼지 등이 침투하면 성능에 영향을 준다.

52 안전보호구는 근로자의 신체 일부 또는 전체에 착용해 외부의 유해·위험요인을 차단하거나 그 영향을 감소시켜 산업재해를 예방하고 피해의 정도와 크기를 줄여 주는 기구이다.

55 물체가 떨어지거나 날아올 위험 또는 근로자가 떨어질 위험이 있는 작업에는 안전모를 사용한다.

56 **방호장치의 일반원칙**
- 작업방해의 제거
- 작업점의 방호
- 외관상의 안전화
- 기계특성에의 적합성

57 배관은 그 외부에 사용 가스명, 최고사용압력 및 도시가스 흐름방향(다만, 지하에 매설하는 배관의 경우에는 흐름방향을 표시하지 아니할 수 있음)을 표시해야 한다(도시가스사업법 시행규칙 [별표 7]).

58 특별고압 가공 송전선로는 케이블의 냉각, 유지보수를 위하여 나선(나전선)으로 가설한다.

59 미등록 건설기계의 임시운행(건설기계관리법 시행규칙 제6조제1·3항)
① 건설기계의 등록 전에 일시적으로 운행을 할 수 있는 경우는 다음과 같다.
  ㉠ 등록신청을 하기 위하여 건설기계를 등록지로 운행하는 경우
  ㉡ 신규등록검사 및 확인검사를 받기 위하여 건설기계를 검사장소로 운행하는 경우
  ㉢ 수출을 하기 위하여 건설기계를 선적지로 운행하는 경우
  ㉣ 수출을 하기 위하여 등록 말소한 건설기계를 점검·정비의 목적으로 운행하는 경우
  ㉤ 신개발 건설기계를 시험·연구의 목적으로 운행하는 경우
  ㉥ 판매 또는 전시를 위하여 건설기계를 일시적으로 운행하는 경우
② 임시운행기간은 15일 이내로 한다. 다만, ① ㉤의 경우에는 3년 이내로 한다.

제5회 정답 및 해설

▶ 모의고사 p.159

01	④	02	②	03	④	04	②	05	①	06	④	07	②	08	④	09	④	10	①
11	④	12	④	13	④	14	④	15	④	16	④	17	④	18	④	19	①	20	④
21	①	22	④	23	④	24	②	25	①	26	①	27	③	28	④	29	④	30	③
31	④	32	②	33	④	34	③	35	②	36	①	37	③	38	④	39	④	40	①
41	④	42	③	43	③	44	①	45	②	46	④	47	③	48	③	49	④	50	③
51	④	52	③	53	①	54	③	55	③	56	③	57	①	58	①	59	②	60	①

01 건설기계조종사면허의 취소 · 정지처분기준(건설기계관리법 시행규칙 [별표 22])
건설기계의 조종 중 고의 또는 과실로 도시가스사업법에 따른 가스공급시설을 손괴하거나 가스공급시설의 기능에 장애를 입혀 가스의 공급을 방해한 경우 : 면허효력정지 180일

02 등록의 말소(건설기계관리법 제6조제1항)
시·도지사는 등록된 건설기계가 다음의 어느 하나에 해당하는 경우에는 그 소유자의 신청이나 시·도지사의 직권으로 등록을 말소할 수 있다. 다만, ①, ⑤, ⑧(건설기계의 강제처리에 따라 폐기한 경우로 한정) 또는 ⑫에 해당하는 경우에는 직권으로 등록을 말소하여야 한다.
① 거짓이나 그 밖의 부정한 방법으로 등록을 한 경우
② 건설기계가 천재지변 또는 이에 준하는 사고 등으로 사용할 수 없게 되거나 멸실된 경우
③ 건설기계의 차대(車臺)가 등록 시의 차대와 다른 경우
④ 건설기계가 건설기계안전기준에 적합하지 아니하게 된 경우
⑤ 정기검사 명령, 수시검사 명령 또는 정비 명령에 따르지 아니한 경우
⑥ 건설기계를 수출하는 경우
⑦ 건설기계를 도난당한 경우
⑧ 건설기계를 폐기한 경우
⑨ 건설기계해체재활용업을 등록한 자(건설기계해체재활용업자)에게 폐기를 요청한 경우
⑩ 구조적 제작 결함 등으로 건설기계를 제작자 또는 판매자에게 반품한 경우
⑪ 건설기계를 교육·연구 목적으로 사용하는 경우
⑫ 대통령령으로 정하는 내구연한을 초과한 건설기계. 다만, 정밀진단을 받아 연장된 경우는 그 연장기간을 초과한 건설기계
⑬ 건설기계를 횡령 또는 편취당한 경우

03 구조변경검사(건설기계관리법 시행규칙 제25조 제1항)
구조변경검사를 받으려는 자는 주요 구조를 변경 또는 개조한 날부터 20일 이내에 건설기계구조변경 검사신청서에 다음의 서류를 첨부하여 시·도지사에게 제출해야 한다. 다만, 검사대행자를 지정한 경우에는 검사대행자에게 제출해야 한다.
• 변경 전후의 주요제원 대비표
• 변경 전후의 건설기계 외관도(외관의 변경이 있는 경우에 한한다)
• 변경한 부분의 도면

- 선급법인 또는 한국해양교통안전공단이 발행한 안전도검사증명서(수상작업용 건설기계에 한한다)
- 건설기계를 제작하거나 조립하는 자 또는 건설기계정비업자의 등록을 한 자가 발행하는 구조변경사실을 증명하는 서류

04 정기검사의 일부 면제(건설기계관리법 시행규칙 제32조의2제2항)

건설기계의 제동장치에 대한 정기검사를 면제받고자 하는 자는 규정에 의한 정기검사의 신청 시에 해당 건설기계정비업자가 발행한 건설기계제동장치정비확인서를 시·도지사 또는 검사대행자에게 제출해야 한다.

05 등록의 신청 등(건설기계관리법 시행령 제3조)

규정에 의한 건설기계등록신청은 건설기계를 취득한 날(판매를 목적으로 수입된 건설기계의 경우에는 판매한 날)부터 2월 이내에 하여야 한다. 다만, 전시·사변 기타 이에 준하는 국가비상사태하에 있어서는 5일 이내에 신청하여야 한다.

06 ④는 건설기계정비업의 사업범위 정비항목에 해당한다.

건설기계정비업의 범위에서 제외되는 행위(건설기계관리법 시행규칙 제1조의3)
- 오일의 보충
- 에어클리너 엘리먼트 및 필터류의 교환
- 배터리·전구의 교환
- 타이어의 점검·정비 및 트랙의 장력 조정
- 창유리의 교환

07 벌칙(건설기계관리법 제41조제13호)

폐기요청을 받은 건설기계를 폐기하지 아니하거나 등록번호표를 폐기하지 아니한 자는 1년 이하의 징역 또는 1,000만원 이하의 벌금에 처한다.

08

건설기계의 기종변경, 육상작업용 건설기계규격의 증가 또는 적재함의 용량증가를 위한 구조변경은 이를 할 수 없다(건설기계관리법 시행규칙 제42조 단서).

09 검사 또는 명령이행 기간의 연장 시 연장 기간(건설기계관리법 시행규칙 제31조의2제3·5항)

① 검사·명령이행기간을 연장하는 경우 그 연장기간은 다음의 구분에 따른 기간 이내로 한다. 이 경우 정기검사, 구조변경검사, 수시검사는 ㉠에 따른 연장기간 동안 검사유효기간이 연장된 것으로 본다.
  ㉠ 정기검사, 구조변경검사, 수시검사 : 6개월. 다만, 남북경제협력 등으로 북한지역의 건설공사에 사용되는 건설기계와 해외임대를 위하여 일시 반출되는 건설기계의 경우에는 반출기간, 압류된 건설기계의 경우에는 그 압류기간, 타워크레인 또는 천공기(터널보링식 및 실드굴진식으로 한정한다)가 해체된 경우에는 해체되어 있는 기간으로 한다.
  ㉡ 정기검사 명령, 수시검사 명령 또는 정비명령 : 31일
② 건설기계의 소유자가 해당 건설기계를 사용하는 사업을 영위하는 경우로서 해당 사업의 휴업을 신고한 경우에는 해당 사업의 개시신고를 하는 때까지 검사유효기간이 연장된 것으로 본다.

10 건설기계조종사면허증의 반납(건설기계관리법 시행규칙 제80조제1항)

건설기계조종사면허를 받은 사람은 다음의 어느 하나에 해당하는 때에는 그 사유가 발생한 날부터 10일 이내에 시장·군수 또는 구청장에게 그 면허증을 반납해야 한다.
- 면허가 취소된 때
- 면허의 효력이 정지된 때
- 면허증의 재교부를 받은 후 잃어버린 면허증을 발견한 때

12 타이어 롤러는 타이어의 공기압과 밸러스트(부가 하중)에 따라 전압능력을 조정할 수 있다.

13 시동을 끄고 즉시 라디에이터 캡을 열면 내부의 뜨거워진 냉각수가 분출되어 화상을 입을 수 있다.

14 롤러의 사용설명서에서 ②, ③, ④ 외에 장비의 작동법 및 안전과 관련된 내용을 파악할 수 있다.

15 탠덤 롤러는 철륜을 사용하며 앞바퀴와 뒷바퀴가 일직선으로, 2륜식과 3륜식이 있다.

17 머캐덤 롤러는 가열 포장 아스팔트의 초기다짐 롤러로 가장 적당하다.

18 보통기어 측면에 접하는 펌프 측판(Side Plate)에 릴리프 홈을 만들어 폐입 현상을 방지한다.

19 디젤엔진의 연소실
  • 단실식 : 직접분사실식
  • 복실식 : 와류실식, 공기실식, 예연소실식

20 전해액은 온도가 낮으면 비중은 높아지고, 상승하면 낮아진다.

21 건식 공기청정기는 작은 입자의 먼지나 이물질의 여과가 가능하다.

22 축전지의 구비조건
  • 축전지의 용량이 클 것
  • 전기적 절연이 완전할 것
  • 소형이고, 운반이 편리할 것
  • 전해액의 누설방지가 완전할 것
  • 진동에 견딜 수 있을 것
  • 축전지의 충전, 검사에 편리한 구조일 것
  • 축전지는 가벼울 것

23 연료분사장치 점검은 특수정비에 속한다.

24 전압은 전기적인 위치에너지(電位)의 차이에 의한 전기적인 압력 차이를 말한다.

25 점도가 높으면 마찰력이 높아지기 때문에 압력이 높아진다.

26 예열플러그가 심하게 오염되어 있다면 불완전연소 또는 노킹이 원인이다.

27 브러시가 정류자에 잘 밀착되어 있어야 회전력이 상승된다.

28 압력식 라디에이터 캡의 압력 밸브는 냉각장치 내의 압력을 일정하게 유지하여 비등점을 112℃로 높여 주는 역할을 한다.

29 교류발전기의 다이오드는 교류를 정류하고, 역류를 방지한다.

30 세탄가가 높으면 노킹이 일어나지 않는다.

31 유압장치의 기본 구성요소
  • 유압발생장치 : 유압펌프, 오일탱크, 배관, 부속장치(오일냉각기, 필터, 압력계)
  • 유압제어장치 : 방향전환밸브, 압력제어밸브, 유량조절밸브
  • 유압구동장치 : 유압모터, 유압실린더 등

32 오일 쿨러는 윤활유 등으로 사용되어 온도가 상승한 기름을 물 또는 공기로 냉각하는 장치이다.

33 ④는 동점성계수를 말한다.
점도는 오일의 끈적거리는 정도를 나타내며, 온도가 높아지면 점도는 낮아지고, 온도가 낮아지면 점도는 증가한다.

34 오일 클리너(여과기)
오일에 포함된 금속 분말이나 이물질을 청정, 여과하여 주는 역할을 한다.

35 디셀러레이션 밸브
유압실린더를 행정 최종 단에서 실린더의 속도를 감속하여 서서히 정지시키고자 할 때 사용되는 밸브이다.

36 유압기호

가변 유압모터	유압펌프

37 유압장치의 부품 교환을 하면 공기가 들어가므로 공기빼기를 먼저 실시해야 정상운전이 가능하다.

38 유압장치 자체의 자동제어는 한계가 있으나 전기, 전자 부품과 조합하여 사용하면 훨씬 그 효과를 증대시킬 수 있고, 전기식과 비교하여 크기가 작고 가벼우므로 관성의 영향이 작은 장점이 있다.

39 오일 누설의 원인 : 실의 마모와 파손, 볼트의 이완 등이 있다.

41 분자의 상대적 질량에 비해 녹는점과 끓는점이 매우 높으며, 물과 잘 섞인다.

43 액슬 샤프트 지지 형식에 따른 분류
- 전부동식 : 자동차의 모든 중량을 액슬 하우징에서 지지하고 차축은 동력만을 전달하는 방식
- 반부동식 : 차축에서 1/2, 하우징이 1/2 정도의 하중을 지지하는 형식
- 3/4부동식 : 차축은 동력을 전달하면서 하중은 1/4 정도만 지지하는 형식
- 분리식 차축 : 승용차량의 후륜 구동차나 전륜 구동차에 사용되며, 동력을 전달하는 차축과 자동차 중량을 지지하는 액슬 하우징을 별도로 조립한 방식

44 변속기의 구비조건
- 전달효율이 좋아야 한다.
- 변속 조작이 쉽고, 신속·정확·정숙하게 이루어질 것
- 소형·경량이며, 수리하기가 쉬울 것
- 단계 없이 연속적으로 변속되어야 할 것

46 압력판은 클러치 커버에 지지되어 클러치페달을 놓았을 때 클러치 스프링의 장력에 의해 클러치판을 플라이휠에 압착시키는 작용을 한다.

47 rpm(revolution per minute)은 분당 회전수를 의미한다.

48 연료 소비가 많고, 큰 동력을 얻을 수 있다.

49 복원성과 적당한 강도가 있을 것

50 실린더의 내경과 피스톤행정의 비율에 따른 분류
- 장행정 기관 : 피스톤행정 > 실린더 내경
- 단행정 기관 : 피스톤행정 < 실린더 내경
- 정방행정 기관 : 피스톤행정 = 실린더 내경

51 작업 전에 기계의 정비 상태를 정비기록표 등에 의해 확인하고 다음의 사항을 점검하여야 한다.
- 타이어 및 궤도 차륜 상태
- 브레이크 및 클러치의 작동 상태
- 낙석, 낙하물 등의 위험이 예상되는 작업 시 견고한 헤드 가이드 설치 상태
- 경보장치 작동 상태
- 부속장치의 상태

52 작은 물건은 바이스나 고정구로 고정하고 직접 손으로 잡지 말아야 한다.

53 사고유발의 직접원인

불안전한 상태 (물적 원인)	불안전한 행동 (인적 원인)
• 물적인 자체의 결함 • 방호조치의 결함 • 물건의 두는 방법, 작업개소의 결함 • 보호구, 복장 등의 결함 • 작업환경의 결함 • 부외적, 자연적 불안전한 상태	• 위험한 장소 접근 • 안전장치의 기능 제거 • 복장, 보호구의 잘못 사용 • 기계 · 기구의 잘못 사용 • 운전 중인 기계장치의 손질 • 불안전한 속도 조작 • 위험물 취급 부주의 • 불안전한 상태 방치 • 불안전한 자세 동작 • 감독 및 연락 불충분

54 공장 바닥에 폐유를 뿌리면 미끄러워져 안전사고 위험이 커지고, 폐유의 점성으로 인해 먼지 등이 달라붙어 작업 환경을 비위생적이고 불안전하게 만든다.

55 금속나트륨 등의 화재는 일반적으로 건조사를 이용한 질식효과로 소화한다.

56 소화기 근처에는 어떠한 물건도 적재하면 안 된다. 소화기 근처에 물건을 적재하면 화재 발생 시 진화작업에 방해가 되므로 재해 발생의 원인이 된다.

57 가스용기의 도색 구분(고압가스 안전관리법 시행규칙 [별표 24])

가스의 종류	도색 구분
산 소	녹 색
수 소	주황색
아세틸렌	황 색
그 밖의 가스	회 색

※ 의료용 산소 가스용기의 도색은 백색이다.

58 공기 기구의 섭동 부위에 윤활유를 주유해야 한다.

59 작업복은 착용자의 직종, 연령, 성별 등을 고려하여 적절한 것을 선정한다.

60 재해란 안전사고의 결과로 일어난 인명과 재산의 손실이다.

제6회 정답 및 해설

▶ 모의고사 p.171

01	③	02	②	03	③	04	④	05	④	06	③	07	④	08	③	09	③	10	④
11	①	12	①	13	③	14	①	15	②	16	④	17	②	18	②	19	①	20	②
21	①	22	②	23	②	24	②	25	④	26	①	27	④	28	④	29	③	30	①
31	②	32	③	33	②	34	③	35	④	36	①	37	③	38	③	39	③	40	④
41	④	42	④	43	②	44	②	45	②	46	①	47	②	48	①	49	③	50	③
51	④	52	①	53	②	54	④	55	①	56	④	57	②	58	④	59	③	60	④

01 직접분사실식의 장점
- 연료소비량이 다른 형식보다 적다.
- 연소실의 표면적이 작아 냉각손실이 적다.
- 연소실이 간단하고 열효율이 높다.
- 실린더헤드의 구조가 간단하여 열변형이 적다.
- 와류손실이 없다.
- 시동이 쉽게 이루어지기 때문에 예열플러그가 필요 없다.

02 유압이 낮아지는 원인
- 엔진 베어링의 윤활 간극이 클 때
- 오일펌프가 마모되었거나 회로에서 오일이 누출될 때
- 오일의 점도가 낮을 때
- 오일 팬 내의 오일량이 부족할 때
- 유압조절밸브 스프링의 장력이 쇠약하거나 절손되었을 때
- 엔진오일이 연료 등의 유입으로 현저하게 희석되었을 때

03 프라이밍 펌프 : 연료 공급계통의 공기빼기 작업 및 공급펌프를 수동으로 작동시켜 연료탱크 내의 연료를 분사펌프까지 공급하는 공급펌프이다.

04 피스톤링이 마모되면 실린더 벽의 오일을 긁어내리지 못하여 연소실에서 연소되므로 윤활유 소비가 증가된다.

05 습식 흡입 스트레이너는 가느다란 철망으로 되어 있어 특별한 파손이 없는 한 세척하여 사용할 수 있다.

06 냉각 방식
- 공랭식 : 자연 통풍식, 강제 통풍식
- 수랭식 : 자연 순환식, 강제 순환식(압력 순환식, 밀봉 압력식)

07 엔진오일과 물이 흘러다니는 것의 기밀을 유지하는 것이 헤드 개스킷이다.

08 일반적인 등화장치는 직렬연결법이 사용되나 전조등 회로는 병렬연결이다.

09 ①, ②, ④는 실드형 예열플러그, ③은 코일형 예열플러그의 설명이다.

10 천연중화제인 베이킹 소다는 산성을 중화시키는데 사용된다.

11 발전기는 크랭크축 풀리의 벨트에 의해 구동된다.

12 엔진오일 압력 경고등은 엔진오일량의 부족이 주원인이며, 오일 필터나 오일회로가 막혔을 때 또는 오일 압력 스위치의 배선 불량, 엔진오일의 압력이 낮은 경우 등이다.

13 유연성과 적당한 강도가 있어야 한다.

14 가이드 링은 유체 클러치에서 와류를 줄여 전달 효율을 향상시키는 장치이다.

15 장비에 부하가 걸릴 때 터빈 측에 하중이 작용하므로 토크 컨버터의 터빈 속도는 펌프 측 속도보다 느려진다.

16 핸들의 조작이 무거운 원인
- 유압계통 내에 공기가 유입되었다.
- 타이어의 공기압력이 너무 낮다.
- 유압이 낮다.
- 오일펌프의 회전이 느리다.
- 오일펌프의 벨트가 파손되었다.
- 오일이 부족하다.
- 오일 호스가 파손되었다.

17 타이어식 건설기계에서 조향바퀴의 토인은 타이 로드 엔드의 길이로 조정한다.

19 ② 부동액은 냉각수와 50 : 50으로 혼합하여 사용하는 것이 바람직하다.
③ 냉각수 중 부동액의 혼합비율에 따라 어는점과 비등점이 달라진다.
④ 부동액에는 금속의 부식을 막기 위해 부식 방지제 등의 첨가제가 첨가되어 있다.

20 유압펌프는 기계적 힘에 의하여 작동하고 작동 후는 유압에너지가 발생한다.

21 **릴리프 밸브(안전밸브)** : 유압회로의 최고압력을 제어하며, 회로 내의 과부하를 방지하는 밸브

22 유량제어밸브를 실린더와 병렬로 연결하여 실린더의 속도를 제어하는 회로이다.

23 유압모터 : 유체에너지를 받아 기계적인 에너지로 전환하여 회전운동을 시키는 것으로 무단변속이 용이하다.

24 스트레이너는 유압유에 포함된 불순물을 제거하기 위해 유압펌프 흡입관에 설치한다.

25 체적 탄성계수가 커야 한다.

26 브레이크액의 유압 전달 또는 차체나 현가장치처럼 상대적으로 움직이는 부분, 작동 및 움직임이 있는 곳에는 플렉시블 호스(Flexible Hose)를 사용하며 외부의 손상으로부터 튜브를 보호하기 위하여 보호용 리브를 부착하기도 한다.

27 "중대재해"란 산업재해 중 사망 등 재해 정도가 심하거나 다수의 재해자가 발생한 경우로서 다음의 어느 하나에 해당하는 재해를 말한다(산업안전보건법 제2조).
- 사망자가 1명 이상 발생한 재해
- 3개월 이상의 요양이 필요한 부상자가 동시에 2명 이상 발생한 재해
- 부상자 또는 직업성 질병자가 동시에 10명 이상 발생한 재해

28 기계 주위에서 작업할 때는 넥타이를 매지 않으며 너풀거리거나 찢어진 바지를 입지 않는다.

29 작업장에서는 기름 또는 인쇄용 잉크류 등이 묻은 천조각이나 휴지 등은 뚜껑이 있는 불연성 용기에 담아두는 등 화재예방을 위한 조치를 하여야 한다.

30 "협착재해"란 기계의 움직이는 부분 사이 또는 움직이는 부분과 고정 부분 사이에 신체 또는 신체의 일부분이 끼이거나, 물리고, 말려 들어가서 발생하는 재해형태이다.

31 안전보건표지(산업안전보건법 시행규칙 [별표 6])

비상구	인화성물질경고	보안경 착용

32 윤활유의 색
- 검은색 : 심한 오염
- 우유색 : 냉각수 침입
- 붉은색 : 가솔린 유입
- 회색 : 4에틸납, 연소 생성물 혼입

33 고압선로 주변에서 작업 시 붐 또는 권상 로프에 의해 감전될 위험이 가장 크다.

34 전기가 예고 없이 정전되었을 경우 퓨즈의 단선 유무를 검사하고 스위치를 끈 다음 작업장을 정리한다.

35 벨트의 회전이 완전히 멈춘 상태에서 손으로 잡아야 한다.

37 **등록의 신청 등(건설기계관리법 시행령 제3조)**
건설기계를 등록하려는 건설기계의 소유자는 건설기계등록신청서(전자문서로 된 신청서를 포함한다)에 다음의 서류(전자문서를 포함한다)를 첨부하여 건설기계 소유자의 주소지 또는 건설기계의 사용본거지를 관할하는 특별시장·광역시장·도지사 또는 특별자치도지사(이하 "시·도지사"라 한다)에게 제출하여야 한다. 이 경우 시·도지사는 전자정부법에 따른 행정정보의 공동이용을 통하여 건설기계등록원부 등본(등록이 말소된 건설기계의 경우에 한정한다)을 확인하여야 하고, 그 외의 첨부서류에 대하여도 행정정보의 공동이용을 통하여 확인할 수 있는 경우에는 그 확인으로 첨부서류를 갈음하여야 하며, 신청인이 확인에 동의하지 아니하는 경우에는 이를 첨부하도록 하여야 한다.
① 다음의 구분에 따른 해당 건설기계의 출처를 증명하는 서류. 다만, 해당 서류를 분실한 경우에는 해당 서류의 발행사실을 증명하는 서류(원본 발행기관에서 발행한 것으로 한정한다)로 대체할 수 있다.
  ㉠ 국내에서 제작한 건설기계 : 건설기계제작증
  ㉡ 수입한 건설기계 : 수입면장 등 수입사실을 증명하는 서류. 다만, 타워크레인의 경우에는 건설기계제작증을 추가로 제출하여야 한다.
  ㉢ 행정기관으로부터 매수한 건설기계 : 매수증서
② 건설기계의 소유자임을 증명하는 서류. 다만, ①의 서류가 건설기계의 소유자임을 증명할 수 있는 경우에는 당해 서류로 갈음할 수 있다.
③ 건설기계제원표

④ 자동차손해배상보장법에 따른 보험 또는 공제의 가입을 증명하는 서류[자동차손해배상보장법에 해당되는 건설기계의 경우에 한정하되, 시장·군수 또는 구청장(자치구의 구청장)에게 신고한 매매용 건설기계를 제외한다]

38 건설기계형식의 승인 등(건설기계관리법 제18조)
건설기계를 제작·조립 또는 수입(이하 "제작 등")하려는 자는 해당 건설기계의 형식에 관하여 국토교통부령으로 정하는 바에 따라 국토교통부장관의 승인을 받아야 한다. 다만, 대통령령으로 정하는 건설기계의 경우에는 그 건설기계의 제작 등을 한 자가 국토교통부령으로 정하는 바에 따라 그 형식에 관하여 국토교통부장관에게 신고하여야 한다.

39 정기검사 유효기간(건설기계관리법 시행규칙 [별표 7])
- 1년 : 덤프트럭(연식 20년 이하), 콘크리트믹스트럭(연식 20년 이하), 굴착기(타이어식)
- 6개월 : 타워크레인

40 건설기계등록번호표(등록번호표)에는 용도·기종 및 등록 번호를 표시하여야 한다(건설기계관리법 시행규칙 제13조).

41 등록번호표를 반납하지 아니한 자에게는 50만원 이하의 과태료에 처한다(건설기계관리법 제44조제3항제5호).

42 시·도지사는 검사에 불합격된 건설기계에 대하여는 국토교통부령으로 정하는 바에 따라 건설기계 소유자에게 정비를 받을 것을 명령할 수 있다(건설기계관리법 제13조제7항).

43 공제사업(건설기계관리법 제32조의2)
건설기계사업자가 설립한 협회는 대통령령으로 정하는 바에 따라 국토교통부장관의 허가를 받아 건설기계사업자의 건설기계 사고로 인한 손해배상책임의 보장사업 등 공제사업(共濟事業)을 할 수 있다.

44 벌칙(건설기계관리법 제41조)
다음의 어느 하나에 해당하는 자는 1년 이하의 징역 또는 1,000만원 이하의 벌금에 처한다.
- 거짓이나 그 밖의 부정한 방법으로 등록을 한 자
- 등록번호를 지워 없애거나 그 식별을 곤란하게 한 자
- 구조변경검사 또는 수시검사를 받지 아니한 자
- 정비명령을 이행하지 아니한 자
- 사용·운행 중지 명령을 위반하여 사용·운행한 자
- 사업정지명령을 위반하여 사업정지기간 중에 검사를 한 자
- 형식승인, 형식변경승인 또는 확인검사를 받지 아니하고 건설기계의 제작 등을 한 자
- 사후관리에 관한 명령을 이행하지 아니한 자
- 내구연한을 초과한 건설기계 또는 건설기계 장치 및 부품을 운행하거나 사용한 자
- 내구연한을 초과한 건설기계 또는 건설기계 장치 및 부품의 운행 또는 사용을 알고도 말리지 아니하거나 운행 또는 사용을 지시한 고용주
- 부품인증을 받지 아니한 건설기계 장치 및 부품을 사용한 자
- 부품인증을 받지 아니한 건설기계 장치 및 부품을 건설기계에 사용하는 것을 알고도 말리지 아니하거나 사용을 지시한 고용주
- 매매용 건설기계를 운행하거나 사용한 자
- 폐기인수 사실을 증명하는 서류의 발급을 거부하거나 거짓으로 발급한 자
- 폐기요청을 받은 건설기계를 폐기하지 아니하거나 등록번호표를 폐기하지 아니한 자

- 건설기계조종사면허를 받지 아니하고 건설기계를 조종한 자
- 건설기계조종사면허를 거짓이나 그 밖의 부정한 방법으로 받은 자
- 소형 건설기계의 조종에 관한 교육과정의 이수에 관한 증빙서류를 거짓으로 발급한 자
- 술에 취하거나 마약 등 약물을 투여한 상태에서 건설기계를 조종한 자와 그러한 자가 건설기계를 조종하는 것을 알고도 말리지 아니하거나 건설기계를 조종하도록 지시한 고용주
- 건설기계조종사면허가 취소되거나 건설기계조종사면허의 효력정지처분을 받은 후에도 건설기계를 계속하여 조종한 자
- 건설기계를 도로나 타인의 토지에 버려둔 자

45 과태료(건설기계관리법 제44조제2항)

다음의 어느 하나에 해당하는 자에게는 100만원 이하의 과태료를 부과한다.
- 수출의 이행 여부를 신고하지 아니하거나 폐기 또는 등록을 하지 아니한 자
- 등록번호표를 부착·봉인하지 아니하거나 등록번호를 새기지 아니한 자
- 등록번호표를 가리거나 훼손하여 알아보기 곤란하게 한 자 또는 그러한 건설기계를 운행한 자
- 등록번호의 새김명령을 위반한 자
- 건설기계안전기준에 적합하지 아니한 건설기계를 사용하거나 운행한 자 또는 사용하게 하거나 운행하게 한 자
- 조사 또는 자료제출 요구를 거부·방해·기피한 자
- 검사유효기간이 끝난 날부터 31일이 지난 건설기계를 사용하게 하거나 운행하게 한 자 또는 사용하거나 운행한 자
- 특별한 사정 없이 건설기계임대차 등에 관한 계약과 관련된 자료를 제출하지 아니한 자
- 건설기계사업자의 의무를 위반한 자
- 안전교육 등을 받지 아니하고 건설기계를 조종한 자

46 등록번호표 제작 등의 통지(건설기계관리법 시행규칙 제17조제3항)

규정에 의하여 시·도지사로부터 통지서 또는 명령서를 받은 건설기계 소유자는 그 받은 날부터 3일 이내에 등록번호표제작자에게 그 통지서 또는 명령서를 제출하고 등록번호표 제작 등을 신청하여야 한다.

47 구조변경 범위 등(건설기계관리법 시행규칙 제42조)

주요 구조의 변경 및 개조의 범위는 다음과 같다. 다만, 건설기계의 기종변경, 육상작업용 건설기계규격의 증가 또는 적재함의 용량 증가를 위한 구조변경은 이를 할 수 없다.
- 원동기 및 전동기의 형식변경
- 동력전달장치의 형식변경
- 제동장치의 형식변경
- 주행장치의 형식변경
- 유압장치의 형식변경
- 조종장치의 형식변경
- 조향장치의 형식변경
- 작업장치의 형식변경. 다만, 가공작업을 수반하지 아니하고 작업장치를 선택부착하는 경우에는 작업장치의 형식변경으로 보지 아니한다.
- 건설기계의 길이·너비·높이 등의 변경
- 수상작업용 건설기계의 선체의 형식변경
- 타워크레인 설치기초 및 전기장치의 형식변경

48 기종별 기종번호(건설기계관리법 시행규칙 [별표 2])

- 01 : 불도저
- 02 : 굴착기
- 03 : 로더
- 04 : 지게차
- 06 : 덤프트럭
- 09 : 롤러

49 타이어 롤러 : 고무 타이어식 다짐기. 고무 타이어에 의해 흙을 다지는 롤러로, 자주식과 피견인식이 있다. 토질에 따라서 밸러스트나 타이어 공기압의 조정이 가능하여 점성토의 다짐에도 사용할 수 있으며, 또한 아스팔트 합재에 의한 포장 전압(轉壓)에도 사용된다.

50 전·후 주행 레버를 중립에 위치시킨다.

51 엔진에 이상이 있을 경우 ①, ②, ③과 배선단락 등을 점검한다. 유압오일 온도 경고등은 유압오일의 온도가 높을 때 불이 점등된다.

52 인터로크 기능 점검은 롤러를 매우 저속으로 이동(전진 및 후진 양방향 모두)시키면서 운전자가 운전석을 이탈하게 되면 점검할 수 있다.

53 반고정다짐
 • 후부 안내륜은 중간 안내륜과 구동륜을 잇는 접선보다 아래로 내려가는 일이 없으며, 위쪽으로만 움직일 수 있는 상태이다.
 • 노면의 굴곡 부분에서는 구동륜으로 통상적인 중량 분배에 따른 예비다짐을 하며, 중간 안내륜이 통과할 때에 안내륜이 공중에 떠서 중간 안내륜의 배분 중량이 증대되므로 다짐효과가 커진다.
 • 뒷바퀴가 통과하여 마무리다짐을 한다.

54 트랙은 슈, 슈볼트, 링크, 부싱, 핀 등으로 구성되어 있으며, 프런트 아이들러와 상하부의 롤러, 스프로킷에 감겨져 있다. 스프로킷의 동력을 받아 구동된다.

55 상부 롤러는 싱글 플랜지(Single Flange)형을 사용하고, 하부 롤러는 싱글 플랜지형과 더블 플랜지(Double Flange)형을 사용한다.

56 트랙 슈의 종류
 단일돌기 슈, 이중돌기 슈, 삼중돌기 슈, 습지용 슈, 고무 슈, 암반용 슈, 평활 슈

57 다짐작업 시 정지시간은 짧게 한다.

58 ④는 진동식 타이어 롤러의 용도이다.

59 주행 방향 전환은 완만히 해야 한다.

60 엔진의 진공도 상태는 가동상태에서 점검한다.

제7회 정답 및 해설

> 모의고사 p.182

01	③	02	④	03	①	04	②	05	②	06	④	07	③	08	①	09	②	10	④
11	④	12	③	13	③	14	①	15	③	16	④	17	①	18	①	19	②	20	④
21	③	22	④	23	①	24	④	25	①	26	①	27	①	28	④	29	③	30	④
31	③	32	④	33	②	34	④	35	④	36	①	37	③	38	①	39	①	40	②
41	③	42	③	43	④	44	①	45	②	46	①	47	③	48	①	49	③	50	④
51	④	52	①	53	①	54	①	55	④	56	②	57	④	58	②	59	②	60	③

01 ① 폐입현상 : 외접기어펌프에서 토출된 유량의 일부가 입구 쪽으로 되돌려지므로 토출량 감소, 축 동력의 증가, 케이싱 마모 등의 원인을 유발하는 현상이다.
② 공동현상 : 유체의 급격한 압력 변화로 발생하는 공동에 의해 소음, 진동, 마모가 발생하는 현상이다.
④ 채터링 현상 : 유압계통에서 릴리프 밸브 스프링의 장력이 약화될 때 발생될 수 있는 현상으로, 릴리프 밸브에서 볼(Ball)이 밸브의 시트(Seat)를 때려 소음을 발생시킨다.

03 디젤엔진에 사용되는 과급기의 주된 역할은 출력의 증대이다.

04 피스톤링이 마모되면 실린더 벽의 오일을 긁어 내리지 못하여 오일은 연소실에서 연소되므로 윤활유 소비가 증가한다.

05 인젝터를 점검할 때는 저항, 분사상태, 작동음 등을 확인한다.

06 피스톤과 실린더 간극이 너무 크면 압축압력 저하로 출력이 낮아지고, 오일이 연소실에 유입되어 오일 소비가 증가한다.

07 냉각수의 순환 속도는 펌프의 성능에 따라 달라진다.

08 ①은 가솔린기관에 사용된다.

09 벤딕스식 : 피니언 기어의 관성을 이용하여 링기어에 동력을 전달하는 방식

10 예열플러그가 자주 단선되는 원인
• 예열시간이 너무 길 때
• 기관 가동 중에 예열시켰을 때
• 기관이 과열되었을 때
• 예열플러그에 규정 이상의 과대 전류가 흐를 때
• 예열플러그 설치 시 조임이 불량할 때

12 스테이터 코일은 로터코일에 의해 교류전기를 발생시킨다.

13 구리선, 철선 등을 퓨즈 대용으로 사용해서는 안 된다.

16 자연발화가 쉽게 일어나려면 표면적이 넓어야 한다.

17 ①은 캐스터의 필요성이다.

토인의 필요성
- 앞바퀴를 평행하게 회전하도록 하여 주행을 쉽게 해 준다.
- 앞바퀴의 옆방향 미끄러짐과 타이어의 마멸을 방지한다.
- 조향 링키지 마멸에 의해 토아웃이 되는 것을 방지한다.
- 노면과의 마찰을 줄인다.

18 타이로드 엔드 불량 시 핸들의 흔들림 및 타이어 이상마모현상이 생긴다.

19 주브레이크는 작동방식에 따라 기계식, 유압식, 진공배력식, 공기배력식, 공기 브레이크 등으로 구분할 수 있다.

20 유압장치 자체의 자동제어는 한계가 있으나 전기, 전자 부품과 조합하여 사용하면 훨씬 그 효과를 증대시킬 수 있고, 전기식과 비교하여 크기가 작고 가벼우므로 관성의 영향이 작은 장점이 있다.

21 **축압기의 용도** : 유압에너지의 저장, 충격 압력 흡수, 압력 보상, 유체의 맥동 감쇠 등

22 유압모터는 유체에너지를 연속적인 회전운동을 하는 기계적 에너지로 바꾸어 주는 기기를 말한다.

23 **릴리프 밸브(안전밸브)** : 유압회로의 최고압력을 제어하며, 회로 내의 과부하를 방지하는 밸브

24 오일 쿨러는 작동유를 냉각시키며, 일정 유온을 유지시킨다.

유압탱크의 구비조건
- 적당한 크기의 주입구에 여과망을 두어 불순물이 유입되지 않도록 할 것
- 이물질이 들어가지 않도록 밀폐되어 있을 것
- 스트레이너의 장치 분해에 충분한 출입구를 둘 것

27 **엔진오일의 작용** : 윤활작용(마찰 감소, 마멸 방지), 냉각작용, 응력분산작용, 밀봉작용, 방청작용, 청정작용, 분산작용 등

28 산업재해란 노무를 제공하는 사람이 업무에 관계되는 건설물·설비·원재료·가스·증기·분진 등에 의하거나 작업 또는 그 밖의 업무로 인하여 사망 또는 부상하거나 질병에 걸리는 것을 말한다(산업안전보건법 제2조).

29 **작업복의 조건**
- 주머니가 적고, 팔이나 발이 노출되지 않는 것이 좋다.
- 점퍼형으로 상의 옷자락을 여밀 수 있는 것이 좋다.
- 협착사고를 방지하고 분진 등의 유입을 방지하기 위해 작업복의 소매는 오므려 붙이도록 되어 있는 것(고무밴드, 단추, 벨크로 등으로 조여지는 형태)이 좋다.
- 소매를 손목까지 가릴 수 있는 것이 좋다.
- 몸에 알맞고, 동작이 편한 것이 좋다.
- 항상 깨끗한 상태로 입어야 한다.
- 착용자의 연령, 성별을 감안하여 적절한 스타일을 선정해야 한다.

30 플라이어는 철선을 꼬거나 굽힐 때 혹은 자를 때 사용한다.

드라이버 사용 시 주의사항
- 날 끝 홈의 폭과 깊이가 같은 것을 사용한다.
- 날 끝이 수평인 것을 사용하며, 둥글거나 빠진 것은 사용하지 않는다.
- 작은 공작물이라도 한 손으로 잡지 말고 바이스 등으로 고정한다.
- 규격에 맞는 드라이버를 사용한다.
- 드라이버를 지렛대 대신 사용해서는 안 된다.
- 클립(Clip)이 있는 드라이버는 옷에 걸고 다녀도 무방하다.

31 안전보건표지의 종류와 형태(산업안전보건법 시행규칙 [별표 6])

안전복 착용	안전모 착용	출입금지

32 재해 발생 원인
- 직접원인
  - 불안전한 상태 : 설비 자체의 결함, 방호조치의 결함, 설비 배치 및 작업장소 불량, 보호구의 결함, 작업환경의 결함
  - 불안전한 행동 : 안전장치의 무효화, 안전조치의 불이행, 위험한 상태로 장치 동작, 기계·공구 등의 목적 외 사용, 운전 중 주유 또는 점검 실시, 보호구의 선택 및 사용방법 불량, 위험장소에의 접근
- 간접원인
  - 기술적 요인 : 건물·기계장치 설계 불량, 구조·재료의 부적합, 생산공정의 부적당, 점검·정비·보존 불량
  - 교육적 요인 : 안전의식 부족, 안전수칙 오해, 경험 훈련 미숙, 교육 불충분
  - 관리적 요인 : 안전관리조직 결함, 안전수칙 미제정, 작업준비 불충분, 작업지시 부적당

33 필요시 최적공구(最適工具)를 필요량만큼 공급함으로써 생산성을 향상시킨다.

34 바닥면으로부터 2m 이내는 작업자의 행동반경이므로 벨트의 커버나 덮개를 반드시 설치하고 제거하지 않도록 한다.

35 흔들리기 쉬운 인양물은 가이드로프를 이용해 유도한다.

36 공장 바닥에 폐유를 뿌리면 미끄러워져 안전사고 위험이 커지고, 폐유의 점성으로 인해 먼지 등이 달라붙어 작업 환경을 비위생적이고 불안전하게 만든다.

37 금속나트륨 등의 화재는 일반적으로 건조사를 이용한 질식효과로 소화한다.

38 소화설비를 선택할 때는 설치 장소의 특성, 화재 위험 등급, 소화 대상 물질, 소화설비의 유효범위, 설치 및 유지관리 비용 등을 종합적으로 고려해야 한다.

39 건설기계의 범위(건설기계관리법 시행령 [별표 1])
1. 불도저
2. 굴착기
3. 로더
4. 지게차
5. 스크레이퍼
6. 덤프트럭
7. 기중기
8. 모터그레이더
9. 롤러
10. 노상안정기
11. 콘크리트배칭플랜트
12. 콘크리트피니셔
13. 콘크리트살포기
14. 콘크리트믹서트럭
15. 콘크리트펌프
16. 아스팔트믹싱플랜트
17. 아스팔트피니셔
18. 아스팔트살포기
19. 골재살포기
20. 쇄석기
21. 공기압축기
22. 천공기
23. 항타 및 항발기
24. 자갈채취기
25. 준설선
26. 특수건설기계
27. 타워크레인

40 ② 건설기계를 수출하는 경우가 해당한다.
①, ③, ④ 건설기계관리법 제6조제1항

41 건설기계등록번호표 색상과 일련번호 숫자(건설기계관리법 시행규칙 [별표 2])
- 비사업용(관용) : 흰색 바탕에 검은색 문자, 0001~0999
- 비사업용(자가용) : 흰색 바탕에 검은색 문자, 1000~5999
- 대여사업용 : 주황색 바탕에 검은색 문자, 6000~9999

42 검사신청(타워크레인의 경우 검사업무의 배정을 말한다)을 받은 시·도지사 또는 검사대행자는 신청을 받은 날(타워크레인의 경우 검사업무를 배정받은 날을 말한다)부터 5일 이내에 검사일시와 검사장소를 지정하여 신청인에게 통지해야 한다. 이 경우 검사장소는 건설기계소유자의 신청에 따라 변경할 수 있다(건설기계관리법 시행규칙 제23조제4항).

43 시·도지사 또는 검사대행자는 검사결과 해당 건설기계가 검사기준에 적합하다고 인정하는 경우에는 건설기계검사증에 유효기간을 적어 발급해야 한다. 이 경우 유효기간의 산정은 정기검사 신청기간까지 정기검사를 신청한 경우에는 종전 검사유효기간 만료일의 다음 날부터, 그 외의 경우에는 검사를 받은 날의 다음 날부터 기산한다(건설기계관리법 시행규칙 제23조제5항).

44 건설기계를 제작·조립 또는 수입하려는 자는 해당 건설기계의 형식에 관하여 국토교통부령으로 정하는 바에 따라 국토교통부장관의 승인을 받아야 한다(건설기계관리법 제18조제2항).

45 ② 도로교통법 시행규칙 [별표 18]
① 건설기계를 조종하려는 사람은 시장·군수 또는 구청장에게 건설기계조종사면허를 받아야 한다. 다만, 국토교통부령으로 정하는 건설기계를 조종하려는 사람은 도로교통법에 따른 운전면허를 받아야 한다(건설기계관리법 제26조제1항).
③ 기중기 면허를 소지하면 기중기만 조종할 수 있다.
④ 기중기로 도로를 주행하고자 할 때는 건설기계조종사면허(기중기)를 받아야 한다.

46 건설기계의 조종 중 고의로 인명피해(사망·중상·경상 등)를 입힌 경우 면허취소된다(건설기계관리법 시행규칙 [별표 22]).

47 건설기계정비업의 등록의 구분(건설기계관리법 시행령 제14조제2항)
- 종합건설기계정비업
- 부분건설기계정비업
- 전문건설기계정비업

48 타이어식 건설기계의 조명장치 설치(건설기계 안전기준에 관한 규칙 제155조제1항)
최고주행속도가 15km/h 미만인 건설기계
- 전조등
- 제동등(단, 유량 제어로 속도를 감속하거나 가속하는 건설기계는 제외)
- 후부반사기
- 후부반사판 또는 후부반사지

49 건설기계를 도로에 계속하여 버려두거나 정당한 사유 없이 타인의 토지에 버려둔 자는 1년 이하의 징역 또는 1,000만원 이하의 벌금에 처한다(건설기계관리법 제41조제19호).

50 과태료의 부과기준(건설기계관리법 시행령 [별표 3])

위반행위	과태료 금액		
	1차 위반	2차 위반	3차 위반 이상
등록번호표를 부착하지 않거나 봉인하지 않은 건설기계를 운행한 경우	100만원	200만원	300만원

51 타이어 롤러의 차륜지지 방식
- 독립 지지식(수직 가동식) : 바퀴마다 독립된 유압실린더 또는 공기 스프링 등을 사용하여 개별 상하운동을 하는 방식, 즉 타이어가 각각의 축에 지지되어 있어 요동하는 형식이다.
- 고정식 : 롤러의 타이어 전체가 하나의 축에 설치되어 있다.
- 상호 요동식 : 2개 이상의 타이어가 동시에 동일한 축에 설치되어 축 중앙부 차체의 핀에 결합되어 있어 지면에 대응하여 좌우로 요동한다.

52 진동 롤러 : 수평 방향의 하중이 수직으로 미칠 때 원심력을 가하고, 기전력을 서로 조합하여 흙을 다짐하며, 적은 무게로 큰 다짐효과를 올릴 수 있는 롤러로, 종류에는 자주식과 피견인식이 있다.

53 머캐덤 롤러
- 3륜 철륜으로 구성되어 작업의 직진성을 위해 차동제한장치가 있다.
- 가열 포장 아스팔트의 초기 다짐 롤러로 가장 적당하다.

54 살수장치(건설기계 안전기준에 관한 규칙 제45조)
- 롤러에는 롤의 표면에 자재 또는 이물질이 부착되는 것을 방지하기 위한 제거장치 또는 살수장치를 설치하여야 한다.
- 살수장치는 기계식 또는 전기식의 노즐 분사 방식이어야 한다.

55 살수탱크는 타이어 또는 롤에 아스팔트가 부착되지 않도록 물을 뿌려 주는 장치이다.

56 롤러의 다짐방식에 의한 구분
- 전압식(자체 중량을 이용) : 로드 롤러(머캐덤 롤러, 탠덤 롤러), 탬핑 롤러, 타이어 롤러, 콤비 롤러 등
- 진동식(진동을 이용) : 진동 롤러, 진동식 타이어 롤러, 진동 분사력 콤팩터 등
- 충격식(충격하중을 이용) : 래머, 탬퍼 등

57 탠덤 롤러는 드럼(철륜)을 사용하며 앞바퀴와 뒷바퀴가 일직선으로, 2륜식과 3륜식이 있다.

58 다짐작업은 종단 방향에 따라 낮은 쪽에서 높은 쪽으로 향하여 차츰 폭을 옮기며 다진다.

59 시동하기 전에 엔진오일, 라디에이터 냉각수량, 배터리 전해액 그리고 연료가 적정 용량인지 점검해야 한다.

60 작업 후에는 타이어의 마모 상태, 손상 유무, 공기압 등을 꼼꼼히 확인하고, 필요한 경우 수리하거나 교체해야 한다.

좋은 책을 만드는 길, 독자님과 함께하겠습니다.

답만 외우는 롤러운전기능사 필기 CBT기출문제 + 모의고사 14회

개정5판1쇄 발행	2026년 01월 05일 (인쇄 2025년 08월 27일)
초 판 발 행	2021년 01월 05일 (인쇄 2020년 09월 02일)
발 행 인	박영일
책 임 편 집	이해욱
편 저	최진호
편 집 진 행	윤진영 · 김미애
표지디자인	권은경 · 길전홍선
편집디자인	정경일 · 박동진
발 행 처	(주)시대고시기획
출 판 등 록	제10-1521호
주 소	서울시 마포구 큰우물로 75 [도화동 538 성지 B/D] 9F
전 화	1600-3600
팩 스	02-701-8823
홈 페 이 지	www.sdedu.co.kr
I S B N	979-11-383-9795-7(13550)
정 가	15,000원

※ 저자와의 협의에 의해 인지를 생략합니다.
※ 이 책은 저작권법의 보호를 받는 저작물이므로 동영상 제작 및 무단전재와 배포를 금합니다.
※ 잘못된 책은 구입하신 서점에서 바꾸어 드립니다.

집필후기

많은 분이 합격하여 스포츠의 발전과 개인의 성장 계기를 만듭시다!

스포츠의 발전 가능성은 매우 크다고 확신하면서, 이를 더욱 발전시켜 보겠다는 생각으로 오랜 밤을 지새우고, 어려운 작업을 끝냈습니다. 그러나 더 중요한 것은 아직 시험 칠 기간이 많이 남았음에도 불구하고, 어떤 유형의 문제가, 어떤 형태로 출제될 것이라는 느낌을 만들어야 하고, 이를 책에 반영해야 하는 것은 많은 어려움이 따랐습니다. 쉽게 설명하고, 빠르게 이해할 수 있도록 문장의 명료화와 함께 내용의 도식화·도표화를 많이 시도하였습니다. 아울러 그간 출제된 문제를 분석하고, 출제가 예상되는 부분을 정리하여 공부하면서 머릿속에 그릴 수 있도록 편집하는 등 많은 노력을 기울였습니다.

많은 노력에도 불구하고 본의 아니게 오·탈자가 나올 수 있고, 인쇄가 끝난 후 살펴보면 논리적 오류도 발생할 수도 있습니다. 인쇄 후 오류가 발견되면 이를 알리는 방법은 다음카페(http://cafe.daum.net/ sports31)의 1급 스포츠지도사 도서 내용 수정에 이를 게시합니다. 다소 불편하더라도 시험 전에 꼭 방문하여 확인하시기를 부탁드립니다. 아울러 스포츠지도사 자격시험과 관련해 친절한 전화 상담 창구를 운영하고 있습니다. 시험에 관한 모든 사항을 전화 또는 이메일로 문의하시면 친절하게 답변하겠습니다. 필기시험의 합격은 물론 실기·구술검정과 연수 과정까지 무난히 마치어, 우리나라 스포츠의 발전을 위해 함께 머리를 맞댈 기회가 있기를 기원합니다.
이 책으로 공부하신 많은 분의 합격 소식을 기다리겠습니다.

2024년 2월 일
저자 장승규·이정열 드림

16. 보기에서 설명하고 있는 장애인스포츠 종목으로 옳은 것은?

> • 표적구에 공을 던져 표적구로부터 가까운 공의 점수를 합하여 승패를 겨루는 경기이다.
> • 뇌병변 장애인 및 근이영양증, 외상성 뇌 손상 등 기타 중증장애인이 주로 참가한다.
> • 남녀 혼성경기로 단체전 및 페어 경기에서는 여자 선수가 반드시 포함되어야 한다.

① 보체 ② 보치아
③ 휠체어 럭비 ④ 휠체어컬링

정답 ② **해설** 보기는 보치아를 설명하고 있다. 보치아는 모든 경기가 남녀 혼성으로 진행된다. 단체전에는 반드시 여자가 포함되어야 한다.

17. 장애인이 참여할 수 있도록 변형된 스포츠의 예로 옳지 않은 것은?
① 수영에서 개인의 특성에 따라 수중에서도 출발할 수 있다.
② 탠덤 사이클에서 앞 좌석에 비장애인이, 뒷좌석에 시각장애인이 탑승한다.
③ 휠체어 테니스에서 투바운드된 공을 쳐서 넘길 수 있다.
④ 휠체어컬링에서 투구된 스톤의 정확성을 위해 스위핑을 한다.

정답 ④ **해설** 휠체어컬링은 선수 이동의 제약으로 인해 걸레질하는 스위퍼가 없고, 오직 투구만으로 포석이 결정된다.

18. 장애인 선수의 체력 수준을 측정하는 방법으로 적절하지 않은 것은?
① 시각장애 선수의 유연성 – 앉아서 윗몸 앞으로 굽히기
② 지적장애 선수의 심폐지구력 – 20m 왕복달리기 (셔틀런)
③ 척수 장애 선수의 민첩성 – 휠체어 20m 지그재그 이동하기
④ 뇌병변장애 선수의 평형성 – 수직 점프(서전트 점프)

정답 ④ **해설** 뇌병변장애 선수의 평형성 측정을 위한 수직 점프는 잘못되었다.

19. 장애인스포츠용 휠체어의 특징으로 옳지 않은 것은?
① 보관과 이동을 위해 프레임을 접을 수 있다.
② 바퀴 축의 위치를 다르게 할 수 있다.
③ 좌석의 기울기를 다르게 할 수 있다.
④ 바퀴가 수직에서 비스듬히 기울어져 있다.

정답 ① **해설** 스포츠용 휠체어는 충돌 방지와 저저항 수단으로 제작되므로 프레임을 접는 기능이 탑재되지 않는다.

20. 패럴림픽대회 종목 중 동계대회 종목만으로 바르게 묶인 것은?
① 카누 – 스노보드
② 트라이애슬론 – 휠체어컬링
③ 크로스컨트리 스키 – 파라아이스하키
④ 휠체어 펜싱 – 알파인스키

정답 ③ **해설** 패럴림픽 동계대회 종목은 알파인스키, 스노보드, 아이스슬레지하키, 노르딕스키, 바이애슬론, 크로스컨트리, 휠체어컬링이다. 바르게 묶인 것은 ③번이다. 아이스슬레지하키는 달리 파라아이스하키라고도 한다.

11. 장애인육상 트랙경기에서 장애 유형에 따른 등급분류가 옳은 것은?
① 청각 장애 : T20
② 시각장애 : T11 ~ T13
③ 지적장애 : T31 ~ T38
④ 척수 장애 : T42 ~ T46

정답 ② **해설** 시각장애는 T11~T13으로 분류한다.
오답해설 절단장애는 T42~T46로 분류하고, 청각 장애와 지적장애는 통합등급으로 별도 등급분류가 없다.

12. 보기에서 설명하고 있는 제도는?

- 장애인 선수가 평소에 건강이나 치료를 위해 복용하는 의약품 중 금지된 의약품이 있을 경우 이를 신고해야 한다.
- 의약품은 단지 치료적 용도로 사용되어야만 하며 운동 수행에 영향을 주어서는 안 된다.
- 금지된 의약품을 복용하지 않았을 때 명확한 건강상의 문제를 보여야만 인정될 수 있다.

① 도핑(doping) 사용 허가
② 도핑(doping) 및 부스팅(boosting)
③ 세계 반도핑 규정(world anti-doping code)
④ 치료 목적 사용면책(therapeutic use exemption, TUE)

정답 ④ **해설** 보기는 도핑의 치료 목적 사용면책을 설명하고 있다.

14. 국제시각장애인스포츠연맹(International Blind Sports Association, IBSA) 주관 대회의 경기종목 중 비장애인이 함께 참가할 수 없는 종목은?
① 골볼
② 알파인스키
③ 탠덤 사이클
④ 5인제 축구

정답 ① **해설** 골볼은 장애인만 참여하는 경기이다. ②~④는 비장애인도 장애인과 함께 참여할 수 있다.
해설 편집 편의를 위해 13번과 14번이 바뀌어 있다.

13. 보기에서 설명하고 있는 경기력 향상을 위한 심리기술 훈련으로 옳은 것은?

- 시합 전 불안을 해소하고 집중력을 향상시켜 최상의 경기력을 발휘하기 위한 자신만의 고유한 동작이나 절차이다.
- 예를 들어 휠체어 테니스 선수가 서비스하기 전에 공을 매번 바닥에 다섯 번 튀긴 후에 실시하는 것이다.

① 이완훈련
② 루틴 훈련
③ 심상 훈련
④ 호흡 훈련

정답 ② **해설** 보기는 최상의 운동 수행을 위해 필요한 이상적 상태를 갖추기 위해 자신의 고유한 동작이나 절차를 의미하는 루틴을 설명하고 있다.

15. 우리나라 장애인스포츠의 발전과정에 대한 설명으로 옳지 않은 것은?
① 1988년 서울패럴림픽대회는 장애인스포츠에 대한 국민 인식의 변화와 제도적 기반 조성에 계기가 되었다.
② 2000년 스페셜올림픽 국내대회가 전국장애인체육대회와 동일한 장소에서 개최되어 국내 장애인스포츠 발전의 전환점을 맞이하게 되었다.
③ 2005년 대한장애인체육회 설립으로 행정적, 제도적 기반을 갖추게 되었다.
④ 2009년 이천장애인체육종합훈련원 개원으로 장애인 국가대표 선수들의 체계적이고 과학적 훈련이 가능해졌다.

정답 ② **해설** 1999년 처음으로 국제스페셜올림픽위원회(SOI) 경기 규정을 적용한 국내 스페셜올림픽은 순천향대학교에서 개최되었다.

07. 국제 장애인스포츠대회 중 가장 먼저 개최된 대회로 옳은 것은?

① 패럴림픽대회(Paralympics)
② 데플림픽대회(Deaflympics)
③ 스페셜올림픽대회(Special Olympics)
④ 장애인아시아경기대회(Asian Para Games)

정답 ② **해설** 패럴림픽은 1960년 시작되었지만, 데플림픽은 훨씬 이른 1924년에 처음 시작되었다.

08. 장애 유형별 국제장애인스포츠 조직이 바르게 연결된 것은?

① 청각 장애 – IPC(International Paralympics Committee)
② 시각장애 – SOI(Special Olympics International)
③ 지적장애 – ICSD(International Committee of Sports for the Deaf)
④ 뇌병변장애 – CPISRA(Cerebral Palsy International Sports and Recreation Association)

정답 ④ **해설** ④ 뇌병변장애는 CPISRA이다.
오답해설 ① 청각 장애는 ICSD(The International Committee of Sports for the Deaf)이고, ② 시각장애는 IBSA(International Blind Sports Federation) ③ 지적장애는 Virtus(World Intellectual Impairment Sport)로 2020년에 변경하였다.

09. 보기에서 장애인스포츠 등급분류에 대한 설명으로 바르게 모두 묶인 것은?

> ㉠ 등급 상태는 N(신규), R(재검사), C(확정), FRD(재검사 일시 지정)로 표기한다.
> ㉡ 장애인스포츠에서 장애 유형이 다르더라도 동일한 등급을 가질 수 있다.
> ㉢ 국제패럴림픽위원회(IPC)는 2018년부터 선수에 대한 과학적 데이터를 기반으로 한 '증거기반 등급분류(evidence-based classification)'를 적용하고 있다.
> ㉣ 국제스포츠 등급분류는 1940년대 의무분류체계(medical classification)로 시작되어 의사만이 등급을 결정할 수 있다.

① ㉠
② ㉠, ㉡
③ ㉠, ㉡, ㉢
④ ㉠, ㉡, ㉢, ㉣

정답 ③ **해설** 1980년까지 분류 방법을 의학적 분류 방법을 적용했지만 1980년 이후는 기능적 분류로 바뀌었고, 2018년 이후 증거기반 분류 방법을 적용하고 있다. **오답해설** ④ 등급분류는 등급분류사가 결정하는 것으로, 등급분류사는 주로 의사이지만 의사만이 등급을 결정할 수 있는 것은 아니다.

10. 휠체어 스포츠의 경기 방법 및 규칙에 대한 설명으로 옳지 않은 것은?

① 휠체어컬링에서 상대편보다 링 중심에 가까이 있는 스톤마다 1점씩 가산된다.
② 휠체어 펜싱에서 선수가 휠체어에서 떨어지거나 바닥에 손을 짚으면 심판이 경기를 중단할 수 있다.
③ 휠체어 농구에서 공을 잡고 세 번까지 바퀴를 밀어 이동할 수 있다.
④ 휠체어 럭비에서 공은 손, 무릎 등 어느 부위로든 운반할 수 있으나 무릎 위에서 운반할 때는 최소한 공의 75%가 보여야 한다.

정답 ③ **해설** 휠체어 농구에서 휠체어를 2회 민 상태에서 반드시 드리블해야 한다.

2019 기출문제

01. 우리나라 장애인스포츠가 국민체육의 한 분야로 인정받게 된 법적 근거로 옳은 것은?
① 1977년 특수교육진흥법 제정
② 2003년 장애인복지법 개정
③ 2005년 국민체육진흥법 개정
④ 2007년 장애인차별금지 및 권리구제 등에 관한 법률 제정

정답 ③ **해설** 2005년 국민체육진흥법의 개정 때 대한장애인체육회 관련 내용이 포함되어 국민체육의 한 분야로 인정하기 시작하였다.

02. 패럴림픽대회(Paralympics) 종목 중 지적장애인이 참가할 수 있는 종목으로 옳은 것은?
① 수영　② 골볼　③ 배구　④ 사격

정답 ① **해설** 패럴림픽에서 지적장애인이 참가할 수 있는 종목은 수영이다. **오답해설** ② 골볼은 시각장애인의 경기 ③ 배구는 좌식 배구로 지체 장애인의 경기 ④ 사격은 척수 장애인과 절단 및 기타장애인 경기이다.

03. 장애인 선수를 지도할 때 고려해야 할 사항으로 적절하지 않은 것은?
① 일관성과 개별성 있는 피드백을 제공한다.
② 언어적 보조와 다른 보조를 적절히 연결하여 제공한다.
③ 선수가 실패하거나 경쟁적 경험을 하지 않도록 보호해 준다.
④ 선수가 잘할 수 있는 것에 주목하고 과소평가 하지 않는다.

정답 ③ **해설** 선수 지도 시 실패나 경쟁적 경험을 하지 않도록 하는 것은 바람직한 방법이 아니다.

04. 패럴림픽대회에 참가할 수 있는 장애 유형으로 옳지 않은 것은?
① 청각 장애　② 시각장애
③ 척수 장애　④ 절단 및 기타 장애

정답 ① **해설** 패럴림픽에 참가하는 장애 유형은 지체 장애, 뇌 병변 장애, 시각장애, 지적장애 등이다. 청각 장애는 해당하지 않는다.

05. 장애인스포츠를 위해 개발된 스포츠 장비가 아닌 것은?
① 휠체어 테니스의 라켓
② 보치아의 홈통
③ 알파인스키의 아웃리거
④ 골볼의 소리가 나는 공

정답 ① **해설** 휠체어 테니스에서 라켓은 테니스에서 사용하는 라켓과 같으므로 장애인스포츠를 위해 개발된 장비가 아니다.

06. 장애인스포츠에 대한 설명으로 옳지 않은 것은?
① 일반적으로 장애인들이 참여하는 경쟁적인 스포츠를 의미한다.
② 장애인 선수가 참가하기 위해 활동의 일부를 수정하거나 변형한 스포츠이다.
③ 장애인 선수가 참가하는데 특별한 수정이 필요 없는 스포츠도 포함된다.
④ 장애인 선수의 최상 수행을 위해 비장애인과 함께 참여하는 활동은 포함되지 않는다.

정답 ④ **해설** 장애인스포츠는 장애인의 최상 수행을 위해 비장애인도 함께 참여할 수 있다.

17. 보기에서 장애인스포츠를 위해 개발된 경기 장비를 바르게 고른 것은?

> ㉠ 휠체어컬링의 스톤
> ㉡ 알파인스키의 아웃리거
> ㉢ 휠체어 농구의 농구공
> ㉣ 파라아이스하키의 스틱

① ㉠, ㉡ ② ㉠, ㉢ ③ ㉡, ㉣ ④ ㉢, ㉣

정답 ③ **해설** 알파인스키의 아웃리거는 장애인 알파인스키에서만 사용한다. 장애인아이스하키에서는 스틱이 슛과 드리블에 사용하며 동시에 스키의 폴과 같은 역할을 한다. 아이스하키에서 사용하는 스틱과 다르다.
오답해설 휠체어컬링의 스톤은 컬링과 같은 것을 사용하고, 휠체어 농구 또한 농구와 볼이 같다.

18. 국제패럴림픽대회(IPC)의 조직과 기능에 대한 설명으로 옳지 <u>않은</u> 것은?
① 국제올림픽위원회(IOC)의 하위 조직이다.
② 패럴림픽대회와 종목별 세계선수권대회, 지역선수권대회를 승인한다.
③ 여성스포츠위원회는 패럴림픽대회에서 양성평등에 관련된 사항을 관리한다.
④ 국제장애인스포츠기구(ISOD)는 IPC에 의해 장애 유형별 대표로 인정받는 독립적인 스포츠 기구이다.

정답 ① **오답해설** IPC는 IOC의 하위 조직이 아니다.

19. 척수 장애 선수의 손상 부위와 감각 기능 이상 부위의 연결이 옳지 <u>않은</u> 것은?
① C4-C6 : 손, 손목, 전완 부위
② T2-T5 : 가슴 근육 부위
③ T6-T10 : 무릎 아래와 샅고랑 부위
④ T11-L3 : 하지와 골반 부위

정답 ③ **해설** C는 경추, T는 흉추를 말한다. T6-T10 손상은 하지 마비의 원인이 된다.

20. 알파인스키 시각장애 부분의 경기규칙으로 옳은 것은?
① 경기 중에 안내자와 선수의 신체적 접촉이 허용된다.
② B1 선수의 안내자는 선수 앞 또는 뒤에 위치하여 안내할 수 있다.
③ B2~B3 선수들은 빛이 완전히 차단되는 고글을 착용해야 한다.
④ 회전과 대회전경기에서 안내자는 기문을 5회까지 지나칠 수 있다.

정답 ② **해설** 정답은 ②번으로 발표되었다. 그러나 정답이 없는 상태이다. **오답해설** 시각장애인 알파인스키는 ① 경기 중 가이드와 선수의 신체적 접촉은 실격이다. ② 가이드는 반드시 선수 앞에서 스키를 타야 한다. 선수가 가이드를 앞지를 수 있는 마지막 게이트와 피니시 라인 사이에서만 예외가 있을 수 있다. ③ B1 등급의 선수는 경기 중 반드시 빛 차단 고글을 착용한다. ④ 가이드는 모든 게이트를 통과해야 한다.

13. 시각장애 스포츠 종목의 경기규칙으로 옳은 것은?
① 체스 : 일반 체스판을 사용하여 경기한다.
② 축구 : 한 팀은 9명으로 구성되며 골키퍼는 B2~B3 등급선수가 담당한다.
③ 골볼 : 경기 중 관중의 응원은 금지되지만, 벤치에서 소리를 내어 지시할 수 있다.
④ 육상 : T11 등급 경기에서 가이드 러너(guide runner)는 선수와 0.5m 이상 떨어져서는 안 된다.

정답 ④ **해설** 장애인육상에서 가이드 러너는 선수 0.5 이상 떨어져서는 안 된다. **오답해설** ① 시각장애인은 일반 체스판을 사용하지 않고 브레일 체스 세트를 사용한다. ② 장애인 축구는 5인제 시각장애인 축구, 7인제 뇌성마비 장애인 축구, 11인제인 지적장애인 축구와 청각장애인 축구 등이 있다. ③ 골볼은 소리를 인식하여 경기하는 방법으로, 관중은 조용히 해야 하고, 코치도 경기 중 소리를 내어 지시할 수 없다.

14. 경주용 휠체어에 대한 설명으로 옳은 것은?
① 조정장치는 선수의 힘이 휠체어에 전달되는 부분이다.
② 높은 좌석을 이용할 때보다 큰 추진력을 얻을 수 있다.
③ 휠체어 좌석을 뒤쪽으로 이동할수록 푸시림(pushrim) 앞쪽으로 힘을 가하기가 쉬워진다.
④ 3바퀴 휠체어는 4바퀴 휠체어보다 지면 마찰력이 적고 바람의 저항을 적게 받는다.

정답 ④ **해설** 3바퀴 휠체어는 4바퀴와 비교하면 마찰력이 적고, 바람의 저항도 적게 받는다.
오답해설 ① 선수의 힘이 휠체어로 전달되는 부분은 구동 장치이다. ② 높은 좌석은 저항이 많아 추진력이 약해진다. ③ 푸시림은 바퀴를 돌리는 손잡이를 말한다. 휠체어 좌석 앞쪽에서 힘을 가하기 쉽다.

15. 장애인 선수의 운동 상해 예방과 대처 방법에 대한 설명으로 옳지 않은 것은?
① 경련이 멈춘 후에는 선수를 똑바로 눕혀 타액이 입속으로 자연스럽게 흘러가도록 한다.
② 녹내장이 있는 시각장애 선수는 안구의 압력이 갑자기 높아지는 활동을 주의하도록 한다.
③ 완전 사지 마비 선수는 자주 심호흡을 하거나 자세를 바꾸어서 어지럼증을 예방하도록 한다.
④ 제6번 가슴신경(T6) 이상의 척수 손상 선수는 자율신경 반사 이상으로 인한 응급상황에 대비해야 한다.

정답 ① **해설** 스포츠 활동 중 경련 환자의 응급처치는 환자를 옆으로 천천히 눕혀 입속에 고여 있는 침을 뱉을 수 있도록 유도하고, 주변의 위험한 물건을 치운다. 환자가 음식물 또는 물을 마시지 않도록 해야 한다. 발작 시간이 길어지면 119에 응급조치를 요청하고, 의학적 치료가 필요하다.

16. 패럴림픽대회와 데플림픽대회에서 공통적으로 실시하는 종목은?
① 농구   ② 카누   ③ 레슬링   ④ 핸드볼

정답 ① **해설** 농구는 패럴림픽과 데플림픽에서 공통적으로 실시되는 종목이다. **오답해설** 카누는 패럴림픽만, 레슬링과 핸드볼은 데플림픽만의 종목이다.

09. 위닉(Winnick, 2011)이 제시한 제한환경의 최소화(least restrictive environment, LRE)에 따른 스포츠 참가 연속체(continuum)의 단계별 사례로 옳지 않은 것은?
① 1단계 : 지적장애 선수가 일반 육상경기에 동일한 조건으로 참가함
② 2단계 : 시각장애 선수가 가이드 레일을 이용하여 일반 볼링 경기에 참가함
③ 3단계 : 휠체어 테니스 선수와 비장애 선수가 한 팀이 되어 시합하되, 휠체어 테니스 선수에게는 투 바운드를 허용함
④ 4단계 : 등급분류를 받은 뇌 병변 장애 선수가 보치아 경기에 참가함

정답 ④ [오답해설] 최소 제한환경이란 장애인이 장애가 없는 가정과 사회로부터 최소한으로 분리되어야 한다는 개념이다. 이를 실천하는 방법으로 통합스포츠 5단계가 제시되었는데, 등급분류를 받은 선수가 보치아 경기에 참가하면 1단계에 해당한다.

10. 보기의 상황에서 현재 세계반도핑기구(WADA)가 제정한 반도핑 규정 위반사항에 해당하는 선수를 모두 고른 것은?

> ・A선수는 B선수와 사전에 혈액도핑을 공모하였으나 두려움을 느낀 A선수의 철회로 인해 결국 두 선수 모두 혈액도핑을 시도하지 않았다.
> ・경기 중 휴식시간에 C선수는 D선수에게 도핑용 약품을 제공하려 하였으나 D선수는 이를 거부하고 감독에게 알렸다.

① A선수
② B선수, C선수
③ A선수, B선수, C선수
④ A선수, B선수, C선수, D선수

정답 ③ [해설] 도핑은 직접적 투약과 흡입은 물론 관련 약물의 보관과 도핑 시도까지 포함한다.

11. 보기에서 휠체어 농구에 대한 설명으로 옳은 것은?

> ㉠ 국제농구연맹(FIBA)의 경기규칙을 따른다.
> ㉡ 휠체어에 조정장치, 브레이크, 기어의 장착이 허용된다.
> ㉢ 경기에 참가하는 각 팀 선수들의 등급 포인트 점수 합산치는 14점 이내이어야 한다.
> ㉣ 3.5~4.5등급 선수의 경우 바닥에서 휠체어 의자 상단까지의 최대높이는 58cm이다.

① ㉠, ㉡   ② ㉡, ㉢   ③ ㉢, ㉣   ④ ㉠, ㉣

정답 ③ [해설] 기본적으로 국제농구연맹(FIBA)의 규정에 따르지만, 휠체어의 특수성으로 인해 국제휠체어 농구연맹(IWBF)의 별도 규정을 따른다. 각 팀은 장애인 등급점수 14점 이내이어야 한다. 3.5~4.5등급 선수는 바닥에서 휠체어 의자 상단까지의 최대높이는 58cm이다.

12. 시각장애 스포츠 등급분류에 대한 설명으로 옳은 것은?
① 기능적 분류(functional classification)를 적용한다.
② B1은 빛은 감지하더라도 방향과 거리에 관계없이 손의 형태를 인지할 수 없다.
③ B2는 시력이 2m/40m~6m/40m 혹은 시야가 5~10도 사이인 경우이다.
④ B3는 시력이 2m/80m~6m/80m 혹은 시야가 5~30도 사이인 경우이다.

정답 ② [오답해설] ① 기능적 분류가 아니고 의무적 분류이다. ③ B2는 손의 상태를 인지할 수 있는 단계에서부터 2/60m 또는 시야가 5도 이하인 장애인이고, ④ B3는 시력 2/60m~6/60m, 시야가 5도 이상 20도 이하인 경우이다.

05. 장애인스포츠의 개념에 대한 설명으로 옳지 않은 것은?

① 스포츠 수행력보다 장애 극복에 초점을 두고 있다.
② 장애인스포츠의 영어 표현은 disability sport, adapted sport 등이 사용된다.
③ 장애인이 참가할 수 있도록 변형되거나 개발된 스포츠를 의미한다.
④ 장애인만이 참여하는 스포츠뿐만 아니라 비장애인과 함께 참여하는 스포츠를 포함한다.

정답 ① 해설 장애인스포츠는 스포츠 수행력은 물론 장애의 재활에 초점을 둔다.

06. 장애인아시아경기대회(Asia Para Games)에 대한 설명으로 옳은 것은?

① 2010년 광저우대회부터 해당 명칭이 사용되었다.
② 국제패럴림픽위원회(IPC)가 주최하는 국제경기대회이다.
③ 2014년 인천대회에서 한국은 종합 4위를 차지하였다.
④ 동계대회는 하계대회와 마찬가지로 2년마다 개최된다.

정답 ① 해설 2010년 제10회 광저우대회부터 아시안 패럴림픽(Asian Para Games) 명칭을 사용하였다.
오답해설 장애인아시아경기대회는 APC(Asian Paralympic Committee)가 주관한다. 2014년 인천대회에서 한국은 종합 2위를 하였다. 아시안 패럴림픽은 동계와 하계대회 모두 4년마다 개최된다.

07. 스페셜올림픽대회와 패럴림픽대회의 내용을 비교한 것으로 옳지 않은 것은?

구분		스페셜올림픽	패럴림픽
①	장애 유형	지적장애	신체장애, 시각장애, 지적장애
②	참가 자격	최소 12세 이상	종목별 참가 자격을 충족한 자
③	선수 분류	디비져닝	등급분류
④	대회 창설자	슈라이버	굳트만

정답 ② 오답해설 스페셜올림픽의 참가 대상은 만 8세 이상의 지적·자폐성 장애인이다.

08. 보기에서 장애인 동계스포츠 경기 방법에 대한 설명으로 옳은 것은?

㉠ 휠체어컬링 경기에서 익스텐더 큐를 사용할 수 있으나 스위핑은 하지 않는다.
㉡ 바이애슬론 경기에서 표적을 맞히지 못하면 주행시간이 추가되거나 주행 페널티를 받는다.
㉢ 크로스컨트리 스키 경기는 보통 39초 간격으로 출발하고 도착시간과 출발시간의 차이를 계산하여 순위를 결정한다.
㉣ 파라아이스하키의 한 팀은 15명으로 구성되며 링크 안에는 골키퍼 1명, 공격수 4명, 수비수 4명이 경기에 참가한다.

① ㉠, ㉡, ㉣
② ㉠, ㉢, ㉣
③ ㉠, ㉡, ㉢
④ ㉡, ㉢, ㉣

정답 ③ 해설 파라아이스하키 팀 엔트리는 골키퍼를 포함 22명이며, 출장 선수는 골키퍼 1명, 디펜스 2명, 포워드 3명 등 6명이다. 그러므로 ㉣이 포함되면 오답 찾기의 정답이다.

2020 기출문제

01. 한쪽 상지 절단 장애 선수의 일반적인 특성으로 옳은 것은?
① 라켓 경기에 참여할 수 없다.
② 하지 절단 장애 선수보다 더 많은 스포츠에 참가할 수 있다.
③ 수영할 때 부유 기구를 사용하지 않는 것이 효과적이다.
④ 수영 속도를 빠르게 유지하려면 스트로크의 빈도보다 길이가 더 중요하다.

정답 ② **해설** 하지 절단장애는 이동에 제약을 받으므로, 상지 절단 장애보다 활동과 운동 수행에 애로가 많다. 상지 절단장애는 하지 절단 장애보다 더 많은 스포츠에 참가할 수 있다.

02. 절단 장애 선수의 절단 부위(stump)에 대한 관리 방법으로 옳지 않은 것은?
① 깨끗한 물로 씻어 청결하게 한다.
② 말단 부위를 수시로 마사지한다.
③ 보장구의 상태를 확인하고 오랜 시간 착용한 후에는 건조시킨다.
④ 근육과 관절 부위의 통증 완화를 위해 리니먼트제(liniments)를 사용한다.

정답 ④ **해설** 절단 부위 관리는 1) 청결을 유지하여 절단 부위 2차 감염을 예방해야 하고 2) 운동을 통해 절단 부위와 관련된 근육의 위축을 예방해야 하며 3) 보장구를 착용하면 보장구 위생관리의 철저 등이다. ④ 리니먼트제는 피부병 질환 치료제 성분이다.

03. 국제패럴림픽위원회(International Paralympic Committee, IPC)의 회원으로 활동하고 있는 장애 유형별 국제장애인스포츠조직이 아닌 것은?
① 국제시각장애인경기연맹(International Blind Sports Association, IBSA)
② 국제농아인스포츠위원회(International Committee of Sports for the Deaf, ICSD)
③ 국제지적장애인경기연맹(International Association of Sports for Para-Athletes with an Intellectual Disability, INAS)
④ 국제뇌성마비인경기연맹(Cerebral Palsy-International Sports and Recreation Association, CPISRA)

정답 ② **해설** ICSD는 IPC에서 탈퇴하여 현재 독자적으로 데플림픽을 운영하고 있다.

04. 보기에서 국제뇌성마비인경기연맹(CPISRA)의 종목을 바르게 고른 것은?

| ㉠ 레이스 러닝(race running) |
| ㉡ 보치아(boccia) |
| ㉢ 5인제 축구(football 5-a-side) |
| ㉣ 알파인스키(alpine skiing) |

① ㉠, ㉡, ㉢   ② ㉡, ㉢, ㉣
③ ㉠, ㉢, ㉣   ④ ㉠, ㉡, ㉣

정답 ④ **해설** CPISRA의 종목은 프레임 축구, 레이스 러닝, 휠체어 슬라롬이다. CPISRA이 주관했던 보치아는 2013년 BISFed로 분리되었고, 뇌성마비 축구는 2010년 분리된 후 2015년 IFCPF를 창설하여 별도 단체로 설립되었다. 그러므로 정답이 없는 상태이다. 5인제 축구는 IBSA 종목이다. 그렇지만 ④번을 정답으로 발표하고 이후 수정되지 않았다.

17. 스페셜올림픽에 관한 설명으로 옳은 것은?
① 청각장애인이 참여한다.
② 유럽 지적장애협회에서 주관한다.
③ 상이군경 경기대회에서 발전했다.
④ 하계, 동계대회는 각각 4년 주기로 개최된다.

정답 ④ **해설** ① 스페셜올림픽은 지적장애인만 참여한다. ② 국제스페셜올림픽위원회가 주관한다. ③ 상이 군경경기대회가 발전한 것이 아니다.

18. 보기의 ( ) 안에 들어갈 내용을 순서대로 바르게 나열한 것은?

> 뇌성마비 선수의 스포츠 등급분류는 ( )으로 구분하며, 휠체어 등급은 ( ), 보행 가능 등급은 ( )으로 분류한다.

① 8등급, 1~3등급, 4~8등급
② 8등급, 1~4등급, 5~8등급
③ 9등급, 1~5등급, 6~9등급
④ 9등급, 1~4등급, 5~9등급

정답 ② **해설** CPISRA 등급분류는 8단계로, 휠체어는 1~4등급, 보행 가능은 5~8등급이다.

19. 보기의 패럴림픽 종목 중 휠체어를 사용하는 척수 장애인이 참가하는 종목으로만 묶인 것은?

> ㉠ 양궁 ㉡ 승마 ㉢ 유도 ㉣ 축구

① ㉠, ㉡
② ㉠, ㉣
③ ㉡, ㉢
④ ㉢, ㉣

정답 ① **해설** 양궁은 ARW1, ARW2로 구분한다. 여기서 AR은 Archery(양궁)이고, W는 휠체어 참가자 등급이다. 승마는 평소 휠체어 사용자가 마장마술에 참여할 수 있다.

20. 전국장애인체육대회의 휠체어 테니스 경기 방법 및 규칙에 관한 설명으로 옳은 것은?
① 단식, 복식 경기는 있지만 혼합 복식 경기는 없다.
② 참가선수의 등급분류를 고려하지 않는다.
③ 공이 지면에 두 번 튀기는 투 바운드를 허용한다.
④ 공이 코트의 바깥에서 두 번째 바운드 되면 실점한다.

정답 ③ **해설** 휠체어 테니스 경기 세부종목은 단식과 복식, 혼합복식으로 구분한다. 공이 지면에서 두 번 튀기는 투 바운드를 허용한다. **오답해설** 두 번째 바운드가 코트 바깥이어도 인정된다.

11. 기능적 분류 체계(functional classification)에 관한 설명으로 옳지 <u>않은</u> 것은?
① 1992년 바르셀로나 패럴림픽부터 적용되었다.
② 장애 유형보다는 신체적 능력으로 등급을 분류하는 것이다.
③ 시각장애 스포츠의 기능적 분류는 B1, B2, B3로 구분한다.
④ 경기력 및 장애 수준이 유사한 선수는 같은 그룹으로 분류한다.

정답 ③ **해설** 시각장애 스포츠의 기능적 분류는 B1, B2, B3로 구분하는 것은 기능적 분류가 아니고, 의학적 분류 방법이다.

12. 국제패럴림픽위원회(IPC)가 인정하는 독립적인 국제경기연맹(International Sports Federations, IFs)이 <u>아닌</u> 것은?
① 국제테니스연맹(ITF)
② 국제조정연맹(FISA)
③ 국제골볼연맹(IGF)
④ 국제휠체어 농구연맹(IWBF)

정답 ③ **해설** 골볼은 별도 연맹이 구성되어 있지 않고, 국제시각장애인스포츠연맹(IBSA)이 주관하는 종목이다.

13. 보기의 ( ) 안에 들어갈 내용으로 옳은 것은?

> 스페셜올림픽은 패럴림픽의 등급분류와 같이 디비져닝(divisioning)을 실시한다. 디비져닝에서는 경쟁 부문에 참가하는 모든 선수들의 경기기록이나 수행성적이 (　)% 이상 차이가 나지 않아야 한다.

① 10　② 20　③ 25　④ 30

정답 ① **해설** 참가선수들의 경기기록이나 수행실적이 10% 이상 차이가 나지 않아야 한다.

14. 보기의 장애 유형별 운동상해 예방을 위한 고려사항 중 옳은 것으로만 묶인 것은?

> ㉠ 다운증후군 장애인은 활동의 다양성을 위해 구르기, 다이빙을 권장한다.
> ㉡ 인공와우를 이식한 청각장애인은 접촉 스포츠에 참여하는 것이 좋다.
> ㉢ 절단 장애인 보장구의 파손으로 인해 부상의 위험이 있다.
> ㉣ 시각장애인은 신체 접촉에 의한 강한 충격이나 압력으로 망막 분리가 발생할 수 있다.

① ㉠, ㉡　② ㉠, ㉢　③ ㉡, ㉣　④ ㉢, ㉣

정답 ④ **해설** ㉠ 다운증후군 장애인은 머리와 목의 근육에 충격을 줄 수 있는 신체 간 접촉, 구르기, 다이빙 등을 피해야 한다. ㉡ 인공와우를 이식한 장애인은 레슬링, 유도 등 과격한 운동과 접촉성 운동은 피해야 한다.

15. 보기 내용 중 국제시각장애인스포츠연맹(IBSA) 주관 대회의 경기종목을 모두 고른 것은?

> ㉠ 슬라롬　㉡ 사격　㉢ 육상　㉣ 수영

① ㉠, ㉡, ㉢　② ㉡, ㉢, ㉣
③ ㉠, ㉡, ㉣　④ ㉢, ㉣

정답 ② **해설** IBSA가 주관하는 종목은 육상, 5인제 축구, 골볼, 유도, 수영, 볼링(텐핀·나인핀), 사격, 체스, 역도, 쇼다운, 토르발 등이다.

16. 보기의 내용 중 국제패럴림픽위원회(IPC)의 반도핑 규정 위반사항으로만 묶인 것은?

> ㉠ 선수의 신체 표본에 남아있는 금지약물
> ㉡ 도핑검사 지정 후 샘플 채취 거부
> ㉢ 치료 목적 사용면책(TUE) 기준에 의해 승인된 약물복용
> ㉣ 운동 수행 향상에 영향을 미치는 치료적 용도의 의약품 복용

① ㉠, ㉡, ㉢　② ㉠, ㉡, ㉣
③ ㉠, ㉢, ㉣　④ ㉡, ㉢, ㉣

정답 ② **해설** ㉢ IPC 반도핑 규정에 TUE 기준에 의해 승인된 약물복용은 위반이 아니다.

05. 보기에서 장애인스포츠를 위해 개발된 경기 장비가 아닌 것은?

> ㉠ 파라아이스하키의 스틱
> ㉡ 휠체어컬링의 스톤
> ㉢ 7인제 축구의 축구공
> ㉣ 5인제 축구의 축구공

① ㉠, ㉡ ② ㉡, ㉢ ③ ㉢, ㉣ ④ ㉠, ㉣

정답 ② **해설** ㉠ 파라아이스하키의 스틱은 썰매 추진을 위한 픽과 다른 한쪽에는 퍽을 칠 수 있는 블레이드가 달린 폴을 사용한다. ㉣ 5인제 축구 B1(전맹부)은 방울이 삽입되어 소리가 나는 공을 사용한다. **오답해설** ㉡과 ㉢은 비장애인 스포츠와 동일한 용구를 사용한다.

06. 국제패럴림픽위원회(IPC)의 가맹단체가 아닌 조직은?
① 국제스페셜올림픽위원회(SOI)
② 국제뇌성마비스포츠·레크리에이션협회(CPISRA)
③ 국제시각장애인스포츠연맹(IBSA)
④ 국제휠체어·절단장애인경기연맹(IWAS)

정답 ① **해설** SOI는 IPC의 가맹단체가 아니다.

07. 보기의 장애인스포츠 등급분류에 관한 설명으로 옳은 것을 모두 고른 것은?

> ㉠ 의무분류는 해부학과 의학적 방법에 따라 분류하는 것이다.
> ㉡ 최근에는 증거기반 등급분류(evidence-based classification)가 적용되고 있다.
> ㉢ 패럴림픽 기능적 분류 지침에 의해 오랫동안 참여 인원이 적은 등급의 경기는 취소할 수 있다.
> ㉣ 청각장애인 선수의 등급분류는 1~3등급으로 구분한다.

① ㉠, ㉡ ② ㉡, ㉣ ③ ㉢, ㉣ ④ ㉠, ㉡, ㉢

정답 ④ **해설** 청각장애인 선수의 등급은 B1(전맹), B2(준맹), B3(약시)의 3등급으로 분류한다. 그러므로 ㉣을 제외한 것이 옳다.

08. 보치아 경기 방법에 관한 설명으로 옳지 않은 것은?
① 개인전은 1경기가 4엔드로 구성된다.
② 단체전은 1경기가 6엔드로 구성된다.
③ 단체전은 한팀 당 3명의 선수가 경기에 참여한다.
④ 개인전은 1번과 6번 투구 구역에서 경기를 진행한다.

정답 ④ **해설** 보치아는 개인 경기와 2인조 경기는 4엔드, 단체전은 6엔드로 이루어지고, 단체전은 3명으로 구성하되 반드시 여성이 포함되어야 한다.

09. 하계 데플림픽의 경기종목에 해당하는 것은?
① 플로어 하키 ② 쇼다운
③ 리듬체조 ④ 오리엔티어링

정답 ④ **해설** 데플림픽 하계 종목은 육상, 배드민턴, 농구, 배구, 볼링, 사이클, 축구, 핸드볼, 유도, 태권도, 오리엔티어링, 사격, 수영, 탁구, 테니스, 수구, 레슬링이다.

10. 성인 좌식 배구와 입식 배구의 차이를 비교한 내용으로 옳지 않은 것은?

구분	좌식 배구	입식 배구
① 코트크기	10m×6m	18m×9m
② 네트규격	길이 6.5~7m, 폭 80cm	길이 9.5~10m, 폭 1m
③ 네트높이	남자 1.15m, 여자 1.05m	남자 2.43m, 여자 2.24m
④ 어택라인	센터라인에서 어택라인까지의 거리 : 3m	센터라인에서 어택라인까지의 거리 : 4m

정답 ④ **해설** 좌식 배구는 코트는 10m×6m, 네트 폭은 0.8m, 길이 6.5m이며, 네트 높이는 남자 1.15m, 여자 1.05m이다. 센터라인과 어택라인의 거리는 2m이다. 입식 배구의 어택라인은 3m이다.

2021 기출문제

01. 국제패럴림픽위원회(International Paralympic Committee, IPC)의 주요 기능에 해당하지 않은 것은?
① 모든 장애 유형의 국제경기대회 승인 및 개최
② 장애인스포츠 활동을 통하여 세계 평화에 기여
③ 국제올림픽위원회(IOC) 등 국제스포츠 기구와의 협력
④ 장애인의 스포츠 참여와 운동 능력 향상을 위한 기회 확대

정답 ① **오답해설** IPC는 대회 개최(하·동계패럴림픽)와 주요 대회 승인(패럴림픽, 종목별 세계선수권대회, 지역선수권대회 등) 기능을 한다. 그러나 모든 장애인 국제경기대회 승인과 개최를 하는 것은 아니다.

02. 패럴림픽에서 시각장애인과 비장애인이 함께 팀을 이루어 참여할 수 있는 종목은?
① 골볼   ② 5인제 축구
③ 쇼다운   ④ 유도

정답 ② **해설** 5인제 축구 B1(전맹부)의 골키퍼는 비장애인도 가능하므로, 비장애인과 함께 하는 경기이다.

03. 보기의 장애인스포츠에 관한 설명 중 옳은 것을 모두 고른 것은?

> ⊙ 장애인과 비장애인이 함께 참여하는 스포츠 활동은 포함하지 않는다.
> ⓒ 장애인 선수가 참가할 수 있도록 변형되거나 개발된 스포츠도 포함한다.
> ⓒ 장애인 선수가 참가하는데 특별한 수정이 필요 없는 스포츠도 포함한다.
> ⓒ 스포츠 수행력보다 장애 극복에 초점을 두고 있다.

① ⊙, ⓒ   ② ⓒ, ⓒ
③ ⓒ, ⓒ   ④ ⓒ, ⓒ, ⓒ

정답 ② **해설** 장애인스포츠는 1) 장애인과 비장애인이 함께 참여하는 스포츠, 2) 장애인을 위해 변형되거나 개발된 스포츠, 3) 장애인 참여에 특별한 수정이 필요 없는 스포츠 등이다. 한편 장애인스포츠는 장애 극복보다는 스포츠 수행력에 초점을 맞춘다.

04. 현재 전국장애인동계체육대회의 경기종목이 아닌 것은?
① 바이애슬론(Biathlon)
② 스노슈(Snow Shoeing)
③ 스노보드(Snowboard)
④ 파라아이스하키(Para Ice Hockey)

정답 ② **해설** 전국장애인동계체육대회의 경기종목은 7개로, 알파인스키, 크로스컨트리 스키, 바이애슬론, 아이스슬레지하키, 휠체어컬링, 빙상, 스노보드 등이다. 파라아이스하키는 아이스슬레지하키의 다른 이름이다.

16. 육상 트랙 휠체어 경기에 대한 설명으로 옳은 것은?
① 출발선 위치에서 휠체어 앞바퀴가 선에 닿아도 된다.
② 기록측정은 휠체어의 뒷바퀴가 결승점 통과 시점을 적용한다.
③ 최소 하나의 굴곡을 포함한 레이스에서 달리는 방향은 시계방향이다.
④ 선수는 최종 출발 자세를 취한 후에 총성 신호가 들릴 때까지 스타트를 하면 안 된다.

정답 ④ **해설** 육상 트랙 휠체어 경기는 1) 경기 중 발이 땅에 닿으면 실격 2) 출발선 위치에서 휠체어 앞바퀴가 선에 닿으면 실격 3) 경기 중 상대방에 지장이 없는 범위 내에서 라인 침범 가능 4) 끝내기 시점은 작은 바퀴 결승점 통과 시점 5) 굴곡 시 달리는 방향은 시계 반대 방향 6) 출발신호 전 스타트하면 실격 7) 휠체어 뒤 등받이에 선수 번호표 부착 등이다.

17. 시각장애인 스포츠에 사용되는 장비나 기구가 아닌 것은?
① 컬링 익스텐더 큐   ② 골볼 공
③ 5인제 축구공   ④ 볼링 가이드 레일

정답 ① **해설** 컬링의 익스텐더 큐는 손으로 스톤을 밀기 어려울 때 사용하며, 지체 장애인 장비이다.

18. 우리나라에서 개최된 국제장애인 경기대회 개최 연도와 장소가 바르게 묶인 것은?
① 1988년-부산 장애인아시아경기대회
② 2002년-인천 장애인아시아경기대회
③ 2014년-평창 동계패럴림픽대회
④ 2015년-서울 IBSA세계선수권대회

정답 ④ **해설** ① 2002년 제8회 부산 아시아태평양패럴림픽 개최 ② 2014년 제11회 인천아시안패럴림픽 개최 ③ 2018년 평창동계패럴림픽 개최 등이다.

19. 장애인 선수가 운동 수행 중에 사용하는 루틴(routine)의 효과에 대한 설명으로 옳은 것은?
① 주의를 분산할 수 있는 내적 요인을 제공한다.
② 다음 과정에 대한 집중을 방해한다.
③ 일관된 수행에 도움을 준다.
④ 부적절한 방해요인으로 작용한다.

정답 ③ **해설** 루틴은 최상의 운동 수행을 발휘하는 데 필요한 이상적인 상태를 갖추기 위해 자신만의 고유한 동작이나 절차를 말한다.

20. 보기에서 휠체어 선수의 훈련 및 경기 장소 선정 시 고려사항으로 옳은 것을 모두 고른 것은?

> ㉠ 휠체어가 이동하는데 장애물이 없어야 한다.
> ㉡ 휠체어가 이동하기에 충분한 공간을 확보한다.
> ㉢ 장애인 전용 화장실이 구비되어 있어야 한다.
> ㉣ 장애인 전용 주차장과 경기장 사이의 거리가 가까워야 한다.

① ㉠, ㉡   ② ㉠, ㉢, ㉣
③ ㉡, ㉢, ㉣   ④ ㉠, ㉡, ㉢, ㉣

정답 ④ **해설** 휠체어 선수를 위한 경기 장소 선정 고려사항은 1) 휠체어 이동에 대한 장애물이 없어야 하고, 이동과 보관 공간이 확보되어야 하며, 장애인 전용 화장실이 갖춰지고, 장애인 전용 주차장과 경기장 사이의 거리가 가까워야 한다.

12. 보기의 ㉠~㉢에 들어갈 내용이 순서대로 고른 것은?

> 스포츠 통합 연속체(Winnick, 2011)는 제한환경의 최소화(least restrictive environment)에 따라 5단계로 구분된다. 예를 들어, 의족을 착용한 절단 장애 선수의 일반올림픽 참가는 (㉠), 가이드 레일을 이용한 시각장애 선수의 일반 볼링대회 참가는 (㉡), 비장애 선수가 장애인스포츠 규칙을 적용하여 장애인 경기대회에 참가하는 경우는 (㉢)에 해당한다.

① 1단계, 2단계, 4단계 ② 1단계, 3단계, 4단계
③ 2단계, 3단계, 5단계 ④ 3단계, 4단계, 5단계

정답 ① **해설** 위닉(J. Winnick)의 통합스포츠 5단계는 1단계) 일반 스포츠-모든 선수에게 동일한 기준 적용, 2단계) 일반 스포츠의 적용-경기 결과와 관련 없이 시설, 기구 이용 가능, 3단계) 일반스포츠와 장애인스포츠-장애 구분 없이 함께 참여, 규칙 변형 없음, 4단계) 통합 장애인스포츠-장애인 선수와 일반 선수가 규칙을 변형하여 참가, 5단계) 분리 장애인스포츠-장애 선수만 참가로 구분한다.

13. 뇌성마비 축구에 대한 설명으로 옳지 <u>않은</u> 것은?
① 선수의 장비는 IFAB(International Football Association Board) 규칙을 그대로 적용한다.
② 킥오프를 하는 팀의 상대는 경기를 시작할 때까지 공에서 3m 이상 떨어져 있어야 한다.
③ 여성부 경기는 전후반 각각 25분씩 진행하지만, 심판·팀 동의 및 대회 규정에 따라 단축할 수 있다.
④ 7인제 경기이다.

정답 ② **해설** 뇌성마미 장애인 축구 경기장 센터서클은 7m이므로 킥오프 때 7m 이상 떨어져 있어야 한다.

14. 휠체어 선수의 일반적 특성이 <u>아닌</u> 것은?
① 척수 손상 부위가 높을수록 선수의 균형성은 저하된다.
② 휠체어 선수의 운동자각도는 휠체어를 미는 속도, 출력되는 힘과 연관된다.
③ T1 이상의 척수 장애인 선수는 비장애인 선수와 동일한 수준의 심박수 상승이 나타난다.
④ 척수 손상 부위가 낮을수록 선수의 유산소성 능력과 휠체어 추진 속도가 높아진다.

정답 ③ **해설** 휠체어 선수의 특징은 1) 척수 손상 부위가 높을수록 선수의 균형성은 저하되며, 2) 척수 손상 부위가 낮을수록 선수의 유산소성 능력과 휠체어 추진 속도가 높아진다. 3) 휠체어 선수의 운동자각도는 휠체어를 미는 속도, 출력되는 힘과 연관된다.

15. 보기에서 장애인의 체력평가에 영향을 미치는 요인을 모두 고른 것은?

㉠ 장애 정도	㉡ 동작의 기능적 비효율성
㉢ 장애 유형	㉣ 체력검사 항목의 이해도

① ㉠, ㉡
② ㉠, ㉢, ㉣
③ ㉡, ㉢, ㉣
④ ㉠, ㉡, ㉢, ㉣

정답 ④ **해설** 장애인 체력평가에 영향을 미치는 요인은 장애 유형, 장애 정도, 동작의 기능적 효율성, 체력측정 항목의 이해도 등이다.

07. 하계 데플림픽 경기종목이 아닌 것은?
① 레이스 러닝(race running)
② 가라테(Karate)
③ 산악자전거(mountain bike)
④ 오리엔티어링(orienteering)

정답 ① **해설** 하계 데플림픽 종목은 육상, 오리엔티어링, 배드민턴, 사격, 농구, 수영, 비치발리볼, 탁구, 볼링, 태권도, 도로 사이클, 테니스, 산악사이클, 배구, 축구, 자유형 레슬링, 골프, 그레코로만형 레슬링, 유도, 핸드볼, 카라테 등이다. 레이스 러닝은 국제뇌성마비인스포츠레크리에이션협회(CPISRA) 종목이다.

08. 보치아 경기에 대한 설명으로 옳지 않은 것은?
① 경기장 크기 : 12.5m × 6m
② 경기보조자 : BC3 하지 사용선수의 경기보조자는 투구 구역 뒤쪽에 위치한다.
③ 단체전 : 경기 중인 3명의 선수 중 적어도 1명은 반드시 BC1 선수이어야 한다.
④ 역사 : 한국은 1988년 서울패럴림픽대회에서 개인전 금메달을 획득하였다.

정답 ② **해설** BC1등급 경기는 1명의 경기보조자 도움을 받을 수 있으며, 경기지역 뒤의 지정된 곳에 있어야 한다.

09. 패럴림픽대회와 데플림픽의 내용을 비교한 것으로 옳지 않은 것은?

	구분	패럴림픽	데플림픽
①	주관단체	IPC	ICSD
②	하계 시작	1960년	1955년
③	동계 시작	1976년	1949년
④	대회 창설자	구트만 Ludwig Guttmann	뤼방 알케 Rubens-Alcais

정답 ② **해설** 패럴림픽은 1960년 하계대회가 시작되었지만, 데플림픽은 훨씬 이른 1924년에 하계대회가 처음 시작되었다.

10. 휠체어 럭비에 대한 설명으로 옳지 않은 것은?
① 폭 15m, 길이 28m의 실내코트에서 행해진다.
② 볼을 소유한 팀은 득점을 하기 위해 40초 동안 볼을 가질 수 있다.
③ 볼의 소유권을 가진 선수는 상대편의 키 에어리어(key area) 내에 12초 이상 머물 수 없다.
④ 볼의 소유권을 가진 선수는 최소한 매 10초마다 패스 또는 드리블을 해야 한다.

정답 ③ **해설** 휠체어 럭비는 팀당 4명 출전과 후보 8명으로 구성되며, 경기는 4피리어드(1피리어드 8분), 1·3피리어드 후 1분간 휴식, 2피리어드 후 5분간 휴식한다. 10초에 한 번 이상 드리블해야 하고, 공격 시간인 40초 이내 득점을 해야 한다. ③은 규정되어 있지 않다.

11. 보기에서 스페셜올림픽 농구 종목의 공식경기를 모두 고른 것은?

㉠ 스피드 드리블	㉡ 개인 기술 경기
㉢ 하프코트 통합 팀 경기	㉣ 팀 기술 경기

① ㉠, ㉡
② ㉠, ㉢
③ ㉡, ㉢, ㉣
④ ㉠, ㉡, ㉢, ㉣

정답 ④ **해설** 스페셜올림픽 농구의 공식경기 종목은 스피드 드리블, 팀 기술 경기, 개인 기술 경기, 팀 경기, 하프코트 경기 : 3 on 3경기, 통합 팀 경기, 하프코트 통합 팀 경기 (3 on 3) 등이다.

03. 종목별 스포츠 등급분류를 바르게 제시한 것은?

① 보치아 : BC1, BC2, BC3, BC4
② 5인제 축구 : B1, B2, B3, B4
③ 사격 : SH1(권총), SH2(소총), SR1(권총), SR2(소총)
④ 탁구(좌식) : TT1, TT2, TT3, TT4, TT5, TT6, TT7

정답 ① **오답해설** ② 5인제 축구는 B1(전맹부)과 B2(준맹부)/B3(약시부)의 2가지로 구분 ③ 사격 소총은 공기총-SH1 SH2, 화약총-SH1 SH2, 공기총-SH1 DB, 산탄총-SG-S SG-L SG-U 등으로 구분하고, 권총은 공기총과 화약총 SH1, 공기권총 DB로 구분한다. ④ 좌식 탁구는 TT1~TT5로 나눈다. TT6~TT10은 입식 탁구이다.

04. 보기에서 장애인 운동선수 관리에 대한 고려 사항을 모두 고른 것은?

㉠ 욕창 : 선수에게 압박 부위를 규칙적으로 확인하도록 한다.
㉡ 요로감염 : 규칙적으로 소변을 비우고, 올바른 도뇨법으로 세균 감염에 유의한다.
㉢ 환축추 불안정 : 하지 절단 선수는 환축추 불안정으로 인해 목 부위 압박을 피해야 한다.
㉣ 탈수증 : 중증 뇌성마비 선수는 직접 음료를 섭취하기가 용이하지 않으므로 충분한 수분을 규칙적으로 섭취하고 있는지 확인하고, 필요한 경우 도움을 주어야 한다.

① ㉠, ㉡
② ㉠, ㉡, ㉣
③ ㉠, ㉢, ㉣
④ ㉡, ㉢, ㉣

정답 ② **해설** 제1 경추(환추)와 제2 경추(축추)는 목을 좌, 우로 회전시키는 역할을 하는데, 어떤 원인으로 인해 환추가 축추에 비정상적으로 고정되면 환축추 불안정이 발생하지만, 하지 절단과는 큰 연관이 없다. 다운증후군 질환자는 환축추 불안정으로 인해 목 부위를 항상 유의해서 관리해야 한다.

05. 휠체어 농구에 대한 설명으로 옳지 않은 것은?

① 타이어를 포함한 큰 바퀴의 지름은 최대 69cm이다.
② 볼을 잡고 세 번 이상 바퀴를 밀었을 때 트래블링 바이얼레이션이 선언된다.
③ 경기에 참가하는 각 팀 선수들의 등급 포인트 점수 합산치는 16점 이내이어야 한다.
④ 1.0~3.0등급 선수의 경우 바닥에서 휠체어 의자 상단까지의 최대높이는 63cm이다.

정답 ③ **오답해설** 하반신 사용이 어려운 장애인이 휠체어를 이용하여 경기하는 휠체어 농구 선수는 IWBF 선수등급분류위원회 규정의 선수 등급을 받아야 한다. 선수등급은 1, 1.5, 2, 2.5, 3. 3.5, 4, 4.5의 8단계로 구분하고, 팀별 선수등급 점수 합계가 14점을 초과할 수 없다.

06. 운동 지도 시 절단 장애인의 특성을 고려한 내용으로 옳지 않은 것은?

① 이동과 균형 : 절단 장애인의 균형 능력은 보행 능력과 밀접한 관계가 있다.
② 체온 조절 : 절단 부위로 인한 피부 면적의 감소로 체온 관리에 도움이 된다.
③ 절주 피부 관리 : 말단 부위를 자주 통풍시켜 주고, 항상 보장구의 건조 상태를 확인한다.
④ 움직임 : A6 등급은 A1 등급에 비해 보다 효과적으로 움직일 수 있기 때문에 더 많은 활동을 할 수 있다.

정답 ② **해설** 절단 장애인은 이동과 균형의 어려움이 따르고, 절주 부위의 위생관리가 필요하며, 부위를 자주 통풍시켜주고, 보장구의 건조 상태를 확인해야 한다. 상지 절단장애는 하지 절단 장애보다 더 많은 스포츠에 참가할 수 있다.

19. 골볼 경기에서 페널티가 주어지는 경우가 아닌 것은?
① 투구한 공이 수비팀의 팀 에어리어 앞에 멈추는 경우
② 한 사람이 연속해서 두 번 투구하는 경우
③ 경기 중에 심판의 허가 없이 의도적으로 눈가리개를 만지는 경우
④ 수비팀이 공을 접촉한 이후 10초 이내에 센터라인이나 사이드라인 밖으로 보내지 못한 경우

정답 ② **해설** 한 선수가 연속해서 두 번 투구하는 경우는 퍼스널 페널티를 주지 않는다. 나머지는 모두 퍼스널 또는 팀 페널티가 부과된다.

20. <보기>에서 데플림픽(Deaflympics)에 관한 설명으로 옳은 것만을 고른 것은?

㉠ 국제패럴림픽위원회(IPC)에서 주관하고 있다.
㉡ 한쪽 귀의 청력 손실이 최소한 20dB 이상인 경우에 참가할 수 있다.
㉢ 공정한 경기를 위해 보청기를 착용하고 시합에 출전할 수 없다.
㉣ 하계·동계대회가 각각 4년마다 정기적으로 개최된다.

① ㉠, ㉡   ② ㉠, ㉣
③ ㉡, ㉢   ④ ㉢, ㉣

정답 ④ **오답해설** ㉠ 데플림픽은 국제청각장애인스포츠위원회(ICSD, International Committee of Sports for the Deaf)가 주관한다. ㉡ 청력 손실이 55데시벨(db) 이상만 참가할 수 있다.

2022 기출문제

01. 보기에서 설명하는 개념은?

- 기존의 기능적 등급분류를 발전시킨 시스템이다.
- 장애가 경기의 결정적인 요인에 최소한의 영향을 미쳐야 한다는 원칙을 내세운다.
- 과학적인 증거(데이터)를 적용하여 등급분류 코드를 개선·개발하고 있다.

① 경험적 등급분류(empirical classification)
② 의무분류체계(medical classification)
③ 증거기반 등급분류(evidence-based classification)
④ 체계적 등급분류(systematical classification)

정답 ③ **해설** 종목별 등급분류사가 장애 유형과 신체 능력을 기반으로 분류하는 방법은 증거기반 분류(evidence-based classification)이다.

02. 보기에서 뇌성마비 선수의 국소 해부학적 분류에 따른 특성으로 옳은 것을 모두 고른 것은?

㉠ 단 마비(monoplegia) : 팔과 다리 중 한 부위가 마비된 상태
㉡ 삼지 마비(triplegia) : 팔과 다리 중 세 부위가 마비된 상태
㉢ 사지 마비(quadriplegia) : 양팔과 양다리가 마비된 상태
㉣ 편마비(hemiplegia) : 양팔 또는 양다리가 마비된 상태

① ㉠, ㉡, ㉢   ② ㉠, ㉢, ㉣
③ ㉡, ㉢, ㉣   ④ ㉠, ㉡, ㉢, ㉣

정답 ① **해설** 뇌성마비의 해부학적 분류는 단 마비-한쪽 팔 또는 한쪽 다리가 마비되는 유형, 편마비-같은 쪽의 팔과 다리가 마비되는 유형, 양측마비-양측에 대칭적으로 발현하는 유형, 사지 마비-양측 팔과 다리 모두에서 마비를 보이는 유형으로 구분한다.

14. 동계 장애인스포츠 종목에 활용되는 장비가 아닌 것은?
   ① 초크(chalk)
   ② 익스텐더 큐(extender cue)
   ③ 아웃리거(outrigger)
   ④ 모노스키(mono ski)

   정답 ① 해설 ② 익스텐더 큐 : 휠체어컬링에서 손으로 스톤을 밀기 어려운 장애인이 사용한다. ③ 아웃리거는 스키에서 절단 장애인이 사용한다. ④ 모노스키는 알파인스키의 좌식선수가 사용한다.

15. 장애인 운동선수의 운동상해와 예방법이 바르게 연결되지 않은 것은?
   ① 혈액순환 장애 – 자세를 주기적으로 바꿔 혈액의 흐름을 원활하게 한다.
   ② 탈진 – 충분한 수분 섭취와 규칙적인 휴식을 취한다.
   ③ 망막박리 – 신체 접촉이나 외부 충격이 있는 활동은 피한다.
   ④ 환축추 불안정 – 피부를 청결하게 유지하고 운동 전에 방광을 비운다.

   정답 ④ 해설 환축추 불안정은 척추가 휘어 있거나 고관절 탈구가 많이 발생하는 다운증후군 장애인의 특징이다. 피부 청결과 방광과 연관성이 없다.

16. 국제패럴림픽위원회(IPC)의 반도핑 규정 위반 사항에 해당하지 않는 것은?
   ① 금지약물 제공   ② 금지약물 소지
   ③ 도핑검사 무단 조작 ④ 도핑검사 교육 불참

   정답 ④ 해설 도프 소지 또는 도핑 모의도 금지되고, 도핑검사를 조작하는 것 또한 규정 위반 사항이다.

17. 휠체어컬링 경기 방법에 대한 설명으로 옳은 것은?
   ① 투구 시 스톤을 호그라인(hog line) 뒤에서 투구해야 한다.
   ② 각 팀은 동성으로 구성되며, 3명의 선수가 경기를 시작한다.
   ③ 상대편보다 링 중심에 가까이 있는 스톤마다 2점씩 가산한다.
   ④ 투구 시 팀원 중 한 명은 스위핑(swiping)을 하여 스톤을 최대한 링 가까이에 붙인다.

   정답 ① 해설 휠체어가 호그라인을 기준으로 후방에 위치해야 한다.
   오답해설 ② 각 팀은 5명으로 구성되며 여자 선수는 1명 이상이 포함되어야 한다. ③ 상대편보다 링 중심에 가까이 있는 스톤마다 1점이 가산된다. ④ 휠체어컬링은 스위핑을 하지 않는다.

18. 장애인스포츠 지도 시 발생할 수 있는 발작(경련)에 대한 대처법으로 옳은 것은?
   ① 발작이 일어나면 곧바로 심폐소생술을 실시한다.
   ② 발작이 일어나면 몸이 움직이지 않도록 손과 발을 눌러서 바닥에 고정시킨다.
   ③ 발작이 진정되면 겉옷을 벗겨 체온을 내리고 곧바로 운동에 복귀시킨다.
   ④ 수중에서 발작이 일어나면 머리가 수면 위로 나오게 지지해주거나 물 밖으로 이동시킨다.

   정답 ④ 오답해설 발작과 심폐소생술은 관련이 없으며, 발작이 일어나더라도 손과 발을 묶거나, 눌리지 않아야 한다. 발작 후 진정되더라도 운동 복귀는 바람직하지 않다.

09. <보기>에서 설명하는 심리기술 훈련은?

> 장애인 운동선수가 직접적인 운동수행 없이 마음속으로 동작이나 운동기술의 성공적인 수행을 그려보는 방법으로 시합 전에 자신감과 자기조절 능력을 향상시킬 수 있다.

① 루틴 훈련   ② 심상 훈련
③ 목표설정 훈련   ④ 팀 응집력 훈련

정답 ② **해설** 경기 장면 또는 최고 수행 장면 등을 마음속으로 형상을 그리면서 하는 훈련 방법은 심상 훈련이다.

10. 시각장애 스포츠의 경기규칙에 대한 설명으로 옳은 것은?

① 텐덤사이클의 앞 좌석에는 파일럿이라 불리는 시각장애인 선수가 탑승한다.
② 시각장애 축구의 B1 경기는 한 팀이 7명으로 구성되며, 아이패치를 착용하지 않는다.
③ 쇼다운 경기에서 배트를 들지 않은 손으로 공을 건드리면 상대편이 2점을 획득한다.
④ 유도 경기는 상대편의 도복을 잡은 상태에서 심판의 시작 신호에 의해 경기를 시작한다.

정답 ④ **해설** 장애인유도는 상대방의 소매 깃과 가슴 깃을 잡고, 주심의 시작(Hajime) 명령으로 시작된다.
오답해설 ① 텐덤 사이클은 2인용으로, 시각장애인이 뒷자리, 비장애인이 앞자리에 앉아 방향 조정을 돕는다. ② 시각장애 축구의 B1 경기는 한 팀이 5명으로 구성되며, 골키퍼를 제외한 선수는 아이패치와 안대를 착용한다. ③ 쇼다운은 공이 센터보드 스크린에 부딪히거나, 테이블 밖으로 나가거나, 골 에어리어 공을 배트 또는 배트를 가진 손으로 건드리거나, 배트 아닌 것으로 공을 건드리거나, 공을 잡고 2초 이상 지체하면 상대가 1점을 득점한다.

11. 장애인 운동선수 관리에 대한 고려사항으로 옳지 <u>않은</u> 것은?

① 지적장애 선수 – 운동기술의 습득과 파지가 이루어지고 있는지 수시로 점검한다.
② 시각장애 선수 – 언어적 설명과 직접 경험할 기회를 제공하여 공포심을 덜어준다.
③ 절단 장애 선수 – 절단 부위를 장시간 물에 담가서 외부압력에 대한 내성을 기른다.
④ 청각 장애 선수 – 격렬한 활동 전에 보조장치를 빼놓거나 땀에 젖지 않도록 모자나 머리띠를 착용하게 한다.

정답 ③ **오답해설** 절단 장애인의 절주 부위 관리 : 절단된 부위의 위생관리가 필요하며, 부위를 자주 통풍시켜주고, 보장구의 건조 상태를 확인해야 한다. 장시간 물에 담그는 행위는 옳지 않다.

12. 좌식 배구 경기규칙에 대한 설명으로 옳지 <u>않은</u> 것은?

① 경기장의 크기는 10m×6m이다.
② 후위 3명은 수비 시 엉덩이를 들어 블로킹에 참여할 수 있다.
③ 공격 자세에서 엉덩이가 코트에서 떨어지면 리프팅 반칙이 선언된다.
④ 스포츠 등급은 2개의 등급(VS1, VS2)으로 구분된다.

정답 ② **해설** 좌식 배구는 볼이 몸에 닿는 순간 엉덩이가 바닥에서 떨어지면 리프팅 반칙이다.

13. 현재 동계패럴림픽의 경기종목으로 바르게 묶인 것은?

① 휠체어컬링, 쇼트트랙
② 크로스컨트리스키, 스켈레톤
③ 파라아이스하키, 스노보드
④ 바이애슬론, 피겨스케이팅

정답 ③ **해설** 동계패럴림픽 종목은 알파인스키, 스노보드, 아이스슬레지하키, 노르딕스키, 바이애슬론, 크로스컨트리, 휠체어컬링 등이다. 파라아이스하키는 아이스슬레지하키의 다른 이름이다.

05. 장애 유형별 국제스포츠 조직과 스포츠 등급 분류를 순서대로 바르게 제시한 것은?

① 국제지적장애인스포츠연맹 (International Sports for Para Athletes with an Intellectual Disability, INAS), 1~3등급(M1~M3)
② 국제시각장애인스포츠연맹(International Blind Sports Association, IBSA), 1~3등급(B1~B3)
③ 국제휠체어·절단장애인스포츠연맹 (International Wheelchair and Amputee Federation, IWAS), 1~10등급(L1~L10)
④ 국제뇌성마비인스포츠연맹(Cerebral Palsy-International Sports and Recreation Association, CP-ISRA), 1~5등급(C1~C5)

정답 ② **해설** ① 국제지적장애스포츠연맹은 2021년부터 INAS가 아니고 Virtus(World Intellectual Impairment Sports)로 바뀌었다. ③ IWAS는 A1~A9로 구분한다. ④ CP-ISRA은 1~8등급으로 구분한다.
참고 IWAS와 CP-ISRA는 2023년 World Abilitysport로 통합하였다.

06. <보기>에서 설명하는 장애인스포츠 종목은?

- 네덜란드 전통놀이에서 유래하였다.
- 모든 장애 유형이 참가할 수 있는 종목이다.
- 옆 그림과 같이 폭 41cm, 길이 2m의 보드 끝부분에 4개의 관문이 있다.
- 퍽을 손으로 밀어서 관문을 통과할 때마다 점수를 획득하는 경기이다.

<시합용 보드>

① 슐런 ② 쇼다운 ③ 게이트볼 ④ 론볼

정답 ① **해설** 슐런(sjoelen)은 네덜란드 전통놀이에서 유래되어 누구나 쉽게 참여할 수 있고, 특히 노인과 장애인 재활 스포츠에 적합한 종목이다. 나무 보드 위에서 퍽을 홀에 넣어 점수를 내는 스포츠이다.

07. 패럴림픽과 스페셜올림픽을 비교한 것으로 옳은 것은?

	구분	패럴림픽	스페셜올림픽
①	주관 단체	국제패럴림픽위원회(IPC)	국제지적장애인스포츠연맹(INAS)
②	장애 유형	척수 손상, 절단 및 기타 장애, 시각장애, 청각장애	지적장애
③	창시자	굳트만 Ludwig Guttmann	슈라이버 Eunice Kennedy Shriver
④	개최 주기	4년	3년

정답 ③ **해설** ① 스페셜올림픽 주관단체는 스페셜올림픽위원회(SOI)이다. ② 패럴림픽은 참가 장애 유형은 근력 손상, 운동 수동 범위 손상, 사지 손실과 결핍, 다리 길이 차이, 저신장, 긴장과도, 운동실조, 아세토시스, 시각장애, 지적장애 등이고, 스페셜올림픽 참가 대상의 유형은 8세 미만의 지적·자폐성 장애이다. ④ 스페셜올림픽 개최 주기는 2년 단위로 동·하계대회가 번갈아 열린다.

08. <보기>에서 장애인 운동선수의 체력 요소별 평가 방법으로 옳은 것만을 모두 고른 것은?

㉠ 휠체어 선수의 근력 및 근지구력을 측정하기 위해 휠체어 경사로 오르기 검사(wheelchair ramp test)를 실시하였다.
㉡ 지적장애 선수의 유연성을 측정하기 위해 앉아 윗몸 앞으로 굽히기 검사(sit and reach test)를 실시하였다.
㉢ 시각장애 선수의 심폐지구력을 측정하기 위해 16m 왕복 오래달리기(16m PACER)를 실시하였다.
㉣ 청각 장애 선수의 협응력을 측정하기 위해 악력 검사(grip strength test)를 실시하였다.

① ㉠ ② ㉠, ㉡
③ ㉠, ㉡, ㉢ ④ ㉠, ㉡, ㉢, ㉣

정답 ③ **해설** ㉠, ㉡, ㉢은 바르게 설명되었다.
오답해설 ㉣의 청각장애인의 협응력 측정과 악력 검사는 연관이 없다.

2023 기출문제

01. 장애인스포츠의 가치로 옳지 않은 것은?
① 건강 유지 및 재활
② 심리적 만족 및 삶의 질 추구
③ 자아실현 및 사회 복귀의 수단
④ 사회적 불평등의 표출

정답 ④ **해설** 장애인스포츠는 장애인의 건강 유지와 재활, 장애인의 심리적 만족과 삶의 질 향상, 자아실현과 사회 복귀 수단 등이다. ④ 사회적 불평등 표출은 옳지 않다.

02. 장애인 국제경기대회와 심벌마크가 바르게 묶인 것은?

①	패럴림픽 (Paralympics)	
②	데플림픽 (Deaflympics)	
③	장애인아시아경기대회 (Asian Para Games)	
④	스페셜올림픽 (Special Olympics)	

정답 ① **해설** 중요 장애인 국제경기대회 심벌마크는 아래와 같다.

패럴림픽	데플림픽	스페셜올림픽

03. <보기>에서 장애인 운동선수 지도 시 고려사항으로 옳은 것만을 고른 것은?

㉠ 뇌성마비 선수는 운동기술을 세분화하여 단계별로 지도한다.
㉡ 지적장애 선수에게는 시범보다 자세한 설명을 제공한다.
㉢ 시각장애 선수를 위해 햇빛이 들어오는 창문을 등지고 서서 설명한다.
㉣ 척수 장애 선수의 기립성 저혈압을 예방하기 위해 압박용 스타킹을 착용하도록 한다.

① ㉠, ㉡
② ㉠, ㉣
③ ㉡, ㉢
④ ㉡, ㉣

정답 ② **해설** ㉠ 뇌성마비 선수는 분습법이 옳다. ㉣ 기립성 저혈압 예방을 위해 압박용 스타킹을 착용하도록 한다.

오답해설 ㉡ 지적장애 선수는 설명보다는 시범이 효과적이다. ㉢ 시각장애 선수는 햇빛을 등지고 설명을 듣도록 배려해야 한다.

04. 휠체어 스포츠 종목의 경기규칙으로 옳지 않은 것은?
① 휠체어 럭비 : 볼을 소유한 선수의 휠체어 바퀴 한쪽이 상대편 엔드라인에 닿으면 득점으로 인정된다.
② 휠체어 농구 : 코트에서 경기하는 선수 5명의 포인트(등급점수) 합이 14포인트를 넘을 수 없다.
③ 휠체어컬링 : 투구 시 팀원 중 한 명이 휠체어를 고정하는 역할을 한다.
④ 휠체어 테니스 : 투 바운드가 허용된다.

정답 ① **해설** ② 휠체어 농구의 팀별 출전 선수 5명의 등급분류 합계 점수는 14점을 초과할 수 없다. ③ 휠체어컬링은 투구 선수 뒤에 동료 선수가 붙어서 휠체어를 잡아 주어 스톤을 굴릴 방향을 정확하게 결정할 수 있도록 돕는다.

오답해설 ① 휠체어 럭비에서 득점은 상대편 팀 트라이 라인 너머의 아웃오브바운드 지역에 두 바퀴를 컨택하였을 때 이루어진다. (휠체어 럭비 경기 규정 69조 득점)

제3부

기출문제 풀어보기

세 부 목 차

1. 2023년 기출문제 … 116
2. 2022년 기출문제 … 122
3. 2021년 기출문제 … 127
4. 2020년 기출문제 … 131
5. 2019년 기출문제 … 136

- 휠체어 사용자에게 흔히 나타나는 욕창 방지용 안장이 장착된 모델도 있다.
    ㉣ 럭비용 휠체어
    - 럭비용 휠체어는 큰 충격을 견디면서도 민첩하게 움직여야 한다.
    - 수비수는 전방 범퍼를 사용해 상대 팀 선수가 골라인을 넘지 못하게 저지해야 한다.
    - 공격수는 자세를 낮추고, 주 바퀴 앞 범퍼와 날개로 상대방의 저지를 넘기고 득점을 해야 한다.
    - 상대 선수와 충돌을 해도 큰 캠버를 부착하였기에 손이 안전하다.
    [용어] **캠버**(camber) : 뒷바퀴에 기울기를 주어 각도 변화를 줄 수 있는 장치

5) 의족

㉠ 의족은 나무·고무·금속 등으로 만든다.
㉡ 의족 유형은 단축 발, 사치 발, 카본 발, 전자제어 발 등으로 나눈다.
㉢ 단축 발은 발목관절이 움직이는 발로 활동량이 적은 사람에게 적합하다.
㉣ 사치 발은 발목이 고정되고, 뒤꿈치가 부드러운 소재로 접지 충격을 흡수한다.
㉤ 카본 발은 체중에 따라 카본 강도를 결정할 수 있다.
㉥ 전자제어 발은 마이크로프로세서가 내장되어 속도, 형태 등을 분석하여 움직임에 도움을 준다.
[용어] **사치**(sach)**발** : 내부는 목재, 외부는 합성고무를 사용하여 발의 형태를 만들어진 의족

의족 선수

6) 기타

㉠ 장애인 보조 장비는 이외에도 여러 가지가 개발되어 있으며, 제5장 유형별·종목별 스포츠 특성에서 개별 종목별로 다루어지고 있다.

ⓒ 종목에 따라 바퀴 축의 위치, 좌석 기울기 등을 달리하며, 바퀴가 수직에서 비스듬히 기울어져 있다.

② 휠체어 선수의 특징[1]
㉠ 척수 손상 부위가 높을수록 선수의 균형성은 저하된다.
㉡ 척수 손상 부위가 낮을수록 선수의 유산소성 능력과 휠체어 추진 속도가 높아진다.
㉢ 휠체어 선수의 운동자각도는 휠체어를 미는 속도, 출력되는 힘과 연관된다.

[참고] **척수 손상 부위** : 척수 손상 부위는 머리 부분부터 시작한다. 목뼈(경추, C), 등뼈(흉추, T), 허리뼈(요추, L), 엉치뼈(천추, S)의 순이다. 자세한 내용은 제6장 스포츠의학과 트레이닝〉 1. 장애 유형별 지도 방법〉 바. 지체 장애에서 확인할 수 있다.

③ 휠체어 선수를 위한 경기 장소 선정 고려사항[2]
㉠ 휠체어 이동에 대한 장애물이 없어야 한다.
㉡ 휠체어 이동과 보관 공간이 확보되어야 한다.(엘리베이터·복도·화장실의 너비)
㉢ 장애인 전용 화장실이 구비되어야 한다.
㉣ 장애인 전용 주차장과 경기장 사이의 거리가 가까워야 한다.
㉤ 이동 애로 공간에 보조 인력이 배치되어야 한다.

④ 종목별 휠체어[3]
㉠ 경주용 사이클
- 경주용 사이클은 앞바퀴 1개, 뒷바퀴 2개로 구성된다.
- 프레임이 길고, 대형 앞바퀴 1개가 있어 균형이 잘 잡힌다. 저항을 적게 하여 빠르고, 멀리 달릴 수 있도록 설계되었다.
- 경주용 사이클은 recumbent 핸드 사이클은 누워서 타는 구조이고, kneeling 핸드 사이클은 무릎을 꿇고 운전한다.
- 등급분류 H1~H3는 recumbent 핸드 사이클을 타고, 나머지는 kneeling 핸드 사이클이다.
- 핸드 사이클 몸체는 기존 알루미늄합금에서 탄소섬유인 카본을 주로 사용한다.

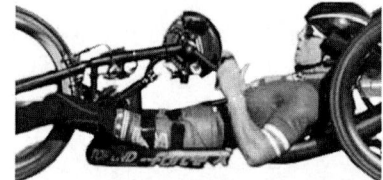
recumbent 핸드 사이클

kneeling 핸드 사이클

㉡ 농구용 휠체어
- 농구용 휠체어는 경기 중 상대 선수와 자주 부딪히므로 휠체어 보호와 상해를 예방하기 위해 앞부분에 범퍼 형태가 바가 설치되어 있다.
- 캠버에 각도를 주어 회전이 빠르고, 안전하게 할 수 있다.
- 격렬한 충돌로 인해 전복되는 사고를 방지할 수 있도록 뒤쪽에 보조 바퀴가 설치되어 있다.
- 속도와 빠른 회전을 위해 바퀴의 살도 강철에서 섬유 재질로 바뀌었다.

농구용 휠체어

㉢ 테니스용 휠체어
- 테니스용 휠체어는 전도 방지 바퀴가 있어, 선회 시 뒤로 넘어지는 것을 막는다.
- 균형 유지를 위해 사용할 수 없는 근육인 배, 엉덩이, 넓적다리, 발을 감는 띠도 있다.
- 상체 움직임에 따라 안장이 따라 선회할 수 있는 장치가 마련된 모델도 있다.

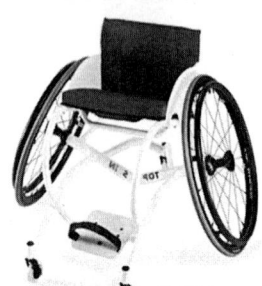
테니스용 휠체어

---

1) **22-14** 휠체어 선수의 일반적 특성에 대한 설명으로 틀린 것을 찾는 유형
2) **22-20** 보기에 제시된 내용 중 휠체어 선수의 경기 장소 선정 고려사항으로 옳은 것을 모두 고른 것을 찾는 유형
3) **20-14** 경주용 휠체어에 대한 설명이 바르게 된 것을 찾는 유형

③ 기술 도핑 논란
　㉠ 2010년 국제수영연맹은 승인 수영복의 재질 기준을 강화하였다.
　㉡ 테크놀로지로 만든 전신 수영복 착용으로 인해 세계 신기록이 무더기로 양산되었고, 이는 스포츠 본질적 가치를 훼손한 것으로 판단한 결과이다.
　㉢ 향후 쟁점은 테크놀로지를 스포츠의 본질적 가치와 테크놀로지를 어떻게 관리하고, 통제할 것인지에 대한 쟁점으로 부각되었다.

2. 장애인스포츠의 보조 장비

가. 장애인스포츠 보조 장비의 이해

1) 장애인스포츠 보조 장비의 개요

① 장애인스포츠 보조 장비의 개념 : 장애인의 스포츠 참여를 위해 신체 결함 및 불편을 해소할 수 있도록 만든 보조기구로, 장애의 예방·보완, 심화 방지와 기능 향상, 편의 증진은 물론 장애인의 건강 유지에 도움을 주는 장비로, 장애인스포츠의 발전은 스포츠 용기구의 발달과 밀접한 관계를 형성하고 있다.

② 장애인 보조 장비의 필요성
　㉠ 장애의 경감과 완화로 스포츠 활동에 참여토록 하는 신체적·심리적 재활 지원
　㉡ 장애인 체육활동에 참여할 수 있게 하여 타인과의 커뮤니케이션 강화의 역할
　㉢ 장애인 가족, 서비스 제공자 등 지원 인력의 신체적, 정신적 부담 경감

③ 장애인스포츠 보조 장비의 유형
　㉠ 이동용 보조 장비 : 보행이 어려운 장애인의 보행을 돕기 위하여 사용되는 보행 보조기구로, 종목별 휠체어, 의족 등을 사용한다.
　㉡ 구기용 보조 장비 : 야구, 축구, 탁구, 농구 등 공으로 하는 운동 종류에 필요한 보장구
　㉢ 라켓형 보조 장비 : 테니스라켓, 탁구라켓, 배드민턴 라켓, 야구 방망이 등 공을 사용하는 종목에 필요한 보장구

2) 장애인스포츠 보조 장비의 발전 방향

① 장애인 보조 장비 사용 유의사항
　㉠ 장애인 개인 특성과 장애별 특성에 대한 충분한 이해
　㉡ 보조기기 사용보다는 활동 과제에 집중하도록 유도
　㉢ 언어 보조, 시각 보조, 신체 보조 등 각종 보조기기의 상호 적절한 연계

② 장애인 보조 장비의 발전 방향
　㉠ 장애인스포츠는 장애 유형, 장애 정도와 종목별 특성에 맞는 용기구가 필요하다.
　㉡ 장애인스포츠 용기구는 기존 소재와 달리 가벼우면서 강한 소재를 사용하고, 내구성이 향상된 소재가 필요하다.

나. 장애인스포츠 보조 장비의 실제

1) 휠체어

① 휠체어의 개념[1]
　㉠ 지체 장애인의 스포츠 참여를 목적으로 바퀴 달린 의자를 휠체어라 한다.
　㉡ 휠체어 사용자 대부분 운동 부족으로, 이를 극복하기 위해 휠체어 스포츠가 많이 개발되어 있다.

---

[1] 19-19 장애인스포츠의 휠체어에 대한 설명이 잘못된 것을 찾는 유형

제6장 스포츠테크놀로지와 장비

1. 스포츠테크놀로지

가. 스포츠테크놀로지의 이해

1) 스포츠테크놀로지와 스포츠의 발전 방향

① **스포츠테크놀로지의 개념** : 스포츠 상황에서 참여자의 운동 수행을 보조하거나 운동 성과를 향상시키는 기술 활용 또는 발전을 의미한다.

> [용어] **테크놀로지** : 기술적 이론을 실제에 적용하여 인간 삶에 유용하도록 가공하는 수단

② 미래 사회의 스포츠
- ㉠ 미디어의 발달과 스포츠 : 통신과 전자기술의 발전으로 미래 스포츠의 질이 향상될 것이며, 미디어가 스포츠에 더 막강한 영향력을 행사할 것으로 예측
- ㉡ 스포츠의 조직화와 합리화 강화 : 스포츠 조직화가 더욱 진전되고, 참여의 즐거움보다 극적 요소가 많은 스포츠로 변환
- ㉢ 스포츠 상업화의 진전 : 스포츠 소비주의 현상은 장비, 용품 등에 더 많은 투자가 예상되며, 내적 요인보다 스포츠 외적 요인이 발전하고, 스포츠 참여 목적이 건강의 내실보다 전시 또는 과시용으로 변환
- ㉣ 기술 스포츠의 발전 : 기술발전과 더불어 다양한 스포츠 종목 개발되고, 과학기술과 융합으로 진보된 스포츠 용기구가 개발되며, 정보통신 기술의 발달과 함께 관중 흥미 유발의 기술이 경험하는 관람의 질 향상

2) 스포츠테크놀로지의 발전 분야
- ㉠ 생체기술(bio technology) : 생체역학적 정보로 운동 재활, 질병 예방, 운동 치료 등에 활용
- ㉡ 정보기술(information technology) : 컴퓨터와 센서, 네트워크 등에 스포츠가 융복합하여, e-sports와 SNS 등으로 스포츠에 활용
- ㉢ 나노기술(nano technology) : 나노기술을 활용해 스포츠용품과 장비와 관련된 신제품개발
- ㉣ 문화기술(culture technology) : 엔터테인먼트와 융합한 스포테인먼트 또는 촬영 및 영상기법으로 공연과 관광과 관련 상품개발

나. 스포츠테크놀로지의 실제

① 스포츠테크놀로지의 현장
- ㉠ VAR(Video Assistant Referees) : 영상과 통신 기술의 발달에 따라 비디오를 판정 보조 장치로 활용하여 더 공정한 판정을 할 수 있다.
- ㉡ 호크아이(Hawk eye) 시스템 : 축구에서 골대를 향해 설치된 6~8대의 카메라가 공의 위치를 파악해 골라인을 넘으면 주심에게 이를 알리는 시스템으로, 테니스에도 적용되어 볼의 인아웃 판정에 활용되고 있다.
- ㉢ 전신 수영복 : 상어의 피부조직을 연구해 만든 수영복은 전신 수영복을 입으면 더 빠르게 물살을 헤치고 나갈 수 있다. 국제수영연맹은 이런 방법이 스포츠 본질의 가치를 훼손하는 것으로 판단하고 2010년 전신 수영복 착용을 금지했다.

② 스포츠테크놀로지와 관련된 이슈
- ㉠ 스포츠테크놀로지의 쟁점에 대한 통제와 관리
- ㉡ 과도한 테크놀로지 적용은 스포츠의 본질적 가치 훼손

② 도핑 금지 약물 리스트

상시 금지약물	경기 기간 중 금지약물	특정 종목 금지약물
S0. 비승인 약물 S1. 동화적용제 S2. 펩티드호르몬, 성장인자 관련 약물 S3. 베타-2 작용제 S4. 호르몬 및 대사 변조제 S5. 이뇨제 및 기타 은폐제	S6. 흥분제 S7. 마약 S8. 카나비노이드 S9. 부신피질호르몬	P1. 베타 차단제 양궁*, 자동차경주, 당구, 다트, 골프, 미니 골프, 사격* 스키/스노보드, 수중·핀수영 주) *는 경기 중은 물론 경기 기간 외에도 금지약물이다.

나. 치료 목적 사용면책과 생체수첩

1) 치료 목적 사용면책[1]

① 치료 목적 사용면책(TUE, Therapeutic Use Exemption)의 개념 : 선수가 질병 치료나 부상회복을 위해 금지약물을 사용해야 하는 경우 치료 목적 사용면책 국제표준에 따라 심사 후 사전 승인하는 제도

② TUE 승인 기준
㉠ 금지약물 및 방법을 사용하지 않으면 선수가 건강상 심각한 손상을 입는 경우
㉡ 금지약물과 방법의 사용이 선수의 건강회복 이외의 추가적인 경기력 향상 효과를 주지 않는 경우
㉢ 금지약물 및 방법의 사용 외 다른 대체 치료 방법이 없는 경우
㉣ TUE의 허가 없이 사용된 금지약물 및 방법으로 인한 질환 치료 목적이 아니어야 한다.

2) 선수 생체수첩

① 선수 생체수첩(ABP, Athlete Biological Passport)의 개요
㉠ 선수가 소량 또는 간헐적으로 약물을 복용하거나, 내성 물질과 약물 투여의 정교성 등을 적발하기 위해 정밀한 도핑 컨트롤 프로그램의 필요성이 요구되었다.
㉡ WADA 선수 생체수첩(ABP) 2002년부터 제도 운용

② ABP의 모듈
㉠ 혈액학 모듈(Haematological Module)은 적혈구생성촉진인자(ESA)의 사용과 수혈이나 혈액 조작의 모든 형태 등에 관한 확인
㉡ 스테로이드 모듈(Steroidal Module)은 선수의 스테로이드 도핑과 관련된 물질을 식별

---

[1] **21-16** IPC의 반도핑 규정 위반사항이 모두 묶인 것을 찾는 유형으로, 'TUE(치료 목적 사용면책) 기준에 의해 승인된 약물복용은 위반사항이 아니다.'라는 것을 기억하면 정답을 찾을 수 있다.
19-12 TUE(치료 목적 사용면책) 내용을 보기로 설명하고, 이를 무엇이라고 하는지 묻는 유형

  ⓒ 도핑으로 인해 선수는 피로를 많이 느끼고, 건강상 문제 야기, 약물을 습관적으로 사용하게 되고, 페어플레이 정신에 어긋나는 반사회적이며, 불법적 행위이다.
  ⓒ 도핑 방법은 금지약물의 복용, 흡입, 주사, 피부접착 등의 방법에서 산소운반능력 향상, 화학적·물리적 조작, 유전자 도핑 등 그 방법이 날로 발전하고 있다.
  ⓔ 도프 소지 또는 도핑 모의도 금지된다.
  ⓜ 치료 목적으로 사용하려면 사전 승인을 받아야 한다.
  [용어] 도핑의 어원 : 도핑 때 사용한 약물인 도프(dope)의 파생어이다.
 ② 도핑 테스트
  ㉠ 도핑 테스트 방법 : 도핑 테스트는 소변검사, 혈액검사 또는 2가지 모두 사용한다.
  ㉡ 도핑 테스트의 필요성 : 선수 건강관리의 부작용에 대한 우려, 자연성 훼손, 타자 피해에 대한 우려, 어린 선수들의 모방에 따른 부정적 역할 발생 등을 위해 필요하다.
  ㉢ 도핑 테스트 시료 : 소변, 혈액, 선수 생체수첩 등
  ㉣ 도핑 테스트 결과 : 도핑 테스트에서 도핑한 것으로 확인된 선수에게는 고의·과실·부주의 등을 불문하고 대회 성적 몰수, 일정 기간 자격정지, 1년간 실명 공개 등으로 제재한다.

2) 효과적 도핑 금지

① 반도핑 규정 위반사항[1]
 ㉠ 금지 약물 제공
 ㉡ 금지 약물 소지
 ㉢ 도핑검사 기피 및 조작
② 효과적 도핑 금지 방안
 ㉠ 선수에 대한 윤리 교육 강화
 ㉡ 도핑 테스트 방법 강화
 ㉢ 강력한 처벌

3 도핑 관련 기구

① 세계반도핑기구(WADA, World Anti Doping Agency)
 ㉠ 도핑 피해를 줄이기 위해 1999년 국제올림픽위원회(IOC) 산하로 창설된 기구
 ㉡ 올림픽을 비롯한 주요 국제대회와 대회 기간 이외 수시로 약물검사 권리를 갖는 기구
② 한국도핑방지위원회(KADA, Korea Anti-Doping Agency)
 ㉠ 도핑 방지로 선수 보호와 공정한 스포츠 환경 조성, WADA 및 스포츠 단체와의 도핑 방지를 위한 협력 등 스포츠발전에 이바지하기 위하여 2006년 설립된 문화체육관광부 관할 특수법인
 ㉡ 국내 스포츠 분야 도핑 관련 전담 기구

4) 도핑 금지 약물

① 도핑 금지 약물 현황
 ㉠ 금지약물로는 암페타민, 에페드린, 코카인 등 그 종류가 다양하다.
 ㉡ 일반 영양제나 의학적 치료 중에도 섭취할 수 있으므로 모든 음식물에 대하여 주의를 기울여야 하고, 한약재에 금지약물이 포함될 수 있어 유의해야 한다.
 ㉢ 도핑 금지약물은 상시 금지약물과 경기 중 추가 금지약물, 특정 종목 금지약물 등으로 분류한다.

---

1) [23-16] 반도핑 규정 위반사항에 해당하지 않는 것을 찾는 유형으로, 도핑검사 교육 불참은 위반사항이 아니다.

② 스포츠 사고 발생 시 구급 대책
  ㉠ 스포츠 사고 구급 대책의 개념 : 스포츠시설의 관리자가 예고 없이 발생하는 사고에 대하여 응급처치와 그 이후의 적절한 처치를 위한 대책을 말한다.
  ㉡ 구급 대책
    • 양호실 또는 구호실 등에서 간호사 또는 구조원의 응급처치 준비
    • 중대 사고에 대비한 다른 구호 기관과 긴급연락망 구성
    • 스포츠지도자에게 응급처치에 대한 지식과 기능의 교육 훈련

2) 응급처치
① 응급처치의 개요
  ㉠ 예상하지 못한 시·공간에서 일어난 외상·질병에 대해 긴급히 그 장소에서 행하는 간단한 치료를 말하며, 응급처치 후 바로 전문의의 진료를 받도록 해야 한다.
  ㉡ 응급처치의 범위는 심장 장애·실신·질식·호흡곤란·중독·토혈·각혈·하혈 등이며, 각종 외상을 포함한다.
  ㉢ 심장질환의 징후가 나타나면 즉시 운동을 중지하고 병원으로 이송한다.

② 응급처치의 방법
  ㉠ 응급처치의 절차

  ❶ 상황에 대한 인식 → ❷ 응급처치 여부 결정 → ❸ 119 호출 → ❹ 응급처치 시행

  ㉡ 응급상황의 조치

구분	조치
의식이 없는 경우	즉시 119 신고 출혈, 신체 손상 등의 확인 출혈이 없으면 가슴 압박 시행 기도 확보 후 호흡 확인
의식이 있는 경우	환자와 대화를 통한 상황 파악 외상, 출혈, 골절 등의 상태 확인 신분을 밝히고, 환자의 동의를 얻어 간단한 질문 꼭 필요한 경우가 아니면 이동 지양

  ㉢ 스포츠지도자의 응급처치 유의사항
    • 심장질환의 징후가 나타나면 즉시 운동을 중지하고 병원으로 이송한다.
    • 환자가 의식이 있으면 응급처치에 대해 환자의 동의를 구하고, 의식이 없으면 묵시적 동의로 간주한다.
    • 손상 부위를 심장보다 높게 하여 과다 출혈을 방지한다.
    • 타박상의 경우 냉찜질을 먼저 한다.

4. 도핑 방지

가. 도핑 방지의 이해
1) 도핑(doping)의 개요
① 도핑(doping)의 개요[1]
  ㉠ 도핑이란 선수가 경기력을 일시적으로 향상시키기를 위한 목적으로, 호르몬제·신경안정제·흥분제 등의 약물을 복용하거나 금지 방법을 사용하는 부정행위를 말한다.

---
1) 20-10 보기에 도핑 모의 선수들을 제시하고 도핑에 해당하는 선수를 모두 고른 것을 찾는 유형

② 심리 훈련 방법[1]
- ㉠ 액세스(access) : 심리검사, 면접, 관찰 등을 통해 문제를 파악하고 이를 해결하기 위한 접근 방법을 결정
- ㉡ 목표설정기법 : 능력을 기초로 하여 행동 목표를 정하고, 이를 달성하기 위한 트레이닝 계획을 수립하는 방법
- ㉢ 이완훈련 : 긴장과 불안이 생기면 수행에 나쁜 영향을 미치므로 긴장과 불안을 감소시키기 위해 신체 이완을 통해 심리적 긴장과 불안을 해소하는 방법
- ㉣ 심상 훈련 : 경기 장면 또는 최고 수행 장면 등을 마음속으로 형상을 그리는 방법 또는 최고 수행 상황을 연상할 수 있도록 부호화하여 기록하는 방법
- ㉤ 암시기법 : 의미를 내포한 말, 몸짓, 상징 등을 이용하여 마음이나 행동을 원하는 방법으로 이끌어 가는 방법
- ㉥ 모니터링기법 : 행동을 관찰하고 기록해서 잘못된 행동이나 습관을 수정하는 방법

3. 상해와 사고 예방

가. 스포츠와 상해

1) 스포츠 상해의 개념
① 상해의 개념 : 스포츠 활동 중 무리 또는 외부 충격으로 심신에 상처를 입는 현상
② 상해의 분류
- ㉠ 돌발 사고에 의한 상해 : 격투기, 축구, 농구 등 신체적 충돌이 잦은 종목과 등산, 스키, 체조 등에서 잘 발생하며 흔히 골절, 탈골, 염좌, 좌상 등으로 발생한다. 시설이나 장비의 마비, 운동기술의 부족, 체력 저하의 경우에도 발생한다.
- ㉡ 무리한 운동으로 인한 상해 : 근육이나 관절을 무리하게 사용하여 생기는 상해는 체력보다 운동 강도가 강하거나 운동량이 과다한 경우에 생기며 주로 건염, 관절염, 골절 등이 발생한다.

③ 스포츠 상해의 종류 : 뼈의 상해, 타박상, 관절과 인대의 상해, 근육 상해 등

2) 스포츠 상해의 예방
① 스포츠 상해의 발생 원인
- ㉠ 운동의 과다(과운동) 또는 잘못된 운동 방법
- ㉡ 미숙한 기술과 훈련 부족
- ㉢ 준비운동의 부족

② 스포츠 상해의 예방
- ㉠ 사전 검진
- ㉡ 사전·사후에 준비운동과 정리 운동의 철저
- ㉢ 체력 강화
- ㉣ 장비 및 시설관리의 철저한 점검 및 이행

나. 스포츠 사고와 응급처치

1) 스포츠 사고
① 스포츠 사고의 개념 : 스포츠 활동 중 예상하지 못한 일로 입은 신체적, 물질적 위해를 말하며, 사고가 발생했을 때 구급 대책이 필요하다.

---

[1] 23-09 심상 훈련 내용을 보기로 제시하고 어떤 훈련 유형인지 묻는 유형

② 척수 장애 : 체격, 근력(악력), 근지구력(암컬), 심폐지구력(휠체어 5분 달리기), 유연성(등 뒤로 손잡기)

[용어] **페이서(pacer)** : 일정한 거리를 정해진 시간 간격에 따라 신호음에 맞춰 왕복하여 달리는 심폐 능력 검사 방법

③ **장애인 체력인증의 평가 기준** : 장애인의 체력인증 평가 기준은 성별·나이별로 구분하여 1~5등급으로 분류한다.

[참고] 대한장애인체육회 평가 기준 바로가기 : https://url.kr/rjox64

3) 장애인 체력평가

① **장애인 체력평가의 개념** : 장애인의 체력측정과 맞춤형 운동 처방과 체력증진을 목적으로, 기초건강과 체력 수준을 파악한 후 이를 평가하는 활동
② **장애인 체력평가 구성 요소**
　㉠ 주관적 정보 : 개인정보, 생활방식, 의료 정보
　㉡ 객관적 정보 : 신체 조성검사, 심폐 능력 평가, 정적/동적 자세 평가, 운동 수행 능력 평가
③ **장애인 체력평가에 영향을 미치는 요인**[1] : 장애 유형, 장애 정도, 동작의 기능적 효율성, 체력측정 항목의 이해도

라. 스포츠와 심리 훈련

1) 심리 훈련의 이해

① **심리 훈련의 개념** : 심리상태를 조절하여 최상의 수행과 긍정적 태도로 정신 기술 향상을 목적으로 시행하는 훈련 프로그램으로, 마인드컨트롤, 맨탈 트레이닝, 이미지 트레이닝, 스포츠심리학 등으로도 불린다.
② **스포츠 수행의 심리적 요인**[2]
　㉠ 성격 : 성격은 개인에 따라 다르게 느끼고, 행동이 다르게 나타나며, 성격은 쉽게 변화하지 않는다.
　㉡ 정서와 불안 : 재미와 몰입, 정서, 불안, 스트레스와 탈진, 경쟁 불안 등을 말한다.
　㉢ 동기 : 스포츠에 대한 마음가짐, 운동을 지속하려는 의욕, 목표를 달성하고자 하는 욕구 등의 요인
　㉣ 목표설정 : 달성하고자 하는 목적이나 결과를 의미한다.
　㉤ 자신감 : 원하는 행동을 성공적으로 수행할 수 있는 신념을 말한다.
　㉥ 심상 : 감각을 통해 얻은 현상을 마음속으로 재생해 보는 신체활동을 말한다.
　㉦ 주의집중 : 몇 개의 대상 또는 사고 중 하나에 초점을 맞추어 분명한 의식으로 간직하여 일정 기간 유지하는 능력을 말한다.
　㉧ 루틴 : 최상의 운동 수행을 위해 필요한 이상적 상태를 갖추기 위해 자신의 고유한 동작이나 절차를 의미한다. 예로 야구선수가 타석에서 방망이를 2번 흔들고 타격 자세를 취하는 것이 루틴이다.

2) 심리 훈련 방법

① **심리 훈련의 필요성**
　㉠ 스포츠 수행은 신체적 건강과 아울러 정신건강도 필요하다.
　㉡ 경기 전 심호흡, 스트레칭 등은 근육 이완과 함께 심리적 긴장을 해소할 수 있다.
　㉢ 심리 훈련을 통해 최상의 운동 수행과 긍정적 태도로 경기에 임할 수 있다.
　㉣ 트레이닝 효과 향상에 도움이 된다.

---

1) [22-15] 장애인 체력평가에 영향을 미치는 요인을 보기에서 모두 모은 것을 찾는 유형
2) [22-19] 보기로 루틴의 효과를 제시하고, 무엇이라고 하는지 묻는 유형
　[19-13] 루틴의 개념을 보기로 제시하고 이를 무엇이라고 하는지 묻는 유형

ⓔ 반복성의 원리 : 체력 또는 기능은 단번에 향상되는 것이 아니다. 트레이닝을 반복하므로 적절한 능력을 습득할 수 있으며, 효과도 크게 나타난다.
ⓜ 의식성의 원리 : 트레이닝 효과를 위해 창의적 생각과 의식적 몰입이 중요하다. 트레이닝을 위해 무엇이 필요한지를 스스로 이해하고 적극적으로 실천해야 한다.
ⓗ 전면성의 원리 : 신체의 특정 부위보다는 신체 전체의 밸런스를 생각하며 트레이닝을 진행해야 한다.
ⓢ 개별성의 원리 : 체력은 개인별 차이가 있으므로 개인의 상태(목적, 나이, 성별, 체력 수준, 신체 능력)에 맞춰 프로그램을 수립해야 한다.
ⓞ 가역성의 원리 : 트레이닝 빈도가 높으면 신체 능력이나 경기 성적에 효과가 나타나지만, 트레이닝을 중단하면 신체는 원래 수준으로 돌아간다. 이 특성을 가역성이라 한다.

다. 장애인 체력측정과 체력평가
1) 장애인 체력측정의 이해
① **장애인 체력측정의 개념** : 장애인의 스포츠 활동과 관련된 신체적 특성을 측정하는 활동
② **장애인 체력인증 사업** : 장애인의 과학적 체력측정과 맞춤형 운동 처방, 체력증진 교실 운영을 통하여 장애인의 체육활동 참여를 활성화하고 건강 체력을 향상시키는 장애인 대상 체육·복지 사업으로, 대한장애인체육회가 주관한다.

2) 장애인 체력측정 방법
① **장애인 체력인증 사업의 측정 방법**

구분	구성항목	측정내용
신체 조성	체격	신장, 체중, 피부 두겹
	심폐 능력	BIA(in body), 6분 이동, 스텝 검사
주요 활동	근력	• 상지 : 가슴, 어깨, 등 • 하지 : 다리 굽힘, 다리 폄
	근지구력	암컬(오른쪽, 왼쪽), 윗몸일으키기
	유연성	등 뒤로 손잡기, 앉아 윗몸 앞으로 굽히기
	민첩성	시각 반응
	평형성	TUG 검사

[용어] **BIA** : bioelectrical impedance analysis로, 생체 전기신호 분석기를 말한다.
[용어] **암컬** : 정해진 시간 덤벨을 쥐고 팔을 접었다 펴는 반복 횟수를 측정하여 팔의 근지구력을 평가하는 검사
[용어] **TUG** : timed up and go로, 의자에 앉은 상태에서 검사자가 '시작'을 외치면, 일어나 3m 전방에 있는 지점을 찍고 다시 제자리에 돌아와 앉는다. 다시 의자에 앉기까지 걸린 시간을 측정하면 모든 검사가 끝난다. 이때 10초 미만을 정상으로 간주하여, 시간이 늘어날수록 낙상 위험이 크다고 판단한다.

② **장애 유형별 체력측정 방법**[1]
[참고] 체력 요소 다음의 ( ) 속 내용은 측정 방법을 나타낸다.
㉠ 시각장애 : 체격, 근력(악력), 근지구력(윗몸 말아 올리기/윗몸일으키기), 심폐지구력(6분 걷기, 스텝 검사), 유연성(윗몸 앞으로 굽히기)
㉡ 청각 장애 : 체격, 근력(악력), 근지구력(윗몸 말아 올리기/윗몸일으키기), 심폐지구력(스텝 검사, 페이서), 유연성(윗몸 앞으로 굽히기)
㉢ 지적장애 : 체격, 근력(악력), 근지구력(윗몸 말아 올리기/윗몸일으키기), 심폐지구력(6분 걷기, 스텝 검사), 유연성(윗몸 앞으로 굽히기)

---

1) `23-08` 장애인 선수의 체력 요소별 평가 방법으로 틀린 것을 찾는 유형으로, '청각 장애 선수의 협응력을 측정하기 위해 악력 검사 실시'가 오답 찾기의 정답이다.

나. 트레이닝

1) 트레이닝의 이해

① 트레이닝의 개념
  ㉠ 신체의 계획적 훈련을 통하여 체력과 기술을 포함한 운동 능력을 향상은 물론 체력과 경기력을 향상하는 활동
  ㉡ 다양한 훈련 자극에 대한 인체의 생리적 발달과 적응을 유도하며, 체력 및 경기력을 강화하는 과정
  ㉢ 트레이닝은 많은 시간이 필요하므로 지겹고, 고통을 동반하는 경우가 많지만, 이 과정을 거치므로 목적을 달성할 수 있다.

② 트레이닝의 목적
  ㉠ 체력 향상, 건강 유지, 부상 예방
  ㉡ 기술력과 전술력 향상
  ㉢ 심리 강화

③ 트레이닝 요소

구분	질적 요소	양적 요소
내용	운동 강도, 운동 형태	운동 시간, 운동 빈도

④ 트레이닝 지도자
  ㉠ 트레이닝 지도자의 개념 : 대상 또는 목적에 따라 과학적 근거를 기반으로 적절한 운동프로그램을 작성하고, 이를 효과적으로 지도·운영하기 위한 지식과 기능을 갖춘 전문가
  ㉡ 지도 대상과 트레이닝 지도자의 주요 활동

구분	생활 스포츠 분야	전문 스포츠 분야
지도 대상	전 연령을 대상으로 건강을 원하는 사람	스포츠 선수
주요 활동	건강과 체력증진, 생활의 질 개선, 신체 활동 기능의 향상 등	경기력 향상을 위한 체력단련, 상해 예방, 컨디션 조절 등

2) 트레이닝의 실제

① 트레이닝의 구분

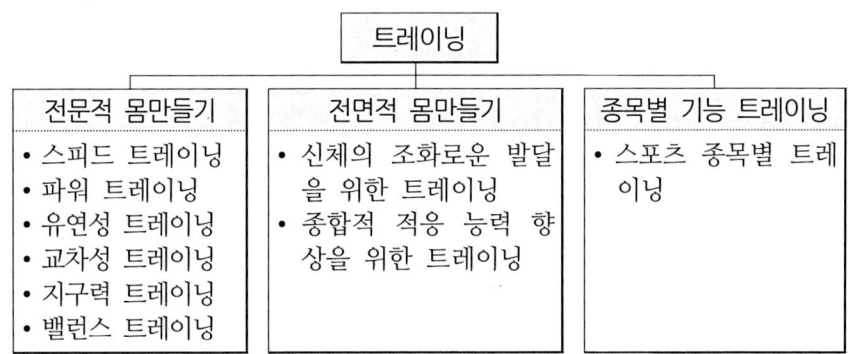

② 트레이닝의 원리
  ㉠ 과부하의 원리 : 트레이닝에 의한 근육량은 운동 강도가 일상생활 수준 이상일 때 증가하므로 체력 또는 근력의 향상 정도에 맞도록 점진적으로 운동 강도를 높여야 한다.
  ㉡ 점증 부하의 원리 : 트레이닝의 질과 양을 점진적으로 증가해 나가는 것을 의미한다.
  ㉢ 특이성의 원리 : 트레이닝의 종류·강도·양·빈도 등을 선택하여 종목별 트레이닝 조건에 적합하도록 내용을 결정하는 원리를 말한다.

2. 훈련의 통합적 접근

가. 경기력 향상

1) 경기력과 체력

① 경기력
  ㉠ 경기력이란 개인 또는 팀이 경기를 운영하는 능력
  ㉡ 경기력의 3요소 : 체력, 기술력, 심리
  ㉢ 경기력의 요인

구분	내용
내적 요인	생리, 심리, 생체역학, 해부학, 사회학적 요인
외적 요인	환경, 영양, 약물, 장비와 시설 등의 요인

  ㉣ 경기력 요인의 상호작용 : 내·외적 요인의 상호작용으로 인해 경기력이 향상되거나 저하되기도 한다.

② 체력
  ㉠ 체력의 개념 : 인간이 활동하는 신체적, 정신적 능력을 말한다.
  ㉡ 체력의 구성

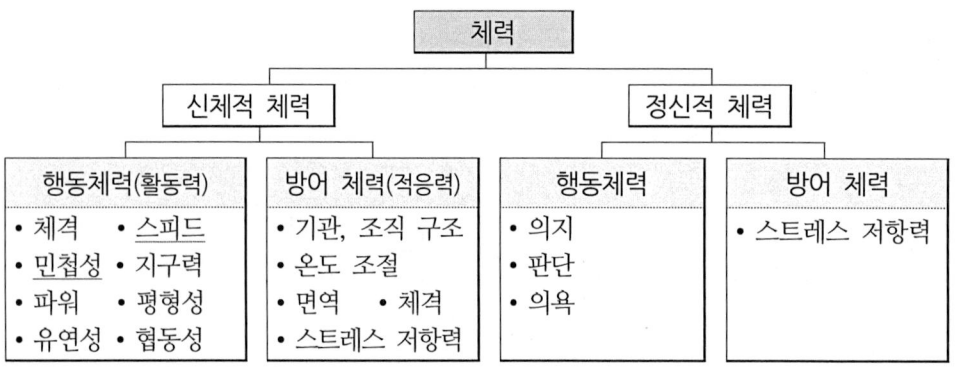

  [참고] **체력의 스피드와 민첩성의 비교** : 스피드는 신체를 재빨리 이동시키는 능력이고, 민첩성은 신체를 재빨리 방향을 전환할 수 있는 능력을 말한다.

2) 스포츠 기술

① **스포츠 기술의 개념** : 스포츠 활동에서 발생하는 여러 상황을 효율적으로 해결하기 위하여 신체를 조작하는 방법으로, 종목별로 사용하는 기술이 다르다.

② **스포츠 기술의 목적**
  ㉠ 운동의 효율적 수행
  ㉡ 사용 시간의 최소화
  ㉢ 정확도 향상

③ **스포츠 기술의 특성**
  ㉠ 운동 법칙과 원리에 적합해야 한다.
  ㉡ 기술 간에 유사성이 존재한다.
  ㉢ 순서성과 리듬의 존재
  ㉣ 기술의 개인화가 필요

② 스포츠 활동 중 경련 환자 발생 시 응급처치[1]
  ㉠ 환자를 옆으로 천천히 눕혀 입속에 고여 있는 침을 뱉을 수 있도록 유도하고, 주변의 위험한 물건을 치운다.
  ㉡ 환자가 음식물 또는 물을 마시지 않도록 해야 한다.
  ㉢ 발작 시간이 길어지면 119에 응급조치를 요청하고, 의학적 치료가 필요하다.
  ㉣ 수중에서 발작이 일어나면 머리가 수면 위로 나오게 지지해주거나 물 밖으로 이동시킨다.

6) 뇌병변 장애인의 스포츠 지도
① **뇌병변 장애인의 경기종목** : 육상(휠체어 경기), 축구, 핸드볼, 보치아, 휠체어 탁구, 사격, 역도, 수영, 사이클, 보체
② **뇌병변 장애인의 권장 운동** : 아쿠아로빅스가 적합하며, 이는 평형성 유지와 협응력 향상에 유익하다.
③ **뇌병변 장애인의 스포츠 지도**[2]
  ㉠ 뇌성마비는 언어발달에 영향을 미치기 때문에 말하기와 의사소통 기술을 많이 연습해야 한다. 지도자는 손짓, 의사 소통판, 모델링 등 언어 표현 보조 방법을 사용할 수 있다.
  ㉡ 뇌성마비자 중 복잡하거나, 어려운 운동기술을 지도할 때는 전습법보다 분습법이 효과적이다.
  ㉢ 뇌성마비 장애인 중 신체 이상을 가진 경우는 사회적 접촉이 거의 불가능하다. 통합 놀이시간을 제공하는 것이 좋고, 부모와의 대화를 통해서 가정에서도 집단놀이 경험을 할 수 있도록 해야 한다.
  ㉣ 뇌성마비 장애인의 안전을 위해 휠체어에 끈으로 고정하는 스트래핑이 필요하다.
  ㉤ 뇌성마비의 불수의 동작은 제어되어야 한다. 비정상적인 반사를 억제하고 근육 장력을 정상화함으로써 가능하다.
  ㉥ 활동 전후, 활동 중에 일정 시간 근육 이완훈련을 해야 한다.
  ㉦ 탈의실이나 샤워실, 화장실 등에 난간이 필요하며, 탈의나 샤워용 긴 의자가 필요하다.
  ㉧ 체력을 발달시키기 위해서는 지속적 운동이 필요하다.
  ㉨ 중증 뇌성마비 선수는 직접 음료를 섭취하기가 쉽지 않아 탈수증 위험이 따르므로 충분한 수분을 규칙적으로 섭취하고 있는지 확인해야 한다.

  [용어] **스트래핑(strapping)** : 원래는 가죽끈을 의미한다. 여기서는 장애인의 안전을 위해 가죽끈을 이용 휠체어에 묶는 것을 말한다.

④ 뇌병변 장애인의 중점 지도 활동

방법	내용
근신장 운동	근 긴장을 풀고, 기형을 예방하며, 동작의 폭을 넓게 한다.
근지각 운동	특정 부위의 근육을 조절할 수 있는 능력개발 운동
신경근 재교육 운동	고유 감각신경 자극 훈련을 통해 근육의 기능적 사용을 증대하기 위한 운동
상호작용적 운동	주동근과 길항근을 강화하기 위한 상호작용적 운동
강직성 운동	기관의 능률 유지와 기능 위축 예방을 위한 긴장성 운동
이완훈련	근육의 수축이나 강직 또는 경련을 제거하기 위한 운동

---

[1] 23-18 20-15 경련 환자 발생 시 대처 방법으로 옳은 것 또는 틀린 것을 찾는 유형
[2] 23-03 장애인 운동선수의 지도 고려사항 중 옳은 것을 모두 고른 것을 찾는 유형으로, 뇌성마비 장애인에게 복잡한 운동기술을 지도할 때는 전습법보다 분습법이 효과적이다.
22-04 장애인 운동선수 관리에 대한 고려사항을 모두 고른 것을 찾는 유형

③ 뇌성마비 장애인의 체력
  ㉠ 뇌성마비 장애인의 신체 수행력은 근육경련, 무정위운동증, 경축, 협응력 부족(운동실조증), 진전, 일반적 근 긴장 부족으로 인해 활동에 많은 제약을 받는다.
  ㉡ 뇌성마비 장애인의 50% 정도는 현저한 경련 증상을 동반한다.
  ㉢ 근력과 지구력이 현저히 약화하여 있다.
  ㉣ 뇌성마비 장애인의 25% 정도는 무정위운동증이다.
  [용어] 운동 피질 : 대뇌의 앞쪽에 있는 피질 영역으로, 수의적 근육 운동을 통제한다.
  [용어] 무정위운동증 : 대뇌 기저핵의 손상으로 인해 발생하며, 손발이 의지와 상관없이 떨리는 현상이 나타난다. 이를 불수의적 동작이라고도 한다.

3) 외상성 뇌 손상
① 외상성 뇌 손상(TBI, traumatic brain injury)의 이해
  ㉠ 외상성 뇌 손상의 개념 : 외부의 충격으로 인해 뇌가 손상되었으면 신체활동, 의사소통, 인지능력 등이 영구적 손상을 일으킨다.
  ㉡ 외상성 뇌 손상의 원인 : 뇌진탕, 미만성 축삭 손상, 두개골 손상, 혈종과 뇌출혈, 뇌부종
② 외상성 뇌 손상 장애인의 특성과 운동
  ㉠ 척수 장애인의 특성과 운동을 같이 적용한다.
  ㉡ 외상성 뇌 손상 장애인의 프로그램 계획 시 여러 가지 일반적 특성을 고려해야 한다.

4) 뇌졸중
① 뇌졸중(CVA, cerebral vascular accident, 腦卒中)의 이해 : 뇌에 혈액을 공급하는 혈관이 막히거나(허혈성 뇌졸중), 파열되어(출혈성 뇌졸중) 발생하는 뇌 질환이다. 중풍이라고도 한다.
② 뇌졸중의 분류

구분	내용
허혈성 뇌졸중	뇌에 혈액을 공급하는 혈관이 막히는 경우(전체의 80% 정도)
출혈성 뇌졸중	뇌에 혈액을 공급하는 혈관이 파열되는 경우

③ 뇌졸중 증상

 ❶ 편측 마비
 ❷ 언어 인식 장애
 ❸ 시각장애
 ❹ 어지름
 ❺ 심한 두통

[용어] 편측 마비 : 한쪽의 팔다리 또는 얼굴의 한쪽에 근력 저하가 나타난 상태

5) 경련(convulsion)
① 경련의 이해
  ㉠ 몸 전체 또는 근육 일부가 의지에 상관없이 급격히 수축하거나 떠는 현상을 말하며, 지속적으로 증상이 나타나면 간질 또는 발작이라고도 한다.
  ㉡ 대뇌의 비정상적 활동으로 인해 발생한다.
  ㉢ 간질은 상태에 따라 대발작, 소발작 등으로 구분한다.

사. 뇌 병변 장애

1) 뇌 병변 장애(Brain injury)의 이해

① 뇌 병변 장애의 개념
  ㉠ 뇌의 기질적 손상으로 인해 신체적·정신적 장애가 발생하여 보행 또는 일상생활 동작 등에 현저한 제약을 받는 중추신경 장애
  ㉡ 뇌성마비, 외상성 뇌 손상, 뇌졸중, 경련 등 뇌의 기질적 병변 장애의 총칭이다.
  ㉢ 대부분 보행 또는 일상생활에 제약을 받는다.
  [용어] **병변** : 질병으로 인해 일어난 육체적 또는 생리적 변화

② 뇌 병변 장애의 분류 : 뇌성마비, 외상성 뇌 손상, 뇌졸중으로 구분

③ 뇌 병변 장애의 발생 시기별 원인

발생 시기	원인
출생 전	두뇌 기형, 유전적 증후군, 선천적 감염 등
출생 중	질식, 감염 등
출생 후	수막염, 독소, 무산소증, 교통사고, 아동학대 등

④ 뇌 병변 장애인의 특성
  ㉠ 외상으로 인한 뇌 손상 장애인은 몸의 균형 및 조직 간 협응이 어렵다.
  ㉡ 뇌성마비 장애인은 원시 반사로 인해 효율적인 움직임이 어렵다.
  ㉢ 뇌졸중 장애인은 감각 및 운동기능 손상, 시야 결손, 의사소통의 어려움이 있다.
  ㉣ 뇌 병변 장애인은 보행의 어려움으로 인해 부력을 이용하는 수중 운동을 권장한다.

2) 뇌성마비

① 뇌성마비의 특성
  ㉠ 뇌성마비는 질병이 아니고 비슷한 임상적 특징을 가진 증후군을 집합적으로 일컫는 개념이다.
  ㉡ 뇌 손상에 기인하며, 손상된 뇌를 다시 회복시킬 치료 방법은 현재 개발되지 않았다.
  ㉢ 발육 중인 뇌(생후 4주까지의 신생아기)에 비진행성 병변이 발생하고, 그 결과 영속적인 중추성 운동장애 즉 자세 및 운동의 이상을 초래하는 증상이 나타난다.
  ㉣ 지능 저하, 간질, 경련, 발작, 언어 장애, 감각 장애 등을 수반한다.
  ㉤ 원시 반사는 뇌 발달이 미숙한 시기에 증상이 나타나지만 성장하면서 대부분 소멸하지만, 일부 평생 질환이 되기도 한다.
  ㉥ 중추성 운동장애로 경직형 뇌성마비(과긴장과 저긴장), 원시 자세 반사 등의 운동발달에 이상이 있다.
  [용어] **뇌성마비**(CP, cerebral palsy) : 뇌의 이상 또는 뇌의 원인으로 근육조절이 불완전한 상태를 말한다.
  [용어] **원시 반사** : 유아기에 대뇌피질이 미숙하므로 유의적 통제가 없는 반사운동을 나타내는 것을 말한다. 뇌성마비 장애인은 이 반사가 평생 남아있을 수 있다.

② 뇌성마비의 유형
  ㉠ 경련성 뇌성마비(spastic cerebral palsy) : 전두엽의 운동 피질과 척수로 전달하는 경로인 추체계의 손상 때문에 발생하며, 뇌성마비 장애인의 70% 이상을 차지하고 있다. 경직성 뇌성마비라고 표현되기도 한다.
  ㉡ 무정위 운동성 뇌성마비(athetoid cerebral palsy) : 운동 제어를 담당하는 대뇌핵의 손상 때문에 발생하며, 뇌성마비 전체의 20% 정도이다. 행동이 느리고, 몸 전체가 뒤틀리거나 불수의적 움직임을 나타낸다.
  ㉢ 운동 실조성 뇌성마비(ataxia cerebral palsy) : 소뇌 손상 때문에 발생하며, 걸음걸이가 비정상적이고, 걸을 때 온몸을 비트는 특징을 갖고 있다.

④ 척추의 손상과 기능 상실 수준[1]

범례 C : 경추, T : 흉추, L : 요추, S : 천추

손상 수준	기능 수준
4번 경추(C-4)	목과 횡경막을 사용할 수 있으며, 휠체어를 오르내릴 때 보조가 필요
5번 경추(C-5)	어깨의 삼각근과 팔의 이두근 사용이 가능하고, 팔운동을 수행할 수 있으나 손목과 손의 기능이 불가능하여 휠체어를 움직이려면 손목과 손에 보조 장치를 하고 휠체어 바퀴에도 돌출부가 필요
6번 경추(C-6)	팔꿈치의 굴곡과 손목의 신전, 어깨의 굴곡과 외전은 가능하다. 크고 가벼운 물건은 쥘 수 있고 휠체어를 밀 수 있다.
7번 경추(C-7)	주관절 신전 및 손가락 신전과 굴곡이 가능하며, 독립적으로 휠체어를 추진시킬 수 있다. 또한, 휠체어 오르내리기가 약간 가능하며, 보조 장치가 있는 자동차 운전 가능
흉추 상부(T1-9)	상지는 움직일 수 있지만 하지는 마비된다. 스스로 이동할 수 있으며, 휠체어를 혼자서 움직일 수 있고, 볼링이나 양궁 같은 운동 가능
흉추 하부(T10-12)	등, 복부, 늑간근을 완전히 제어할 수 있으므로 스스로 생활할 수 있다. 긴 하지 브레이스를 사용하면 보행도 가능하다. 신체를 가눌 수 있으므로 수영이나 웨이트 트레이닝 가능
요추부(L1-5)	고관절 조정이 가능하며 보행할 수 있고, 스스로 일상생활이 가능하다. 휠체어를 타고 하는 육상, 농구, 테니스 등이 가능
천추부(S1-5)	방광과 장의 기능뿐만 아니라 성 기능도 장애를 받는다. 배변 훈련을 하기 전 도뇨관을 사용한다. 다른 척수 장애인보다 운동기능이 좋은 편이다.

⑤ 척수 장애인의 특성과 운동
   ㉠ 척수 장애인은 방광과 소화기관, 비정상적 근수축, 골다공증, 비뇨기 감염, 배변, 욕창, 근육 경직, 근육경련, 낮은 에너지 소비로 인한 비만 등에 유의해야 한다.
   ㉡ 심혈관계 발달을 위해 에르고미터를 사용하는 운동을 하거나, 휠체어를 끌고 다닐 수 있도록 하는 훈련이 필요하다.
   ㉢ 척수 장애인은 근육이 줄어들어 일반인보다 산소소비량이 적다.
   ㉣ 척수 장애인의 운동프로그램 계획 시 여러 특성을 고려해야 한다. 예를 들면 연한 조직의 손상, 물집, 찰과상, 열상, 욕창성 궤양, 창상 등이 발생할 가능성이 크며, 체온 유지 등을 고려해야 한다.

⑥ 척수 장애인의 스포츠 지도[2]
   ㉠ 척수 장애인의 스포츠지도 유의사항
      • 근육 기능과 길이를 유지할 수 있도록 유연성 운동이 필요하다.
      • 자세 결함은 척추측만증이 나타날 수 있고, 이때 약화한 근육군을 강하게 하고 경직된 근육군을 신전시키는 운동이 필요하다.
      • 신체적 활동 제한이나 활동 부족으로 척수가 손상되었으면 과체중이나 비만이 되기 쉬우므로 스포츠 지도는 지속적이며 활발한 활동과 식이요법을 병행해야 한다.
      • 척추측만증 등 자세 결함을 교정하기 위해 근력운동이나 스트레칭 운동을 한다.
      • 제6번 등뼈(흉추 : T6) 이상의 손상자는 자율신경반사 부전증 발생 가능성이 커 운동 전에 장과 방광, 혈압 상태를 점검해야 한다.
      • 브레이스를 착용하여 교정 자세로, 신체의 움직임을 유지하고 지탱해주는 것이 좋다.
      • 기립성 저혈압 예방을 위해 압박용 스타킹을 착용하도록 한다.
   ㉡ 척수 장애인의 심폐지구력 향상 장비 : 핸드 사이클, 암 에르고미터, 휠체어 트레드밀

---

1) 20-19 척수 장애 선수의 손상 부위와 감각 기능 이상 부위의 연결이 잘못된 것을 찾는 유형
2) 23-03 장애인 운동선수의 지도 고려사항 중 옳은 것을 모두 고른 것을 찾는 유형으로, 기립성 저혈압이 있는 척수 장애인은 압박성 스타킹을 착용하도록 한다.

③ 절단 장애인의 스포츠 지도 고려사항[1])
  ㉠ 운동은 절단 부위 상처가 완전히 치료된 후에 시작해야 한다.
  ㉡ 염증이나 감염을 방지하기 위해 절단 부위를 철저히 관리한다.
  ㉢ 신체활동 강도에 따라 휴식시간을 조절하여 피로 발생을 완화한다.
  ㉣ 운동 역학적 효율성을 고려하여 무게 중심의 변화에 적응하도록 한다.
  ㉤ 절단 장애인은 보장구의 파손으로 인해 부상의 위험이 크다는 것을 유의해야 한다.
  ㉥ 의족, 의수 등 적절한 보장구를 활용하도록 해야 한다.
  ㉦ 비장애인 선수를 모델링 할 수 있도록 해야 한다.
  ㉧ 절단 부위 장애가 운동에 미치는 영향과 잔존 기능 등을 고려해야 한다.

5) 척수 장애(spinal cord injuries)
① 척수 장애의 개념
  ㉠ 척수는 여러 신경세포와 대뇌와 소뇌에 연결되는 많은 신경로를 포함하고 있다.
  ㉡ 척수가 손상되면 그 척수 이하는 움직일 수 없고, 감각마비가 오며, 방광과 항문도 마비가 된다.
  ㉢ 척수 손상은 과격한 충격 또는 과격한 굴곡·신전 등에 의해 발생하며, 척추골절 및 탈구 손상으로, 하반신마비나 사지 마비를 초래한다.
  ㉣ 척수 장애는 주로 상해 부위에 따라 분류한다. 척추 상해는 의학적으로 척추 분절과 상해가 발생한 부위 및 척추 번호에 따라 분류된다.
  ㉤ 척추는 경추, 흉추, 요추, 천추로 나누는데 상해 부위에 따라서 3 경추(C-3) 이상 척추 신경 상해는 사망, 부분적 장애는 전신을 약화하며, 2흉추(T-2) 이상 상해는 사지 마비, 2흉추(T-2) 이하 상해는 하지마비의 원인이 된다.
  [참고] **척수 장애** : 지체 장애에 해당하지만, 지체 장애와 판정 기준이 달라 별도 척수 장애로 구분한다.

② 척수 관련 용어의 개념
  ㉠ 척수(spinal cord, 脊髓) : 척추 내에 위치하는 중추신경 일부분으로, 뇌와 말초신경의 연결 역할
  ㉡ 척주(vertebral column, 脊柱) : 신체의 축을 이루는 뼈와 연골 기둥
  ㉢ 척추(vertebra, 脊椎) : 척주를 형성하는 뼈 구조물

③ 척추의 구성

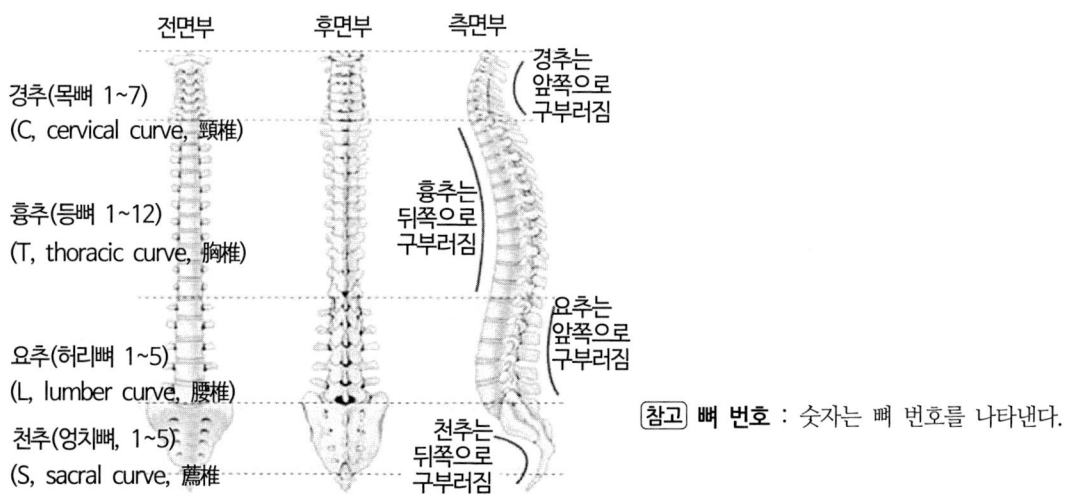

---

1) **23-11** 장애 선수 관리 고려사항 중 틀린 것을 찾는 유형
  20-02 절단 장애인의 절단 부위 관리 방법으로 틀린 것을 찾는 유형
  21-14 장애 유형별 운동상해 예방을 위한 고려사항 중 옳은 것이 묶인 것을 찾는 유형으로, '절단 장애인은 보장구의 파손으로 인한 부상 위험이 있다.'라는 것을 기억해야 한다.

⑤ 절단 장애인의 특성1)
　㉠ 이동과 균형의 어려움 : 절단 장애인은 이동에 어려움이 있고, 균형 능력은 보행 능력과 관계가 있다.
　㉡ 절주 부위 관리 : 절단된 부위의 위생관리가 필요하며, 부위를 자주 통풍시켜주고, 보장구의 건조 상태를 확인해야 한다.
　㉢ 상지 절단장애는 하지 절단 장애보다 더 많은 스포츠에 참가할 수 있다.
　㉣ 법정 장애 유형 중 지체 장애가 가장 많고, 그중에서도 절단 장애가 가장 많다.

3) 지체 장애의 발현 유형별 구분
① 절단 장애

구분		원인
선천성	선천성 절단	선천적으로 신체 일부가 손실
후천성	질병으로 인한 절단	악성종양, 당뇨, 심혈관 질환 등의 질병으로 인해 신체 일부 절단
	사고로 인한 절단	산업재해, 교통사고 등으로 인해 신체 일부 절단

② **다발성경화증** : 몸의 여러 곳에 동시다발적으로 염증이 발생하여 근육이 굳어지며 전반적인 무력감이 나타나는 증상
③ **근이영양증** : 여러 근육군의 퇴화가 서서히 진행되는 유전성 질환으로, 호흡 장애와 심장질환 등의 합병증을 유발한다.
④ **회백수염** : 소아마비를 말하며, 폴리오바이러스에 의한 신경계 감염으로 발생한다. 수의 운동 세포에 영향을 미쳐 뼈의 변형이나 보행에 문제를 일으킨다.

4) 지체 장애인의 스포츠 지도
① 지체 장애인의 스포츠지도 유의사항2)
　㉠ 양팔과 양다리의 균형적 발달을 위한 운동이 필요하다.
　㉡ 다리나 팔의 한쪽만 지체 장애면 그 반대편 근육을 강화해야 한다.
　㉢ 비만 가능성이 커 예방 목적의 규칙적 운동이 필요하다.
　㉣ 기립성 저혈압 증상이 있는 지체 장애인은 서 있는 상태가 오래가지 않도록 해야 하며, 하체 혈관 정체를 막기 위해 압박 스타킹을 착용하는 것이 필요하다.
　㉤ 욕창 예방을 위해 운동 후 휠체어 좌석에서 엉덩이를 들어 올려 피부 압박을 줄여주며, 압박 부위를 규칙적으로 확인해야 한다.
　㉥ 지체 장애가 발생한 후 조속히 보조기구를 사용하는 데 익숙하도록 훈련해야 한다.
　[용어] 기립성 저혈압(orthostatic hypotension) : 앉았다 일어설 때 순간적으로 머리가 핑 도는 느낌의 증상
　[용어] 욕창 : 신체 특정 부위의 지속적·반복적인 압박이 주로 뼈의 돌출부에 가해짐으로써 혈액순환이 잘 안 되어 조직이 죽어 발생한 궤양(염증이나 괴사로 인해 그 조직표면이 국소적으로 결손 되거나 함몰된 것)
② 하지 절단 장애인의 스포츠 활동에서 신체 균형 유지를 위한 보조 방법
　㉠ 축구 : 클러치(clutch)를 사용하여 체중을 안정적으로 지탱
　㉡ 스키 : 아웃리거(outriggers)를 사용
　㉢ 탁구 : 탁구대에 몸을 지지

---

1) 앞 페이지 절단 장애인의 특성 관련 [22-06] 절단 장애인의 특성으로, 틀린 것을 찾는 유형
　[20-01] 상지 절단 장애인의 운동 특성에 대한 설명이 바르게 된 것을 찾는 유형
2) [22-04] 장애인 운동선수 관리에 대한 고려사항을 모두 고른 것을 찾는 유형

ⓒ 간단한 수화 영상으로 보기 : 국립국어원이 운영하는 한국수어사전(http://sldict.korean.go.kr)에서 확인할 수 있다.

바. 지체 장애

1) 지체 장애의 이해
① 장애인복지법에 따른 개념
　㉠ 한쪽 팔, 한 다리 또는 몸통의 유지 기능에 영속적인 장애가 있는 사람
　㉡ 한 손의 엄지손가락을 지골 관절 이상의 부위에서 잃은 사람 또는 한 손의 둘째 손가락을 포함한 두 개 이상의 손가락을 모두 제1 지골 관절 이상의 부위에서 잃은 사람
　㉢ 한 다리를 리스프랑 관절 이상의 부위에서 잃은 사람
　㉣ 두 발의 발가락을 모두 잃은 사람
　㉤ 한 손의 엄지손가락 기능을 모두 잃은 사람 또는 한 손의 둘째 손가락을 포함한 손가락 두 개 이상의 기능을 잃은 사람
　㉥ 왜소증으로 키가 심하게 작거나 척추의 현저한 변형 또는 기형이 있는 사람
　㉦ 지체에 위 각 항의 어느 하나에 해당하는 이상의 장애가 있다고 인정되는 사람
　[용어] **지체**(members, the limbs, 肢體) : 지체의 본래 의미는 팔, 다리 즉 4지를 나타내지만, 여기서는 몸통 유지를 위한 척수도 포함된다.
　[용어] **지골**(digital phalanx) : 손가락·발가락을 형성하는 뼈를 말하며, 엄지손가락과 발가락은 2개의 지골이 있고, 나머지는 3개의 지골로 이루어진다.
　[용어] **리스프랑**(lisfrance) **관절** : 발의 중족골과 족근골의 관절
　[참고] 왜소증 기준 : 키가 남자 145cm, 여자 140cm 이하
② 장애인 등에 대한 특수교육법에 따른 개념 : 기능·형태상 장애를 갖고 있거나, 몸통의 지탱·팔다리의 움직임 등에 어려움을 겪는 신체적 조건이나 상태로 인해 교육적 성취에 어려움을 겪는 사람

2) 지체 장애의 특징과 구분
① 지체 장애인의 특징 : 지체 장애는 장애 형태와 유형이 매우 다양하고 광범위하다.
② 지체 장애의 구분
　㉠ 절단 장애 : 외상에 의한 결손, 선천적 결손 등
　㉡ 관절 장애 : 관절 강직, 근력 약화, 관절의 불안정 등
　[용어] **관절**(articulation) : 2개 또는 그 이상의 뼈가 움직일 수 있는 구조로 맞닿아 있는 뼈의 결합 상태
　[참고] 관절 강직의 구분 : 1) 완전 강직 : 관절이 완전히 고정된 상태, 2) 부분 강직 : 관절운동 범위가 약화한 상태
③ 지체 기능 장애 : 팔, 다리의 장애와 척추 장애
④ 변형 등의 장애
　㉠ 다리 한쪽이 다른 쪽에 비해 5cm 이상 길거나, 1/15 이상 짧은 경우
　㉡ 척추측만증이 있으며 만곡 각도가 40도 이상인 경우, 척추후만증이 있으며 만곡 각도가 60도 이상인 경우
　㉢ 왜소증으로, 성장을 멈춘 18세 이상 남성(여성)의 키가 145(140)cm 이하인 경우
　㉣ 연골무형성증으로 왜소증 증상이 뚜렷한 경우(만 2세 이상에서 적용)
　[용어] **척추측만증**(scoliosis)**과 척추후만증**(kyphosis) : 전자는 척추를 정면에서 봤을 때 옆으로 굽은 상태이며, 후자는 옆에서 보았을 때 척추가 뒤로 휘어져 있는 경우
　[용어] **연골무형성증**(achondroplasia) : 연골 뼈 형성 능력장애 질환으로, 정상보다 키가 작거나, 큰 머리, 넓게 튀어나온 이마, 낮은 콧대, 짧은 팔과 다리, 두드러진 복부와 엉덩이, 짧은 손가락 등의 특징을 갖고 있다.

경증	4급	1호	발성(음도, 강도, 음질)이 부분적으로 가능한 음성 장애
		2호	말 흐름이 어려운 말더듬(언어 장애인 중 아동 41~96%, 성인 24~96% 해당)
		3호	자음 정확도 30~75% 정도의 부정확한 말을 사용하는 조음장애
		4호	매우 제한된 표현만을 할 수 있는 표현 언어지수가 25~65인 경우로, 지적장애·자폐성 장애로 판정되지 아니한 경우
		5호	매우 제한된 이해만을 할 수 있는 수용 언어지수가 25~65인 경우로, 지적장애·자폐성 장애로 판정되지 아니한 경우

5) 언어 장애의 진단 방법 : 어음 청력검사, 한국어 발음검사, 그림 어휘력 검사, 문장이해력 검사, 언어이해·인지력 검사, 한국 표준어음 검사 등

6) 언어 장애인을 위한 수화

① 수화의 개념 : 손 움직임을 포함한 신체적 신호를 이용하여 의사소통하는 시각 언어로, 손가락이나 팔로 형태나 모습을 그리거나, 위치나 이동, 표정이나 입술의 움직임 등을 고려한다.

② 시험에 출제될 수 있는 스포츠지도 관련 수화

운동, 스포츠, 체육	운동 경기	축구	볼링
팔을 들어 올리는 동작	두 주먹을 어깨 위로 동시에 두 번 올렸다 내린 다음 5지를 펴서 세운 두 주먹을 전후로 엇갈리게 두 번 움직인다.	발로 차는 것을 나타내는 동작	1·4지를 편 오른 주먹을 밖으로 내밀며 편다.

야구	달리기	탁구	농구
오른 주먹의 1지를 펴서 끝이 위로 향하게 세우고 왼손으로 오른 팔꿈치를 받치고 오른손을 반원을 그리며 안으로 돈다.	주먹을 쥔 두 팔을 양쪽 가슴 옆에서 번갈아 두 번 올렸다 내린다.	손가락 끝을 모아 끝이 위로 향하게 쥔 왼손을 오른 손바닥으로 쳐내는 동작을 한다.	왼손을 구부려 손끝이 오른쪽으로 향하게 하여 가슴 앞에 두고, 손등이 밖으로 향하게 쥔 오른 주먹을 왼손의 사이로 내린다.

안녕하세요?	반갑습니다.	고맙습니다.	시작합니다.	끝입니다.
손끝이 밖으로 향하게 펴서 모로 세운 오른손의 4지 옆면을 손바닥이 아래로 향하게 편 왼손등에 두 번 댄다.	두 손을 약간 구부려 손끝을 양쪽 가슴에 대고 상하로 엇갈리게 두 번 움직인다.	손끝이 밖으로 향하게 펴서 모로 세운 오른손의 4지 옆면을 손바닥이 아래로 향하게 편 왼손등에 두 번 댄다.	손끝이 밖으로, 손등이 옆으로 향하게 편 두 손의 손바닥을 맞댔다가 양옆으로 벌린다.	손끝이 밖으로 향하게 펴서 모로 세운 왼 손바닥에 오른손 끝을 가져다 대며 약간 올린다.

③ 수화의 특징

㉠ 스포츠 지도와 관련된 수화는 대부분 스포츠 종목의 동작 형태를 나타내고 있으므로 객관식 시험에서는 주어진 지문을 연상하면서 종목의 동작 특성을 생각하면 대부분 답을 찾을 수 있다.

[참고] **언어 장애의 분류** : 언어 장애는 '장애인복지법'에서는 언어 장애고, '장애인 등에 대한 특수교육법'에 따라 분류하면 의사소통 장애에 해당한다.

② 언어와 관련된 용어의 개념
  ㉠ 의사소통(communication) : 뇌에서 다른 사람에게 전달하고자 하는 뜻이 구상되고 이를 표현하는 낱말과 소리가 선택되면 특정 기관에서 소리가 만들어져 의사를 소리로 전달하는 과정(이는 협의의 의사소통이며, 광의의 개념은 문서, 영상 등을 포함한 의사소통을 의미한다.)
  ㉡ 언어(language) : 의사소통 과정에서 뇌 조직이 관장하는 부분
  ㉢ 말(speech) : 신체 기관을 통해 소리로 표현되는 부분

2) 소리의 형성과정
① **생성** : 의사소통을 위해 호흡계, 후두, 구강 등이 소리를 구성하는 과정
② **발성** : 격막과 늑간근, 복근, 흉쇄유돌근 등이 상호작용하는 호흡 과정과 후두에서 소리를 만드는 과정
③ **조음** : 혀와 턱 인두근의 움직임에 따라 소리로 나타나는 과정

3) 언어 장애의 유형
① **구강 관련 장애** : 입 부분 장애로, 구순구개열 장애가 포함된다.
  [용어] **구순구개열**(cleft lip and cleft palate) : 소위 언청이라고 하는데 이는 비하의 의미가 내포되어 있다.

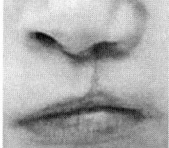
구순구개열 장애

② **청각 관련 장애** : 소리를 들을 수 없거나 청력이 약한 것이 원인이다.
③ **뇌 관련 장애**
  ㉠ 뇌 병변 장애 : 뇌 병변 장애에 의해 언어 장애가 오는 경우이다. 즉 뇌출혈, 치매, 파킨슨병 등 다양한 질환으로 인해 언어 장애가 발생한다.
  ㉡ 발달지체 관련 장애(지적장애, 자폐성 장애, 학습장애 등) : 뇌 발달이 늦어 뇌 기능 장애로 인해 발생한다.
④ **기타**
  ㉠ 심리적 원인으로, 말더듬증 또는 유사 증세로 발생한다.
  ㉡ 언어 장애의 원인은 다양하므로 신체적 장애 또는 정신적 장애인지 구분하기 힘든 경우가 많다.

4) 언어 장애의 등급 기준

장애 등급			장애 정도
중증	3급	1호	발성할 수 없거나 특수한 방법(식도발성, 인공후두기)으로 간단한 대화가 가능한 음성 장애
		2호	말의 흐름이 97% 이상 방해받는 말더듬증
		3호	자음 정확도가 30% 미만인 조음 장애
		4호	의미 있는 말을 거의 못 하는 표현 언어지수가 25 미만인 경우로, 지적장애·자폐성 장애로 판정되지 아니한 경우
중증	3급	5호	간단한 말이나 질문도 거의 이해하지 못하는 수용 언어지수가 25 미만인 경우로, 지적장애·자폐성 장애로 판정되지 아니한 경우

8) 청각장애인의 스포츠 지도

① 청각장애인의 인지적 특성과 스포츠 지도[1]
  ㉠ 청각장애인은 지적장애인이 아니므로, 스포츠 지도에 특별한 제약은 없거나, 약하다.
  ㉡ 독순술, 독화술, 말하기 훈련, 청각훈련, 수화, 읽기, 쓰기는 청각장애인이 사용 또는 훈련하는 의사소통 방법이다.
  ㉢ 수화나 몸짓과 같은 시각적 언어를 사용하고, 환경적 단서를 판독한다.
  ㉣ 손들기·발 구르기·원격조절기·전등·깃발 등을 사용하여 주의 집중할 수 있도록 하며, 중요한 정보는 강조하고, 산만해지지 않도록 한다.
  ㉤ 중요 지시사항은 운동을 시작하기 전에 전달하거나 동료를 통해 이해시키며, 활동 중인 사람에게 지시하는 것은 지양해야 한다.
  ㉥ 인공와우를 이식한 청각장애인은 접촉 스포츠를 피해야 한다.
  [용어] 독순술 : 말하는 입술의 모양을 파악하여 상대의 말을 이해하는 방법으로, 구화(口話)라고도 한다.

② 청각장애인의 신체 운동적 특성과 스포츠 지도
  ㉠ 청각 이외의 다른 감각을 사용한다. 영상의 경우 자막 처리, OHP, 거울 및 시범과 같은 시각적 보조물을 사용하여 지도하고, 수화 사용을 유도한다.
  ㉡ 기온 변화가 심하거나, 습기(예 : 수영 등)와 먼지가 많은 환경에서 활동을 지양한다. 특히
  ㉢ 귀 울림 현상이 나타날 수 있으므로 체육관, 운동장의 과도한 소음을 줄인다.
  ㉣ 청 움직임 교육이나 구조화된 자유 놀이 등 대근 운동을 통하여 공간 감각을 익히게 한다. 이는 초등학교 저학년일 때가 적합하다.
  ㉤ 정적·동적 자세를 바르게 하여 모델 역할을 하고, 거울 등을 사용하여 시각적 피드백으로 바른 자세를 강화한다.
  ㉥ 대화는 시선을 맞추어야 하며, 필요한 경우 필기구를 사용한다.
  ㉦ 통역사를 사용하며 대화할 때 시선은 통역사에게 맞추는 것이 아니고, 장애인에게 맞추어야 한다.

③ 청각장애인의 사회·정서적 발달과 스포츠지도
  ㉠ 주변 사람들이 수화 등을 통해 청각장애인과 의사소통을 할 수 있어야 한다.
  ㉡ 선천성 청각장애인은 어릴 때 놀이 기회 등을 제공하고, 일반 아동들과 청각장애인이 함께 활동할 수 있도록 환경을 조성하며, 상호작용을 강조하여 지도한다.
  ㉢ 다른 사람들과 함께할 수 있는 다양하고 광범위한 체육활동을 제공한다.
  ㉣ 사전에 시설이나 기구를 충분히 익히도록 해야 하며, 활동 전에 필요사항 전달을 위해 시각 및 촉각 신호를 사용한다.
  ㉤ 후천적 청력 장애인의 경우 우울증 증상이 나타나는 경우가 있으므로 스포츠 지도를 재미있게 구성하도록 해야 한다.

마. 언어 장애

1) 언어 장애의 이해

① 언어 장애의 개념
  ㉠ 신체적 원인 또는 뇌 기능 장애, 심리적 원인으로 언어의 발달이 느리거나 언어 관련 기능의 장애를 말하며, 이로 인해 다른 사람과 의사소통에 장애가 있는 사람을 말한다.
  ㉡ 언어 장애인을 농아(deaf mutism, 聾啞, 청각장애인을 포함하는 개념)라고도 하며, 벙어리라고도 하지만 후자는 비하하는 의미가 강하므로 사용하지 않아야 한다.

---

[1] 21-14 장애 유형별 운동상해 예방을 위한 고려사항 중 옳은 것이 묶인 것을 찾는 유형으로, '인공와우를 이식한 청각장애인은 접촉 스포츠를 피해야 한다.'라는 것을 기억해야 한다.

2) 청각 장애의 발생 원인
① **선천적 요인** : 유전, 모자 혈액형 불일치, 이경화증, 선천성 바깥귀 기형, 전염병, 상해 등
② **후천적 요인** : 바이러스 감염, 중이염, 뇌막염, 소음, 외상, 약물 중독 등

3) 청각장애인의 특성
① **인지적 특성** : 언어전달 능력이나 사물을 구별하거나 인지하는 능력이 떨어지고, 스포츠 활동은 장애 정도에 따라 다르지만 간편한 의사전달이 대부분 가능하다.
② **신체 운동적 특성** : 청각 장애가 신체 발달이나 활동에 미치는 영향은 적은 편이다.

4) 청각 장애의 유형

구분	내용
전음성 장애	· 소리의 왜곡은 없지만 희미하게 들을 수 있다. · 후천성인 경우가 많아 수화보다는 구화나 보청기 사용 · 소리를 외이에서 내이로 전달하는 과정에서 난청이 주로 발생
감음 신경성 장애	· 내이 질환 또는 기능 저하로 발생 · 저주파수 대역보다 고주파수 대역 청력 손실이 큼
혼합성 장애	전음성과 감음 신경성이 혼합되어 나타나는 유형

5) 청각 장애의 등급 기준

장애 등급		장애 정도
중증	2급	두 귀의 청력 손실이 각각 90dB 이상인 사람
	3급	두 귀의 청력 손실이 각각 80dB 이상인 사람
경증	4급1호	두 귀의 청력 손실이 각각 70dB 이상인 사람
	4급2호	두 귀에 들리는 보통 말소리의 최대의 명료도가 50% 이하인 사람
	5급	두 귀의 청력 손실이 각각 60dB 이상인 사람
	6급	한 귀의 청력 손실이 80dB 이상, 다른 귀의 손실이 40dB 이상인 사람

[용어] **dB**(decibel, 데시벨) : 소리의 상대적 크기를 나타내는 단위

6) 청각장애인의 보장구
① **보청기** : 소리를 증폭하여 손실된 청력을 보조해 의사소통을 돕기 위한 기구
② **인공와우** : 난청이 발생한 환자가 보청기를 착용하여도 청력 개선이 되지 않을 때 전극을 이용하는 인공와우를 이식하는 방법이다. 전극으로 인해 정전기 발생 위험이 있고, 이식한 후 레슬링, 유도 등 과격한 운동은 피하는 것이 좋다.

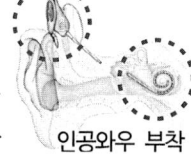
인공와우 부착

③ **보장구 관리** : 보청기와 인공와우는 수분에 취약하므로 활동 전에 보장구를 빼놓거나 땀에 젖지 않도록 유의해야 한다.

7) 평형기능 장애의 등급 기준

장애 등급		장애 정도
중증	3급	양측 평형기능의 소실로, 두 눈을 뜬 상태에서 직선으로 10m 이상을 지속적으로 걸을 수 없는 사람
경증	4급	양측 평형기능의 소실 또는 감소로, 두 눈을 뜬 상태에서 직선으로 10m를 걸으려면 중간에 균형을 잡기 위해 멈춰 서야 하는 사람
	5급	양측 평형기능의 감소로, 두 눈을 뜬 상태에서 직선으로 10m를 걸을 때 중앙에서 60cm 이상 벗어나며, 복합적인 신체 운동이 어려운 사람

⑥ 자전거경기 : 2인용으로, 시각장애인이 뒷자리, 비장애인이 앞자리에 앉아 방향 조정을 돕는다. 이를 텐덤사이클이라고 한다.
  용어 탠덤(tandem) : 서핑, 자전거 경주 등에서 2명이 한 팀이 되어 겨루는 경기

탠덤 사이클

⑦ 양궁 : 음향신호, 점자 방향 지시기, 발 위치 표시기 등을 사용할 수 있다.
⑧ 유도 : 패럴림픽에서 시각장애인만을 위한 유도 경기
⑨ 골볼 : 패럴림픽에서 시각장애인만을 위한 특수 종목으로, 소리가 나는 공을 상대 팀 골대에 넣는 시각장애인 스포츠다.
⑩ 쇼다운 : 공을 배트로 쳐서 테이블 벽면에 부딪힌 다음 테이블 중앙에 설치된 센터 스크린 밑을 통과하여 상대편 포켓에 공을 넣는 경기 방법이다. 시각장애인 경기이지만 비장애인도 눈을 가리고 경기할 수 있다.

5) 시각장애인의 스포츠 지도
① **시각장애인의 운동 특성**
  ㉠ 신체활동에 어려움을 느끼며, 잔존시력 정도에 따라 운동 능력과 활동에 차이가 크다.
  ㉡ 비장애인보다 운동 감각이 현저히 낮으며, 협응력이 떨어진다.
  ㉢ 비정상적인 자세를 가지고 있는 경우가 많다.
  ㉣ 상동 행동이 나타날 수 있다.
② **시각장애인의 신체활동 지도**
  ㉠ 과제의 전체 동작과 부분 동작을 순서대로 시범 보인다.
  ㉡ 신체적 예상 전망치(physical guidance) 강도를 점진적으로 줄인다.
  ㉢ 독립성을 기르기 위해 청각 및 촉각을 활용하도록 습관화하여야 한다.
  ㉣ 동작의 확인을 돕기 위해 브레일 방법을 사용한다.
  용어 브레일(braille) : 만져서 사물이나 글자를 확인하는 점자법
③ **시각장애인의 스포츠지도 유의사항**[1)]
  ㉠ 사용하는 용기구를 주변 환경 색(바닥, 천장, 벽면 등)과 대비되도록 한다.
  ㉡ 시각적 자료는 크게 볼 수 있도록 확대하고, 촉각 자료도 활용한다.
  ㉢ 언어적 설명과 직접 경험 기회를 제공한다.
  ㉣ 녹내장이 있는 시각장애인에게 역도와 같은 폭발적 파워 운동은 지양한다.
  ㉤ 망막박리가 있는 시각장애인에게 충돌이 발생하거나 접촉성 운동은 위험하다.
  ㉥ 상동 행동이 나타날 수 있다.
  용어 망막박리(retinal detachment) : 망막이 안구 내벽에서 떨어져 들떠있는 증상
  용어 상동 행동(stereotyped behavior) : 무의미한 동작을 일정 기간 반복하는 행동

라. 청각과 평형감각 장애
1) 청각과 평형감각 장애의 구분
① **청각 장애** : 청력의 결여 또는 결손에 의해 소리를 듣거나, 이해하지 못하여 소통의 어려움을 겪는 장애
② **평형감각 장애** : 평형감각은 귓속의 달팽이관에 붙어 있는 전정기관과 시각·고유수용감각에 의해 자세 및 방향성을 유지하는 능력을 말하며. 이 기능이 장애인 경우이다.
  참고 평형감각 : 평형감각 장애는 서 있거나 걸을 때 평형기능의 유지가 필요하며, 이 기능을 담당하는 달팽이관이 귓속에 있으므로 청각 장애와 함께 다루어진다.

---

1) [21-14] 장애 유형별 운동상해 예방을 위한 고려사항 중 옳은 것이 묶인 것을 찾는 유형으로, '시각장애인은 신체 충돌로 인해 망막박리가 발생할 수 있다.'라는 것을 기억해야 한다.

③ 사회·정서적 발달 : 스스로 제한성을 가진 존재라는 사실을 받아들이는 데 어려움이 있고, 아동기와 청소년기에 현실적 자아 개념의 발달을 위한 훈련이 필요하다.
④ 시각장애인의 체력
  ㉠ 이동 능력 부족으로 인해 다양한 운동기술 발현이 어렵거나 늦어진다.
  ㉡ 이는 중추신경의 정보처리 과정에 한계가 있기 때문이다.

3) 시각장애인의 분류[1]

목적	구분		기능적 능력
특수교육	맹		점자로 읽기를 배워야 하는 장애인
	약시		안경 등 광학기기나 큰 활자로 된 책을 사용하면 글을 읽을 수 있는 장애인
안과학	맹		보통 1/3m 이상에서 안전 지수를 판별하지 못하는 경우
	준맹		양안 교정시력이 0.02 이상 0.04 미만인 경우
	약시	고도	교정시력 0.04~0.1
		중등도	교정시력 0.1~0.3
		경도	교정시력 0.3~0.8
스포츠 활동	B1		빛을 전혀 감지할 수 없거나 감지한다고 하더라도 어느 방향 또는 짧은 거리인 손의 형태를 감지할 수 없는 경우
	B2		손의 상태를 인지할 수 있는 단계에서부터 2/60m 또는 시야가 5도 이하인 장애인
	B3		시력 2/60m~6/60m, 시야가 5도 이상 20도 이하인 경우
의학	법정 맹		정상적 눈으로 60m(200 feet)에서 볼 수 있는 것을 6m(20 feet)에서 식별하는 경우
	이동 시력		정상적 눈으로 60m(200 feet)에서 볼 수 있는 것을 1.5~3m (5~10 feet)에서 식별하는 경우
	움직임 지각		정상적 눈으로 60m(200 feet)에서 볼 수 있는 것을 0.9~1.5m (3~5 feet)에서 식별하는 경우
	광선 지각		강한 빛은 볼 수 있으나 0.9m(3 feet)에서 손 움직임을 식별 불가능한 경우
	전맹		눈으로 직접 비추는 강한 빛을 인식하지 못함

4) 시각장애인의 경기 종목
① **육상** : 트랙경기는 중간과 골인 지점에 음향기구 설치
② **수영** : IBSA(international blind sports federation)의 규정에 의거 B1(전맹), B2(준맹), B3(약시) 등 3단계로 나눈다. B1은 모든 선수가 앞을 완벽하게 차단할 수 있는 고글을 착용하고 경기한다.
③ **축구**
  ㉠ B1 등급(전맹부)과 B2와 B3의 통합등급(저시력부)의 2단계로 구분한다.
  ㉡ B1 등급은 골대 위치 등을 파악하기 위해 소리가 나는 방향정위를 사용한다.
  [용어] **방향정위**(orientation) : 시각장애인이 주위 환경과 자신의 현재 위치를 파악하는 활동을 말하며, 점위력·지남력·방위 측정력이라고도 한다.
④ **레슬링** : 서로 떨어지지 않고 상대 선수를 붙잡은 상태로 경기한다.
⑤ **볼링** : 비장애인의 경기장에서 핸드 가이드 레일을 이용할 수 있다.

---

[1] 20-12 시각장애인의 스포츠 등급분류에 대한 설명으로 옳은 것을 찾는 유형

ⓒ 신경정신과 전문의 등 정신건강을 담당하는 사람을 활용하며, 신체적 강화가 가능한 운동을 찾고, 체력·운동·놀이 및 사교 기술을 발달시키는 활동이 필요하다.
　　ⓔ 스포츠와 게임을 강조한다. 학업·생업 등을 희생하면서 신체적 능력을 추구하지 않도록 이해시켜야 한다.
　　ⓜ 스포츠에 관심이 없거나, 참여하기 싫어하는 경우 강요하지 않아야 한다. 초기에는 관망을 중심으로 하고, 일정 기간이 지난 후 비경쟁적인 스포츠 활동에 참여하도록 유도한다.
② 인지적 영역
　　㉠ 적절한 방법을 사용하여 관심사를 이야기하도록 유도한다.
　　㉡ 교사와 학생이 지켜야 하는 규칙을 정하고, 안전교육을 한다.
　　㉢ 주의집중 시간이 짧으므로 여러 활동을 계획적으로 시행해야 한다.
　　㉣ 눈과 몸짓을 정확하게 관찰한다.
③ 사회·정서적 영역
　　㉠ 이질적 정서를 하고 있으므로 행동 특성을 잘 파악해야 하고, 개별화와 구조화된 프로그램을 지속적으로 계획·지도해야 한다.
　　㉡ 신체적 접촉에 민감하므로 운동을 하기 전에 친밀감 형성이 필요하다.
　　㉢ 적절한 자극을 강조하고, 주위를 분산시키는 환경을 줄이거나 제거하고, 지시는 간단명료해야 한다.
　　㉣ 쉽게 동요하거나 흥분하는 경우가 많으므로 흥분을 자제시킬 수 있는 노력이 필요하고, 인내심을 갖도록 지도해야 한다.

다. 시각장애

1) 시각장애인의 이해
① **시각장애인의 개념** : 시각적 장애로 인해 신체적·감각적·정신적으로 장기간 일상생활과 사회생활에 상당한 제약을 받는 사람과 이로 인해 학업 성취가 곤란한 사람
② **시각장애의 발생 원인**
　　㉠ 출생 전 : 백색증, 망막아세포종, 미숙아 망막증 등
　　㉡ 출생 후 : 백내장, 대뇌피질 손상, 녹내장, 황반변성, 망막 색소변성 등
　　[용어] **망막아세포종** : 망막(눈의 안쪽 뒷면에 있는 얇은 막)에 생기는 악성종양
③ **시각장애와 관련된 용어의 정의**
　　㉠ 시각(視覺, vision) : 눈을 통해 빛의 자극을 받아들이는 감각 작용
　　㉡ 시력(視力, visual acuity) : 물체의 존재나 형상을 인식하는 눈의 능력
　　㉢ 약시(弱視, amblyopia) : 의학적으로 눈에 이상이 없지만, 정상적 시력이 안 되는 상태
　　㉣ 맹(盲, blindness) : 활동에 필요한 충분한 시각이 결여 또는 부족한 상태를 지칭하며, 법적으로는 시각적 예민성이 교정시력의 20/100 이하인 경우이다.

2) 시각장애인의 특성
① **인지적 능력** : 시각장애인은 청각을 활용하여 거리와 방향감각을 보완하지만 미숙하거나 부정확하며, 크기·형태·공간 개념을 촉각을 통해 인식하는 경우가 많다.
② **심동적 영역**
　　㉠ 일반인보다 대체로 키가 작은 편이며, 뚱뚱하거나 야윈 경우가 많고, 정상적 성장발달을 위해 조기교육을 통한 보완이 필요하다.
　　㉡ 상황이 수시로 변하는 운동 과제의 수행에 어려움을 나타낸다.
　　㉢ 발을 땅에 끌며 걷거나 구부정하고 경직된 자세를 나타낸다.
　　㉣ 활동 중 불필요한 동작으로 인해 더 많은 에너지를 소비하게 된다.

② 주의력 결핍·과잉행동 장애인의 진단
　　㉠ 정확한 진단은 초등학교 입학이 가까워서이다.
　　㉡ 영유아기 때에는 행동이 또래의 규준에서 심하게 차이가 나는 경우가 아니면 특별한 징후를 찾기 어려운 상태이거나 산만한 정도로 나타난다.
　　㉢ ADHD 아동의 영유아기 발달 특성에 관한 연구에 의하면 까다로운 성질의 아동 약 70~80%가 4세 이전에 과잉행동 아동으로 확인되고 있다.

4) 자폐성 장애
① 자폐성 장애(developmental disorder)의 개념
　　㉠ 자폐성 장애는 3세 이전부터 언어 표현과 이해, 사람들과의 놀이에 관한 관심이 적거나 저조한 현상을 나타낸다.
　　㉡ 3세 이후에는 또래에 관한 관심이 현저하게 부족하거나, 상동 행동, 놀이에 대한 심한 위축, 인지발달 저하가 나타나며, 또래보다 전반적인 발달이 늦어진다.
　　[용어] **자폐성 장애** : 자신의 내면적 세계에 칩거하거나, 집착하여 외부 환경에 무관심한 증상을 나타내는 장애
② 자폐성 장애인의 주요 증상
　　㉠ 언어발달이 지연되고, 감정 교류에 어려움을 나타낸다.
　　㉡ 변화에 대한 거부감과 감각자극에 대한 특별한 반응을 나타낸다.
　　㉢ 의미 없는 행동 혹은 강박적인 행동을 나타낸다.
　　㉣ 특정 사물에 대한 집착성이 강하다.
　　㉤ 사회적·상징적 놀이에 대해 어려움을 나타낸다.
③ 자폐성 장애인의 스포츠 지도 유의사항
　　㉠ 의사소통이 어려우므로 언어적 단서를 줄이고, 자연스러운 단서를 활용한다.
　　㉡ 언어적 지도와 비언어적 지도를 병행한다.
　　㉢ 지도자가 학습자의 행동을 말로 표현하여 이해시킨다.
　　㉣ 사회적 관계 형성을 익히도록 지도한다.

5) 정서·행동 장애인의 체력과 운동 능력
① 정서·행동 장애인의 체력
　　㉠ 정서·행동 장애인의 체력 수준은 정상 이하이며, 신체 상과 자아개념도 빈약하다.
　　㉡ 체력이 향상하면 신체 상과 자아개념이 향상되며, 긍정적 사회 경험을 제공하는 게임이나 스포츠에 참여할 수 있다.
② 정서·행동 장애인의 운동 능력
　　㉠ 신체 발육은 정상적이지만 정의적 영역의 발달이 늦고, 정서장애 정도가 심할수록 지각 능력과 체력 수준이 낮다.
　　㉡ 정서·행동 장애인은 운동기능과 건강 체력 수준에서 개인별로 차이가 크므로 운동프로그램을 개별화하여 지도하여야 한다.
　　㉢ 산만하거나 공격 성향 또는 위축 행동 등이 운동학습과 체력 향상의 저해 요인이기 때문에 행동 관리와 친밀감 형성이 중요하다.

6) 정서·행동 장애인의 스포츠 지도
① 신체·운동적 영역
　　㉠ 체력을 강화할 수 있는 프로그램이 필요하다.
　　㉡ 정서적 발달을 도모할 수 있는 신체활동을 주로 활용한다.

[용어] **새가슴** : 선천적으로 흉골이 과도하게 솟아 앞으로 돌출된 가슴 형태
[용어] **내반족** : 발바닥이 안쪽을 향해 굳어 버린 상태의 질병
[용어] **환축추** : 제1 경추(환추)와 제2 경추(축추)는 목을 좌, 우로 회전시키는 역할을 하는데, 어떠한 원인으로 인해 환추가 축추에 비정상적으로 고정되면 환축추 불안정이 발생한다.

② 다운증후군의 스포츠지도 시 유의사항[1]
  ㉠ 다운증후군 장애인의 스포츠지도 시 머리와 목의 근육에 충격을 줄 수 있는 운동을 피해야 한다.
  ㉡ 고관절의 과신전에 의한 부상에 주의해야 한다.
  ㉢ 다운증후군 장애인은 활동의 다양성을 위해 구르기, 다이빙 등은 회피해야 한다.
  [참고] **신전과 과신전** : 신전이란 관절을 펴는 운동으로, 관절 각도가 0에서 180도의 방향으로 움직이는 것이며, 과신전이란 관절 각이 180도를 넘은 상태를 말한다.

나. 정서·행동 장애

1) 정서·행동 장애(emotional and behavioral disorder)의 이해
① 정서·행동 장애의 개념 : 정서 또는 행동이 또래 집단의 규준에서 심각하게 일탈하여 학업 및 일상생활 등에서 자신 및 주변 사람을 곤란하게 하는 상태의 장애
② 정서·행동 장애의 발생 원인
  ㉠ 유전적 요인과 타고난 기질
  ㉡ 건강 상태와 선천성 또는 유전성 장애
  ㉢ 기질이 사회적, 문화적, 물리적 환경 등과 관련된 사회문화적 요인

2) 정서·행동 장애인의 구분
① 정서·행동 장애의 구분 : 주의력 결핍·과잉행동 장애와 자폐성 장애로 구분
② 정서·행동 장애인의 기준 : 오랜 기간 아래 사항의 하나로 특별한 교육적 조치가 필요한 사람
  ㉠ 지적·감각적·건강상의 이유로 설명하기 어려운 학습상의 장애를 느끼는 사람
  ㉡ 또래나 교사와의 대인관계가 원활하지 못하여 학습에 어려움을 겪는 사람
  ㉢ 일반적 상황에서 부적절한 행동이나 감정을 잘 나타내어 학습에 어려움을 겪는 사람
  ㉣ 불행감 또는 우울증을 자주 나타내어 학습에 어려움을 겪는 사람
  ㉤ 학교나 개인 문제에 관련된 신체적인 통증이나 공포가 있어 학습에 어려움을 겪는 사람

3) 주의력 결핍·과잉행동 장애
① 주의력 결핍·과잉행동 장애인(ADHD, attention deficit/hyperactivity disorder)의 특성
  ㉠ 주의집중의 결함 또는 과잉행동·충동성 행동 등이 자주 나타난다.
  ㉡ 또래보다 주의력이 부족하다.
  ㉢ 학습 문제, 공격적인 행동, 대인관계 등으로 인해 다른 문제를 이야기시킨다.
  ㉣ 일을 성급하게 충동적으로 결정하고, 사소한 일로 다투기도 하며, 지도자의 허락 없이 자리에서 이탈하거나 실내에서 뛰어다니는 등 과잉행동이 나타난다.
  ㉤ 정확한 운동 조절과 타이밍이 서투르다.
  ㉥ 뇌 전두엽 이상으로, 억제력·기억력·실행기를 등에 어려움을 동반한다.

---

[1] **23-15** 운동상해와 예방법이 잘못된 것을 찾는 유형으로, '환축추 불안정 상해를 가진 선수는 피부 청결 유지와 운동 전 방관을 비워야 한다'라는 것이 오답 찾기의 정답이다.
21-14 장애 유형별 운동상해 예방을 위한 고려사항 중 옳은 것이 묶인 것을 찾는 유형으로, '다운증후군 장애인은 구르기, 다이빙 등은 회피해야 한다.'라는 것을 기억해야 한다.

② 신체활동 프로그램 적용
  ㉠ 일반적 사항
    • 많은 지적장애인이 음악, 무용, 리듬 등의 활동을 좋아하기 때문에 이를 목표 달성을 위한 매개로 사용하면 효과적이다.
    • 한 번에 한 가지의 기술만 지도하고, 지도에 따른 시간이 매우 필요하다.
    • 촉각, 시각, 청각 등 감각적 단서를 제공하거나 활용해야 한다.
    • 체육 프로그램은 나이, 장애 정도, 기능 수준을 고려해서 계획하고, 흥미 수준에 맞는 활동 선택과 놀이 장비의 다양성 등이 필요하다.
    • 주의집중 시간이 짧아 시범과 언어적 지도를 이용하며, 언어적 지도 시 간단하고 짧게 끝내고 반복 학습이 필요하다.
    • 기술적 발전이나 성장이 있을 때 칭찬을 많이 한다.
    • 껴안거나 신체적 접촉은 친밀감을 느끼도록 하는 데 도움이 된다.
    • 지도 중에는 주변 환경이 산만해지지 않도록 해야 한다.
    • 중요한 역할에 따른 책임의 중압감을 느끼지 않도록 해야 한다.
  [용어] 단서(clue, 端緒) : 어떤 일을 풀어가는 실마리
  ㉡ 정도에 따른 구분
    • 경도(輕度)와 중도(中度) : 대근을 이용한 신체 각 조직의 협응력 향상에 주력
    • 중도(重度) : 중도 지적장애인은 기본적으로 심동적 영역의 활동이 요구된다. 걷기, 달리기, 점프 같은 일반적인 운동기술과 유형의 발달은 여러 가지 자세, 반사, 하위 운동구조가 형성되어야 가능하다.
    • 중도(重度)와 최중도 : 과격한 신체활동을 지양해야 한다.
  [참고] **경도(輕度)와 중도(中度)와 중도(重度)** : 輕度는 가벼운 정도, 中度는 중간 정도, 重度는 무거운 정도를 말한다.
  ㉢ 중도(重度) 지적장애인의 지도전략
    • 정적 강화기법을 많이 활용한다.
    • 문제행동의 예방을 위해 주의집중에 방해가 되는 걸림돌을 미리 제거한다.
    • 자해 행동이 나타날 때는 신체 구속을 통해 즉시 동작을 중단시킨다.
    • 설명을 자세히 하고 전체 동작보다는 부분 동작 중심으로 지도한다.
③ 지적장애인의 스포츠지도 시 유의사항
  ㉠ 먼저 시범을 보이고, 이를 따라 하도록 지도한다.
  ㉡ 언어적 지도는 되도록 짧고, 간단명료하게 한다.
  ㉢ 반복 학습을 자주 시행한다.
  ㉣ 다양한 감각적 단서를 제공하며 지도한다.
  ㉤ 운동기술의 습득과 파지가 이루어지고 있는지 수시로 점검한다.

6) 다운증후군 장애

① **다운증후군 장애인의 특성**
  ㉠ 다운증후군의 증상은 매우 다양하고 사람마다 다르며, 경도부터 중도까지 다양하다.
  ㉡ 근육 기능 저하로 앉거나 일어서는 행동이 어렵고, 시력과 청력 장애를 동반한다.
  ㉢ 얼굴이 특이하고, 키, 사지, 손가락, 발가락이 짧거나 바로 펴지지 않는다.
  ㉣ 새가슴이나 내반족이 나타난다.
  ㉤ 환축추 불안정으로 척추가 휘어 있거나 고관절 탈구가 많다.

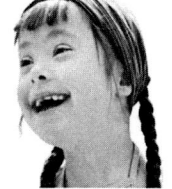
다운증후군 장애

  [참고] **다운증후군** : 다운증후군도 지적장애에 포함되지만, 다른 지적장애와 구분되는 신체적 특징을 나타내기 때문에 구분한다.

② 지적장애의 발생 원인
　㉠ 염색체 이상 : 다운증후군, 터너증후군, 윌리엄스증후군
　㉡ 유전자 오류 : 약체X증후군, 프레드-윌리증후군

4) 지적장애인의 특성
① **일반적 특성** : 우호적 또는 적대적 환경에 높은 감수성을 나타내며, 지적 활동이나 운동 반응이 늦고, 주의집중 시간이 매우 짧으며, 언어 사용의 제약, 계획성의 결여, 상상력의 한계, 흥미 범위의 협소, 경계 의식이 없고, 선악의 구별이 미약하며, 정서적 안정성이 취약하고, 고집이 세다.
② **인지적 특성**
　㉠ 지체된 발달과 과제 수행을 하지 못하여 주위 사람들이 많은 어려움을 겪게 된다.
　㉡ 다양한 기구, 다른 환경 및 시간, 여러 사람과의 활동을 통해 기술의 일반화를 꾀할 수 있는 프로그램의 체계적 제공이 필요하다.
　㉢ 지적장애아는 비능률적 학습자에 해당한다.
　㉣ 기억해야 하는 규칙이 거의 없는 활동을 주로 해야 하며 지도 시간이 짧아야 한다.
　㉤ 어휘가 한정되어 있어 간단한 단어를 사용하며, 시범을 자주 보여야 한다.
③ **신체·운동적 특성**
　㉠ 경도 지적장애의 경우 키, 몸무게는 정상이지만 운동 능력은 1년~4년 정도 늦다.
　㉡ 단순한 운동 능력은 일반 아동과 비슷하지만 복잡한 운동 능력은 많은 차이가 난다.
　㉢ 문화적, 가정적 이유로 지적장애가 된 아동은 신경학적 손상이나 중복 장애아보다 운동 능력이 현저히 우수하다.
④ **사회·정서적 발달**
　㉠ 지적장애아의 사회·정서적 발달은 생활 연령과 정신 연령이 많은 영향을 미치기 때문에 혼동이 자주 일어난다.
　㉡ 정신 연령은 낮도, 생활 연령이 높아 자기 또래의 생활 내용을 배우기를 원한다.
　㉢ 사회·정서적 발달에 적절한 내용과 자료 선정에 유의하여야 한다.
⑤ **지적장애인의 체력**
　㉠ 어릴 때부터 지능적 제약에 따른 적응 기술과 관련된 제한성을 갖고 있다.
　㉡ 지적장애인의 10% 정도는 염색체 이상이 있으며 다운증후군이 가장 보편적이다. 20% 정도는 뇌 질환의 선천적 결함을 갖고 있다.
　㉢ 태아기 때 저산소증 또는 중독, 조산, 내분비계와 영양장애, 출산 후 뇌 질환, 정신의학적 장애와 후유증 등이 원인이 된다.
　㉣ 다양한 원인일 때 각각의 범주에 대한 체력과 훈련 반응에 대한 관찰이 필요하다.
　㉤ 다운증후군과 신체적으로 비슷한 형태의 지적장애를 나타낸다.

5) 지적장애인의 스포츠 지도
① **스포츠 지도의 일반적 사항**
　㉠ 운동 초기에는 비교적 쉽게 달성할 수 있는 동작부터 시작해야 한다.
　㉡ 추종자 또는 모방자가 되는 경향이 강하므로 리더 역할을 강요하거나, 강조하지 않아야 한다.
　㉢ 적절한 행동 표현이 어렵기에 부적절한 행동을 하면 의도적으로 무시하고, 적절한 행동 모델을 제시하고 이에 잘 따르면 칭찬하도록 한다.

제5장 스포츠의학과 트레이닝

1. 장애 유형별 지도 방법

가. 지적장애인의 지도

1) 지적장애(intellectual disability)의 이해

① 지적장애의 개념
  ㉠ 일반적 정의 : 청년기(18세) 이전에 시작되는 발달 장애로, 지능을 포함한 지적·인지능력 부족과 심리적·사회적 적응력이 모자라 독립적 일상생활이 어려운 상태의 장애
  ㉡ 장애인복지법의 정의 : 정신발육이 항구적으로 지체되어 지적 능력 발달이 불충분하거나 불완전하고, 자신에 대한 일 처리와 사회생활 적응이 상당히 곤란한 사람
  ㉢ 장애인 등에 대한 특수교육법의 정의 : 지적 기능과 적응 행동상의 어려움이 함께 존재하여 교육적 성취에 어려움이 있는 사람

  [참고] **지적장애의 용어 변천** : 과거에 정신박약이라고 하였고, 이후 정신지체로 바뀌었고, 현재는 지적장애로 표현하고 있다. 정신박약과 정신지체는 비하의 개념이 포함된 것으로 인식되어 사용하지 않고 있다.

② 미국 지적장애 및 발달장애협회(AAIDD)의 지적장애 정의
  ㉠ 지적장애를 지적 기능성과 개념적, 사회적, 실제적 적응 기술로 표현되는 적응 행동의 두 영역에서 현저한 제한을 보이는 장애
  ㉡ 18세 이전에 시작되는 장애.
  ㉢ IQ 평균이 2 표준편차(2SD)인 70 미만이어야 한다.

  [용어] **AAIDD** : American Association on Intellectual and Develop mental Disabilities.

2) 지적장애인의 등급분류

① 지적장애인의 등급분류 기준 : 장애인복지법에 따라 지능지수(IQ)와 사회성 지수에 따라 분류
② 지적장애인의 등급분류
  ㉠ 지능지수에 따른 분류

분류	교육가능급(EMR)	훈련가능급(TMR)	완전의존급(CMR)
지능지수	51-75(우둔)	25-50(치우)	25 이하(백치)

  ㉡ 사회성 지수에 따른 분류

분류	1급	2급	3급
지능지수	지능지수와 사회성 지수가 34 이하	지능지수와 사회성 지수가 35 이상 49 이하	지능지수와 사회성 지수가 50 이상 70 이하

3) 지적장애의 발생 원인

① 지적장애의 발현 시기에 따른 분류

구분	출산 전	출산 시	출산 후	기타
원인	1) 염색체 이상 2) 수두증, 소두증 3) 대사 이상 4) 산모의 질병과 중독 5) 부모의 혈액형 부적합	1) 미숙아, 조숙아 2) 저체중아 3) 난산	1) 질병 2) 발달상의 지체, 환경 박탈 3) 중독 4) 대사장애	1) 사고 2) 대뇌 산소 결핍 3) 종양 4) 매독 5) 특발성 증상

2) 브레일 체스의 장비
① 브레일 체스 세트
　㉠ 브레일 체스 세트는 흑 칸은 볼록하게 튀어나와 있고 백 칸은 움푹 들어가 있다.
　㉡ 판과 말에 홈이 있어 만져도 흐트러지지 않고 고정할 수 있다.
　㉢ 이어폰을 사용한다.

다. 슐런

1) 슐런(sjoelen)의 이해[1]
　㉠ 나무 보드 위에서 퍽을 홀에 넣어 점수를 내는 스포츠이다.
　㉡ 네덜란드의 전통놀이에서 유래되어 누구나 쉽게 참여할 수 있고, 특히 노인과 장애인 재활 스포츠에 적합하다.
　㉢ 퍽을 손으로 밀어서 관문을 통과할 때마다 점수를 획득하는 경기이다.
　㉣ 정해진 시간에 20~30개의 퍽을 사용하여 관문에 집어넣고, 3쿼터에 걸쳐 경기해서 승부를 결정한다.

슐런 테이블

2) 슐런의 경기 방법과 장비
　㉠ 길이 2m, 폭 40cm 내외의 보드 위에 네 개의 관문이 있고, 관문별 통과 점수가 다르며, 네 개의 관문에 골고루 하나씩 넣을 때마다 10점을 가산한다.
　㉡ 퍽은 30개가 한 세트로, 지름은 5.2cm이다.

---

1) **23-06** 슐런에 대한 설명과 테이블 그림이 제시되고 무슨 종목인지 묻는 유형

2) 스노슈잉의 경기 방법
- ㉠ 개인전과 단체전이 열린다.
- ㉡ 개인 경기는 25m부터 5Km까지 총 8개 레이스가 있다.
- ㉢ 단체 경기는 400m 이어달리기(4X100m)와 1,600m 이어달리기(4X400m)로 구성된다.

7. 기타 종목

가. 쇼다운

1) 쇼다운(Showdown)의 이해
- ㉠ 길이가 긴 나무 배트로 소리가 나는 공을 쳐, 상대편의 골 주머니에 넣으면 점수를 얻는 방법으로 진행되는 시각장애인 스포츠이다.
- ㉡ 손 보호 장갑과 고글을 착용한다.
- ㉢ 쇼다운 주관 조직은 국제시각장애인스포츠연맹(IBSA)이다.

[용어] **쇼다운**(showdown) : 사전적 의미는 마지막 결전이라는 뜻이다.

쇼다운

2) 쇼다운의 경기 방법
- ㉠ 공을 배트로 쳐서 테이블 벽면에 부딪힌 다음 테이블 중앙에 설치된 센터보드 스크린 밑을 통과하여 상대편의 골 포켓에 공을 골인시키는 방법이다.
- ㉡ 선수는 2번 연속으로 서브를 하는데 한 골당 2점의 점수가 부여된다.
- ㉢ 공이 센터보드 스크린에 부딪히거나, 테이블 밖으로 나가거나, 골 에어리어 공을 배트 또는 배트를 가진 손으로 건드리거나, 배트 아닌 것으로 공을 건드리거나, 공을 잡고 2초 이상 지체하면 상대가 1점을 득점한다.
- ㉣ 한 선수가 상대편 선수를 상대로 2점 이상의 점수 차로 11점을 획득하면 승리한다.
- ㉤ 3세트로 진행되며, 세트마다 테이블을 바꾼다.
- ㉥ 쇼다운은 공 소리를 듣고 촉각을 통해 경기가 결정되므로 공의 소리가 중요하다.

3) 쇼다운의 장비
- ㉠ 쇼다운용 테이블이 필요하며, 이는 흡사 당구대와 비슷하고, 크기는 364×121cm이고, 테이블 가운데 센터보드 스크린이 설치되어 있다.
- ㉡ 경기장은 4×6m 이상이다.
- ㉢ 배트, 이는 공을 치는 데 사용하며 당구의 큐와 같은 역할을 한다.
- ㉣ 공은 내부에 금속을 넣어 소리가 난다.

나. 브레일 체스

1) 브레일 체스(braille chess)의 이해
- ㉠ 체스는 장군이라는 의미의 프랑스 고어에서 유래되었다. 두 사람이 16개의 말을 가지고, 가로·세로 각각 8개씩 64개의 칸이 있는 체스판에서, 상대의 왕을 잡는 보드게임이다.
- ㉡ 브레일 체스는 체스와 경기 방법은 같다.
- ㉢ 시각장애인은 시각장애인용 체스 용기구인 브레일 체스 세트를 사용한다.
- ㉣ 브레일 체스를 주관하는 조직은 국제시각장애인스포츠연맹(IBSA)이다.

브레일 체스

[용어] **브레일**(braille) : '점자' 또는 '점자로 읽는다.'라는 의미이다.

ⓜ 투구 선수 뒤에는 동료 선수가 붙어서 휠체어를 잡아 주어 스톤을 굴릴 방향을 정확하게 결정할 수 있도록 돕는다.

[용어] **스위핑**(sweeping) : 컬링에서 스톤의 주행을 원활하게 할 목적으로 하는 빗자루질
[용어] **익스텐더 큐** : 스틱이라고도 한다. 장애로 인해 손으로 스톤을 밀기 어려운 지체 장애인은 익스텐더 큐를 사용하여 스톤을 굴릴 수 있다.

익스텐더 큐

② 휠체어컬링의 점수계산
  ㉠ 점수는 하우스의 안에 있는 스톤만 점수에 가산된다.
  ㉡ 상대편보다 링 중심에 가까이 있는 스톤마다 1점이 가산된다.
  ㉢ 한 END에 양 팀 모두 점수를 얻지 못하면 바로 앞 END에서 이긴 팀이 다음 END를 시작한다.

③ 휠체어컬링의 투구 방법
  ㉠ 휠체어가 호그(hog) 라인을 기준으로 후방에 위치하여 투구한다.
  ㉡ 투구시 보조기구를 사용할 수 있다.
  ㉢ 투구시 팀원 중 1명이 휠체어를 고정하는 역할을 할 수 있다.
  ㉣ 투구시 스톤을 호그 라인 후방에서 투구하여야 한다.

④ 휠체어컬링의 용구와 경기장2)
  ㉠ 스톤(stone) : 휠체어컬링 스톤은 컬링 스톤과 같은 것을 사용한다.
  ㉡ 경기장 : 일반 아이스링크에 만들 수 있고, 기존 아이스링크 표면에 페블을 뿌려 스톤 마찰을 줄인다. 페블 상태에 따라 경기의 전반적 컨디션이 좌우된다.

[용어] **페블**(pebble) : 얼음 위에 뿌리는 작은 물방울

3) 휠체어컬링의 등급분류
  ㉠ 휠체어컬링은 다리 아래쪽(하반신) 기능에 중요한 손상을 가진 사람으로 제한한다.
  ㉡ 척수 손상, 뇌성마비, 다발성경화증, 두 다리 절단 등 이동할 때 휠체어가 사용자로 제한된다.
  ㉢ 도보로 전혀 이동 못 하거나 아주 짧은 거리만을 걸을 수 있는 사람들이다.

마. 스노슈잉

1) 스노슈잉(snowshoeing)의 이해
① 스노슈잉의 개요
  ㉠ 스노슈잉은 스노우 신(설화)을 신고 달리는 경기이다.
  ㉡ 눈이 많이 내렸을 때 특수 신발을 신고 다녔던 것이 점차 발달해 스포츠가 되었다.
  ㉢ 미국, 캐나다, 유럽, 일본 등지에선 해마다 일반인들을 대상으로 하는 대회가 개최된다.

스노슈

② 스노슈잉의 특징
  ㉠ 지적장애인들에게 최적의 겨울 스포츠다.
  ㉡ 눈 위에서 걷는 경기로 배우기 쉽고, 스키나 스케이트 보다 다칠 위험도 적다.
  ㉢ 스페셜올림픽의 겨울 종목이고, 전국 동계 장애인체육대회 종목은 아니다.

---

1) **23-14** 동계장애인 스포츠 활용 장비가 아닌 것을 찾는 유형으로, 익스텐더 큐, 아웃리거, 모노스키가 활용 장비이고, 이 외에 초크가 오답 찾기의 정답이다.
  23-17 휠체어컬링의 경기 방법에 대한 설명으로 옳은 것을 찾는 유형
  22-17 시각장애인을 위한 장비나 기구가 아닌 것을 찾는 유형으로, 볼링의 익스텐더 큐는 손으로 스톤을 밀기 어려울 때 사용하는 지체 장애인 장비임을 기억해야 한다.
  19-17 장애인 참여를 위해 변형된 스포츠 종목별 설명으로 틀린 것을 찾는 유형

2) **21-05** 장애인스포츠를 위해 개발된 장비가 아닌 것을 찾는 유형으로, 휠체어컬링의 스톤은 컬링의 스톤을 같이 사용하므로, 오답 찾기의 정답이다.

3) 장애인바이애슬론(biathlon)의 경기 방법

① 경기종목
- ㉠ 입식부·좌식부·시각장애인부로 구분하고, 각각 크로스컨트리와 함께 사격을 한다.
- ㉡ 경기종목(패럴림픽, 월드컵 기준)
  - 입식부·좌식부·시각장애인부(남·여) : 7.5km 개인 경기로 2회 사격
  - 좌식부 여자 : 10km 개인 경기로 3회 사격
  - 입식부·시각장애인부 여자 : 12.5km 개인 경기로 4회 사격
  - 입식부·좌식부·시각장애인부 남자 : 12.5km 개인 경기로 4회 사격

② 코스와 관련 시설
- ㉠ 벌칙 주로
  - 벌칙 주로가 사용되는 경기에서 벌칙 주로는 사격장 바로 뒤편에 만들어져야 한다.
  - 벌칙 주로는 5m 넓이와 안쪽 측면에서 계산했을 때 150m(± 5m) 길이로 만들어야 한다.
  - 벌칙 주로는 평지에 설치해야 하는데, 선수가 벌칙 주로에 들어가야만 할 때 경기코스와 벌칙 주로 사이에 추가 주행거리는 없어야 한다.

  [용어] **벌칙 주로** : 사격에서 과녁을 맞히지 못하면 스키를 이용 주행거리가 늘어나는 벌칙이 부과된다. 이때 벌칙으로 추가해야 하는 주행거리를 말한다.

- ㉡ 사격장
  - 사격장은 스타디움 중앙지역에 위치되어야 하고, 표적과 사선은 관중이 볼 수 있어야 한다.
  - 사격장은 평탄해야 하고, 표적 후면과 옆면에 적당한 안전 용구가 준비되어야 한다.
  - 사격 방향은 경기 중 광선 조건을 강화하기 위해 북쪽으로 향한다.

장애인바이애슬론 복사

- ㉢ 사격 방법 : 장애인바이애슬론은 모두 <u>복사</u>로 한다.

  [용어] **복사**(prone position) : 엎드려쏴 자세의 사격

라. 휠체어컬링

1) 휠체어컬링(wheelchair curling)의 이해
- ㉠ 휠체어컬링은 컬링을 장애인에게 적합하게 변형한 것으로, 둥글고 납작한 컬링 스톤을 얼음판에서 미끄르뜨려 과녁(하우스) 중심에 더 가까이 두게 겨루는 방법으로, 실내 링크의 빙상 종목이다.
- ㉡ 휠체어컬링은 손쉽게 할 수 있고, 여러 가지 재미 요소가 있어 누구나 즐길 수 있으며, 짧은 시간 기초 자세 연습으로 시합이 가능하다.
- ㉢ 컬링은 16세기에서 스코틀랜드에서 시작되어 오래된 스포츠이며, 국내에는 1994년부터 보급되었다.
- ㉣ 2006년 제9회 이탈리아 토리노 패럴림픽 때 정식 종목으로 채택되었다.
- ㉤ 휠체어컬링은 세계컬링경기연맹(WCF, World Curling Federation)의 규정에 따르며, 컬링과 휠체어컬링을 함께 주관한다.

2) 휠체어컬링의 경기 방법
① 휠체어컬링 경기 일반사항[1]
- ㉠ 컬링은 10엔드(end)로 구성되지만, 휠체어컬링은 8엔드이다.
- ㉡ 선수 구성은 팀원 5명 중 여자 선수 1명 이상이 반드시 포함되어야 한다.
- ㉢ 선수 이동 제약 때문에 스위핑(sweeping)을 않고, 투구만으로 포석이 결정된다.
- ㉣ 투구시 손 또는 <u>익스텐더 큐</u> 중에서 편한 방법으로 스톤을 굴린다.

다. 장애인 노르딕스키

1) 장애인 노르딕스키(nordic ski)의 이해
㉠ 장애인 노르딕스키는 크로스컨트리와 바이애슬론 종목으로 나누며, 장애인이 경기할 수 있도록 일부 규칙과 특수한 용구를 적용한 경기이다.
㉡ 장애인크로스컨트리란 자연의 지형을 이용한 코스에는 스키 경주를 말하며, 시트 스키와 스탠딩 등급의 지체 장애인, 시각장애인이 가이드와 함께 참여하는 시각장애인 노르딕 스키로 구분하며, 단거리, 중거리, 장거리로 분류한다.
㉢ 장애인바이애슬론은 2가지 경기를 함께 한다는 의미로, 크로스컨트리와 사격이 결합한 종목이다. 입식부·좌식부·시각장애인부로 구분하고, 개인과 팀 릴레이 종목으로 분류한다.
㉣ 장애인크로스컨트리는 1976년 스웨덴 오른스코드스빅 패럴림픽에서, 장애인바이애슬론은 1994년 노르웨이 릴레함메르 패럴림픽에서 정식 종목이 되었다.
㉤ 장애인크로스컨트리와 장애인바이애슬론은 국제장애인노르딕스키연맹(IPNSC, International Paralympic Nordic Ski Committee)의 규정에 따른다.

[용어] 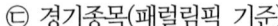 **노르딕**(Nordic) : 북유럽 국가를 나타내는 용어

2) 장애인크로스컨트리(cross-country)의 경기 방법

① 경기 방법
㉠ 크로스컨트리는 자연 지형을 이용한 코스에서 행해지는 가혹한 장거리 경주라는 의미이다.
㉡ 경기 결과는 출발 시각과 도착 시각의 차이 기록을 갖고, 퍼센티지 시스템에 따라 선수의 장애 등급에 해당하는 %를 곱한 것이 최종 결과가 된다.
㉢ 경기종목(패럴림픽 기준)

크로스컨트리

거리	남자		여자	
	세부종목	장애 등급	세부종목	장애 등급
장거리	20km	클래식주법, 입식부분, 시각부분	15km	클래식주법, 입식부분, 시각부분
	15km	좌식부분	10km	좌식부분
중거리	10km	클래식주법, 입식부분, 시각부분, 좌식부분	10km	클래식주법, 입식부분, 시각부분
			5km	좌식부분

② 경기 장비
㉠ FIS/IPC 규정에 맞는 장비를 사용해야 참가할 수 있다.
㉡ 사용 장비에 관해 특별규정과 일반적 안정성 요구에 적합한지를 확인할 의무가 있고, 검사과정에 따라야 한다.
㉢ 좌식 스키는 한 쌍의 크로스컨트리 스키 위에 앉을 수 있게 만든 장치로, 재질과 모양은 규정에 적용받지 않는다. 좌식 스키의 바스켓 부분과 플레이트 간 최대높이는 30cm이고, 핸들로 조작하는 장치는 사용할 수 없다.

③ 경기 종류별 경기 거리

경기 종류	경기 거리(km)	코스 길이(km)
개인 경기	2,5, 5, 10, 15, 10	2,5, 5, 10, 15
계주 경기	여자(3명×2.5km)	2,5, 5
	남자(1명×3.75km, 2명×5km)	

4) 장애인 알파인스키의 종목 분류[1]
① 장애인 알파인스키의 종목 분류 : 장애인 알파인스키는 장애 유형에 따라 시각장애(B1~B3), 입식(LW~LW9), 좌식(LW10~LW12) 등 3개의 등급으로 분류한다.
② 시각장애 종목에서 가이드 역할
  ㉠ 시각장애 종목(B 등급)은 반드시 가이드를 사용해야 한다.
  ㉡ 가이드는 시야가 정상 범위 내에 있어야 하고, 시력은 교정시력으로 한쪽은 0.5 이상, 다른 쪽은 최소 0.2가 되어야 한다.
  ㉢ 가이드는 반드시 선수 앞에서 스키를 타야 한다.
  ㉣ 경기 중 가이드와 선수의 신체적 접촉은 실격이다.
  ㉤ B1 등급선수는 경기 중 반드시 빛 차단 고글을 착용해야 한다.
  ㉥ 선수에게 적용되는 규정은 가이드에게도 적용한다.

5) 장애인 알파인스키의 장비[2]
  ㉠ 장애인 알파인스키의 좌식선수는 모노스키, 바이스키를 이용하며, 입식 선수는 아웃트리거스키를 사용한다. 일반인들에게는 다소 생소한 장비들이다.
  ㉡ 등급분류에 따라 모노스키, 바이스키, 아웃트리거스키를 사용하며 알파인스키와는 다르다.

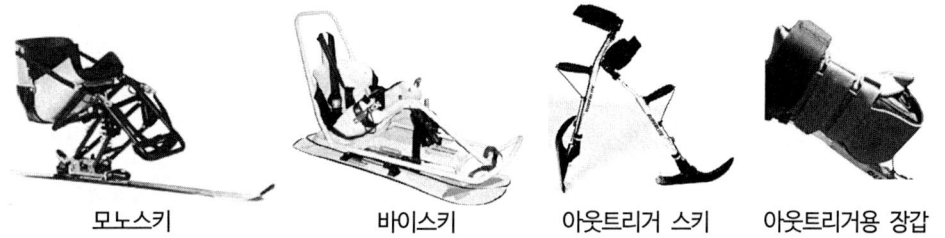

모노스키   바이스키   아웃트리거 스키   아웃트리거용 장갑

6) 장애인 스노보드의 경기 방법
① 스노보드 크로스(SBX, snowboard cross)
  ㉠ 뱅크, 롤러, 스파인, 점프 등 다양한 지형지물로 구성된 코스에서 경기를 펼친다.
  ㉡ 예선전은 선수 혼자 코스를 단독 주행한 기록으로 순위를 결정하며, 일반적으로 2번의 기록 중 빠른 기록을 적용한다.
② 뱅크드 슬라롬(BSL, banked slalom)
  ㉠ 기문으로 표시한 코스를 지그재그로 회전하며 내려온 시간으로 결정된다.
  ㉡ 회전을 쉽게 할 수 있도록 각 기문에는 뱅크(bank)가 조성되어 있다.
  ㉢ 3번씩 코스를 주행해 얻은 기록 중 최고 기록을 택해 순위를 결정한다.
③ 장애인 스노보드의 종목 분류 : 장애 유형에 따라 상지 장애(SB-UL)와 하지 장애(SBLL-1, SBLL-2)로 분류한다. 상지 장애(SB-UL)와 하지 장애(SBLL-1, SBLL-2)로 분류한다.

장애인 스노보드

---

1) **20-20** 알파인스키에서 가이드의 역할에 대한 설명이 바르게 된 것을 찾는 유형
2) **20-17** 장애인스포츠를 위해 개발된 경기 장비를 바르게 고른 것을 보기에서 찾는 유형
   19-05 장애인스포츠를 위해 개발된 스포츠 장비가 아닌 것을 찾는 유형으로, 장애인 알파인스키의 아웃리거는 장애인용으로 개발되었으므로 정답이 아니다.

㉤ 장애인 알파인스키와 장애인 스노보드는 세계장애인알파인스키연맹(WPASF, World Par Alpine Ski Federation)의 규정에 따른다.

2) 장애인 알파인스키의 경기 구분
① 활강경기(down hill)
   ㉠ 활강경기는 용기, 재빠른 반사 동작, 기술의 숙련도, 인내력 등이 요구되는 경기이다.
   ㉡ 활강경기의 특이점은 다른 경기에는 없는 3일간의 공식연습이 의무화되어 있고, 상해 예방용 헬멧을 반드시 착용해야 한다.
   ㉢ 경기는 1회 실시한다.

활강경기

회전경기

② 회전경기(slalom)
   ㉠ 회전경기는 스키 경기 가운데 가장 많은 기문을 통과하는 경기로, 1회전을 치르고 난 다음 기문을 다시 설치하고 2회전을 치르며 두 번의 회전 시간을 합하여 우열을 가리는 경기이다.
   ㉡ 회전경기는 가파르고 얼어붙은 곳에서 경기를 갖기 때문에 턴 기술을 발휘하기 위하여 유연성, 협응력 및 순발력 등과 체력과 고도의 정신집중력이 필요하다.
   ㉢ 경기코스가 경기 당일 코스 검사 때 한 차례만 공개되기 때문에 기록을 단축하기 위하여 기문의 특성을 파악하고 통과할 전략을 수립해야 하는 등 많은 판단력이 요구된다.
③ 대회전경기(giant slalom)
   ㉠ 대회전경기는 회전경기의 턴 기술과 활강경기의 속도 기술을 종합적으로 평가하기 위하여 두 경기의 특성을 혼합한 형태이다.
   ㉡ 통과할 기문을 회전경기 보다 줄여 활주 속도를 높이고, 활강경기보다는 많게 하여 턴 기술을 발휘하도록 하는 경기이다.
   ㉢ 회전경기와 마찬가지로 2회 실시한 시간의 합계로써 우열을 가리며, 경기코스는 눈 위의 경사도가 다양하게 이루어져 있으므로 전 코스를 율동적으로 지날 수 있는 기술과 고속으로 활주하기 위한 체력 및 정신력이 필요하다.
④ 수퍼 대회전경기(super giant slalom)
   ㉠ 수퍼 G라고도 불리는 이 경기는 대회전경기보다 눈 위의 경사가 가파르고 기문 수도 적어 활강경기에 가깝지만, 활강경기의 속도 기술과 대회전경기의 커다란 턴 기술을 복합한 경기이다.
   ㉡ 수퍼대회전 경기를 위해서는 고도의 체력과 정신집중력과 턴 기술이 필요하다.
   ㉢ 경기는 1회 실시한다.

3) 장애인 알파인스키의 경기 방법
   ㉠ 대회는 활강과 슈퍼대회전, 대회전, 회전, 슈퍼복합 등의 세부종목으로 구성된다.
   ㉡ 장애인 알파인스키는 결승점을 통과하여 나온 기록을 선수의 해당 장애 등급에 따라 부여된 Factor 값(소수점 4자리)을 곱하여 나온 기록으로 최종 순위를 결정한다.
   ㉢ 출발 기문 높이 : 입식 부문(40cm), 좌식 부문(80cm, 두 기둥 사이 역시 80cm 간격)
   ㉣ 선수들은 출발선 앞 또는 앞쪽을 가리키는 방향에 본인의 폴(폴 대신 장비 포함)을 배치하는 반면, 좌식부문 선수들은 예외(폴 대신 아웃리거 사용), 선수의 폴과 아웃리거는 출발 전 코스 눈 위에 고정(단 좌식부문 선수는 출발 시 러닝 출발은 불가)
   ㉤ 시각장애인 선수의 가이드는 출발 기문 통과 없이 측면에서 출발한다.

② 팀 구성
  ㉠ 팀 엔트리는 골키퍼 포함 22명이며, 출전 선수는 6명으로, 골키퍼 1명, 방어가 주 임무인 디펜스 2명, 공격을 주로 하는 포워드 3명이다.
  ㉡ 디펜스는 라이트와 레프트로, 포워드는 센터 포워드와 라이트윙, 레프트윙으로 구분한다.

3) 장애인아이스하키의 장비와 경기장
① 슬레지(썰매)
  ㉠ 스틱과 더불어 기본적 장비이다.
  ㉡ 스케이트를 대신하여 양날이 달린 썰매를 사용한다.
  ㉢ 썰매 높이는 양날 사이로 퍽이 통과할 수 있는 높이이어야 한다.

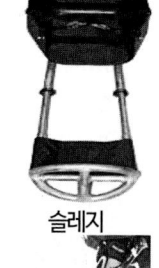
슬레지

② 스틱1)
  ㉠ 아이스하키 스틱과는 달리 썰매 하키에서는 스틱이 슛과 드리블에 사용하며 동시에 스키의 폴과 같은 역할을 한다.
  ㉡ 스틱 한쪽은 썰매를 움직이는 픽, 다른 쪽은 블레이드가 달린 폴이다.

스틱

③ 숄더패드와 글러브, 신가드 : 가슴과 어깨 등 상체 보호 장비와 장갑, 하체 보호 장비를 착용해야 한다.

④ 퍽(puck)
  ㉠ 퍽은 경화된 고무로 만들어지며 로고, 상표와 광고 위치는 WPIH 규정을 준수하고 주로 검은색이다.
  ㉡ 지름 7.62cm, 두께 2.54cm, 무게 70mg을 초과할 수 없다.

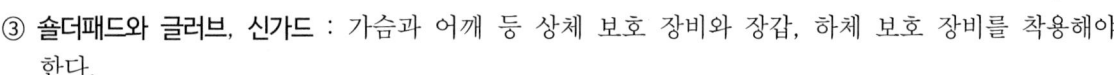
퍽

⑤ 경기장
  ㉠ 아이스하키와 같은 링크로, 길이 760m×폭 30m이다.
  ㉡ 링크 짧은 가장자리에서 4m 떨어진 곳에 골라인이 그어진 그 중앙에 높이 1.22m, 폭 1.83m의 골대가 놓인다.
  ㉢ 양 골라인을 3 등분한 블루 라인이 2줄 있다. 이 2개의 라인으로 나뉘어 영역의 자기 팀 측의 골이 있는 아이스 구역을 디펜딩 존, 중간을 중립 존, 상대방 골이 있는 영역을 어택킹 존이라고 한다.
  ㉣ 벤치와 페널티박스 앞의 펜스는 선수가 썰매를 탄 채 경기를 볼 수 있도록 투명한 펜스 보드가 있다.

숄더패드
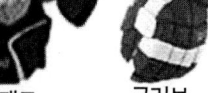
글러브

신가드

나. 장애인 알파인스키
1) 장애인 알파인스키(alpine ski)의 이해
  ㉠ 장애인 알파인스키는 장애인 알파인스키와 장애인 스노보드의 2개 종목으로 구분한다.
  ㉡ 장애인 알파인스키는 알파인스키와 마찬가지로 회전, 활강, 대회전, 수퍼대회전 종목으로 나누며, 각각 입식(standing), 좌식(sitting), 시각장애(blind)의 3가지 영역으로 구분한다.
  ㉢ 세부종목은 뱅크드 슬라롬(남·여), 스노보드 크로스(남·여)가 경기등급에 따라 총 10가지로 구분한다.
  ㉣ 장애인 스노보드는 상지 장애(SB-UL)와 하지 장애(SBLL-1, SBL L-2)로 구분한다.

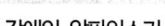
장애인 알파인스키

1)  장애인스포츠를 위해 개발된 경기 장비를 바르게 고른 것을 보기에서 찾는 유형

2) 장애인카누의 등급분류

① 카약(kayak)

구분	내용
KL 1	몸통 기능이 매우 제한적이거나 없고, 다리 기능이 없다. 선수는 앉는 균형이 좋지 않으며, 일반적으로 등받이가 높게 제작된 의자가 필요하다.
KL 2	부분적인 몸통, 다리 기능이 있고 똑바로 앉을 수 있지만, 때에 따라 등받이가 필요할 수도 있다. 패들링 중에는 다리 움직임이 제한된다.
KL 3	몸통 및 부분적인 다리 기능이 있으며, 카약에서 앞쪽으로 구부린 자세로 앉을 수 있고, 패들링 시 적어도 하나의 다리 또는 의족을 사용할 수 있다

② 바아(va'a)

구분	내용
VL 1	몸통 기능이 매우 제한적이거나 없고, 다리 기능이 없다. 선수는 앉는 균형이 좋지 않으며, 일반적으로 등받이가 높게 제작된 의자가 필요하다.
VL 2	부분적인 몸통, 다리 기능을 가지고 똑바로 앉을 수 있지만, 때에 따라 등받이가 필요할 수도 있다. 패들링 중에는 다리 움직임이 제한된다.
VL 3	몸통 및 부분적으로 다리 기능이 있으며, 바아에서 앞쪽으로 구부린 자세로 앉을 수 있고, 패들링 시 적어도 하나의 다리 또는 의자를 사용할 수 있다.

6. 동계 종목

가. 장애인아이스하키

1) 장애인아이스하키(ice sledge hockey)의 이해

아이스 슬러지 하키

㉠ 장애인아이스하키는 아이스하키를 장애인들이 즐길 수 있도록 변형한 것으로, 세계장애인하키연맹(WPHF, World Par Hockey Federation)의 규정에 따른다.
㉡ 아이스하키용 보호 장비를 사용하며, 스케이트 대신 양날이 달린 썰매를 사용한다.
㉢ 썰매 높이는 양날 사이로 퍽(puck)이 통과할 수 있는 높이로 제작되어야 하며, 스틱의 한쪽 끝에는 썰매 추진을 위한 픽(pick)과 다른 한쪽에는 퍽을 칠 수 있는 블레이드(blade)가 달린 폴(poles)을 사용한다.
㉣ 아이스하키처럼 각 팀은 골키퍼 포함 6명이 한 팀이다.
㉤ 노르웨이를 비롯한 북유럽 국가 팀에는 여성 선수도 다수 포함되어 있다.
㉥ 패럴림픽에서는 1994년 대회에 처음 시작하였으며, 미국과 캐나다, 노르웨이 등 북유럽 국가들이 강국이다.

[용어] **sledge** : 썰매를 의미한다. 그러므로 ice sledge hockey는 장애인썰매 하키라고도 한다.

2) 장애인아이스하키의 경기 방법[1]

① 경기 시간

㉠ 경기 시간은 3피어리어드(1피어리어드 20분)로 진행된다. 피리어드 중간에 15분의 휴식시간을 갖고, 팀은 30초의 작전 타임을 경기당 1번 요청할 수 있다.
㉡ 3피리어드로 승부가 나지 않으면 토너먼트에서는 10분 연장전을 실시하며, 선취득점을 하면 경기가 끝나는 서든 데스(sudden death) 방법이다. 리그전은 무승부로 끝낸다.

---

[1] 20-08 파라아이스하키 경기의 팀 구성원 수를 틀리게 설명한 후 이를 찾는 유형

④ **지능 장애인(intellectual disability)** : 지적 능력이 상당히 떨어지는 경우로, 미국지체부자유자협회는 지능지수 70 이하의 사람으로 정의하고 있으며, 18세 이전에 이 조건을 갖고 의사소통·자기 보호·가정생활·사회적 기술·자발적인 태도·건강·안전 여가생활과 직장생활 등에 2개 이상의 제약을 받는 장애인이다.
⑤ **시각장애인(vision impaired)** : 정상적 시각을 갖지 못하는 일련의 질병을 앓는 장애인이며, 교정 가능한 시각장애에서 시각장애인에 이르기까지 3가지로, B1·B2·B3로 나눈다.
⑥ **휠체어 사용 장애인** : 이 영역 경기에 참여하려면 다리 부분 기능 상실이 최소 10% 이상이어야 한다.
⑦ **기타 장애인(les autres)** : 활동에 지장을 받는 질병을 앓는 운동선수를 지칭한다. 예를 들면 왜소증과 같이 기존의 체계화된 장애인 범주에는 들지 않는 장애인을 말한다.

[용어] **les autres** : 프랑스어로, 영어의 'the others'를 의미한다.

라. 장애인카누

1) 장애인카누(canoe)의 이해

① 장애인카누의 개요
㉠ 카누는 카약(kayak)과 바아(va'a) 2종목을 합쳐 통상 카누라고 한다.
㉡ 스프린트와 슬라롬 2종목으로 나누고 있다. 구분은 아래를 참고할 수 있다.
㉢ 장애인스포츠 경기에서는 파라 카누(para canoe)라 하며, 역시 카약과 바아로 구분한다.
㉣ 장애인카누는 국제카누연맹(ICF, International Canoe Federation) 규칙에 따라 진행되며, 장애인을 위한 수정조항을 적용한다.
㉤ 패럴림픽에서 장애인카누는 1인승 싱글 종목만 개최되고 있다.

② 장애인카누의 경기 방법
㉠ 카약은 양날 패들을 사용하고, 바아는 외날 패들을 사용하며, 보트의 밸런스를 보조하는 아웃리거(outrigger)가 부착되어 있다.
㉡ 카약과 바아 종목은 남녀 선수의 스포츠 등급분류에 따라 다음과 같이 구분된다.

이벤트(등급)	성별	거리	경기정	비고
KL 1	남·여	200m	Kayak(K-1)	※ 국내대회, 세계선수권대회는 9레인, 패럴림픽은 8레인을 사용한다. ※ KL1, VL1 등급이 장애가 심하고, 숫자가 커질수록 장애 정도가 약하다.
KL 2				
KL 3				
VL 1			Va'a(V-1)	
VL 2				
VL 3				

[용어] **패들(paddle)** : 배를 젓는 노를 말하며, 카누에서는 노 젓는 것을 패들이라 한다.

[참고] 1. **카약과 바아의 구분** : 카약은 선수가 앉은 자리를 제하고는 배에 덮개가 있고, 선수가 앉은 상태로 양날의 노를 사용한다. 바아는 배에 덮개가 없고, 선수가 무릎을 꿇은 상태에서 외날의 노만 사용한다.

2. **스프린트와 슬라롬의 구분** : 스프린트는 잔잔한 물 위에서 경기한다. 수영처럼 레인을 정해서 정해진 거리를 누가 빨리 가는지 경쟁하는 방법이다. 슬라롬은 익스트림 스포츠에 가깝다. 물살이 거세고, 낙차가 있는 강 위쪽부터 아래로 물을 헤쳐나가는 방법이다. 스프린트에서는 배가 전복되면 바로 탈락이지만, 슬라롬에서는 배가 전복되어도 다시 자리를 잡고 레이스를 한다.

3. **올림픽에서 금메달 수** : 올림픽에서는 카누와 카약으로 구분하고, 스프린트와 슬라롬, 남녀 구분에 1인승, 2인승, 4인승 등으로 구분되어 2020년 도쿄올림픽 금메달 수가 16개이다. 양궁이나 탁구가 각각 5개의 금메달에 비해 월등히 많은 종목이다.

다. 장애인요트

1) 장애인요트의 이해
㉠ 요트는 척수 장애인, 절단 및 기타장애인, 시각장애인이 요트를 자신의 몸에 맞게 의자를 설치하거나 조종장치를 개조하여 사용한다.
㉡ 1996년 애틀랜타 패럴림픽에서 정식 종목으로 채택되어 1인승, 2인승, 3인승의 3개 종목으로 진행된다.
㉢ 국내에서는 제30회 전국장애인체육대회에서 정식 종목으로 채택되어, 개인전, 2인승의 2종목만 진행되고 있다.

2) 장애인요트의 경기 방법
① 경기 방법
㉠ 요트경기는 삼각 코스, 사각 코스, M자 코스, 풍상풍하 코스 등을 선택하여, 해상에 부표를 띄워 정해진 시간(Time limit은 보통 1시간 30분) 내에 가장 빨리 완주한 배를 승자로 하는 경기이다.
㉡ 스타트는 1개의 해상부표와 본부선(RC정)과의 가상선을 출발선으로, 가상선 안쪽에서 맴돌며 출발신호를 기다린다.
㉢ 출발신호 전에 먼저 출발한 요트는 되돌아와 벌칙 이행 후 다시 출발한다.
㉣ 바람, 조류, 파도 등 해상상태에 영향을 받으므로 한번 레이스로 결정하지 않고, 여러 번 치르며 그중 가장 나쁜 성적 레이스 벌점을 뺀 나머지 레이스 벌점의 합계로 승패를 결정한다.
㉤ 채점 방법은 보너스 점수 채점 방법과 낮은 점수(Low point) 채점 방법이 있다.
㉥ 보너스 점수 채점 방법은 1위 0점, 2위 3점, 3위 5.7점, 4위 8점, 5위 10점, 6위 11.7점, 7위 이하는 순위 +6점이 벌점으로 주어진다.
㉦ 낮은 점수 채점 방법은 1위 1점, 2위 2점, 3위 3점, 4위 4점 등으로 부여한다. 최근 낮은 점수 채점 방법을 많이 사용한다.

② 경기 규칙
㉠ 경기 규칙은 국제세일링연맹(ISAF, International Sailing Federation)의 레이스 규정을 적용하며, 세일의 제한과 전동 및 유압 기기 사용이 금지된다.
㉡ 경기는 1시간 정도로 설정되며, 거리나 코스는 당일의 풍향 풍속을 가미해 결정한다.
㉢ 풍속 15m를 넘으면 경기하지 않는다.
㉣ 순위는 코스를 빨리 달린 순서로 결정한다.

③ 장애인요트의 장비
㉠ 패럴림픽에 사용되는 요트는 1인승 2.4mR, 2인승 UD18, 3인승 SONAR이다.
㉡ 장애인은 의자를 설치하거나, 조종장치를 개조하여 사용한다.
㉢ 2인승 클래스의 요트는 패럴림픽을 위해서 개발된 경기용 요트이다.

3) 장애인요트의 등급분류
① 등급분류의 개요
㉠ 비슷한 장애가 있는 선수들끼리 경쟁할 수 있도록 6개 장애 영역으로 구분한다.
㉡ 장애 영역별로 장애 등급을 규정하고 있다.
② 팔다리 장애인(amputee) : 최소한 팔꿈치 손목 무릎 발목 중의 한 곳이 없는 선수를 일컫는 말이며 경기에 따라 휠체어 선수들과 경기를 하기도 한다.
③ 뇌 손상 장애인(cerebral palsy) : 근육 반사 신경 자세와 동작의 통제를 담당하는 뇌의 부분이 손상됨으로써 발생하는 장애이다. 뇌 손상으로 인한 근육의 통제가 어려운 선수들이다.

② 장애 유형에 따른 분류

구분	내용
PR1 1×(척수 및 지체 장애)	1,000m 남녀 개인전
PR2 1×(지체 장애)	1,000m 남녀 개인전
PR3 1×(지체 장애)	1,000m 남녀 개인전
PR2 Mix2×(지체 장애)	1,000m 남 1, 여 1 개인전
PR3 Mix2×(지체 및 시각장애)	1,000m 남 1, 여 1 개인전
PR3 M2-(지체 및 시각장애)	1,000m 남 2
PR3 W2-(지체 및 시각장애)	1,000m 여 2
PR3 PD Mix4+(지체 및 시각장애)	1,000m 남 2, 여 2, 콕스 1명
PR3 ID Mix4+(지적장애)	1,000m 남 2, 여 2, 콕스 1명

※ 콕스는 성별과 장애 유무를 구분하지 않는다.

③ 장애 등급에 따른 분류

구분	내용
PR1(Para Rowing 1)	팔을 사용하는 등급(지체 장애)
PR2(Para Rowing 2)	몸통과 팔을 사용하는 등급(지체)
PR3(Para Rowing 3)	다리, 몸통, 팔을 사용하는 등급
PR3 (Visual Impairment)	시각장애인 등급
PR3 PD(Physical Disability)	지체 장애인 등급
PR3 ID(Intellectual Disability)	지적발달장애인 등급

3) 장애인조정의 장비

① 스컬
   ㉠ 싱글 스컬(PR1 1×) : 길이 8m, 폭 30cm, 무게 24kg
   ㉡ 싱글 스컬(PR2 1×) : 길이 8m, 폭 30cm, 무게 22kg
   ㉢ 싱글 스컬(PR3 1×) : 길이 8m, 폭 30cm, 무게 20kg
   ㉣ 더블 스컬 (PR2 Mix2×) : 길이 9.5m, 폭 35cm, 무게 37kg
   ㉤ 더블 스컬 (PR3 Mix2×) : 길이 9.5m, 폭 35cm, 무게 27kg
   ㉥ 유타포어 (PR3 PD Mix4+) : 길이 12m, 폭 50cm, 무게 51kg

② Oar(노) : Sweep은 길이 365cm~380cm, 무게 1.5kg~2kg, Scull은 길이 250cm~275cm, 무게 2.5kg~3kg이다.

   [용어] 스윕(sweep)과 스컬(scull) : 스윕은 배를 밀기 위해 사용하는 노를 말하고, 스컬은 배에서 물을 저을 때 사용하는 노

③ 로잉머신(rowing machine) : 수상 훈련을 할 수 없는 선수는 물론 초보자에게 기본자세 습득과 체력증진용 기계를 말하며, 실내조정 경기용으로 사용한다.

④ 폰툰(pontoon) : 보트 양쪽에 부착하여, 물 위에서 보트가 뒤집히는 것을 방지하는 역할을 하며, PR1 종목은 필수 부착이고, PR2 종목은 선택 부착이다.

⑤ 자세 지지 의자 : 비장애인의 경우 앞뒤로 움직이는 슬라이딩 의자를 사용하지만, 장애인의 경우 (PR1, PR2) 고정식 자세 지지 의자를 부착해 사용한다.

⑥ 스트랩 : 자동차의 안전벨트와 같은 역할을 한다. 최소 50mm가 되어야 하고, 신축성이 없어야 하며 버클이 달리지 않아야 한다. PR1 종목은 필수착용이며, PR2 종목은 선택 착용이다.

시각장애	S11~S13	· 숫자가 낮을수록 더 심한 장애, S11은 전맹
지적장애	S14	
청각 장애	DB	

나. 장애인조정

1) 장애인조정의 이해

① 조정(rowing)의 개요

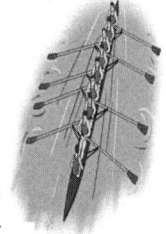
장애인조정

㉠ 조정은 길고 좁은 형태의 보트를 노를 저어 앞으로 나가는 수상 스포츠이다.

㉡ 처음에는 실내경기로 시작되었으나 이후 수상 경기로 바뀌었다.

㉢ 경기는 승선 인원에 따라 혼자 하는 개인 스컬부터 2인조 스컬, 무타페어, 유타페어, 무타포어, 유타포어, 쿼드러플, 에이트 등 총 8가지로 분류한다. 각각 승선 인원수가 다르다.

㉣ 영국 버밍햄에서 2004 영국 실내조정대회가 개최되면서 장애인조정이 시작되었다.

㉤ 우리나라는 2005년 제1회 전국시각장애인실내조정대회가 처음 열렸다. 처음은 로잉머신(에르고미터)을 이용한 실내조정으로 보급되었고, 차츰 수상 종목으로 전환되어 지금은 실내조정과 수상이 동시에 운영되고 있다.

② 장애인조정의 경기 방법

㉠ 경기종목은 지체 및 시각장애가 함께 참여하는 남녀 혼성 종목(4+, 2×)과 지체 장애 남녀개인 종목(1×)으로 구분한다. 장애인 경기 중 장애 유형이 다르더라도 한팀이 될 수 있다.

㉡ 수상 조정은 장소와 장비 보관의 어려움이 있지만, 실내조정은 수월하고, 장애인이 쉽게 접할 수 있으며, 에르고미터를 통해 기본자세 습득 및 체력을 향상시킬 수 있다.

㉢ 2008년 베이징 패럴림픽에서 조정이 정식 종목으로 채택되어, 현재 LTA(4+), TA(2×), A(1×) 종목으로 운영되고 있다.

㉣ 국내에서는 제28회 전국장애인체육대회에서 에르고미터를 이용한 실내조정이 정식 종목으로 채택되어 개인 남녀 LTA(시각 및 지체), TA(지체), A(지체) 종목이 진행되었고, 2009년부터는 지적장애(LTA)도 포함되었다.

2) 장애인조정의 종목 분류

㉠ 개인 스컬(PR 1×, PR 2 1×, PR 3 1×,) : 선수가 손잡이 2개의 노를 젓는 개인종목으로, 2,000m를 선착순으로 순위를 정한다.

㉡ 더블스컬(PR2 Mix2×, PR3 Mix2×) : 남녀 각 1명, 총 2명이 한 조로 구성되는 단체종목이다. 2,000m를 선착순으로 순위를 정한다.

㉢ 무타페어(PR3 PD 2-) : 남자부와 여자부로 구성되는 단체종목으로, 선수 2명이 각각 한 개의 노를 젓는 종목으로, 2,000m를 선착순으로 순위를 정한다.

㉣ 유타포어(PR3 PD Mix4+, PR3 ID Mix4+) : 단체전 혼성경기로, 선수가 한 개의 노를 젓는 종목을 말하며 남자 2명, 여자 2명과 콕스(남·여 구분 없음) 1명을 포함 총 5명이 한 조가 되어 2,000m를 선착순으로 순위를 정한다.

[용어] **스컬(scull)** : 손잡이 2개를 이용해 배를 젓는 형태로, scull boat란 그러한 배를 말한다.

[용어] **콕스** : 보트가 올바른 방향으로 가는지를 살피며 선수를 이끄는 역할을 하는 사람

[참고] **장애인수영 종목 분류** : 장애인 수영경기는 국제규정을 우선으로 하며, 대회마다 성격이 다르고, 국내대회는 대회 때마다 종목을 선정해서 운영하고 있다.

② 절단 및 기타 장애(평영)

종목	절단 및 기타 장애, 척수 장애								
	SB1	SB2	SB3	SB4	SB5	SB6	SB7	SB8	SB9
평형 50m	○	○	○	○	○	○	○	○	○
평형 100m	○	○	○	○	○	○	○	○	○

③ 절단 및 기타 장애(개인혼영, 단체전-계영, 혼계영)

종목	절단 및 기타 장애, 척수 장애 S1									
	SM1	SM2	SM3	SM4	SM5	SM6	SM7	SM8	SM9	SM10
개인혼영 150m	○	○	○	○	×	×	×	×	×	×
개인혼영 200m	×	×	×	×	○	○	○	○	○	○
계영 200m(20p)	○	○	○	○	○	○	○	○	○	○
계영 400m(34p)	○	○	○	○	○	○	○	○	○	○
혼계영 200m(20p)	○	○	○	○	○	○	○	○	○	○
혼계영 400m(34p)	○	○	○	○	○	○	○	○	○	○
혼성계영 200m(20p)	○	○	○	○	○	○	○	○	○	○
혼성혼계영 200m(20p)	○	○	○	○	○	○	○	○	○	○

④ 시각·청각·지적장애(개인혼영, 단체전-계영, 혼계영)

종목	시각장애			지적장애	청각 장애
	S11	S12	S13	S14	DB
자유형 50m	○	○	○	×	○
자유형 100m	○	○	○	○	○
자유형 200m	×	×	×	○	○
자유형 400m	○	○	○	○	○
배영 50m	○	○	○	○	○
배영 100m	○	○	○	○	○
평영 50m	○	○	○	○	○
평영 100m	○	○	○	○	○
접영 50m	○	○	○	○	○
접영 100m	○	○	○	○	○
개인혼영 200m	○	○	○	○	○
계영 400m(49p)	○	○	○	×	×
혼계영 400m(49p)	○	○	○	×	×
혼계계영 400m(49p)	○	○	○	×	×
혼성혼계영 400m(20p)	○	○	○	×	×
계영 400m(s14)	×	×	×	○	×
혼계영 400m(s14)	×	×	×	○	×
혼성혼계영 400m(s14)	×	×	×	○	×

3) 장애인수영의 등급분류

장애 유형	등급	기준
지체 장애, 절단 장애, 뇌성마비, 기타 장애, 척수 장애, 소아마비, 기타	S1~S10 평영 : SB1~SB9	·국내 지정된 의무등급분류사와 기술위원에게 지상 테스트 및 수중 테스트를 거쳐 구분되나, 국제의무등급(IPC)이 있는 선수는 국제의무등급을 우선으로 적용한다.

3) 장애인유도의 장비와 경기장
① **경기장** : 크기는 최소 16mX16m, 최대 18mX18m이어야 한다. 장내 넓이는 최소한 8mX8m, 최대 10mX10m이며 위험지대까지 포함하고, 일반 유도 경기장 규정을 그대로 사용하며 경기장의 변형은 허용되지 않는다.
② **매트** : 매트는 녹색의 다다미 또는 이와 유사한 재질로 하며 탄력성 있는 마루 또는 플랫폼 위에 설치되어야 한다.

4) 장애인유도의 등급분류
① 시각장애인 유도

구분	내용
B1(전맹)	빛을 전혀 감지할 수 없으며, 빛을 감지한다 해도 어느 방향 어떤 거리에서도 손의 형태를 인지할 수 없을 때
B2(준맹)	손의 형태를 인식할 수 있는 상태에서부터 시력이 2/60 그리고/또는 시야가 5도 이하
B3(약시)	시력이 2/60인 경우부터 시력이 6/60까지 그리고/또는 시야가 5도 이상 20도 이하

5. 수상 종목

가. 장애인수영

1) 장애인수영의 이해
㉠ 장애인수영은 척수 장애인, 뇌성마비 장애인, 절단 및 기타장애인, 시각장애인, 청각장애인, 지적장애인, 자폐성 장애인도 쉽게 익힐 수 있고, 기능 회복에도 효과가 있는 것으로 나타나 장애인들에게 가장 자연스러운 형태의 운동 치료 및 재활의학 수단으로 이용되고 있다.

장애인수영

㉡ 국내에는 1981년 정립회관이 제1회 전국 장애인 체육대회를 개최하면서 장애인수영이 활성화되었다.
㉢ 경기 방법은 국제수영연맹(FINA)의 규칙을 적용하며, 지적장애 및 청각 장애 선수를 제외한 나머지 선수는 수영법에 상관없이 능력에 따라 풀 사이드, 출발대에서 출발하거나, 물속에서 출발도 가능하다.

2) 장애인수영의 종목 분류[1)]
① 절단 및 기타 장애(자유형·배영·접영)

종목	절단 및 기타 장애, 척수 장애									
	S1	S2	S3	S4	S5	S6	S7	S8	S9	S10
자유형 50m	○	○	○	○	○	○	○	○	○	○
자유형 100m	○	○	○	○	○	○	○	○	○	○
자유형 200m	○	○	○	○	○	×	×	×	×	×
자유형 400m	×	×	×	×	×	○	○	○	○	○
배영 50m	○	○	○	○	○	○	○	○	○	○
배영 100m	○	○	×	×	×	○	○	○	○	○
접영 50m	×	○	○	○	○	○	×	×	×	×
접영 100m	×	×	×	×	×	×	×	○	○	○

---

1) **19-02** 패럴림픽 종목 중 지적장애인이 참가할 수 있는 종목을 바르게 설명한 것을 찾는 유형

아. 장애인유도

1) 장애인유도의 이해
- ㉠ 시각장애, 청각 장애 부문은 남녀 각각 7체급으로 나눈다.
- ㉡ 시각장애인 경기는 경기 시작 때 주심이 양 선수를 접근시켜 서로 잡을 수 있는 거리에 위치하게 한 뒤 시작한다.
- ㉢ 청각장애인 경기는 음성신호 대신 선수 신체 접촉 또는 수신호로 심판 판정을 전달한다.
- ㉣ 시각장애인 경기는 B1·B2·B3가 모두 함께 경기한다.
- ㉤ 경기 시간은 남·여 모두 5분이다.
- ㉥ 장애인유도 경기 및 심판 규정은 국제유도연맹(IJF, Internation Judo Federation)의 규정에 따른다.

2) 장애인유도의 경기 방법
① 시각장애인[1]
- ㉠ 진행 방법 : 선수는 주심의 인도에 따라 경기장에 들어가며 경기장 중앙에서 약 1.5m 간격으로 마주 보고선 후 기본자세에서 상대방의 소매 깃과 가슴 깃을 잡고, 주심의 시작(Hajime) 명령으로 시작된다. 경기 중 주심은 경기를 잠시 중단시키기 위하여 그쳐(Matta)를 명할 수 있으며 다시 진행할 때 시작 위치에 선 후 재개한다.
- ㉡ 경기규칙
  - 장애인유도의 경기규칙은 국제시각장애인경기연맹(IBSA, International Blind Sports Federation)과 국제유도연맹(IJF, Internation Judo Federation)의 규정을 준수한다.
  - 시각장애인 유도 경기 진행은 국제유도연맹이 규정한 장애인유도의 변형규칙 이외에도 중복장애(시각 및 청각)이면 별도 경기규칙이 적용되고, 경기 시간은 남, 여 각각 4분이다.
- ㉢ 시각장애인 유도는 별도 규칙을 적용한다.
- ㉣ 점수제도 : 유도의 점수 제도는 한판 → 절반 순이며, 승부가 나지 않으면 골든 스코어를 적용하여 승패가 날 때까지 계속한다.
  - 한판 : 한판에 해당하는 기술이 선언되면 경기가 종료된다.
  - 절반 : 기술이 두 번 선언되면 합하여 한판이 된다.
- ㉤ 판정 세부 기준

구분	내용	판정 신호
한판	• 한 선수가 상대 선수를 상당한 힘과 속도로 자신이 컨트롤하여 등 전체가 닿도록 메쳤을 때 • 누르기'가 선언되고부터 20초 동안 상대가 풀려나오지 못하도록 제압하고 있을 때 • 한 선수가 누르기 또는 조르기, 꺾기 기술로 제압하고 있는 동안, 상대 선수가 손 또는 발로 두 번 이상 자리나 몸을 쳤을 때, 혹은 '항복'이라고 말 했을 때 • 꺾기 또는 조르기 기술이 성공하여 그 효력이 충분히 발휘되었을 때 • 상대방이 반칙패당했을 때	
절반	• 한 선수가 능숙한 기술로 상대를 메쳤으나 '한판'에 필요한 기술 4요소(세찬 기세, 탄력, 속도, 통제력) 중 어느 하나라도 부족할 때 • 누르기에서 15초 이상 20초 미만 동안 누르고 있을 때	

---

[1] 23-10 시각장애인 경기규칙의 설명으로 옳은 것을 찾는 유형으로, 장애인유도가 바르게 설명되었고, 틀린 설명은 1) 탠덤 사이클에서 장애인이 앞에 앉고, 비장애인이 뒤에 앉는다.(실제는 반대) 2) 축구 B1 경기는 한팀이 7명으로 구성된다.(실제는 5명) 3) 쇼다운 경기에서 배트를 들지 않은 손으로 공을 건드리면 상대편이 2점 득점(실제는 1점 득점) 등이다.

3) 장애인역도의 등급분류
① 체급분류
  ㉠ 절단 및 기타 장애

남자		여자	
체급	체중	체급	체중
-49kg급	49.00kg까지	-41kg급	41.00kg까지
-54kg급	49.01kg에서 54.00kg까지	-45kg급	41.01kg에서 45.00kg까지
-59kg급	54.01kg에서 59.00kg까지	-50kg급	45.01kg에서 50.00kg까지
-65kg급	59.01kg에서 65.00kg까지	-55kg급	50.01kg에서 55.00kg까지
-72kg급	65.01kg에서 72.00kg까지	-61kg급	55.01kg에서 61.00kg까지
-80kg급	72.01kg에서 80.00kg까지	-67kg급	61.01kg에서 67.00kg까지
-88kg급	80.01kg에서 88.00kg까지	-73kg급	67.01kg에서 73.00kg까지
-97kg급	88.01kg에서 97.00kg까지	-79kg급	73.01kg에서 79.00kg까지
-107kg급	97.01kg에서 107.00kg까지	-86kg급	79.01kg에서 86.00kg까지
+107kg급	107.01kg 이상	+86kg급	86.01kg 이상

  ㉡ 지적장애・시각장애・청각 장애

남자		여자	
체급	체중	체급	체중
-54kg급	54.00kg까지	-46kg급	46.00kg까지
-60kg급	65.01kg에서 60.00kg까지	-50kg급	46.01kg에서 50.00kg까지
-66kg급	60.01kg에서 66.00kg까지	-55kg급	50.01kg에서 55.00kg까지
-72kg급	66.01kg에서 72.00kg까지	-60kg급	55.01kg에서 60.00kg까지
-78kg급	72.01kg에서 78.00kg까지	-66kg급	60.01kg에서 66.00kg까지
-85kg급	78.01kg에서 85.00kg까지	-72kg급	66.01kg에서 72.00kg까지
-92kg급	85.01kg에서 92.00kg까지	-78kg급	72.01kg에서 78.00kg까지
-100kg급	100.01kg에서 110.00kg까지	-84kg급	78.01kg에서 84.00kg까지
-110kg급	100.01kg에서 110.00kg까지	-90kg급	84.01kg에서 90.00kg까지
+110kg급	110.01kg 이상	+90kg급	90.01kg 이상

4) 장애인역도의 장비
① **경기대** : 경기는 4.0m×4.0m 크기의 경기대에서 실시되며, 표면은 평평하고 단단하며 미끄럽지 않고 수평을 유지해야 한다.
② **바** : IPC 역도분과위원회의 승인을 받은 역도 경기용 바를 사용해야 한다.
③ **원판(디스크)**

디스크

  ㉠ 무게가 5kg을 넘는 디스크는 +0.1%에서 -0.05%까지 공차 한계를 초과하지 않아야 한다.
  ㉡ 무게가 5kg 이하의 디스크는 +0.1%에서 -0%까지의 공차 한계를 초과하지 말아야 한다.
  ㉢ 원판은 다음 색깔 코드에 일치해야 한다.

무게	50kg	25kg	20kg	15kg	10kg	10kg 미만
색깔	검정	빨강	파랑	노랑	녹색	모든 색상

④ 경기 방법
　㉠ 경기장은 천연잔디와 인조 잔디로, 패럴림픽을 제외한 모든 경기는 남자는 90m · 70m · 50m · 30m, 여자는 70m · 60m · 50m · 30m, 총 144발을 발사하는 순위결정전을 하는 Single 라운드로 진행을 하고 각 파트별 순위결정전에 의해 토너먼트 경기 방법으로 128강에서 결승전까지 경기를 진행한다.
　㉡ 패럴림픽은 남 · 여 70m를 36발씩 2번 발사하는 Ranking Round 순위결정전을 거쳐 토너먼트 경기 방법으로 진행한다.

사. 장애인역도

1) 장애인역도의 이해
　㉠ 역도 경기는 국제파워리프팅연맹(IPF, International Powerlifting Federation)의 규칙에 따라 진행한다.
　㉡ 우리나라는 패럴림픽에서 3회 제패한 선수를 포함한 여러 선수가 세계기록을 보유하고 있어, 역도 강국으로 인식되고 있다.
　㉢ 시각장애 · 지적장애 · 청각 장애의 파워리프팅 경기 방법은 스쿼트 · 벤치프레스 · 데드리프트 등이다.
　㉣ 성공된 중량의 합계를 각 선수의 기록으로 인정한다.
　㉤ 척수 장애, 절단 및 기타 장애, 뇌성마비 경기는 벤치프레스만 실시하며, 남녀 각 10체급으로 나눈다.
　㉥ 패럴림픽, 세계선수권대회 등은 국가별로 장애 그룹당 남녀 각 10개 체급에 각 10명씩 참가할 수 있다.
　㉦ 국가별로 한 체급에서 1명만 참가할 수 있다. 참가 자격은 대회 개최일 현재 15세 이상이다.

장애인역도

2) 장애인역도의 경기종목
① 벤치프레스(bench press)
　㉠ 지체 장애 · 척수 장애 · 뇌성마비 · 절단 및 기타 장애 등급만이 출전할 수 있고, 국제대회는 파워 리프팅만 실시하고 있으며, 웨이트 리프팅은 국내대회에서 실시하고 있다.
　㉡ 파워리프팅(Powerlifting) : 등급선수는 머리 몸통(엉덩이 포함) 다리 및 양 뒤꿈치를 벤치에 올린 후 양 집게손가락 사이 폭은 81cm를 초과하지 않게 바를 잡고 주심의 시작 신호 이후 선수는 바를 가슴까지 내려야 하고, 가슴에서 움직이지 않고 1초 정도 멈추었다가 위로 들어 올린다.
　㉢ 웨이트 리프팅(Weightlifting) : 벤치에 누운 후 바와 가슴 사이는 1인치를 넘지 않은 상태에서 주심의 신호 없이 바를 팔 길이만큼 들어올려야 한다. 역도 바벨을 나타낸다.

② 파워 리프트(power lift)
　㉠ 스쿼트(squat) : 시각 · 청각 · 지적장애인 선수는 바를 목과 등 사이에 올린 후 바로 선 자세에서 주심의 시작 신호 후 엉덩이가 무릎 아래까지 내려가는 자세로 앉아서 일어난다.
　㉡ 데드리프트(deadlift) : 시각 · 청각 · 지적장애인은 양손으로 바를 잡고 주심의 신호 없이 바를 다리 위로 무릎과 허리가 펴지게 들어 올린다.

2) 장애인승마의 경기 구분

① **마장마술 경기**: 길이 60m, 폭 20m의 직사각형 경기장에서, 규정된 구분 동작의 정확성, 연계 동작의 자연스러움, 추진 운동의 경쾌함, 말의 거부감이나 과민성이 없는 유순한 자세 등을 종합 관찰하여 채점하며 그 합계점이 최고인 선수가 우승하는 경기이다.
② **지구력 경기**: 4구간으로 나누어 경기가 진행되며 말의 속도, 지구력 및 비월 능력을 보기 위한 경기로서 4구간을 연이어 주행한다.
③ **장애물 경기**: 통상 700~800m의 코스에 장애물 13~16개를 설치하여 정해진 시간 내에 장애물을 뛰어넘는 경기로, 장애물을 뛰어넘는 결과에 따라 벌점이 적은 선수 순으로 순위 결정
④ **종합마 경기**: 동일한 선수와 말이 마장마술, 약 30km의 코스를 달리는 지구력 경기, 장애물 비월 경기를 종목별로 하루에 1종목씩 3일 동안 실시하는 경기이다.

3) 장애인승마의 등급분류

등급	경기 방법	사용 경기장	선수 번호
등급 Ⅰ	평보 경기	20m×40m 경기장	선수 번호 1로 시작
등급 Ⅱ	평보와 속보 경기		선수 번호 2로 시작
등급 Ⅲ	평보와 속보 경기		선수 번호 3으로 시작
등급 Ⅳ	평보와 측면보통 속보, 구보	20m×60m 경기장	선수 번호 4로 시작
등급 Ⅴ	평보와 속보 및 측면보통 구보		선수 번호 5로 시작

바. 장애인양궁

1) 장애인양궁의 이해

㉠ 장애인양궁도 양궁처럼 우리나라가 세계 최강으로 인정받고 있다.
㉡ 장애인양궁은 휠체어 규정을 제외한 모든 규칙은 양궁 규칙과 같다.
㉢ 장애인스포츠 종목 중 유일하게 일반규정과 같아 일반인과 경쟁할 수 있는 종목이다.
㉣ 장애인양궁은 3등급으로 구분하는데, 경추를 다친 중증장애인 부문은 ARW1 등급, 휠체어를 사용하는 장애인은 ARW2 등급, 서서 쏠 수 있는 ARST 등급으로 구분한다.

장애인양궁

2) 장애인양궁의 경기 방법

① 장애인양궁의 세부종목

등급	경기 방법
Recurve(리커브부 · 남/여)	ARW1, ARW2, ARST
Compound(컴파운드부 · 남/여)	ARW1, ARW2/ARST(Open)
단체전(남 · 여)	Recurve 통합, Compound Open

② **참가 자격**: 척수 장애, 뇌성마비, 절단 및 기타 장애
③ **경기 개요**

㉠ 양궁은 장애인 경기종목 중 가장 먼저 시작한 종목으로, 1960년대 우리나라 장애인양궁 선수들이 이미 국제대회에 참가하여 국위 선양을 한 종목이다.
㉡ 2년에 한 번씩 개최되는 세계선수권대회와 4년에 한 번씩 개최되는 아시아선수권대회가 열리고 있다.
㉢ 국내대회는 전국장애인양궁선수권대회, 회장기대회, 각종 지역대회 등이며, 국내 랭킹 포인트 제도에 의해 대회가 운영되고 있다.

④ 장애 등급별 세부종목

	소총(13개 종목)			권총(7개 종목)	
공기총	R1	공기소총 입사, 남 (SH1)	공기총	P1	공기권총, 남 (SH1)
	R2	공기소총 입사, 여 (SH1)		P2	공기권총, 여 (SH1)
	R3	공기소총 복사, 혼성 (SH1)		P5	스탠더드 공기권총, 혼성(SH1)
	R4	공기소총 입사, 혼성 (SH2)		DB	공기권총 입사, 남
	R5	공기소총 복사, 혼성 (SH2)		DB	공기권총 입사, 여
	R10	공기소총 입사, 혼성 (SH3)	화약총	P3	25m 권총, 혼성 (SH1)
	R11	공기소총 복사, 혼성 (SH3)		P4	50m 권총, 혼성 (SH1)
	DB	공기소총 입사, 남			
	DB	공기소총 입사, 여			
화약총	R6	50m 소총 복사, 혼성 (SH1)			
	R7	50m 소총 3자세, 남 (SH1)			
	R8	50m 소총 3자세, 남 (SH1)			
	R9	50m 소총 복사, 혼성 (SH2)			

⑤ 소총 경기 방법
  ㉠ SH1~SH3 등급에 해당되는 장애인이 참가할 수 있다.
  ㉡ 실내경기 10m 공기소총과 실외경기 50m 화약 소총으로 구분한다.
  ㉢ 10m 공기소총은 입사(서서 쏴)와 복사(엎드려 쏴) 종목이 있으며, 복사 종목은 남성과 여성이 따로 경기하는 입사 종목과 다르게 남녀 구분 없이 혼성으로 승부를 겨룬다.
  ㉣ 50m 화약 소총 역시 복사 종목은 혼성이며, 세 가지 자세로 사격하는 3 자세 경기는 남녀 종목으로 구분된다.
  ㉤ 모든 종목마다 규정에 적합한 총기를 사용해야 한다.
  ㉥ 공기소총 복사는 일반 사격 종목에 없는 장애인사격 종목이다.

⑥ 권총 경기 방법
  ㉠ 권총 종목은 SH1 등급에 속하는 선수만 참가할 수 있다.
  ㉡ 실내경기 10m 공기권총(남, 여)과 실외경기 50m 권총(혼성), 25m 권총(혼성)으로 나눈다.
  ㉢ 각 종목 규정에 적합한 총기가 있어야 하며, 공기권총·50m 권총·25m 권총 등 모든 권총 종목 선수들은 앉아서 쏘거나 서서 쏠 수 있다.

4) 장애인사격의 장비

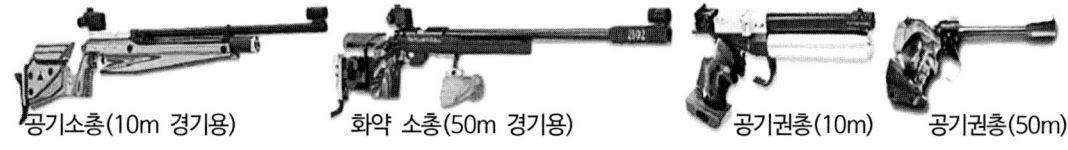

공기소총(10m 경기용)   화약 소총(50m 경기용)   공기권총(10m)   공기권총(50m)

마. 장애인승마

1) 장애인승마의 이해
  ㉠ 장애인승마 경기는 등급별로 개인, 팀, 프리스타일 3개 부문의 테스트를 거친 후 치른다.
  ㉡ 등급은 마장마술과 음악 경기 자유형은 선수에 대한 적합성에 따라 I, II, III, IV, V의 5개 등급으로 분류한다.
  ㉢ 승마 규정은 세계승마연맹(FEI, Federation Equestrian International)의 규정에 따른다.
  ㉣ FEI는 세계 승마의 발전을 위해 국제대회를 개최하고 선수에 대한 지원과 관리를 하고 있으며, 비장애인과 장애인 선수를 모두 운영·관리한다.

장애인승마

2) 장애인사격의 등급분류

① 등급분류의 원칙
㉠ 장애 등급은 크게 절단과 기타 운동장애로 분류하고, 경기종목에서 필요한 신체 기능의 경중을 가려 등급을 부여하고 있다.
㉡ 같은 장애가 있어도 어느 종목에서는 등급을 받을 수 있지만 다른 종목에서는 등급을 받지 못해 출전할 수 없거나 경기종목에 따라 각기 다른 등급을 부여받기도 한다.
㉢ 다른 장애가 있는 선수도 같은 등급을 받는다면 함께 경기할 수 있다.

② 등급분류[1]

장애 유형	구분
SH1(척수 및 기타 장애)	SH1-A, SH1-B, SH1-C
SH2(경추 장애)	SH2-Aa, SH2-Ba, SH1-Ca, SH1-Ab, SH2-Bb, SH2-Cb
SH3(시각장애)	SH3-x, SH3-A, SH3-B, SH3-C
DB(청각 장애)	

③ 소총

구분	등급	종목
공기총	SH1	R1(공기소총 입사, 남자), R2(공기소총 입사, 여자), R3(공기소총 복사, 혼성)
	SH2	R4(공기소총 입사, 혼성), R5(공기소총 복사, 혼성)
화약총	SH1	R6(50m 소총 복사, 혼성), R7(50m 소총 복사 3자세, 남자), R8(50m 소총 복사, 여자)
	SH2	R9(50m 소총 복사, 혼성)
공기총	SH1	R10(공기소총 입사, 혼성), R11(공기소총 입사, 혼성) R8(50m 소총 복사, 여자),
	DB	공기 소총(공기소총 입사, 남자/여자)
산탄총	SG-S	PT1(좌식 트랩)
	SG-L	PT2(트랩 입사/하지)
	SG-U	PT3(트랩 입사/상지)

④ 권총

구분	등급	종목	세부종목	구분	등급	종목	세부종목
공기총	SH1	P1	공기권총, 남자	화약총	SH1	P4	50M 권총, 혼성
		P2	공기권총, 여자			P5	스탠더드 공기권총, 혼성
		P3	25M 권총, 혼성	공기권총	DB	공기권총	공기권총, 남·여로 구분

3) 장애인사격의 경기 방법
① **기본 규칙** : 장애인사격은 국제장애인사격연맹(ISCD)과 국제사격연맹(ISSF)의 규칙을 함께 적용
② **참가 자격** : 의무등급 SH1~SH3에 해당하는 장애인으로 정신 장애가 없어야 한다.
③ **세부종목**
㉠ 장애인사격은 크게 소총·권총·이동표적·클레이 종목으로 구분한다.
㉡ 소총은 공기소총·화약 소총, 권총은 공기권총·화약 권총 등이다.

---

1) 22-03 종목별 스포츠 등급분류를 바르게 제시된 것을 찾는 유형

ⓒ 등급분류

남자		여자	
61kg 이하	61kg까지	49kg 이하	49kg까지
75kg 이하	61kg 초과 75kg까지	58kg 이하	49kg 초과 58kg까지
75kg 이하	75kg 초과	58kg 초과	58kg 초과

③ 장애인의 스포츠 등급

구분	등급	내용
지체 장애 (상지 장애)	K41	겨루기, 양쪽 전체 어깨 절단 또는 각 남은 상지가 ≤ 1/3(0.19x서 있는 키 높이)인 양쪽 절단 또는 마비
	K42	겨루기, 각 상지 ≥ 1/3 (0.193x서 있는 키 높이)이지만 ≤(0.193x서 있는 키 높이) 일반 적정한 몸에 일반 위팔뼈(상완골)의 길이인 양쪽 팔꿈치 이상 또는 전체 절단 또는 마비
	K43	겨루기, 팔꿈치 아래지만 손목 이상 또는 손목 전체인 양쪽 절단(양 손목에 손목뼈(수근골 없음) 또는 마비
	K44	겨루기, 손목 전체 또는 손목 위, 단일 절단 또는 마비
청각 장애	K60	겨루기, 양쪽 귀 청각 손실도 55dB 이상,
	P60	품새, 양쪽 귀 청각 손실도 55dB 이상
시각장애	P10	품새, 시각장애인 등록증 보유자
지적장애	P20	품새, 지적장애인 등록증 보유자
기타 장애	오픈	품새, 장애인등록증 보유자

2) 장애인태권도의 장비와 경기장

① 보호 장비
  ㉠ 경기 참여는 선수는 도복과 보호대 착용
  ㉡ 몸통·머리·샅·팔·다리 보호대와 장갑, 마우스 가드를 필수적으로 착용해야 하며, 전자 호구 사용 시에는 전자감응 양말도 추가로 신어야 한다.
  ㉢ 흰색 혹은 투명한 색깔의 마우스 가드를 사용해야 하며, 머리 보호대의 색은 청색 혹은 적색이어야 한다. 지정된 것 이외의 색깔은 허용되지 않는다.
  ㉣ 보호대를 착용하지 않거나, 장비를 변형하였을 때 해당 경기의 출전은 금지되어 실격 처리된다.

② 경기장
  ㉠ 경기장은 탄력성이 있으면서 미끄럽지 않은 매트 위에서 진행된다.
  ㉡ 경기장 너비와 길이는 각각 12m이다.
  ㉢ 경기지역의 공간은 사각형 혹은 팔각형 두 가지 형태의 경기장이 있다.
  ㉣ 사각형의 경기지역은 너비와 길이가 각각 8m의 공간으로 구성되며, 팔각형은 각 면의 길이가 3.3m, 마주 보는 면 사이의 지름은 8m이다.

라. 장애인사격

1) 장애인사격의 이해
  ㉠ 사격 경기는 일정 거리에서 소총·권총·산탄총 등으로 표적을 쏘아 맞히는 경기이다.
  ㉡ 사격 경기가 올림픽 종목으로 채택된 것은 1976년 제5회 토론토 패럴림픽부터이었다.
  ㉢ 우리나라는 1984년 제7회 패럴림픽에 공기권총 종목과 공기소총 종목에 처음 참가하였다.

③ 핸드 사이클팀 릴레이 경기
  ㉠ 핸드 사이클 남자(H5, H4, H3, H2, H1), 여자(H5, H4, H3, H2, H1) 선수가 출전하는 단체전 경기로 한 팀은 후보 선수 한 명을 제외한 3명으로 구성된다.
  ㉡ 아래 표에 따라 참가선수들의 종합점수는 최대 6점을 넘을 수 없으며, 1포인트 선수를 한 명 이상 반드시 포함해야 한다.

등급	남자					여자				
	H5	H4	H3	H2	H1	H5	H4	H3	H2	H1
포인트	3		2		1	2			1	

4) 장애인사이클의 장비

바이시클(벨로드롬)   텐덤사이클   트라이시클   핸드 사이클

5) 장애인사이클 등급분류

구분	핸드바이크	트라이시클	사이클링	탠덤	비고
등급	핸드바이크 H1	트라이시클 T1	사이클링 C1	탠덤 B	※ 선수 코드는 위 등급분류표를 기준으로, 첫 글자에 성별(남자는 M, 여자는 W)을 부쳐 코드화한다. 예) 'WH1'은 여자 핸드바이크 1등급이라는 의미이다.
	핸드바이크 H2	트라이시클 T2	사이클링 C2		
	핸드바이크 H3		사이클링 C3		
	핸드바이크 H4		사이클링 C4		
	핸드바이크 H5		사이클링 C5		

[참고] 등급분류 방법 변경 : 2010년 국제장애인사이클연맹(UCI)의 등급분류 방법 변경 전에는 참가선수의 장애 유형에 따라 지체 및 뇌 병변 장애(C1~C5), 지체 및 척수 장애(H1~H5)로 구분하였다.

다. 장애인태권도
1) 장애인태권도의 이해
① 장애인태권도의 개요
  ㉠ 태권도는 우리 민족 고유 무술로, 세계적으로 널리 보급된 투기 스포츠이다.
  ㉡ 장애인태권도의 경기규칙은 세계태권도연맹(WTF, World Taekwondo Federation) 규칙에 따라 진행되며 장애인을 위한 수정조항을 적용한다.
  ㉢ 장애인태권도는 패럴림픽과 데플림픽의 정식 종목이다.
② 장애인태권도의 체급분류
  ㉠ 체급은 남자・여자부로 구분한다.

③ 도로경기
  ㉠ 도로경기 규격 : 정해진 거리가 있지 않고, 대회 주최자가 실정에 맞게 일정 거리를 선정한다. 국내에서는 개최되는 도로경기는 16km 이상 개인 독주경기와 40km 이상 개인 도로로 구분하여 실시한다.
  ㉡ 도로경기 종목

구분	경기종목
도로 독주경기	타임트라이얼 경기(지체·시각·척수·뇌 병변, 남·여)
개인 도로경기	전체 장애 종목 출전
핸드 사이클팀 릴레이 경기	

2) 벨로드롬 경기 방법
① 단거리 종목
  ㉠ 탠덤 스프린트
   • 시각장애인 경기로, 남·여로 구분한다.
   • 시각장애인과 비장애인(파일럿) 선수가 한팀이 되어 200m 기록으로 2명씩 조 편성되며 출발 위치는 추첨으로 결정하며 트랙의 안쪽(Inside)에 위치하는 선수가 첫 바퀴를 선행해야 한다.
   • 2차전에서는 위치가 바뀌며 3차전에는 다시 추첨한다.
   • 트랙 크기가 333m 미만의 트랙은 3바퀴, 333m 및 그 이상의 트랙에서는 2바퀴를 돌면서 선수들 간에 견제와 작전을 구사하여 결승선을 가장 먼저 통과하는 선수가 승자가 되는 경기로 흥미와 전율이 넘치는 두뇌 경기이다.
  ㉡ 독주경기 : 500m와 1km로 나누며, 지체 장애·뇌 병변 장애 선수와 시각장애, 청각 장애로 구분하여 시행하는 기록경기이다.
  ㉢ 경기대상 : 시각·청각·지체 장애인
  ㉣ 개인추발경기는 선수가 출전하여 트랙의 중앙에 있는 본부석 출발선과 반대편 출발선의 출발대(스타팅 블록)에서 동시에 출발하여 남자는 4km, 여자는 3km를 전력 질주하면서 서로 추월을 시도하는 경기이며, 결승선(본인 출발선)에 도착한 기록이 빠른 선수가 승리하는 경기로, 토너먼트 방법으로 진행된다.

② 단체 경기
  ㉠ 팀스프린트는 지체 장애 선수의 종목이다.
  ㉡ 경기 방법은 각 팀 지체 3명의 선수로 등급에서 점수를 구성하여 출전하며 두 팀이 트랙 중앙의 본부석 출발선과 반대편 출발선에서 동시에 출발하여 트랙을 3바퀴를 주행하는 경기로, 바퀴마다 선행선수가 트랙을 내려오고 마지막 바퀴에는 1명의 선수가 결승선에 도착하는 기록에 의해 순위를 정하는 경기이다.
  ㉢ 첫 바퀴에서는 3명의 선수가 경기하고 두 번째 바퀴에서는 2명의 선수, 그리고 마지막 바퀴에는 1명의 선수가 남아서 경기를 한다.
  ㉣ 기록이 같으면 마지막 바퀴의 기록이 빠른 팀이 승자가 된다.

3) 도로경기 방법
① 개인 독주경기 : 1인의 선수가 1명씩 출발하며 대부분 평지에서 실시하고, 정확한 표시판이 설치되어 있어야 하며, 순환 코스도 가능하며 기록으로 순위를 정한다.
② 개인 도로경기 : 여러 명의 선수가 그룹으로 고개나 평지가 있는 일반도로에서 이루어지고, 선수·심판 또는 일반 대중에게 특별히 위험한 요소가 포함되지 않는 도로에서 진행되며, 결승점에서 순위를 정하는 경기이다.

3) 휠체어 댄스의 경기 방법
① 경기 방법
  ㉠ 경기는 한 쌍의 무용 자세로부터 시작하여 음악이 종료되면 끝난다.
  ㉡ 댄싱이 갑작스레 중단되면 가장 낮은 점수를 받는다.
  ㉢ 충돌이나 기술적 잘못 등으로 잠시 중단됐을 때는 예외로 한다.
  ㉣ 스탠다드 댄스는 댄스가 끝날 때까지 크로스 홀드 상태를 유지해야 한다.
② 경기 규칙
  ㉠ 연출 : 큰 비중을 차지하며, 하모니를 이루어야 한다.
  ㉡ 음악 : 리듬, 시간, 음악성
  ㉢ 동작과 기법 : 음악의 특성, 잡기, 자세, 테크닉, 균형, 균형·연결과 인도, 몸동작과 몸의 선, 발 동작과 휠 동작
  ㉣ 안무, 연출, 재능 : 모습의 다양성, 공간 활용, 독창성, 표현력

나. 장애인사이클
1) 장애인사이클의 이해
① 장애인사이클의 개요
  ㉠ 장애인사이클 중 2인이 탑승하는 탠덤 자전거는 비장애인과 함께하는 종목이다.
  ㉡ 장애 유형은 뇌성마비, 절단 및 기타장애인, 시각장애인, 지적장애인, 청각장애인이 참가할 수 있으며, 장애 유형에 따라 경기 거리에 차이가 있다.
  ㉢ 장애인사이클은 경기에 사용하는 자전거 유형에 따라 바이시클, 핸드 사이클, 트라이시클, 탠덤사이클로 분류한다.
  ㉣ 장애인사이클 경기는 트랙경기로 개인추발, 독주, 스프린트, 팀스프린트 등이 있으며, 도로경기로서 개인 도로와 도로 독주, 도로 단체전으로 나눈다.

  [용어] 트라이시클(tricycle) : 바퀴가 3개 달린 사이클로, trike, three wheeler라고도 한다.
  [참고] 탠덤 사이클(tandem cycle) : 장애인과 비장애인이 2인용 자전거에 함께 타 앞 좌석에는 비장애인 선수가, 뒷좌석에는 시각장애인 선수가 타고 치르는 경기다.

② 벨로드롬(velodrome)
  ㉠ 벨로드롬 구조
    • 벨로드롬 규격은 길이가 250m, 333.3m, 500m 트랙으로 구분된다.
    • 타원형의 구조로 만들며, 표면이 부드럽고 매끄러워야 한다. 마찰이 심하지 않고, 미끄럽지도 않으며, 타이어와 트랙 표면 간 최소 25~30도 마찰 각도가 되어야 한다.
    • 트랙 내부는 2개의 직선 주로와 이에 연결된 2개의 굴곡 주로로 구성된다.
    • 주로에서 선수가 원심력에 의해 이탈하는 것을 방지하기 위해 직선 주로는 7~13도, 곡선주로는 22~42도로 경사각을 두고 있다.
  ㉡ 벨로드롬 경기종목

구분	경기종목
단거리 종목	• 200m 스프린터 (시각장애, 남·여), 탠덤 • 1km, 500m 독주 (지체·뇌 병변 장애, 남·여)
중장거리 종목	• 3km 독주 (시각·지체·청각 장애, 여자) • 4km 독주 (시각·지체·청각 장애, 남자)
단체종목	• 팀스프린트 (지체 장애, 남·여) • 팀스프린트 (지체 장애, 남자)

  [용어] 벨로드롬 : 주로를 경사지게 만든 사이클 전용구장으로, 실내외 모두 가능하다.

4. 육상 개최 종목

가. 휠체어 댄스

1) 휠체어 댄스의 이해

ㄱ) 휠체어 댄스는 콤비 스타일로, 룸바·자이브·차차차·파소도블레와 같은 라틴댄스와 왈츠, 탱고·비에 요구 왈츠·폭스트롯·퀵스텝의 현대댄스를 말한다.
ㄴ) 휠체어 사용자와 비장애인이 함께 하는 스포츠이며, 패럴림픽 종목이다.
ㄷ) 휠체어 댄스스포츠 경기대회는 1977년에 스웨덴에서 제1회 국제휠체어댄스대회가 열렸다.
ㄹ) 우리나라는 2002년 한국장애인댄스스포츠연맹이 창립되었다.

[참고] **콤비 스타일** : 휠체어 사용자와 비장애인이 한 팀이 되어 커플을 이루는 댄스

휠체어 댄스

2) 휠체어 댄스의 종목 분류

① 개인전
ㄱ) 장애 유형 : 척수 장애, 절단 장애, 뇌성마비, 청각 장애, 시각장애
ㄴ) 종목 분류

종목	등급	구분	세부종목
스탠더드 (1종목)	Class 1(휠체어), Class 2(휠체어) Class D(청각), Class B(시각)	커플 (남녀)	Waltz, Tango, Viennese Waltz, Foxtrot, Quick Step
라틴 (1종목)	Class 1(휠체어), Class 2(휠체어) Class D(청각), Class B(시각)		Waltz, Tango, Viennese Waltz, Foxtrot, Quick Step, Rumba, Cha Cha, Samba, Paso doble, Jive
듀오 (1종목)	Class 1(휠체어), Class 2(휠체어) Class D(청각), Class B(시각)		Waltz, Tango, Quick Step
스탠더드 (5종목)	Class 1(휠체어), Class 2(휠체어) Class D(청각), Class B(시각)	커플 (남녀)	Waltz, Tango, Viennese Waltz Foxtrot, Quick Step
라틴 (5종목)	Class 1(휠체어), Class 2(휠체어) Class D(청각), Class B(시각)		Frumba, Cha Cha, Samba, Paso doble, Jive

② 단체전(포메이션/장애인-비장애인)
ㄱ) 장애 유형 : 척수 장애, 절단 장애, 뇌성마비, 청각 장애, 시각장애
ㄴ) 종목 분류

종목	등급	구분	세부종목(통합)
스탠더드 단체전	Class 1, 2(휠체어), Class D(청각) Class B(시각)	커플 (남녀)	Waltz, Tango, Viennese Waltz Foxtrot, Quick Step
라틴 단체전	Class 1, 2(휠체어), Class D(청각) Class B(시각)		Frumba, Cha Cha, Samba, Paso doble, Jive

③ 장애 유형별 구분

구분	장애 유형	구분	장애 유형
Class 1(휠체어)	척수 장애, 절단 장애, 뇌성마비	Class 2(휠체어)	척수 장애, 절단 장애, 뇌성마비
Class D(청각)	청각 장애	Class B(시각)	시각장애

② 플뢰레
  ㉠ 플뢰레에서는 유효 면에 닿은 뚜슈만이 유효로 인정되며, 공격의 우선권이 있다.
  ㉡ 플뢰레에서 유효면은 사지와 머리를 제외한 몸통만으로 제한된다. 위로는 쇄골 돌출부에서 위쪽으로 6cm까지, 옆으로는 위팔뼈를 지나는 소매의 솔기까지, 아래로는 등 쪽으로 장골에서 수평으로 지나는 선을 따라서, 그리고 그 선이 수직선으로 사타구니와 만나는 지점까지이다.
③ 에뻬
  ㉠ 에뻬는 오직 찌르기만 하는 종목이다. 공격은 뽀엥뜨(검 끝)로만 이루어진다.
  ㉡ 경기중에 전기 검의 뽀엥뜨를 전도성의 금속 피스트 바닥에 누르거나 끄는 것은 금지된다. 금속 피스트 위에서 검을 펴는 것도 금지된다.
④ 사브르
  ㉠ 사브르는 찌르기와 검의 날, 검의 등으로 찌를 수 있다.
  ㉡ 람므의 날과 면, 등으로 던져진 모든 꾸는 뚜슈로 인정한다.(검 날과 검 등에 의한 꾸)
  ㉢ 꼬끼유로 행하는 꾸는 금지된다. 꼬끼유를 통해 던져진 꾸로 유발된 모든 뚜슈는 무효이며, 이 방법으로 뚜슈를 행하는 선수는 벌칙을 받는다.
  ㉣ 상대의 람므를 통과하는 꾸 즉 상대의 유효 면과 상대의 사브르에 동시에 닿으면서 이루어지는 꾸는 그 꾸가 상대의 유효 면에 정확히 닿았다면 유효하다.
  ㉤ 뻬스트 위에서 검을 펴는 것은 엄격히 금지된다.

3) 휠체어 펜싱의 장비와 경기장
① 검

구분	플뢰레		에뻬		사브르	
	무게	길이	무게	길이	무게	길이
규격	500g 이하	110cm	770g 이하	최대 110cm	500g 이하	최대 105cm

② 경기장
  ㉠ 경기장 지면을 뻬스트(pister)라고 하며, 흙, 목재, 리놀륨, 콜크, 탄성고무, 플라스틱 금속 등 여러 가지가 사용된다.
  ㉡ 뻬스뜨의 너비는 1.80~2m이며 길이는 14m이다.

4) 휠체어 펜싱의 종목 분류
① 휠체어 펜싱의 세부종목
  ㉠ 남자는 플뢰레, 에페, 사브르, 여자는 플뢰레, 에페만 참가할 수 있다.
  ㉡ 플뢰레 : 선제공격권은 기본자세 이후 심판의 시작선언 후 먼저 공격적인 자세를 취한 선수에게 주어지며 유효 타켓은 사지와 얼굴을 제외한 몸통이다.
  ㉢ 에페 : 어느 선수이든 먼저 찌르는 선수가 득점하게 되며, 마스크와 장갑을 포함한 상체 모두가 유효 타켓이 된다.
  ㉣ 사브르 : 플뢰레와 에페가 찌르기 위주의 종목이라면 사브르는 베는 종목으로 가장 중세 스타일의 경기이다. 유효과녁은 상체이다.
② 장애 유형과 정도에 따른 분류
  ㉠ 휠체어 펜싱은 크게 절단 장애와 척수 장애인 2등급에서 4등급으로 구분한다.
  ㉡ 장애의 정도에 따라 척수 장애 카테고리 B와 절단 장애 외 카테고리 A로 나뉘며, 그 외 척수 장애 이상의 장애인은 카테고리 C로 나뉜다.

③ 폴트
- ㉠ 휠체어 배드민턴에서 셔틀이 네트에 걸려서 멈춰 있는 경우와 네트를 넘은 후 네트에 걸려도 폴트이다.
- ㉡ 셔틀을 치는 순간 선수 몸통의 어떠한 부분도 휠체어 의자에 접촉되어 있지 않을 경우와 발이 발판에 고정되지 않은 경우, 경기 중 선수의 발이 어떠한 부분이라도 바닥에 닿으면 폴트이다.

④ 경기 중단
- ㉠ 특별한 상황에서 레프리가 엄파이어에게 경기를 중단하라고 지시할 수 있다. 장애인배드민턴에서 부가적인 장비 수리는 특별한 상황으로 간주할 수 있다.
- ㉡ 휠체어 배드민턴에서 선수는 배뇨를 위해 시합 중 한 번 더 추가하여 코트를 떠나는 것이 허용된다. 이때 선수는 BWF에서 지정된 기술 임원과 동행해야 한다.

라. 휠체어 펜싱

1) 휠체어 펜싱의 이해
- ㉠ 휠체어 펜싱 경기규칙은 비장애인 펜싱과 거의 같다. 국제펜싱연맹(FIE, International Fencing Federation) 규칙에 따라 진행되며 휠체어 선수를 위한 수정조항을 적용한다.
- ㉡ 휠체어 펜싱은 1960 로마 패럴림픽 때 경기종목으로 시작하였다.
- ㉢ 우리나라에서는 1988 서울패럴림픽 이후 시작되었다.
- ㉣ 참가선수는 척수 장애, 절단 및 기타 장애로 2등급에서 4등급 선수로 구분하여 경기한다.
- ㉤ 경기는 참가선수에 따라 등급별로 통합 시행하며, 남녀 개인전, 단체전이 있다.
- ㉥ 휠체어 펜싱은 플뢰레, 에페, 사브르 등의 3가지 세부종목으로 운영한다. 구분하는 방법은 공격 유효면과 검의 차이이다.

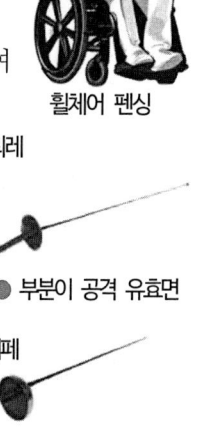
휠체어 펜싱

[용어] **플뢰레(fleuret)** : 펜싱에서 사용하는 검의 일종이다. 펜싱 종목 중 가장 빨리 스포츠화한 것으로서 프랑스에서 발달하였다. 찌르는 동작만 공격으로 인정된다. 검은 유연성이 좋고, 펜싱의 기본종목이다.

[용어] **에페(epee)** : 프랑스어로 검을 뜻하는 '에페'는 실전용 검이며, 반원 모양의 보호대가 특징적이다.

[용어] **사브르(sabre)** : 말 탄 병사가 쓰는 검이다. 한 손으로 다룰 수 있어 검이 가볍고, 길다.

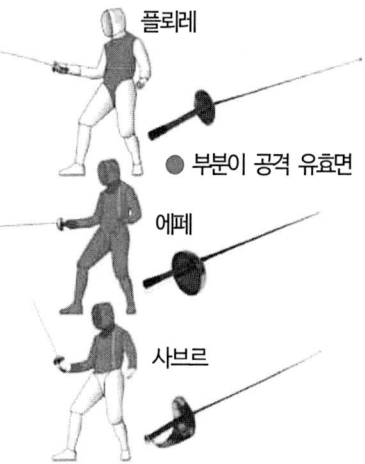
펜싱 세부종목

2) 휠체어 펜싱의 경기 방법

① 경기 방법
- ㉠ 2대의 휠체어를 경기장 위의 고정 장치에 110도 각도로 고정시킨다.
- ㉡ 두 선수 간의 거리를 결정하는데 두 선수의 팔과 칼의 길이를 재고, 짧은 편의 선수에 기준으로 맞춘다. 이는 팔 길이가 짧은 선수에게 배려해주는 방법이다.
- ㉢ 사브르와 플뢰레의 거리 측정은 같고, 에페 종목의 거리 측정은 다르다.
- ㉣ 경기 중 휠체어 좌석에서 엉덩이가 떨어져서는 안 되고, 다리는 항상 발걸이에 놓여 있어야 한다.
- ㉤ 경기중 선수의 발이 바닥에 닿거나 둔부가 들리면 경고가 주어지며 바르게 앉아서 보호 태세를 취한다.
- ㉥ 경기중 선수가 균형을 잃으면 심판은 경기를 정지시킬 수 있다.
- ㉦ 개인전 3분 3세트, 단체전 3분 9라운드 경기다.

ⓒ 휠체어는 보조 바퀴를 부착할 수 있고, 이는 메인 바퀴를 넘어 설치할 수 있다.
　　ⓒ 선수의 두 발은 반드시 휠체어의 발판에 고정되어야 한다.
　　ⓔ 휠체어의 좌석(모든 패드 포함)은 수평이거나 뒤로 기울어질 수 있다. 앞으로는 기울어질 수 없다.
　　ⓜ 움직임이나 조종에 도움을 줄 수 있는 전자장치 또는 다른 어떠한 장치도 휠체어에 장착할 수 없다.
　④ 목발
　　㉠ 대퇴부(넓적다리) 또는 하퇴부 절단자는 목발을 사용할 수 있다.
　　ⓒ 목발은 선수의 겨드랑이에서 바닥까지의 길이를 초과해서는 안 된다.
　⑤ 의수족
　　㉠ SL 3, SL 4, WH 등급의 절단 선수들은 의수족을 사용할 수 있다.
　　ⓒ SU 5등급 선수는 의수족 사용이 허용되지 않는다.
　　ⓒ 모든 의수족은 선수의 남아있는 팔·다리와 같은 길이여야 하고, 다른 사지와 균형을 이루어야 한다.

6) 장애인배드민턴의 서비스 방법
① 공통 적용 : 서버와 리시버는 비스듬하게 반대 서비스 코트 안에서 서 있어야 하거나 이 서비스 코트의 경계선을 건드리지 않고 각각의 코트 내에서 서 있어야 한다.
② 휠체어 배드민턴
　㉠ 휠체어 배드민턴은 서비스 시작 때 서버와 리시버 모두 바퀴는 멈추어 있어야 한다.
　ⓒ 모든 셔틀콕은 서버가 라켓으로 셔틀콕을 치는 순간 서버의 겨드랑이 아래에 있어야 한다.
　ⓒ 휠체어 배드민턴 복식은 두 선수는 서로 인접하는 서비스 코트에 있어야 한다. 이는 좌식 배드민턴에서도 적용된다.
　ⓔ 장애인배드민턴에서 휠체어 또는 목발은 선수의 신체 일부분으로 간주한다.
③ 스탠딩 배드민턴
　㉠ 스탠딩 배드민턴에서 모든 셔틀콕은 서버의 라켓으로 셔틀콕을 치는 순간에 서버의 허리 아래에 있어야 한다.
　ⓒ 모든 셔틀콕은 서버가 라켓으로 셔틀콕을 치는 순간 서버의 겨드랑이 아래에 있어야 한다.
④ 좌식 배드민턴
　㉠ 좌식 배드민턴 복식에서 두 선수는 서로 인접하는 서비스 코트에 있어야 한다.
　ⓒ 이는 휠체어 배드민턴과 같다.

7) 장애인배드민턴의 경기 방법
① 단식 경기 : 단식 경기의 서비스 및 리시브는 각각의 서비스 코트에서 서브하고 받아야 한다.
② 복식 경기의 서비스와 리시브
　㉠ 좌식 배드민턴 경기에서 경기 시작 시에 서비스를 받거나 서브를 하는 선수는 경기 도중 우측 서비스 코트에서 서브하고 리시브를 해야 한다.
　ⓒ 좌식 배드민턴 경기에서 두 파트너는 경기 도중 좌측 서비스 코트에서 서브하고 리시브를 해야 한다.
　ⓒ 좌식 배드민턴 경기에서 서버는 상대편 선수 측이 득점을 못 했거나 짝수 득점을 기록했을 때 상대편 서비스 코트 대각선으로 서브를 해야 한다.
　ⓔ 좌식 배드민턴 경기에서 서버는 상대편 선수 측이 홀수 득점을 기록했을 때 상대편 서비스 코트 직선 방향으로 서브를 해야 한다.

4) 스탠딩(standing) 배드민턴
① 참가 대상 : 하지·상지 또는 왜소증 장애를 가지고 스탠딩 종목에 참가하는 사람
② 스탠딩 배드민턴의 등급분류 방법
    ㉠ SL(standing lower) 3등급 : 중증 하지 장애인, 근력 소실 20점 이상인 장애인, 하지 절단자
    ㉡ SL(standing lower) 4등급 : 근력 소실 10~19점인 하지 장애인, 하지 절단 장애인
    ㉢ SU(standing upper) 5등급 : 근력 소실 29점 이상인 상지 장애인
    ㉣ SH(short stature) 6등급 : 신장 여자 135cm, 남자 140cm 이하의 왜소증 장애인

5) 장애인배드민턴의 코트와 장비
① 코트
  ㉠ 휠체어 배드민턴 코트

- 단식 1(class Ⅰ, 대상 : WH 1등급)

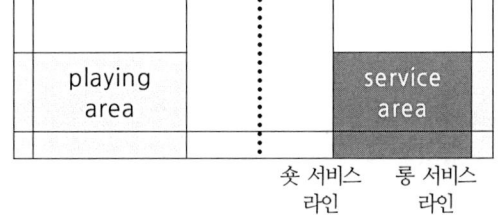

- 단식 2(class Ⅱ, 대상 : WH 2등급)

- 복식 1(class Ⅰ, 대상 : WH 1등급)

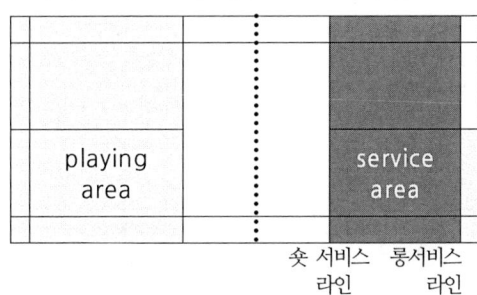

- 복식 2(class Ⅱ, 대상 : WH 2등급)

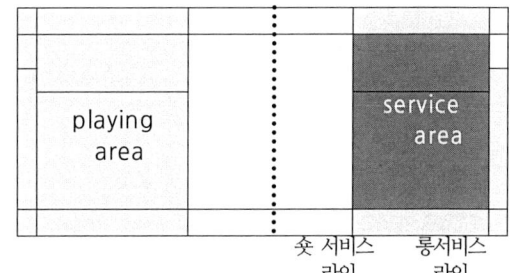

- 좌식(sitting) 배드민턴 코트

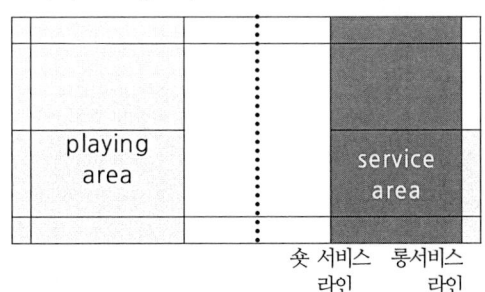

- 복식 1(class Ⅰ, 대상 : WH 1등급)

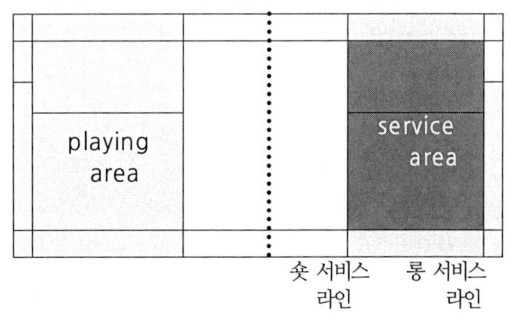

  ㉡ 상·하지 장애인배드민턴 코트 : SL(standing lower) 3등급, SL(standing lower) 4등급, SU(standing upper) 5등급, SH(short stature) 6등급의 배드민턴 코트는 배드민턴과 같다.

② 네트

구분	휠체어	스탠딩	좌식
네트 가각 높이	1.20m	1.55m	1.20m
네트 중앙선 높이	1.372~1.40m	1.524~1.55m	1.176~1.20m

③ 휠체어
  ㉠ 신체는 신축성 있는 고무벨트로 휠체어에 고정될 수 있다.

다. 장애인배드민턴

1) 장애인배드민턴의 이해

① 장애인배드민턴의 개요

장애인배드민턴

  ㉠ 경기규칙과 장비의 사양 등은 일반 배드민턴 규칙과 같이 적용되지만, 장애인의 특성에 맞게 경기 코트 등에서 차이가 있다.
  ㉡ 우리나라는 각종 세계대회에서 우수한 성적을 거두고 있다.
  ㉢ 2021년 도쿄 패럴림픽 정식 종목으로 채택되어 있다.

② 장애인배드민턴의 등급분류
  ㉠ WH(wheelchair) : 휠체어 배드민턴
  ㉡ SL(standing lower) : 하지 장애 스탠딩 배드민턴
  ㉢ SU(standing upper) : 상지 장애 스탠딩 배드민턴
  ㉣ SH(short stature) : 왜소증 장애 배드민턴
  ㉤ DB(decibel) : 청각 장애(소리의 크기나 강도 장애) 배드민턴
  ㉥ IDD(intellectual and developmental disabilities) : 지적장애 배드민턴

③ 장애인배드민턴의 특성
  ㉠ 구분 : 장애인배드민턴은 휠체어 등급(BMW, badminton wheelchair), 스탠딩 등급(BMS T, badminton standing), 좌식 등급(SB, sitting badminton)으로 구분한다.
  ㉡ 경기 방법 : 휠체어 등급(BMW)은 휠체어를 탄 상태에서 경기가 진행되며, 스탠딩 등급(BMST)은 일반 배드민턴과 같은 방법, 좌식 배드민턴은 앉은 상태의 배드민턴으로, 장애인과 비장애인이 함께 참여할 수 있다.
  ㉢ 등급분류 : 장애인배드민턴은 비슷한 장애가 있는 선수끼리 경쟁할 수 있도록 등급을 세분류하여 기준이 나누어져 있고, 등급에 따라 경기에 참여할 수 있다.

2) 장애인배드민턴의 종목 분류

등급		내용
휠체어	WH(wheelchair) 1등급	휠체어 배드민턴으로, 밸런스가 나쁨
	WH(wheelchair) 2등급	휠체어 배드민턴으로, 밸런스가 좋거나 보통
스탠딩	SL(standing lower) 3등급	하지 근력 소실 20점 이상인 장애인의 스탠딩
	SL(standing lower) 4등급	하지 근력 소실 10~19점인 장애인의 스탠딩
	SU(standing upper) 5등급	근력 소실 29점 이상인 상지 장애인의 스탠딩
	SH(short stature) 6등급	왜소증 장애 스탠딩

3) 휠체어(WH, wheelchair) 배드민턴

① 경기 방법
  ㉠ 참가 대상 : 보장구를 착용하지 않은 상태에서 서서 경기할 수 없는 상태의 장애인
  ㉡ 경기 방법 : 단식 경기는 움직임 폭이 넓지 않기 때문에 코트의 한쪽 면에서만 (하프코트 사용) 진행되고, 복식은 일반 배드민턴 코트 사용
  ㉢ 분류 방법 : WH 1, 2등급으로 구분한다.
  ㉣ 기타 : WH 2등급의 몸통 밸런스는 좋은 상태이고, WH 1등급의 몸통 밸런스는 보통이거나 나쁜 상태이다.

② WH 2등급 : 밸런스가 좋은 상태로, 선수는 한쪽 절단, 양쪽 절단, 선천적 사지 결손과 동등한 수준
③ WH 1등급 : 밸런스가 보통이거나 나쁜 상태

ⓕ 우리나라에서는 1988 서울패럴림픽에서 시범경기로 채택되어 처음 소개되었고, 1993년 대한휠체어테니스협회가 창설되었다.

2) 장애인테니스의 경기 방법
① 경기규칙[1]
  ㉠ 휠체어 관련 사항을 제외한 나머지는 국제테니스연맹(ITF, International Tennis Federation) 규칙이 같이 적용된다.
  ㉡ 경기 세부종목은 단식과 복식, 혼합복식으로 구분하며, 성별에 따라 남녀 단식과 복식, 남녀 오픈과 쿼드 종목이 있다.
  ㉢ 시합에서는 남자는 5세트, 여자와 주니어는 3세트로 한다.
  [용어] 쿼드(Quads) : 사지 마비 장애인을 위한 경기 방법으로 남·여 구분 없으며 패럴림픽에서 혼합경기(Mixed)라고 불리기도 한다. 선수는 장애 정도에 따라 라켓을 손에 고정하거나 전동휠체어를 사용하여 경기한다.
② 휠체어 테니스의 적용 규정
  ㉠ 휠체어 테니스는 공이 지면에서 두 번 튀기는 투 바운드를 허용한다.
  ㉡ 두 번째 바운드가 코트의 바깥이어도 무방하다.
  ㉢ 신체를 이용한 중심이동은 금지된다.
③ 장애인과 비장애인이 함께 경기할 때 적용 규칙 : 휠체어 장애인에게는 2 바운드가 허용되고, 비장애인은 1 바운드만 허용한다.

3) 장애인테니스의 용구와 경기장[2]
① 라켓과 볼 : 크기는 테니스와 같다. 그러나 장애 유형에 따라 사용은 다르게 적용한다.
② 휠체어
  ㉠ 경기용 수동휠체어로 속도와 방향 전환을 쉽게 하려고 좌우 바퀴에 18~22도 정도의 캠버(Camber)를 제작할 수 있다.
  ㉡ 중심을 유지하기 위해 캐스터를 부착할 수 있으며, 상태에 따라 끈을 이용한 보조 지지대로 발목, 다리, 허리의 움직임을 고정하여야 한다.
  ㉢ 경기용 전동휠체어는 손동작과 발동작에 제약을 받는 쿼드 플레이어에게 해당되는 특수한 상황에서만 사용될 수 있다.
③ 경기장 : 테니스와 같다.

4) 휠체어 테니스의 등급분류
  ㉠ 휠체어 테니스는 장애 정도에 따라 등급을 분류하지는 않는다.
  ㉡ 성별로 구분하여 경기한다.
  ㉢ 사지 마비 장애 선수는 남·여 구분 없이 쿼드로 분류하여 경기한다.

---

1) **21-20** 휠체어 테니스 경기 방법에 대한 설명이 바르게 된 것을 찾는 유형으로, '공이 지면에 두 번 튀기는 투 바운드를 허용한다.'라는 것이 정답이고, 이때 두 번째 바운드가 코드 바깥이어도 무방하다.
2) **19-05** 장애인스포츠 용구로 개발되지 않는 것을 찾는 유형으로, 테니스와 휠체어 테니스는 같은 볼과 라켓을 사용하므로, 오답 찾기의 정답이다.

3. 라켓 종목

가. 장애인탁구

1) 장애인탁구의 이해

① 장애인탁구의 개요

㉠ 장애인탁구는 척수 장애, 절단 및 기타 장애, 뇌성마비를 통합하여 경기에 참여하되, 기능별로 분류하여 10등급으로 구분.

㉡ 1~5등급은 휠체어를 사용하는 좌식 탁구이고, 6~10등급은 입식 등급이다.

휠체어 탁구

② 장애인탁구의 경기 방법

㉠ 장애인탁구는 국제탁구경기연맹(ITTF, International Table Tennis Federation) 규정을 적용하지만, 서비스 규칙만 국제장애인탁구연맹(ITTPC) 규정 적용

㉡ 경기 방법은 탁구와 같다.

2) 장애인탁구의 등급분류

① 좌식 탁구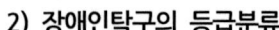

㉠ 참가 대상 : 휠체어를 사용하는 장애인

㉡ 좌식 탁구의 등급분류

구분	내용
1등급(TT1)	경기에 사용하는 상지의 심각한 기능 감소와 앉은 자세 균형 유지 결여
2등급(TT2)	경기하는 상지의 기능 상실과 앉은 자세 균형 유지 능력 결여
3등급(TT3)	체간의 윗부분이 기능하는 것처럼 보이나 앉은 자세 균형 유지 능력 결여
4등급(TT4)	골반의 완전 고정 결여로 인하여 안전성이 흡족하지 못하고 따라서 최적은 아니지만 앉은 자세는 균형 유지
5등급(TT5)	골반 하지 근육의 충분한 기능 활동으로 인하여 앉은 자세를 제공하는 넓은 접촉표면 유지와 골반 고정이 용이

② 입식 탁구

㉠ 등급분류 : 입식 탁구는 휠체어를 사용하지 않는 장애인

㉡ 입식 탁구의 등급분류

구분	내용	구분	내용
6등급(TT6)	상하지 중증 장애	9등급(TT9)	경증 하지 장애
7등급(TT7)	하지 최중증 장애	10등급(TT10)	최경증 하지 장애
8등급(TT8)	중등 하지 장애		

나. 장애인테니스

1) 장애인테니스의 이해

㉠ 장애인테니스는 장애인과 비장애인이 함께 경기할 수 있다.

㉡ 지체 장애인의 휠체어 테니스와 청각 장애 및 지적장애인의 장애인테니스로 구분

㉢ 청각 장애 및 지적장애인의 테니스는 테니스 경기규칙과 같고, 휠체어 테니스는 약간의 규칙 변형이 있다.

㉣ 장애인테니스는 1976년 미국에서 시작되었으며, 1988년에 국제휠체어 테니스협회가 창립되었고, 1998년 국제휠체어 테니스협회는 국제테니스협회와 통합하여, 장애인과 비장애인 단체의 통합을 이루었다.

휠체어 테니스

---

1) **22-03** 종목별 스포츠 등급분류를 바르게 제시된 것을 찾는 유형

- ⓒ 하이 볼 : 코트에 한 번도 닿지 않고 착지한 경우
- ⓒ 롱 볼 : 던진 공이 중립 에어리어 바닥에 한번 이상 닿지 않은 경우
- ⓔ 아이셰이드(eyeshade) : 경기 중 또는 페널티 상황에서 코트 밖에 나가는 선수가 심판의 허가 없이 본인 또는 타인의 아이셰이드를 만진 경우
- ⓜ 일리걸 디펜스(illegal defence) : 첫 수비를 위해 접촉하는 공은 반드시 팀 에어리어에 신체 일부가 닿고 있는 선수에 의해 이루어져야 한다.
- ⓗ 퍼스널 딜레이 오브 : 선수가 고의로 경기를 지연시킨다고 심판이 판단한 경우
- ⓐ 스포츠 정신에 어긋나는 행위
- ⓞ 소음 : 불필요한 소음을 발생할 경우

④ **팀 페널티** : 아래의 경우 팀 패널티가 부과된다.
- ⓒ 10초 경과 : 수비팀이 공을 접촉 후 센터라인 혹은 사이드 라인 밖으로 공을 보내기까지 10초를 경과한 경우
- ⓒ 팀 경기 지연 : 경기 흐름에 방해되는 팀의 모든 행위
- ⓒ 스포츠 정신에 어긋나는 팀 행위
- ⓔ 일리걸 코칭 : 부정한 코칭
- ⓜ 소음

골볼 경기

2) 골볼 장비와 경기장

① 골볼의 볼[1]
- ㉠ 볼 속에 소리 나는 방울을 넣어 움직임에 따라 소리가 나고, 소리를 듣고 방향과 속도를 파악한다.
- ㉡ 재질은 탄력 있는 고무이고, 표면은 거칠다.

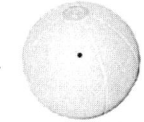

골볼의 볼

② 골볼의 유니폼
- ㉠ 경기복은 앞면과 뒷면에 선수 번호를 정하여 영구적으로 숫자를 부착한다.
- ㉡ 번호는 0~9번까지이고, 번호 숫자 크기는 높이 20cm 이상이다.
- ㉢ 유니폼을 착용한 상태에서 옷을 잡고 당겼을 때 몸에서 10cm 이상 늘어나면 안 된다.

③ 골볼 경기장
- ㉠ 경기장 크기는 길이 18m, 넓이 9m의 마룻바닥
- ㉡ 직사각형의 코트는 중앙에 센터라인을 중심으로 길이 3m 간격으로, 중립지역·랜딩에어리어·팀 에어리어로 나눈다.
- ㉢ 라인 표시는 시각적으로 확인할 수 있도록 0.05m 넓이의 테이프로 표시하며, 테이프 밑에 0.003m의 끈을 넣어 촉각적 느낌으로 확인할 수 있다.

---

[1] **22-17** 시각장애인을 위한 장비나 기구가 아닌 것을 찾는 유형으로, 골볼의 볼은 소리 나는 방울을 넣어 공 움직임을 소리로 인식하기 때문에 시각장애인 기구이다.
19-05 장애인스포츠를 위해 개발된 스포츠 장비가 아닌 것을 찾는 유형으로, 장애인 알파인스키의 아웃트리거는 장애인용으로 개발되었으므로 정답이 아니다. 골볼의 볼은 장애인을 위한 기구이다.

사. 장애인론볼

1) 장애인론볼의 이해
① 장애인론볼의 개요
  ㉠ 영국에서 시작되어 보급되었으며, 골프처럼 일반인이 많이 참여하고 있다.
  ㉡ 우리나라는 1987년 제7회 전국장애인체육대회에 시범경기로 도입되었으며, 1988년 서울패럴림픽 정식 종목으로 채택되었다.

② 장애인론볼의 경기 방법
  ㉠ 잔디 또는 인조 잔디경기장에서 규정된 수의 볼을 잭에 가까이 붙도록 굴리는 경기
  ㉡ 볼의 무게 중심이 한쪽으로 치우쳐 있어 직선으로 구르지 않고 포물선을 그리며 진행하기 때문에 포핸드나 백핸드 투구가 가능
  ㉢ 경기는 개인전과 단체전(2, 3, 4인조)으로 나눈다.
  ㉣ 먼저 볼을 굴리는 경기자가 매트를 놓고 그 위에서 링크의 반대편 쪽으로 잭을 굴린다.
  ㉤ 잭이 멈추면 잭을 링크의 중심선으로 평행 이동시킨 후 두 경기자는 차례로 매트에서 잭을 향해 볼을 굴린다.
  ㉥ 단식과 복식은 각각 4개의 볼, 3인조는 3개씩, 4인조는 2개씩 볼을 굴려 경기 결과를 결정한다.

장애인론볼

2) 론볼의 장비와 경기장
① 용기구
  ㉠ 잭(Jack) : 둥글고 단단하며 흰색, 또는 노란색이다.
  ㉡ 볼(Bowl) : 나무나 고무 또는 인조 합성물로 만들고, 색상은 국제연맹이 인정하는 색이면 된다. 지름 116~131mm이고, 무게는 1.58kg을 초과할 수 없다.

론볼의 잭과 볼

② 경기장 : 경기장은 그린이라고 하며 사방이 도랑과 둑으로 둘러싸인 40m 정방형의 잔디 구장으로, 이를 다시 7~8개의 링크(폭 약 5m, 길이 40m의 경기구역)로 나눈다.

아. 골볼

1) 골볼의 이해
① 골볼의 개요[1]
  ㉠ 시각장애인만 할 수 있는 유일한 종목
  ㉡ 볼 속에 소리 나는 방울을 넣어 공 움직임을 소리로 인식하면서 경기
  ㉢ 소리를 인식하여 경기하므로, 관중은 조용히 해야 한다.
  ㉣ IBSA(국제시각장애인스포츠연맹)가 주관하는 대회에는 비장애인이 참가할 수 없다.

② 골볼 경기 방법
  ㉠ 팀당 선수 3명으로 진행
  ㉡ 선수교체는 최대 4명까지, 전반전에 1명을 교체했을 때이고, 전반전 선수교체가 없으면 3명만 교체
  ㉢ 전맹과 약시의 구분 없이 통합등급 경기로, 모든 선수가 눈가리개와 아이 패치 착용
  ㉣ 경기 시간은 전후반 각 12분씩 24분, 하프타임 3분

③ 퍼스널 페널티[2] : 아래의 경우 퍼스널 패널티가 부과된다.
  ㉠ 쇼트 볼 : 던진 공이 수비팀의 팀 에어리어 앞에 멈춘 경우

---

1) `19-14` IBSA(국제시각장애인스포츠연맹)가 주관하는 대회에서 비장애인이 참가할 수 없는 종목을 찾는 유형으로, 정답은 골볼이다. 5인제 축구, 탠덤 사이클, 알파인스키는 비장애인이 참가할 수 있는 종목이다.
2) `23-19` 골볼 경기에서 페널티가 아닌 경우를 찾는 유형으로, 한 사람이 연속해서 두 번 투구할 때이다.

② 보치아의 경기 방법1)
  ㉠ 모든 경기가 남녀 혼성으로 진행된다.
  ㉡ 단체전에는 반드시 여성 선수가 포함되어야 한다.
  ㉢ 실내외 모두 가능하지만 주로 실내에서 진행한다.
  ㉣ 경기는 정신집중력이 필요하므로 선수가 공을 던질 때 조용히 해야 한다.
  ㉤ 개인 경기와 2인조 경기는 4엔드, 단체전은 6엔드로 이루어진다.
  ㉥ 선수는 공을 경기장 안으로 던지거나 굴리거나 발로 차서 보낸다.
  ㉦ 6개의 빨간색 공과 6개의 파란색 공을 가지고 각 선수가 매회 상대방의 제일 가까운 공보다 표적구에 가까이 던진 공에 대하여 1점씩 부가하며 6회를 실시한 다음 점수를 합산하여 많은 득점을 한 팀이 승리한다.
  ㉧ BC1과 BC2 종목의 단체전 참가에는 3명으로 구성하되, 경기 중 BC1등급의 선수가 반드시 1명이 포함되어야 하며, BC3 종목 참가자 2명이 참가하는 2인조 경기, BC4종목 참가자 2명이 참가하는 2인조가 있다.
  ㉨ BC1 등급 경기는 1명의 경기보조자 도움을 받을 수 있으며, 경기지역 뒤의 지정된 곳에 위치

보치아 공 세트

2) 보치아 장비와 경기장
① 보치아 장비2)
  ㉠ 보치아 공 : 공의 재질은 양가죽으로 축구공 모양이다. 공 1세트는 적색 공과 청색 공 각 6개, 1개의 표적구(흰색 공)로 구성
  ㉡ 홈통 : 공을 굴리기 위한 장비
② 보치아 경기장
  ㉠ 경기장 크기는 12.5m×6m이고, 바닥은 평평하고 매끄러워야 하며 던지기 구역은 경기장 폭을 6등분하여 동일 구역으로 구분한다.
  ㉡ V형의 선은 경기 시 투구된 표적구 위치의 유·무효 판정을 위한 경계선
  ㉢ 중앙의 + 표시는 대체 표적구 위치
  ㉣ 경기장이 특이하며, 옆 그림 참조

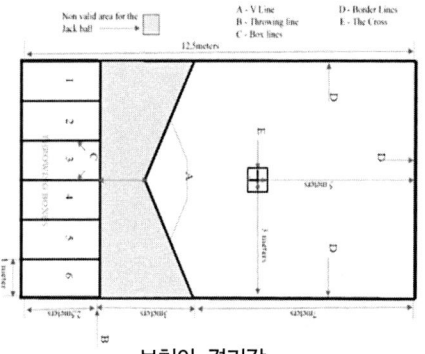
보치아 경기장

3) 보치아의 등급분류3)

종목	등급	참가선수	종목	등급	참가선수
개인전	BC1	1등급 상지/2등급 하지 사용선수	단체전	BC1, 2	BC1, 2등급 경기 참가선수
	BC2	2등급 상지 사용선수	2인조	BC3	BC3 3등급 경기 참가선수
	BC3	보조 장치 사용선수		BC4	BC4 4등급 경기 참가선수
	BC4	운동성 장애 정식 종목			

---

2) **19-16** 보치아 경기 방법을 보기로 제시하고 어떤 종목인지 찾는 유형
1) **22-08** **21-08** 보치아 경기 방법에 대한 설명으로 틀린 것을 찾는 유형
2) **19-05** 장애인스포츠를 위해 개발된 스포츠 장비가 아닌 것을 찾는 유형으로, 보치아 홈통은 장애인스포츠용으로 개발되었다.
3) **22-03** 목별 스포츠 등급분류를 바르게 제시된 것을 찾는 유형

마. 휠체어 럭비

1) 휠체어 럭비의 이해

① 휠체어 럭비의 개요 : 휠체어 럭비는 경추손상으로 인한 사지 마비 장애인을 위한 스포츠로, 남녀 혼성경기로 진행

② 휠체어 럭비의 중요 규칙[1]

㉠ 팀은 4명의 출전 선수와 후보 8명으로 구성

㉡ 경기는 4피리어드(1피리어드 8분), 1·3피리어드 후 1분간 휴식, 2피리어드 후 5분간 휴식

㉢ 휠체어 럭비 전용 공을 가지고 10초에 한 번 이상 드리블해야 한다.

㉣ 타임아웃은 팀당 4번이고, 선수나 감독이 요구

㉤ 공격 시간인 40초 이내 득점을 해야 하고, 매 득점은 1점씩 가산

㉥ 15초 안에 중앙선을 넘어야 하며, 수비에서는 한 번에 3명까지만 키 에어리어 안에 있을 수 있고, 공격에서 10초 동안만 4명 모두 키 에어리어 안에 있을 수 있다.

㉦ 공을 가지고 코트 밖으로 나가거나, 규칙을 어기면 공수가 전환된다.

㉧ 선수는 장애의 정도에 따라서 0.5~3.5점으로 7단계로 나누어진다.

㉨ 팀(4명)별 장애 점수 합계가 8점 이하이어야 (최대 8점) 하지만 여성 선수가 포함되면 8.5점 이하이어야 한다.

㉩ 상대편 팀 트라이 라인 너머의 아웃오브바운드 지역에 두 바퀴를 컨택하였을 때 이루어진다.

휠체어 럭비

2) 휠체어 럭비의 용구와 경기장

① 휠체어 럭비공

㉠ 공은 국제휠체어 럭비연맹(IWRF)의 승인 공을 사용해야 하며, 국제배구연맹 규정에 적합한 공은 IWRF 규정에 적합한 것으로 한다.

㉡ 럭비공은 양 끝이 뾰족하지만, 휠체어 럭비공은 배구공과 같다.

㉢ 공은 둘레 65~67㎝, 무게 260~280g, 압력 최소 7.5 파운드이고, 유연한 가죽 또는 인조가죽으로 만들어져야 한다.

② 휠체어 럭비 경기장

㉠ 코트는 폭 15m, 길이 28m의 실내 경기장

㉡ 코트에는 경계선, 센터라인, 센터서클, 2개의 키 에어리어를 표시하고, 위의 모든 선은 같은 폭과 같은 색으로 표시해야 한다.

럭비공과 휠체어 럭비공

휠체어 럭비

바. 보치아(boccia)

1) 보치아의 이해

① 보치아의 개요[2]

㉠ 뇌성마비 중증장애인을 위한 경기로, 뇌성마비 1·2등급 선수와 뇌성마비 장애인이 아니더라도 운동성 장애가 있는 선수가 참가

㉡ 1982년 덴마크 패럴림픽 때 처음 개최되었고, 우리나라는 1988년 서울패럴림픽 때 처음 시작되었다.

보치아

---

1) **23-04** 휠체어 종목의 경기규칙에 대한 설명 중 틀린 것을 찾는 유형으로, '휠체어 럭비의 득점은 바퀴 한쪽이 상대편 엔드라인에 닿으면 득점'이 오답 찾기의 정답이다. 상대편 팀 트라이 라인 너머의 아웃오브바운드 지역에 두 바퀴를 컨택하였을 때 득점이 인정된다.
22-10 휠체어 럭비의 중요 경기규칙으로 틀린 것을 찾는 유형

3) 좌식 배구의 장비와 경기장
① 좌식 배구의 경기장 코트[1]
  ㉠ 경기장은 코트와 프리존을 포함한 것으로, 코트는 10m×6m의 직사각형이다.
  ㉡ 사이드라인에서 6m, 엔드라인에서 7m(단 국제경기는 9m)의 프리존 설치
  ㉢ 센터라인에서 2m 뒤로 그려진 각 코트의 어택라인은 전위 지역을 표시한다.
② 좌식 배구의 네트
  ㉠ 네트 폭은 0.8m, 길이 6.5m이며, 10cm 사방의 검은색 그물코와 폭 5cm, 길이 80cm 흰색 사이드라인 설치
  ㉡ 네트 높이는 남자 1.15m, 여자 1.05m이다.
③ 좌식 배구의 볼 : 배구와 같다.

라. 장애인볼링
1) 장애인볼링의 이해
① 장애인볼링의 개요
  ㉠ 장애인볼링은 휠체어 볼링과 입식 볼링으로 구분한다.
  ㉡ 우리나라는 1988년 서울패럴림픽에서 시범종목으로 채택되어, 장애인볼링이 확산하였다.

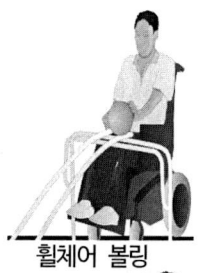
휠체어 볼링

② 장애인볼링의 경기 방법[2]
  ㉠ 장애인볼링은 일반 볼링과 경기 규정이 같다.
  ㉡ 휠체어 볼링은 장애 등급 1~3급으로 분류하며, 3급은 입식 경기
  ㉢ 입식부는 장애 등급 4급 이상이며, 휠체어부로 갈 수 없다.
  ㉣ 시각장애인은 가이드 레일을 사용할 수 있다.
③ 장애인볼링의 용기구
  ㉠ 장애인볼링의 공 : 볼링과 같다.
  ㉡ 볼링화 : 볼링은 스텝이 중요하므로 경기 시 볼링화를 착용하여야 한다. 휠체어 볼링은 예외이다.
  ㉢ 볼링복 : 목 없는 티셔츠 착용 금지
  ㉣ 볼링핀 : 볼링과 같다.

입식 볼링

2) 장애인볼링의 종목 분류

구분	등급	내용
시력장애	TPB1	두 눈 모두 빛 감지를 못하며, 어떤 거리에서도 손 형태 인지 불가
	TPB2	시력 2/60까지 또는 시야는 5도 미만으로, 손의 형태 정도 인지 가능
	TPB3	시력 2/60 이상 또는 시야는 5도 이상 20도 미만인 경우
지적장애	TPB4	평균 지적 능력 이하의 지력을 보이고 실질적 한계가 있는 선수
뇌성마비	TPB5	CPISRA 5등급
	TPB6	CPISRA 6등급
	TPB7	CPISRA 7등급
	TPB8	CP-ISRA 3등급 및 4등급, 휠체어 볼링 선수
	TPB9	하지 장애가 있는 스탠딩 선수
	TPB10	상지 절단 장애가 있는 스탠딩 선수

---

1) **21-10** 좌식 배구와 입식 배구의 장비와 경기장 차이를 비교한 설명 중 잘못된 것을 찾는 유형으로, 어택라인이 좌식 2m, 입식 3m이지만 이를 각각 3m, 4m로 설명하여 오답 찾기의 정답이다.
2) **22-17** 시각장애인을 위한 장비나 기구가 아닌 것을 찾는 유형으로, 볼링의 익스텐더 큐는 손으로 스톤을 밀기 어려울 때 사용하는 지체 장애인 장비임을 기억해야 한다. 볼링에서 시각장애인은 가이드 레일을 이용해도 된다.

② 선수가 코트 밖으로 나가면 : 사이드라인과 엔드라인 근처에서 스크린이나 정당한 블로킹 동작 중 휠체어 바퀴가 경계선을 넘어가면 규정 위반으로 바이얼레이션이 선언되고, 위반 팀에게 경고, 위반 선수에게 테크니컬 파울이 주어진다.

[용어] **바이얼레이션**(violation) : 테크니컬 또는 퍼스널 파울 이외의 규칙 위반을 일컫는 용어

③ 휠체어 농구의 장비
  ㉠ 공은 농구공과 같다.
  ㉡ 휠체어
   • 챔버(큰 바퀴)의 각도는 15~20도
   • 범퍼와 발판 높이는 11cm 이하
   • 휠체어에 조정장치, 브레이크, 기어 등이 장착되지 않아야 한다.

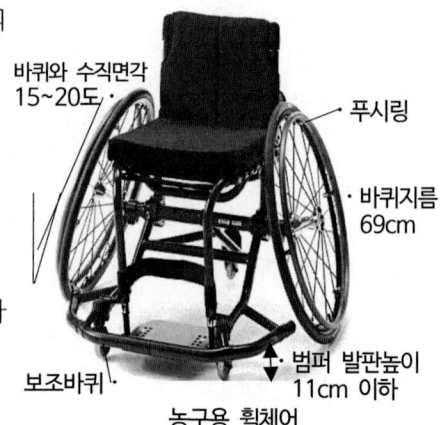
농구용 휠체어

3) 지적장애인 농구
㉠ 지적장애인 농구는 농구 규칙과 거의 같다.
㉡ 국제정신지체인경기연맹(INAS-FID)과 스페셜올림픽 경기규칙에 따른다.
㉢ INAS-FID와 스페셜올림픽 규정은 국제농구연맹(FIBA) 규칙에 근거하여 INAS-FID(국제정신 지체인 경기연맹) 및 특수올림픽 경기대회에 적합한 규칙을 제정하였다.
㉣ FIBA와 NGB 경기규칙과 INAS-FID(국제정신지체인 경기연맹) 및 스페셜올림픽 경기규칙이 서로 모순될 때는 대한장애인농구협회 경기규칙을 우선 적용한다.

다. 좌식 배구
1) 좌식 배구의 이해
㉠ 하지 장애가 있는 장애인들이 배구를 즐길 수 있도록 변형시킨 스포츠로, 앉은 자세로 경기한다.
㉡ 국제장애인배구연맹(WOVD, World Organization of Volleyball for Disabled)의 규정이 적용된다.
㉢ 한 팀은 6명이며, 엉덩이 감각 감퇴자는 경기에 참여할 수 없다.
㉣ 몇 가지 예외 규정을 빼고는 국제배구연맹(IVF) 규정을 적용한다.

좌식 배구

2) 좌식 배구의 경기 방법
① 경기 방법 : 경기 중 수비팀이 서비스권을 얻으면 선수들이 시계방향으로 한 자리씩 이동하는 로테이션 등 대부분 배구와 같다.
② 배구와의 차이[1])
  ㉠ 체육관 바닥에 앉아서 하는 경기이므로 경기자의 위치 기준은 엉덩이이다.
  ㉡ 좌식 배구이므로 네트 높이가 배구보다 훨씬 낮다.
  ㉢ 상대의 서비스 공격에 수비팀은 블럭이 가능하다.
  ㉣ 볼이 몸에 닿은 순간 엉덩이가 바닥에서 떨어지면 리프팅 반칙이다.
  ㉤ 네트 아래로 상대편 공간을 침범해도 상대 플레이를 방해하지 않으면 반칙이 아니다.

---

1) [23-12] 좌식 배구 경기규칙 설명으로 틀린 것을 찾는 유형으로, '후위 3명은 수비 시 엉덩이를 들어 블로킹에 참여할 수 있다'가 오답 찾기의 정답이다. 좌식 배구는 볼이 몸에 닿는 순간 엉덩이가 바닥에서 떨어지면 리프팅 반칙이다.

3) 장애인 축구의 장비[1]
① 시각장애인 축구(5인제) - B1 경기
　㉠ 골키퍼 제외 나머지 선수는 아이패치와 안대 착용한다.
　㉡ 공 안에 방울이 들어있는 특수한 공을 사용하여 선수가 소리를 통해 공 위치를 알 수 있게 한다.
② 시각장애인 축구(5인제) - B2/B3 경기 : 일반 풋살 공인 4호 공을 사용한다.
③ 뇌성마비 장애인 축구(7인제), 지적장애인 축구(11인제), 청각장애인 축구(11인제) : 축구와 같음

4) 장애인 축구의 경기장
① 시각장애인 축구(5인제)
　㉠ 경기장 : 길이 40m, 폭 20m
　㉡ 골대 규격 : B1 - 가로 3.66m 세로 2.14m, B2/B3 - 가로 3m 세로 2m
② 뇌성마비 장애인 축구(7인제)
　㉠ 경기장 : 길이 70m, 폭 70m
　㉡ 골대 규격 : B1 - 가로 3.66m 세로 2.14m, B2/B3 - 가로 3m 세로 2m
③ 지적장애인 축구(11인제), 청각장애인 축구(11인제) : 축구와 같음

나. 장애인농구
1) 장애인농구의 이해
　㉠ 휠체어 농구와 지적장애인 농구로 구분
　㉡ 장애인농구는 대부분 휠체어 농구만 생각하지만, 장애인농구의 한 부분인 지적장애인 농구는 휠체어를 사용하지 않는다.
　㉢ 기본적으로 국제농구연맹(FIBA)의 규정을 따르지만, 휠체어 사용의 특수성으로 인해 국제휠체어농구연맹(IWBF)은 별도 규정을 정해 놓았다.

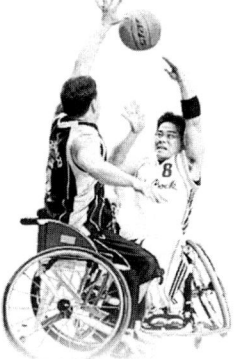
휠체어 농구

2) 휠체어 농구
① 휠체어 농구의 이해
　㉠ 하반신 사용이 어려운 장애인이 휠체어를 이용하여 경기한다.
　㉡ 선수는 IWBF 선수등급분류위원회 규정의 선수등급을 받아야 한다.
　㉢ 선수등급은 1, 1.5, 2, 2.5, 3. 3.5, 4, 4.5의 8단계로 구분
　㉣ 팀별 출전 선수 5명의 등급분류 합계 점수는 14점을 초과할 수 없다.

② 휠체어 농구의 중요 규칙[2]
　㉠ 트래블링 : 볼을 소유한 채 3회 이상 휠체어를 밀고 가면 <u>바이얼레이션</u>이 주어진다. 즉 휠체어를 2회 민 상태에서 반드시 드리블해야 한다.
　㉡ 더블드리블 : 드리블은 횟수에 상관없이 가능
　㉢ 앞바퀴의 허용 : 앞 캐스터 바퀴는 프리드로우 라인 또는 3점 라인을 접촉하더라도 슛으로 인정된다. 사이드라인 또는 엔드라인에 앞바퀴가 접촉하면 인정하지 않는다.

---

1) **21-05** 장애인스포츠를 위해 개발된 장비가 아닌 것을 찾는 유형으로, 7인제 축구의 볼은 일반 축구와 같이 사용하므로, 오답 찾기의 정답이다.
2) **22-05** **20-11** 휠체어 농구에 관한 설명으로 옳은 것을 모두 고른 것을 찾거나, 틀린 것을 찾는 유형
19-10 휠체어 스포츠의 경기 방법에 대한 설명으로 틀린 것을 찾는 유형으로, '휠체어 농구에서 공을 잡고 세 번째까지 바퀴를 밀어 이동할 수 있다.'라는 것이 오답 찾기의 정답이다. 휠체어 농구는 볼을 소유한 채 3회 이상 휠체어를 밀고 가면 바이얼레이션이 주어진다.

2. 구기 종목

가. 장애인 축구

1) 장애인 축구의 유형

① 시각장애인 축구(5인제)[1]

㉠ B1(전맹부)과 B2(준맹부)/B3(약시부)의 2가지로 구분

㉡ B1(전맹부)의 골키퍼는 비장애인도 가능하므로, 비장애인과 함께 하는 경기이다.

[참고] B2/B3 : 2개로 나누어진 것이 아니고, 2개의 통합 종목이다.

장애인축구

② 뇌성마비 장애인 축구(7인제)

㉠ FT1, FT2, FT3 등급선수만 출전할 수 있다.

㉡ 각 팀은 경기 시간 동안에 반드시 FT1 선수를 최소 1명 이상 출전시켜야 하며, FT3 선수는 최대 1명만 출전할 수 있다.

③ 지적장애인 축구(11인제)

㉠ 학생부와 일반부로 나뉘며 경기규칙은 FIFA 규정과 동일하다.

㉡ 대회 규정에 따라 약간 변경될 수 있다.

④ 청각 장애인 축구(11인제)

㉠ FIFA 규정과 같지만, 국내대회에서는 축구 경기 시간을 예선전 전·후반 30분씩 결승전 전·후반 45분씩 적용한다.

㉡ 전국장애인체육대회는 FIFA 경기규칙을 적용하여 전·후반 45분씩 적용한다.

㉢ 청각장애인의 특성을 고려하여 대회 규정에 따라 다르게 적용하기도 한다.

2) 장애인 축구의 경기 방법

① 시각장애인 축구(5인제)

㉠ 시각장애인 축구는 사이드라인에 펜스 설치하고, 풋살과 비슷한 경기장·룰·기술로 진행

㉡ B1(전맹부)은 방울이 삽입되어 소리가 나는 공을 사용

㉢ 농구 경기의 팀 파울과 같이 파울을 누적시키는 팀 파울 룰을 적용

㉣ B1(전맹부)은 골키퍼 제외한 모든 선수는 눈을 가리는 아이패치와 안대 착용

㉤ 경기 시간은 전·후반 각각 20분, 10분간 휴식, 루스 타임 적용

② 뇌성마비 장애인 축구(7인제)[2]

㉠ 7인제 축구는 몇 가지를 제외하고는 IFAB 경기규칙 적용

㉡ 팀은 골키퍼를 포함 7명의 선수로 구성

㉢ 경기당 최대 3명~5명까지 선수교체 가능

㉣ 팀은 경기 시간 동안에 반드시 FT1 선수를 최소 1명 이상 출전시켜야 하며 FT3 선수는 최대 1명만 출전할 수 있다. FT1 선수가 포함되지 않으면 6명으로 팀을 구성

㉤ 전·후반 30분씩이며 휴식시간은 15분이고, 여성 경기는 전·후반 25분씩 진행하지만, 심판·팀 동의와 대회 규정에 따라 단축할 수 있다. 연장전은 10분간 2회이며, 여성 경기는 8분간 2회이다.

㉥ 오프사이드가 적용되지 않고, 언더핸드 드로우인이 가능하다.

③ 지적장애인 축구(11인제)와 청각장애인 축구(11인제) : FIFA의 축구 규정과 같다.

---

1) [22-03] 종목별 스포츠 등급분류를 바르게 제시된 것을 찾는 유형으로, 5인제 축구는 B1, B2, B3, B4로 분류되어 있어 오답 찾기의 정답이다.
[21-02] 패럴림픽에서 장애인과 비장애인이 함께 참여하는 종목을 찾는 유형으로, 시각장애인 5인제 축구 B1의 골키퍼는 비장애인도 가능하다.

2) [22-13] 뇌성마비 장애인 축구의 경기 방법에 대한 설명으로 틀린 것을 찾는 유형으로, '킥오프 때 상대 팀 선수는 공에서 3m 이상 떨어져 있어야 한다.'가 오답 찾기의 정답이다. 7m 이상 떨어져 있어야 한다.

- F11, F12 등급의 선수는 음향을 이용하여 방향을 설정
- 투척경기도 가이드 또는 방향 설정을 위한 음향 사용 허용
- 멀리뛰기는 1×1.22m 직사각형의 도약 구간에서 최소거리 2m에서 도약하여 착지
- 세단뛰기 최소거리는 F11 등급은 9m, F12와 F13 등급은 11m로 진행
ⓒ 절단 및 기타 장애 경기 : 경기는 일반 수준으로 진행이 되며, 보조기 탈부착 가능
ⓔ 뇌성마비 경기
- 뇌성마비 장애인종목에는 포환던지기, 원반던지기, 창던지기 이외에 경기종목이 변형하여 개발된 곤봉 던지기, 정확히 던지기, 멀리 던지기 등의 종목.
- 뇌성마비 장애인도 투척용 휠체어를 사용하며, 던지는 방법은 오버드로우, 사이드 드로우, 언더 드로우 등
- 곤봉 던지기는 원반던지기 필드에서 실시
- 총 6회 투척, 전체 합산으로 승부 결정
- 멀리 던지기는 60도 각도 범위 내에서 형태에 구애 없음
ⓜ 지적장애 경기 : 일반 경기장 사용
ⓗ 청각 장애 경기
- 일반 수준의 경기 진행
- 각종 신호는 깃발을 사용하며, 기타 소통은 수화 또는 필담

3) 장애인육상 사용 장비와 경기장
① **휠체어**
ⓐ 휠체어는 트랙 경기용 휠체어와 필드 경기용 휠체어로 구분하고, 바퀴 수와 무게, 모양에서 차이가 있다.
ⓑ 트랙 경기용 휠체어
- 바퀴가 3개이며, 2개의 큰 바퀴와 앞쪽에 있는 1개의 작은 바퀴로 구성
- 작은 바퀴는 어떤 시합이든 앞쪽에 위치해야 한다.
- 바퀴 크기는 큰 바퀴는 최대지름 70cm 이하, 작은 바퀴는 50cm 이하이며, 거울·기어·레버 부착 시 실격
- 800m 이상 경기는 앞바퀴 조정장치를 양손으로 조정할 수 있어야 한다.
ⓒ 필드 경기용 휠체어는 4개 바퀴의 휠체어 사용
ⓓ 투척경기용 휠체어는 고정식으로, 의자 높이는 쿠션 10cm 이하 포함 75cm 이하

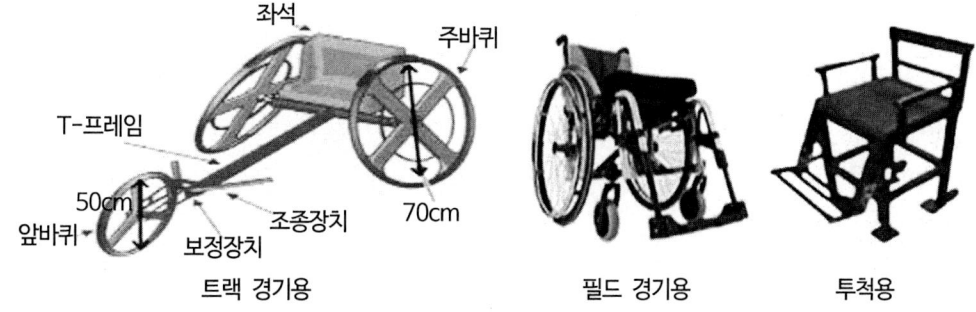

트랙 경기용 / 필드 경기용 / 투척용

② **의족**
ⓐ 의족은 절단 장애 선수들을 위한 보조 장비로서, 필드경기와 트랙경기 모두 착용 가능
ⓑ 의족과 보철은 의무분류과정에서 승인을 받아야 하며, 승인된 이후 변경 불가능
③ **경기장** : 장애인육상 경기장은 8레인의 400m 트랙 시설과 도약경기와 투척경기를 진행할 수 있는 필드 시설이 되어있어야 한다.

ⓜ 휠체어 경기
　　　　• 필드 경기용 휠체어는 바퀴 4개, 쿠션 높이는 63cm 이하, 두께는 10cm 이하
　　　　• 투척경기 시 휠체어가 안정될 수 있도록 서클 앞쪽 상반부로부터 1m 바닥에 말뚝 설치
　　　ⓑ 뇌성마비 : 장애 유형에 따라 곤봉 던지기, 정확히 던지기, 소프트볼 던지기 등 특수 종목 운영
　　　ⓢ 시각장애 : 높이뛰기 F11 등급은 방향 설정을 위해 바를 만져 볼 수 있으며, 음향적 도움 가능
　② 트랙 종목 경기 방법[1])
　　　㉠ 척수 장애(휠체어) 경기
　　　　• 경기 도중 하지가 땅에 닿으면 실격
　　　　• 휠체어는 출발선 위치에서 앞바퀴가 선에 닿으면 실격
　　　　• 경기 중 상대방에 지장이 없는 범위 내에서 라인 침범 가능
　　　　• 800m 이상 경기는 헬멧 착용
　　　　• 끝내기 시점은 작은 바퀴가 결승점 통과 시점
　　　　• 굴곡 시 달리는 방향은 시계 반대 방향
　　　　• 휠체어 뒤 등받이에 선수 번호표 부착
　　　　• 출발신호 전 미리 출발하면 실격
　　　㉡ 시각장애 경기
　　　　• 시각장애인 스포츠 등급분류는 T11(전맹), T12, T13으로 구분
　　　　• T11은 가이드 사용이 가능하며 반드시 불투명 안경 또는 안대 착용
　　　　• 사용 레인은 기타 장애와 달리 2개 레인 사용
　　　　• T12는 가이드와 안대 사용은 선택사항이고, 2개 레인 사용
　　　　• T13은 가이드 없이 경기
　　　　• T11, T12 등급 경기는 가이드가 끈을 사용하여 0.5m 거리를 유지, 가이드가 선수보다 앞서 달리면 실격
　　　　• 400m 이상 경기는 가이드 러너 2명이 가능하며, 선수와 구분되는 오렌지색 셔츠 착용
　　　㉢ 절단 및 기타 장애 경기
　　　　• 절단 장애인스포츠 등급분류는 T42~T46으로 구분
　　　　• 하지 절단 장애인은 의족 사용 가능
　　　　• 다리가 바닥에서 떨어지는 호핑(hopping) 동작은 실격
　　　　• 상지 절단 장애인의 보철물 사용은 선택사항
　　　㉣ 청각 장애 경기
　　　　• 청각장애인들은 기존 시설에 시각적 시설로 변경 가능
　　　　• 출발신호를 듣지 못하므로 페인트, 분필, 분, 콘, 깃발 등 사용
　③ 필드 종목 경기 방법
　　　㉠ 척수 장애 경기
　　　　• 척수 장애인은 투척경기용 휠체어를 사용하며, 휠체어 규격은 쿠션 10cm 포함 전체 높이 75cm 이하
　　　　• 투척 동작에서 엉덩이가 의자 또는 쿠션에서 떨어지면 실격
　　　㉡ 시각장애 경기
　　　　• F11 등급의 시각장애 선수는 안대 착용, F11, F12 등급선수는 가이드가 방향 지시 가능
　　　　• 높이뛰기 경기에서 F11 등급선수는 바(bar)를 만져볼 수 있다.

---

1) 22-16 장애인육상 트랙경기 방법에 대한 설명으로 옳은 것을 찾는 유형으로, 출발신호 전 출발하면 실격이라는 것을 기억하면 된다.

제4장 유형별·종목별 스포츠 특성

보충설명 이 장의 분류 방법은 출제기준에 1. 특정 장애인 집단을 위한 스포츠, 2. 비장애인과 함께하는 스포츠, 3. 장애인 참여를 위해 변형된 스포츠, 4. 변형 없는 장애인 참여 스포츠 5. 통합스포츠로 구분되었으나, 학습 편의를 위해 1. 육상 종목, 2. 구기 종목, 3. 라켓 종목, 4. 육상 개최 종목, 5. 수상 종목, 6. 동계 종목, 7. 기타 종목 등으로 구성되어 있다.

1. 육상

가. 장애인육상

1) 장애인육상의 이해
① 장애인육상의 적용 규칙
  ㉠ 장애인육상은 국제아마츄어육상경기연맹(IAAF) 규칙을 전 종목에 적용한다.
  ㉡ 국제시각장애인경기연맹(IBSA), 국제지적장애인스포츠연맹(Virtus), 국제스토크맨드빌휠체어경기연맹(ISMWSF), 국제장애인경기연맹(ISOD), 국제뇌성마비인경기연맹(CPIS-RA) 등의 장애별 국제스포츠 기구에 따라 약간의 예외 규정이 있고, 이는 기구가 개최하는 대회에 적용된다.

② 장애인육상의 경기종목

구분	내용
트랙	100m, 200m, 400m, 800m, 1,500m, 10km 단축마라톤, 마라톤, 멀리뛰기, 높이뛰기
필드	원반던지기, 포환던지기, 창던지기, 곤봉 던지기

③ 가이드 사용 : 장애인육상 경기 중 일부 종목은 비장애인 가이드 러너를 사용할 수 있다.

2) 장애인육상 경기 방법
① 장애인육상 경기종목 분류와 경기 방법[1]
  ㉠ 트랙경기 : 100m, 200m, 400m, 800m, 1,500m, 10km 단축마라톤 등
  ㉡ 휠체어 레이스 : 팀당 인접 2개 코스 배정하며, 배정 코스 중 하나 선택
  ㉢ 시각장애
   • 100m 경기에서 T11 등급선수는 2명 이하의 음향신호자 도움 가능하며, 1명은 40m~60m 지점에서 안내하고 다른 한 명은 결승선 뒤쪽에 위치
   • T12 등급도 선수와 가이드 러너를 위해 2개 레인 배정 가능, 1조 편성 인원은 최대 4명 이하
   • 가이드 방법은 선수 팔꿈치를 잡고 뛰거나, 끈으로 인도하는 방법, 서로 나란히 뛰는 방법 중에서 선택할 수 있고 선수는 가이드 러너로부터 구두지시를 받을 수 있다.
   • 끈 사용 여부와 관계없이 선수와 가이드는 레이스 도중 0.5m 이상 이격 금지
   • 200m 경기는 T11, T12 등급선수가 4명씩 출전하되 가이드와 동시 출발
   • 400m 이상의 중장거리 트랙경기는 2명 가이드 러너 허용, 단 가이드 러너는 선수가 결승선을 통과할 때 반드시 선수 뒤에 위치, 선수와 구분되는 오렌지색 상의 착용
  ㉣ 필드경기 : 원반던지기, 창던지기, 포환던지기, 높이뛰기, 멀리뛰기, 제자리멀리뛰기, 멀리 던지기, 정확히 던지기, 곤봉 던지기

---

[1] **20-13** 시각장애인 육상에 대한 설명으로 옳은 것을 찾는 유형
  19-11 장애인육상 트랙경기의 등급분류를 바르게 연결한 것을 찾는 유형

아. 국내 장애인스포츠 주요 연혁[1]

보충설명 출제 경향 : 아래 내용 중 출제되었거나, 출제 가능성 있는 부분은 글씨체가 고딕체이고, 이는 외워두어야 한다.

1965년 국제스토크맨더빌휠체어경기대회 탁구 역도에 선수 최초 참가
1967년 제1회 상이군경체육대회 개최
1968년 이스라엘 델아비브 패럴림픽 대회 우리나라 선수단 최초 참가
1975년 소아마비청소년체육관(현 정립회관) 준공 및 수영대회 개최
1977년 전국장애인사격선수권대회 개최(정립회관)
1977년 호주 파라마타 아시아태평양장애인경기대회(현 아시안패럴림픽) 선수단 파견
1978년 한국스페셜올림픽위원회(현 스페셜올림픽코리아) 설립
1980년 전국장애인양궁선수권대회 개최(정립회관)
1981년 제1회 전국장애인체육대회 개최(한국장애인재활협회 주최)
1984년 서울패럴림픽조직위원회 설립
1984년 국제농아인스포츠위원회(ICSD) 회원국 가입
1988년 제8회 서울패럴림픽 개최
1989년 장애인복지법 시행
1989년 한국장애인복지체육회 설립
1992년 프랑스 티니 동계패럴림픽대회 선수단 파견
1992년 아시아태평양농아인체육대회 개최
2002년 제8회 부산아시아태평양패럴림픽 개최
2004년 제1회 전국동계장애인체육대회 개최
2005년 국민체육진흥법 개정
2005년 대한장애인체육회 및 대한장애인올림픽위원회 설립
2006년 시도장애인체육회 설립
2006년 제26회 전국장애인체육대회 개최(대한장애인체육회 주최)
2007년 장애인차별금지 및 권리구제 등에 관한 법률 제정
2009년 대한장애인체육회 이천훈련원 개관
2013년 제9회 평창스페셜올림픽 개최
2014년 제11회 인천아시안패럴림픽 개최
2015년 서울 국제시각장애인세계선수권대회 개최
2018년 제12회 평창동계패럴림픽 개최

---

1) [22-18] 우리나라에서 개최된 국제장애인 경기대회 개최 연도와 장소가 바르게 묶인 것을 찾는 유형으로, 우리나라 개최 국제장애인 경기대회를 요약하면 1) 1988년 제8회 서울패럴림픽 개최 2) 2002년 제8회 부산 아시아태평양패럴림픽 개최 3) 2014년 제11회 인천 아시안패럴림픽 개최 4) 2018년 제12회 평창동계패럴림픽 개최 등이다.

ⓛ 목적 : 국제 동계 장애인스포츠에 대처하고, 동계장애인 올림픽대회를 대비해 우수선수와 신인 선수를 발굴·육성하며, 장애인 동계스포츠에 대한 대국민 인식개선의 실현
② 전국장애인동계체육대회의 최근 개최 현황[1]
  ㉠ 대회 명칭 : 제16회 전국장애인동계체육대회(개최 장소 : 강원도 및 경기도 일원)
  ㉡ 대회 기간 : 2019.2.12 ~ 15
  ㉢ 참가 대상 장애 : 지체 장애, 시각장애, 지적장애, 청각 장애, 뇌성마비, 비장애인
  ㉣ 참가 인원 : 884명(선수와 임원, 보호자 포함)
  ㉤ 경기종목(7개 종목) : 알파인스키, 크로스컨트리 스키, 바이애슬론, 아이스슬레지하키, 휠체어컬링, 빙상, 스노보드

3) 전국장애학생체육대회
① 전국장애학생체육대회의 개요
  ㉠ 경과 : 2008 전국장애청소년체육대회가 광주광역시에서 처음 개최되었고, 제4회 대회부터 대회 명칭을 전국장애학생체육대회로 변경하여, 전국 순회 개최
  ㉡ 개요 : 장애 학생에게 체육활동의 기회 제공, 건강증진과 여가선용을 목적
  ㉢ 참가 대상 : 초·중·고등학교의 장애 학생이며, 비장애 학생에게 장애인체육과 지역의 문화 등을 체험할 수 있는 종합체육행사로 개최된다.
  ㉣ 기대 효과 : 장애 학생의 학교체육 활성화
② 전국장애학생체육대회의 최근 개최 현황
  ㉠ 대회 명칭 : 제12회 전국장애학생체육대회(장소 : 청주시를 중심으로 충청북도 일원)
  ㉡ 대회 기간 : 2018.5.15 ~ 5.19
  ㉢ 참가 대상 장애 : 지체 장애, 시각장애, 지적(발달)장애, 청각 장애, 뇌성마비
  ㉣ 참가 인원 : 3,300명(선수 1,900명, 임원과 관계자 1,400명)
  ㉤ 경기종목

구분	내용
육성 종목(5종목)	골볼, 보치아, 수영, 육상, 탁구
보급 종목(11종목)	농구, 디스크 골프, 배구, 배드민턴, 볼링, 역도, 조정, 축구, 플로어볼, e-스포츠, 슐런(전시 종목)

4) 국내 스페셜 올림픽대회[2]
  ㉠ 스페셜올림픽 국내대회 성격으로, 지적장애·발달 장애인 선수의 대회이다.
  ㉡ 1999년 처음으로 국제스페셜올림픽위원회(SOI) 경기 규정을 적용한 국내 스페셜올림픽은 순천향대학교에서 개최되었다.

---

1) **21-04** 전국장애인동계체육대회의 개최 종목이 아닌 것을 찾는 유형으로, 오답 찾기의 정답은 '스노슈우'이다. 스노슈는 스노우슈즈(설화)를 신고 달리는 경기로, 책에서는 '스노우슈잉'으로, 제5장 6. 동계 종목에 설명되어 있지만, 전국장애인동계체육대회 종목은 아니다.

2) **19-15** 우리나라 장애인스포츠의 발전과정에 대한 설명으로 틀린 것을 찾는 유형으로, '스페셜올림픽 국내대회가 2000년부터 시작되었다.'라는 것이 오답 찾기의 정답이다. 스페셜올림픽 국내대회는 1999년 순천향대학교에서 개최되었다.

ⓒ 코먼웰스 게임은 1930년부터 시작된 브리티시 엠파이어 게임이 1978년부터 코먼웰스 게임으로 명칭 변경된 것과 같이 파라 코먼웰스 게임으로 변경하였다.
② **파라팬 아메리칸 게임(Parapan American Games)의 개요** : 팬아메리칸 게임은 4년마다 개최되는 남북아메리카 대륙 대회이다. 이 대회 후 파라팬아메리카게임조직위원회가 주관하는 파라팬 아메리칸 게임이 개최된다. 남북 아메리카 대륙의 장애인스포츠대회로 4년마다 팬아메리칸 게임 개최지에서 개최된다.
③ **파라프랑코포니 게임** : 프랑스어를 사용하는 국가들의 종합체육대회가 프랑코포니 게임이고, 이 대회가 끝나면 파라프랑코포니 게임이 개최된다. 프랑스어를 사용하는 국가들의 장애인체육대회이다.
④ **파라루소포니아 게임** : 포르투갈어권올림픽위원회연합(ACOLOP)이 주최하는 대회인 루소포니아 게임이 끝나면 장애인을 위한 파라루소포니아 게임이 개최된다.
⑤ **기타 게임** : 파라유럽올림픽게임 등 아프리카, 오세아니아 등 대륙별 장애인스포츠대회 개최되고 있다.

사. 국내 장애인스포츠대회
1) 전국장애인체육대회
① 전국장애인체육대회의 시작
　　㉠ 1981년 전국장애인체육대회가 처음 열렸다.
　　㉡ 이전 정립회관이 주최하는 전국지체부자유청소년체육대회, 대한민국상이군경회가 주최하는 전국상이군경체육대회, 전국지적장애인축구대회 등 장애별 대회가 있었지만, 전체 장애인이 참여하는 종합체육행사는 이 대회가 처음이었다.
② 전국장애인체육대회의 목적
　　㉠ 스포츠 활동을 통한 장애인 선수들의 경기력 향상
　　㉡ 전국 순회 개최로 우수선수 발굴과 장애인의 사회적응 능력 배양
　　㉢ 장애인과 일반인이 함께 참여하는 분위기 조성
　　㉣ 장애인에 대한 국민의 이해증진
③ **전국장애인체육대회의 기본방향** : 전국체전 시설·장비를 활용 부담 비용 최소화, 장애인 편의시설 확충 기회 마련, 개최지 시민의 자율적 참여 유도, 연 1회, 지역별 순회 개최
④ 전국장애인체육대회의 최근 개최 현황
　　㉠ 대회 명칭 : 제39회 전국장애인체육대회(개최 장소 : 서울특별시)
　　㉡ 대회 기간 : 2019. 10. 15 ~ 10. 19(5일간)
　　㉢ 참가 대상 장애 : 지체 장애, 시각장애, 지적(발달)장애, 청각 장애, 뇌성마비
　　㉣ 참가 인원 : 8,994명(선수와 임원, 보호자, 통역사 포함)
　　㉤ 개최 종목

구분	내용
선수부 (27종목)	골볼, 농구, 당구, 댄스스포츠, 휠체어 럭비, 론볼, 배구, 배드민턴, 보치아, 볼링, 사격, 사이클, 수영, 양궁, 역도, 요트, 유도, 육상, 조정, 축구, 탁구, 태권도, 휠체어 테니스, 골프, 펜싱, 카누(전시), 트라이애슬론(전시)
동호인부 (18종목)	게이트볼, 농구, 당구, 댄스스포츠, 휠체어 럭비, 론볼, 배드민턴, 볼링, 사이클, 수영, 역도, 육상, 조정, 축구, 탁구, 골프, 슐런(전시), 쇼다운(전시)

2) 전국장애인동계체육대회
① 전국장애인동계체육대회의 개요
　　㉠ 시작 : 동계스포츠에 대한 장애인 참여인구 증가에 따라 2004년 강원도 일원에서 전국장애인체육대회가 처음 개최

2) 동계 종목

종목	패럴림픽	데플림픽	스페셜올림픽	비고
01. 알파인스키	○	○	○	
02. 스노보드	○	○	○	
03. 크로스컨트리	○	○		
04. 아이스하키	○	○		패 : 파라아이스하키
05. 컬링	○	○		패 : 휠체어컬링
06. 바이애슬론	○			
07. 스노슈잉			○	
08. 피겨스케이팅			○	
09. 쇼트트랙			○	
10. 스피드스케이팅			○	
11. 플로어 볼			○	
12. 플로어 하키			○	

마. 아시안 패럴림픽

1) 아시안 패럴림픽 발전과정
- ㉠ 아시아태평양장애인경기대회(FESPIC : Far East and South Pacific Games for the Disabled)는 아시아와 태평양 지역 42개 회원국이 참가하는 4년 주기의 하계 종합 국제경기대회로 시작하였다.
- ㉡ 2006년 IPC의 대륙별 기구 정립 정책에 맞춰, FESPIC의 비회원국인 중동 국가들이 합류하고, 호주·뉴질랜드 등 태평양 지역이 제외되면서, 아시안 패럴림픽위원회(APC, Asian Paralympic Committee) 설립
- ㉢ 관례로 올림픽처럼 아시안게임 직후 동일 장소에서 개최

2) 아시안 패럴림픽[1]

① 아시안 패럴림픽(Asian Para Games) 개최
- ㉠ 2010년 제10회 광저우대회부터 아시안 패럴림픽(Asian Para Games) 명칭 사용
- ㉡ 2014년 제11회 대회가 인천에서 개최되었고, 우리나라는 준우승을 차지하였다.
- ㉢ 2018년 인도네시아 자카르타에서 개최되었고, 우리나라는 중국에 이어 전체 2위를 차지하였다.
- ㉣ 2022년 중국 항저우에서 다음 대회가 개최 예정

② 아시안 청소년 패럴림픽(Asian Youth Para Games) 개최
- ㉠ 2017년 아랍에미리트의 두바이에서 개최되었다.
- ㉡ 개최 종목 : 육상, 수영, 보치아, 골볼, 양궁, 체스, 배드민턴, 볼링, 역도, 탁구

바. 기타 장애인스포츠대회

① 파라 코먼웰스 게임(Para Commonwealth Games)
- ㉠ 코먼웰스 게임은 4년마다 개최되는 영국 연방 국가들의 종합 스포츠대회로, 영연방 국가 경기대회이다.
- ㉡ 코먼웰스 게임이 끝나면 파라 코먼웰스 게임이 개최된다. 영국 연방 국가들의 장애인 게임으로 4년마다 코먼웰스 게임 개최지에서 개최된다.

---

[1] **20-06** 아시안 패럴림픽에 대한 설명으로 틀린 것을 찾는 유형으로, '2014년 인천대회에서 한국은 종합 4위를 차지하였다.'가 오답 찾기의 정답이다. 당시 우리나라는 준우승하였다.

라. 주요 국제대회의 경기종목

[보충설명] **국제대회 경기종목** : 패럴림픽 등 주요 국제대회의 경기종목은 앞에서 모두 언급된 사항으로, 이해를 돕기 위한 중복 게재이다.

1) 하계 종목

종목	패럴림픽	데플림픽	스페셜올림픽	비고
01. 육상	○	○	○	
02. 배드민턴	○	○	○	
03. 수영	○	○	○	스 : 수영과 야외수영으로 구분
04. 사이클	○	○	○	데 : 도로와 산악으로 구분
05. 축구	○	○	○	
06. 유도	○	○	○	
07. 배구	○	○	○	
08. 탁구	○	○	○	
09. 농구	○	○	○	패 : 휠체어 농구
10. 태권도	○	○		
11. 테니스	○	○		패 : 휠체어 테니스
12. 사격	○	○		
13. 승마	○		○	
14. 카누	○		○	스 : 카악
15. 역도	○		○	
16. 조정	○			
17. 트라이애슬론	○		○	
18. 볼링		○	○	
19. 골프		○	○	
20. 핸드볼		○	○	
21. 양궁	○			
22. 골볼	○			
23. 펜싱	○			
24. 럭비	○			
25. 보치아	○			
26. 비치발리볼		○		
27. 가라테		○		
28. 오리엔티어링		○		
29. 레슬링		○		데 : 그레코로만과 자유형으로 구분
30. 보체			○	
31. 체조			○	스 : 기계체조와 리듬체조로 구분
32. 크리켓			○	
33. 넷볼			○	
34. 롤러스케이팅			○	
35. 소프트볼			○	
36. 세일링			○	

[참고] **약어 설명** : 비고란의 패는 패럴림픽, 데는 데플림픽, 스는 스페셜올림픽을 나타낸다.

다. 스페셜올림픽

1) 스페셜올림픽의 이해

① 스페셜올림픽의 개요[1]
   ㉠ 국제스페셜올림픽위원회(SOI, Special Olympics International)가 주관하며, 지적장애·발달 장애인 선수의 대회로, 미국 케네디 재단이 창설·운영하고 있다.
   ㉡ 만 8세 이상의 지적·자폐성 장애인들이 참여한다.
   ㉢ 하계와 동계대회로 구분되어 2년마다 번갈아 열리고 있으므로, 각각 대회는 4년마다 개최된다.

② 스페셜올림픽의 특징[2]
   ㉠ 경쟁과 승패보다는 선수들의 도전과 노력에 의의를 두기 때문에 1~3위 입상자에 대한 메달 수여 외에 참가자 전원에게 리본을 달아준다.
   ㉡ 서로 다른 나이와 운동 능력에 따른 디비전그룹으로 나누고, 때에 따라 종목별로 수십 명의 금메달리스트가 나오기도 한다.
   ㉢ 디비져닝을 시행한다. 경쟁 부문에 참가하는 모든 선수의 경기기록이나 수행성적이 10% 이상 차이가 나지 않아야 한다.
   [참고] **디비져닝**(divisioning) : IPC의 패럴림픽 등급분류처럼 스페셜올림픽에서는 '디비져닝'을 사용한다.

③ 스페셜올림픽의 역사
   ㉠ 1963년 6월 유니스 케네디 슈라이버(Eunice Kennedy Shriver)가 메릴랜드주의 시골 농원에서 지적장애인들을 위하여 여름 캠프를 개설한 것이 계기가 되었다.
   ㉡ 참가한 지적장애인들이 자원봉사자들과 어울려 수영·배구·승마·트램펄린 등의 스포츠 활동을 하였고, 이의 성공에 힘입어 차츰 지속적인 프로그램으로 확장되었다.
   ㉢ 1968년 7월 미국 시카고에서 제1회 하계 스페셜올림픽 국제대회가 개최되었고, 현재 매 2년 단위로 하계와 동계 스페셜올림픽이 개최되고 있다.
   ㉣ 1988년 IOC로부터 '올림픽' 용어 사용을 인가받았다.
   [용어] **트램펄린**(trampoline) : 스프링이 달린 사각형 또는 육각형 모양의 매트 위에서 뛰어오르거나 공중회전 등을 하는 체조 경기 또는 그 경기에 사용하는 기구를 말한다.

2) 스페셜올림픽 경기종목

① 하계 종목과 동계 종목

구분	내용
하계 종목	수영, 육상, 배드민턴, 농구, 보체, 축구, 골프, 롤러스케이트, 탁구, 배구, 역도, 볼링, 사이클, 승마, 기계체조, 리듬체조, 핸드볼, 유도, 카약, 실외수영, 요트, 소프트볼, 테니스, (시범종목 : 크리켓, 네트볼)
동계 종목	알파인, 크로스컨트리 스키, 스노보드, 스노슈잉, 쇼트트랙, 스피드스케이트, 피겨스케이트, 플로어 하키

② 농구의 공식경기[3] : ㉠ 스피드 드리블 ㉡ 팀 기술 경기 ㉢ 개인 기술 경기 ㉣ 팀 경기 ㉤ 하프코트 경기 : 3 on 3 경기 ㉥ 통합 팀 경기 ㉦ 하프코트 통합 팀 경기 (3 on 3)

---

1) **21-17** 스페셜올림픽에 대한 설명으로 옳은 것을 찾는 유형
   20-07 스페셜올림픽에 대한 설명으로 틀린 것을 찾는 유형으로, 참가 대상이 8세 이상의 지적·자폐성 장애인인데 12세 이상이라고 출제되어, 오답 찾기의 정답이다.
2) **21-13** 스페셜올림픽 디비져닝에서 허용하는 경기기록 차이 수준을 ( )로 비워 놓고, 옳은 것을 찾는 유형으로 정답은 10% 이상 차이가 나지 않아야 한다.
3) **22-11** 스페셜올림픽 농구의 공식 경기종목을 모두 고른 것을 찾는 유형

② 데플림픽의 개요[1]
　㉠ 청각장애인 올림픽이다. 올림픽과 마찬가지로 하계와 동계로 나누어 각각 4년 단위로 개최한다.
　㉡ 청각장애인이 스포츠를 통해 심신 단련과 친목 도모와 유대 강화를 목적으로 운영된다.
　㉢ 데플림픽 주최는 국제청각 장애인스포츠위원회(ICSD, International Committee of Silent Sports)로, 스위스 로잔에 본부를 두고 있다.
　㉣ 현재 가입 회원국은 174개국이다.
③ 데플림픽의 역사[2]
　㉠ 프랑스 청각장애인 루벤스 알카이스(Rubens Alcais, 불어 표현 뤼방 알케)에 의해 시작되었다.
　㉡ 패럴림픽은 1960년 시작되었지만, 데플림픽은 훨씬 이른 1924년에 처음 시작되었고, 장애인 스포츠대회의 효시이었으며, 올림픽 이후 두 번째로 개최된 국제대회이다.
　㉢ 1924년부터 1965년까지는 국제농아인경기대회(International Games for the Deaf)로, 1966년부터 1999년까지는 세계청각 장애인 경기대회(World Games for the Deaf)로 운영되었으며, 현재 국제올림픽 위원회(IOC)의 승인을 받아 Deaflympics로 바뀌었다.
　㉣ 동계대회는 1949년 호주 시필드에서 개최되었다.
　㉤ IPC 결성 때는 참여하였지만 1995년 탈퇴하고 독자적 운영과 대회를 개최하고 있다.

2) 데플림픽 경기 운영
① 데플림픽 참가 자격
　㉠ 참가하기 위해서는 오디오 그램 검사 방법의 청력검사를 받아야 한다.
　㉡ 청력 손실이 55데시벨(db) 이상만 참가할 수 있다.
　㉢ 경기 중에는 보청기와 인공와우를 착용할 수 없다.
　㉣ 대회 개최 3개월 전까지 관련 서류를 국제청각 장애인스포츠위원회(ICSD)에 제출해야 한다.
② 데플림픽 경기 운영 방법
　㉠ 청각장애인의 경기이므로 경기 운영이 수화로 진행되고 심판도 수신호로 신호를 한다.
　㉡ 육상은 출발신호를 트랙 바닥에 설치된 등을 사용한다. 적색등으로 시작하여, 청색 등이 켜지면 준비 자세를 취하며, 녹색등이 점등하면 출발하는 방법이다.
　㉢ 수영도 육상과 비슷하게 적색등에 선수가 발판에 올라서고, 황색등은 준비, 청색 등은 출발신호이다.
　㉣ 축구는 호루라기 대신 황색 깃발을 흔들면 반칙 신호이며, 주심이 깃발을 들면 선심들도 같이 깃발을 흔들어 선수들에게 경기를 중지시키는 방법이다.
③ 데플림픽 경기종목[3]

구분	내용
하계 종목	육상, 오리엔티어링, 배드민턴, 사격, 농구, 수영, 비치발리볼, 탁구, 볼링, 태권도, 도로 사이클, 테니스, 산악사이클, 배구, 축구, 자유형 레슬링, 골프, 그레코로만형 레슬링, 유도, 핸드볼, 카라테
동계 종목	알파인스키, 크로스컨트리 스키, 컬링, 아이스하키, 스노보드[3]

---

1) 23-20 데플림픽에 관해 보기로 설명된 4개 중 옳은 것을 모두 고른 것을 찾는 유형
　22-08 패럴림픽과 데플림픽에 대한 비교 설명으로 틀린 것을 찾는 유형
　19-20 패럴림픽의 동계 종목만 묶인 것을 찾는 유형
2) 19-07 국제 장애인스포츠대회 중 가장 먼저 개최된 대회를 찾는 유형으로, 패럴림픽보다 데플림픽이 먼저 시작했다.
3) 22-07 21-09 데플림픽 하계 종목으로 적합한 것을 찾는 유형으로, 오리엔티어링이 정답이다. 적합하지 않은 것을 찾는 유형으로, 레이스 러닝이 오답 찾기의 정답이다. 레이스 러닝은 국제뇌성마비인스포츠레크리에이션협회(CPISRA) 종목이다.
　20-16 패럴림픽과 데플림픽에 모두 개최되는 종목을 찾는 유형으로, 농구가 정답이다.

② 패럴림픽 참가 장애 유형
　㉠ 근력 손상 : 근력 장애를 말하며, 손발 근육, 신체 일부의 근육 또는 신체의 절반 이상의 근육을 의미한다. 예) 척추부상으로 인한 척추 파열 또는 소아마비
　㉡ 운동 수동 범위 손상 : 하나 또는 그 이상 관절의 체계적 운동 범위가 감소한 상태를 말한다. 관절염 등은 포함되지 않는다.
　㉢ 사지 손실과 결핍 : 병이나 외상으로 인해 전체 혹은 부분적 뼈나 관절 부재 또는 선천성 사지 결핍
　㉣ 다리 길이의 차이 : 선천성 또는 외상으로 인한 한쪽 다리의 중요한 뼈 단축
　㉤ 저신장 : 근골격의 뼈 및 연골 부족으로 인한 팔과 몸통의 단축 또는 짧은 다리 길이로 인해 선 상태에서의 신장 단축
　㉥ 긴장과도 : 비정상적 근육 긴장이 증가하고 근육 이완 능력이 감소하는 현상을 말하며, 부상이나 병 또는 중추 신경계의 손상으로 인해 발생한다. 예) 뇌성마비
　㉦ 운동실조 : 근육 운동 조절의 손상 상태 예) 뇌성마비, <u>프리드리히 운동실조증</u>
　㉧ <u>아세토시스</u> : 불균형, 무의식의 움직임 또는 균형 잡힌 자세 유지가 어려운 특징을 갖는 질환 예) 뇌성마비
　㉨ 시각장애 : 시각장애는 부분 장애, 완전 장애로 나눈다. 시각장애는 하나 혹은 그 이상의 구성 요소의 손상을 포함한다. 구성 요소는 눈 구조, 수용체, 시신경 경로 및 시각 피질 등이다. 시각장애 선수를 지원하는 시력 보조자는 시합에서 중요한 역할을 하며, 선수와 한팀으로 출전한다. 2012년부터 시력 가이드도 함께 수상한다.
　㉩ <u>지적장애</u> : 지적 기능의 심한 손상과 이와 연관된 적응 행동 제약 장애인이다. 신체적 장애 선수가 대상이지만 지적장애인도 패럴림픽에 추가되고 있다. 18살 이하의 지적장애 진단을 받은 엘리트 선수를 포함한다.
　[용어] **프리드리히 운동실조증(Friedrich's ataxia)** : 유전 질환으로 10세 전후로 발생하며, 발병 후 5년 이내에 걷기가 힘들어지게 된다. 증상은 보행 장애로 나타나며, 나머지 소뇌 기능 이상 증상(손의 조화 운동 불능, 구음장애, 눈 움직임의 이상 등)도 나타난다.
　[용어] **아세토시스(athetosis)** : 뇌장애가 원인이 되어 손발 끝부분이 불수의적으로 꿈틀꿈틀 움직이는 질환
　[참고] **지적장애** : 패럴림픽에서는 지적장애인은 참가가 제한적이지만 스페셜올림픽은 지적장애인 모두가 참가할 수 있다.

③ 패럴림픽의 종목1)

구분	내용
하계 종목	양궁, 육상, 보치아, 사이클 트랙 경기도로 경기, 승마, 5인 축구, 7인 축구, 골볼, 유도, 카누, 트라이애슬론, 파워리프팅, 조정, 요트, 사격, 수영, 탁구, 배구, 배드민턴, 휠체어 농구, 휠체어 펜싱, 휠체어 럭비, 휠체어 테니스
동계 종목	알파인스키, <u>스노보드</u>, 아이스슬레지하키, 노르딕스키, 바이애슬론, 크로스컨트리, 휠체어컬링

　[참고] **대회 종목** : 패럴림픽 등 각종 대회의 개최 종목은 대회마다 다소 차이가 있어 종목별로 확정된 것이 아니고, 대회 개최 조직위원회에서 결정하므로 유동적이다.

나. 데플림픽

1) 데플림픽의 개요
① 데플림픽의 어원 : 데플림픽(Deaflympics, World Games for the Deaf)은 청각 장애를 의미하는 deaf와 올림픽 접미어 lympic이 합성되었다.

---

1) **23-13** **19-20** 패럴림픽의 동계 종목만 묶인 것을 찾는 유형
20-16 패럴림픽과 데플림픽에 모두 개최되는 종목을 찾는 유형으로, 농구가 정답이다.

2) 스페셜올림픽 코리아
① 영문 명칭 : Special Olympics Korea
② 법적 형태 : 비영리 사단법인
③ 설립 : 2015년 11월
④ 주요 기능 : 발달 장애인 스포츠 문화예술 대표기관
⑤ 국제관계 : 스페셜올림픽위원회(SOI)와 국제지적장애인스포츠연맹(VIRTUS) 회원

SOK 마크

2. 장애인스포츠대회

가. 패럴림픽

1) 패럴림픽(Paralympics)의 역사

① 패럴림픽의 어원
  ㉠ 패럴림픽은 Paraplegia의 접두어 'Para'와 Olympics의 어미 'lympic'의 합성어이다.
  ㉡ 처음에는 Paraplegia의 접두어를 사용하였으나, 점차 종목 · 참가 규모 및 장애 유형이 확대됨에 따라 Parallel로 변경하였다.
  ㉢ IPC는 Para를 '함께하는(with)'으로 정의하여, Paralympic이란 '올림픽과 함께한다.'라는 의미를 나타낸다.
  [용어] **paraplegia** : 다리의 운동마비 또는 그 장애인을 말한다. 주로 휠체어를 사용하며, 척수 장애와 같은 의미의 용어이다.
  [용어] **parallel** : 본래는 평행선을 의미하는 용어이다.

② 패럴림픽의 시작1)
  ㉠ 2차 세계대전 종전 후 참전 상이군인 전문 치료병원인 영국의 스토크맨더빌병원장 굳트만(Gutmann)이 주도하여 환자 재활을 목적으로, 1948년 최초의 휠체어를 이용한 척수 장애인 체육대회를 개최하여 패럴림픽의 전신이 되었다.
  ㉡ 1952년 독일, 스웨덴, 노르웨이 등 유럽지역 국제대회로 확대 발전하였다.
  ㉢ 국제스토크맨더빌경기연맹(ISMGF), 국제장애인경기연맹(ISOD), 국제뇌성마비경기연맹(CPISRA), 국제시각장애인경기연맹(IBSA) 등 장애 유형별 국제기구 설립
  ㉣ 1960년 이탈리아 로마에서 제1회 패럴림픽 개최
  ㉤ 1976년 스웨덴 오른휠츠비크에서 제1회 동계패럴림픽 개최
  ㉥ 1982년 통합 운영의 필요성 대두로, 세계 장애인스포츠 기구 국제조정위원회(ICC) 조직
  ㉦ 1988년 서울 패럴림픽대회 이후, 국제패럴림픽위원회(IPC) 설립(1989)을 통해 패럴림픽 및 전 세계 장애인스포츠 발전을 위한 전문적인 토대 마련
  ㉧ 2000년 시드니 패럴림픽 기간, '하나의 도시, 하나의 신청(One Bid, One City)' 전략에 대한 IOC와 IPC 위원장 간의 협력 활동 합의
  ㉨ 2001년 IOC와 IPC 간 상호발전 협약으로 2008년 베이징 패럴림픽대회부터 올림픽과 패럴림픽 동반 개최 명문화(이후 2032년 대회까지 4번 연장 결정)

2) 패럴림픽의 종목2)

① 패럴림픽의 종목 분류기준
  ㉠ IPC는 10개의 장애 항목으로 분류하고 있다.
  ㉡ 선수는 손상 정도에 따라서 분류되고, 하계 및 동계패럴림픽에 적용된다.

---

1) **23-07** 패럴림픽과 스페셜올림픽에 대한 비교가 바르게 설명된 것을 찾는 유형
   22-08 패럴림픽과 데플림픽에 대한 비교 설명으로 틀린 것을 찾는 유형
2) **19-04** 패럴림픽에 참가하는 장애 유형이 아닌 것을 찾는 유형으로, 청각 장애는 아니다.

5) World Abilitysport

① 명칭 : World Abilitysport(세계어빌리티스포츠)
② 설립과 본부 : 2023년, 영국 버킹엄셔 스토크맨더빌
③ 경과 : 위 4의 국제휠체어 및 절단장애인스포츠연맹(IWAS)과 위 1의 국제뇌성마비인스포츠레크리에이션협회(CPISRA)가 병합하여 World Abilitysport가 되었고, 종목과 각종 대회는 2개 조직을 연계해서 운영하고 있다.
④ 종목 : 프레임 축구, 레이스 러닝, 휠체어 슬라롬, 휠체어 펜싱, 전동휠체어 하키(Power chair Hockey), 휠체어 펜싱 종목에 대한 국제스포츠연맹의 역할 수행
⑤ 회원국 : 46개국

라. 기타 장애인스포츠 국제기구

1) 국제스페셜올림픽위원회(SOI)

① 명칭 : Special Olympics International
② 설립과 본부 : 1968년, 미국 워싱턴 DC
③ 목적 : 스포츠를 통한 지적장애인의 사회참여 증진
④ 대회 개최 : 4년마다 개최되는 동·하계 스페셜올림픽을 주관
⑤ 회원국 : 174개국

2) 국제청각 장애인 스포츠위원회[1]

① 명칭 : ICSD, The International Committee of Sports for the Deaf
  용어 deaf : 청각 장애의 의미이고, 이와 올림픽의 접미어가 합성되어 Deaflympic이다.
② 설립과 본부 : 1924년, 스위스 로잔
③ 목적 : 청각장애인의 국제경기대회 개최로, 스포츠를 통해 심신 단련과 청각장애인의 친목 도모와 유대를 강화하며, 동·하계 데플림픽 주관
④ 경과 : IPC 결성 때 참여하였지만 1995년 탈퇴하고 독자적 운영과 대회 개최
⑤ 대회 개최 : 데플림픽(Deaflympics)은 하계와 동계로 나누어 각각 4년마다 각각 개최

라. 국내 장애인스포츠조직

1) 대한장애인체육회(KPC, Korea Paralympic committee)

① 설립 : 2005년 11월(법적 근거 : 국민체육진흥법)
② 주요 기능
  ㉠ 장애인 경기단체의 사업과 활동에 대한 지도 및 지원
  ㉡ 장애인 체육대회 개최와 국제교류
  ㉢ 장애인 선수양성 및 경기력 향상 등 장애인 전문체육 진흥을 위한 사업
  ㉣ 장애인 생활체육의 육성 및 보급
  ㉤ 장애인 선수, 장애인 체육지도자와 장애인 체육계 유공자의 복지 향상
③ 산하 조직
  ㉠ 전국 광역지방자치단체별 16개 장애인체육회 운영
  ㉡ 종목별 경기단체 30개 가맹, 장애 유형별 가맹단체 3개 가입, 종목별 경기단체 12개 인정
④ 국제관계 : IPC 회원

---

[1] 20-03 IPC 회원이 아닌 것을 찾는 유형으로, 데플림픽을 주관하는 ICSD는 IPC의 회원이 아니므로 오답 찾기의 정답이다.

④ CRISRA의 종목[1]
　㉠ 프레임 축구, 레이스 러닝, 휠체어 슬라롬
　㉡ 기존 CP-ISRA 주관 종목이던 보치아(2013년 BISFed 창설), 뇌성마비 축구(2010년 분리 후 2015년 IFCPF 창설)는 각각 분리 및 별도 단체 설립
　　[용어] **슬라롬**(slalom) : 빠른 속도로 겨루는 종목에서 장애물을 피하여 달리는 스포츠로, 휠체어 슬라롬, 카누, 알파인스키, 스노보드 종목에 슬라롬 경기가 있다.
⑤ 회원국 : 46개국

2) 국제시각장애인스포츠연맹(IBSA)

① 명칭 : International Blind Sports Federation
② 설립과 본부 소재지 : 1981년, 독일 본
③ 경과 : 1985년 노르웨이 후르달에서 개최한 정기총회 이후 정관 승인
④ IBSA의 종목[2]
　㉠ 육상, 5인제 축구, 골볼, 유도, 수영, 볼링(텐핀, 나인핀), 사격, 체스, 역도, 쇼다운, 토르발
　㉡ 5인제 축구, 골볼, 유도 등 3개 종목의 국제스포츠연맹(IF) 역할 수행
　　[용어] **토르발**(tarball) : 핸드볼로 명칭이 변경되기 전의 이름으로, 1915년 토르발이라는 이름으로 시작되었고 그 뒤 1919년 핸드볼로 명칭을 바꾸었다.
⑤ 회원국 : 121개국

IBSA 마크

3) 국제지적장애인스포츠연맹(Virtus)

① 명칭 : World Intellectual Impairment Sports
② 설립과 본부 : 1986년, 영국
③ 경과 : 연맹의 공식 명칭은 INAS(International Sports Federation for Persons with Intellectual Disability)에서 2020년에 현재 이름으로 바꾸고, 약어를 Virtus로 정하였다.
④ 종목 : 육상, 탁구, 농구, 크리켓, 사이클, 승마, 수영, 축구, 풋살, 핸드볼, 필드하키, 조정, 스키, 태권도, 테니스
⑤ 장애 유형 : 지적장애, 자폐증, 다운증후군
⑥ 회원국 : 76개국

Virtus 마크

4) 국제휠체어 및 절단장애인스포츠연맹(IWAS)

① 명칭 : International Wheelchair and Amputee Sports Federation
② 설립과 본부 : 2005년, 영국 버킹엄셔 스토크맨더빌
③ 경과 : 국제스토크맨드빌휠체어경기연맹(ISMWSF)과 국제장애인경기연맹(ISOD)의 합병 창설
④ 종목 : 휠체어 펜싱, 전동휠체어 하키(Power chair Hockey), 휠체어 펜싱 종목에 대한 국제스포츠연맹의 역할 수행
⑤ 회원국 : 45개국

IWAS 마크

---

1) **20-04** CPISRA의 종목을 보기에서 모두 고른 것을 찾는 유형
2) **21-15** IBSA가 주관하는 종목을 보기에서 모두 고른 것을 찾는 유형으로, 보기에 제시된 내용 중 슬라롬을 제외한 사격, 육상, 수영으로 묶인 것이 정답이다.

2) IPC와 다른 조직과의 관계[1]

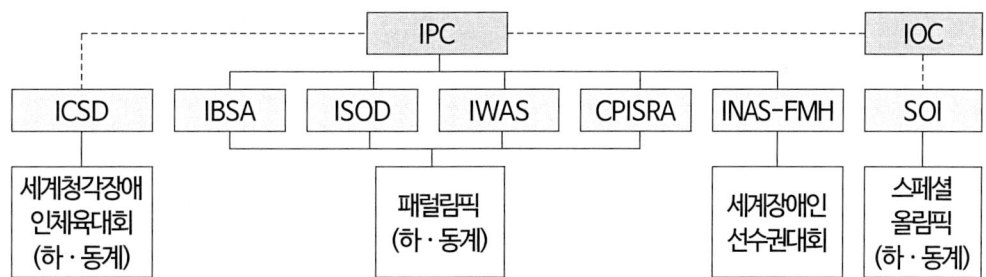

[용어]
1) ICSD : International Committee of Sports for the Deaf, 국제청각 장애인스포츠위원회
2) IBSA : International Blind Sports Federation, 국제시각장애인스포츠연맹
3) ISOD : International Sports Federation of the Disabled, 국제장애인체육연맹
4) IWAS : International Wheelchair and Amputee Sports Federation, 국제휠체어·수족스포츠연맹으로, 국제스토크맨데빌휠체어스포츠연맹(ISMWSF)의 변경된 명칭
5) CPISRA : Cerebral Palsy-International Sports and Recreation Association, 국제뇌성마비장애인스포츠레크리에이션협회
6) INAS-FMH : International Sports Federation for Persons with Intellectual Disability, 국제지적장애인스포츠연맹으로, 현재 'Virtus'라는 약어를 사용하고 있다.
7) SOI : Special Olympics Incorporate, 스페셜올림픽위원회

나. 아시아패럴림픽위원회(APC, Asian Paralympic Committee)

① 설립 : 2006년(※전신 : FESPIC연맹(1975~2005) 아시아·남태평양 패럴림픽 기구)
② 본부 : 아랍에미리트 아부다비
③ 회원국 : 44개국, 서·남·중앙·동·동남아시아 등 5개 세부 지역으로 구분
④ 목적과 기능
  ㉠ 아시아지역 경기대회의 질적 향상 도모
  ㉡ 아시아지역 패럴림픽 무브먼트 확산 및 참여기회 확대
⑤ APC의 구조
  ㉠ 정기총회 : 2년 주기 개최, 43개 회원국 대표, 예산·회원국 및 정관 등 승인, 집행위원회 선출 등
  ㉡ 집행위원회 : 15명(임기 4년, 최대 3회 연임 가능), APC 정책 방향 설정·상임위원회 관리(수립, 위원 임명, 통합, 해산 등)·CEO 임명·각종 APC 대회 유치 승인 등
  ㉢ 상임위원회 : 선수위원회 등 6개 위원회 운영
⑥ 대회 운영 : 4년 단위로 아시아패럴림픽하계대회와 동계대회를 아시안게임 끝난 후 각각 개최

APC 마크

다. 장애 유형별 조직

1) 국제뇌성마비인스포츠레크리에이션협회(CPISRA)[2]

① 명칭 : Cerebral Palsy-International Sports and Recreation Association
② 설립과 본부 : 1978년, 영국 남에어셔주 에어시(스코틀랜드)
③ 경과 : 1969년 ICPS(International Cerebral Palsy Society) 창설 후 1978년 에든버러 ICPS 경기대회 이후 CPISRA로 분리

CPISRA 마크

---

1) **21-06** IPC의 가맹단체가 아닌 것을 찾는 유형으로, SOI가 오답 찾기의 정답이다.
21-12 IPC 인정 독립적 국제경기연맹이 아닌 것을 찾는 유형으로, 국제골볼연맹이 오답 찾기의 정답이다. 골볼은 연맹 조직이 아니고, IBSA(시각장애인연맹)가 주관하는 종목이다.
2) **19-08** 장애 유형별 국제스포츠조직이 바르게 연결된 것을 찾는 유형

나. 국제패럴림픽위원회

1) 국제패럴림픽위원회(IPC, International Paralympic Committee)의 이해[1]

[용어] 패럴림픽 : IPC는 Para를 '함께하는(with)'으로 정의하여, Paralympic이란 '올림픽과 함께한다.'라는 의미라고 정하였다.

IPC 마크

① 설립
  ㉠ 1989년 9월 독일 뒤셀도르프에서 제1회 총회 개최, 설립
  ㉡ ISMWSF와 ICC에 의해 운영된 패럴림픽은 1989년 9월 독일 뒤셀도르프에서 제1회 총회를 개최하고 IPC 설립

② 조직
  ㉠ 하위 조직으로 현재 181개 국가가 국가패럴림픽위원회(NPC, National Paralympic Committee)를 구성
  ㉡ IPC 종목별 위원회를 하부 조직으로 운영
  ㉢ 본부는 독일 본에 소재

② 주요 기능
  ㉠ 장애인스포츠 활동을 통한 세계 평화에 기여
  ㉡ 대회 개최(하·동계패럴림픽)와 주요 대회 승인(패럴림픽, 종목별 세계선수권대회, 지역선수권대회 등)
  ㉢ 장애인의 스포츠 참여와 운동 능력 향상 기회 확대
  ㉣ 국제올림픽위원회(IOC) 등 국제스포츠 기구와의 협력
  ㉤ 장애 청소년 체육발전 및 각종 위원회 운영 등

③ IOC와 협력 관계
  ㉠ 2016년 7월 IPC-IOC 최초 MOU 체결
  ㉡ 2018년 3월 IPC-IOC 장기협약 체결하고, 협력 관계는 2032년까지 유효

④ 회원국 : 181개국

⑤ 우리나라 가입 현황 : KOSAD로 1989년 가입 → 2006년 대한장애인올림픽위원회(KPC, Korea Paralympic Committee)로 등록 변경

⑤ IPC 비전

우수한 경기력 향상과 세계에 영감과 감동 전달			
선수 능력 향상	선수 경기력 향상	성취감	영감 및 감동
선수들의 능력을 강화할 수 있는 기회 제공	참여 단계에서부터 최고 수준까지 개발	선수들의 경기력 및 성과 향상	통합된 사회를 위해 세계를 향한 감동 전파

⑥ 국제경기연맹(IFs, International Sports Federnations)
  ㉠ 장애인스포츠 종목별 대표로 인정되는 독립적 경기연맹이면서, IPC의 가맹단체이다.
  ㉡ 국제경기연맹 : 현재 15개 연맹으로 구성
  • 국제보치아연맹(BISFed)   • 세계배드민턴연맹(BWF)   • 국제승마협회(FEI)
  • 국제조정연맹(ISA)   • 국제카누연맹(ICF)   • 국제테니스연맹(ITF)
  • 국제탁구협회(TTF)   • 국제트라이애슬론연맹(ITU)   • 국제휠체어 농구연맹(IWEF)
  • 국제휠체어 럭비연맹(IWRF)   • 국제사이클연맹(UCI)   • 세계양궁협회(WA)
  • 세계컬링연맹(WCF)   • 세계장애인배구연맹(WPV)   • 세계태권도연맹(WTF))

---

[1] **23-02** 장애인 국제경기대회별 심벌마크가 바르게 엮인 것을 찾는 유형으로, IPC가 바르게 연결되어 있다.
21-01 **20-18** IPC의 조직과 기능에 대한 설명으로 잘못된 것을 찾는 유형으로, 오답 찾기의 정답은 2020년 문제는 'IPC는 IOC의 하위기관이다.'라는 지문이 제시되었고, 2021년에는 '장애인체육의 모든 국제대회를 승인하거나 개최한다.'라는 오답이 제시되었다.

제3장 장애인스포츠의 조직과 대회

1. 장애인스포츠 조직

가. 장애인스포츠 조직의 발전과정

1) 장애인스포츠 조직의 시작
- ㉠ 2차 세계대전이 끝난 후 세계 각지에서 전상자의 의학적 재활 수단으로 장애인스포츠 대회의 필요성이 인식되었다.
- ㉡ 영국 스토크맨데빌병원에서 입원환자의 휠체어 스포츠대회가 개최되었고, 이를 계기로 장애인스포츠 대회의 세계적 확산이 실현되었다.
- ㉢ 병원 원장인 굳트만(L. Guttmann)의 노력으로, 1960년 로마올림픽이 끝난 후 개최 도시에서 제1회 패럴림픽이 개최되었고, 이후 올림픽 개최 후 패럴림픽 개최는 관례화되었다.
- ㉣ 동계패럴림픽은 1976년 스웨덴 외른쇨스빅에서 처음 개최되었다.

2) 패럴림픽 개최 준비기구
① 패럴림픽 개최에 따른 조정위원회
- ㉠ 패럴림픽이 진행됨에 따라 장애 유형별 스포츠 조직화가 필요하였고, 여러 종목의 패럴림픽 개최로 인해 대회 운영을 위한 연락과 조정기능이 필요
- ㉡ 1982년 휠체어 사용자, 절단·기능 장애인, 뇌성마비 장애인, 시각장애인 등의 4개 조직의 대표자에 의해 국제장애인스포츠조정위원회(ICC, International Coordinating Committee of Sports for the Disabled)가 조직되어 패럴림픽 운영
- ㉢ ICC는 국제스토크맨데빌휠체어스포츠연맹(ISMWSF)을 중심으로 4개 조직의 합의체 성격으로 운영되었지만, 국가 간 또는 단체별 연계가 취약하였다.
- ㉣ 1988 서울패럴림픽 기간 중 장애인스포츠의 국제적 조직 구성에 관한 결의를 통해 IPC 조직화 합의

② 조정위원회 참여 스포츠조직
- ㉠ 국제스토크맨데빌휠체어스포츠연맹(ISMWSF, International Stoke Mamdeville Wheelchair Sports Federation) : 1952년 설립, 1980년 노르웨이 게이로 동계패럴림픽부터 참가
- ㉡ 국제절단장애인스포츠기구(ISOD, International Sports Organization for the Disabled) : 1964년 설립, 1976년 캐나다 토론토 패럴림픽부터 절단 장애인 경기 참가, 1988년 서울패럴림픽부터 장애인 경기 참가
- ㉢ 국제뇌성마비인스포츠·레크레이션협회(CP-ISRA, Cerebral Palsy-International Sports and Recreation Association) : 1978년 설립, 1980년 네덜란드 안햄 패럴림픽부터 경기 참가
- ㉣ 국제시각장애인스포츠협회(IBSA, International Blind Sports Federation) : 1980년 설립, 1976년 캐나다 토론토 패럴림픽부터 시각장애인 경기 참가
- ㉤ 국제지적장애인스포츠연맹(INAS-FID, International Sports Federation for Persons with and Intellectual Disability) : 1984년 설립, 1998년 일본 나가노동계패럴림픽부터 참가, 2000년 호주 시드니 패럴림픽에서 참가 자격 관계로 IPC에서 제명

2) 장애에 기인한 성 차이
ㄱ) 여성의 팔 근력은 남성의 50~60% 정도로 약하므로, 휠체어 사용 여성 장애인은 이동은 물론 배뇨·배변에 많은 애로를 겪는다.
ㄴ) 여성은 남성보다 변비 환자가 많고, 이를 해결하기 위해 설사약 복용으로 인한 설사 불안감도 스포츠 활동 참가를 가로막는 요인으로 작용한다.
ㄷ) 장애인에게 호발하는 염좌 등의 외상이나 어깨·팔꿈치·손가락 등의 외상도 여성이 많이 발생하므로 여성의 장애인스포츠를 시작하기 전에 충분한 근력 트레이닝이 필요하다.
ㄹ) 장애인 여성은 남성보다 선수층이 엷으므로 대회에 참가 빈도가 상대적으로 많고, 대회 참가를 위해 남성 장애인 선수의 훈련 방법을 적용하여 무리한 경우가 많이 발생한다.

나. 여성의 특성과 장애인스포츠
1) 여성의 임신과 스포츠
① 여성의 생리와 스포츠
ㄱ) 격렬한 스포츠 활동을 지속하면 생리 이상 현상이 발현한다. 특히 장거리 육상, 발레, 체급별 종목 등에서 자주 나타난다.
ㄴ) 운동성 무월경(EAA, exercise associate amenorrhea)은 운동이 원인이 되어 발현하는 무월경 증상을 말하며 희발 월경도 포함된다.
ㄷ) 생리 중 운동은 출혈 또는 감염 위험이 있고, 복통·두통·빈뇨 등의 징후가 있지만, 개인차가 많으므로 스포츠 참여는 스스로 판단하여 결정해야 한다.
[용어] **희발 월경** : 월경이 주기적으로 발생하지 않고 드물게 월경하는 증상으로, 생리불순을 일컫는다.

② 여성 선수 3 징후(female athlete triad)
ㄱ) 체조, 발레, 다이빙, 피겨스케이팅 등 체형이 중요한 요소로 작용하는 종목 선수들이나 체급별 경기종목에 참여하는 여성 선수에게 들이 체지방 감소로 인해 섭식장애(식이장애)를 초래할 수 있다.
ㄴ) 이는 식욕부진·대식증 등을 유발하고, 이로 인해 무월경이 발생하며, 무월경 여성은 정상 여성보다 골다공증 발생률이 월등히 높다.
ㄷ) 아울러 척추전만증과 요통, 스트레스 골절 등을 유발할 수 있다.
[참고] **여성 선수 3 징후** : 1급 스포츠지도사 자격시험과 관련하여 트레이닝론에서 출제되기도 했다.

③ 임신과 스포츠
ㄱ) 임산부가 스포츠에 참여하면 조산 또는 유산의 위험이 따른다는 주장도 있고, 신체적·정신적 도움이 된다는 주장도 있다. 과격한 운동은 지양해야 하지만 운동 부족 해소, 체중증가 억제 등의 신체적 동기뿐 아니라 스트레스 해소 등의 정신적 동기에도 영향이 있으므로 권장되고 있다.
ㄴ) 임산부 스포츠로 체조와 수영 등이 적합하다. 체조는 분만 시 호흡법, 신체 긴장 해소 등을 통해 분만을 수월하게 할 수 있고, 수영은 물에는 부력이 있어 배가 나온 임산부에게 좋은 운동이다.
ㄷ) 임산부가 스포츠 활동 참여시 의학적 진단이 필요하다. 임신중독증, 임신 합병증, 태반 이상 등을 사전에 검사해야 하고, 운동 시간, 운동강도, 운동 빈도 등을 의사의 권장에 따라 실시하는 것이 필요하다.

2) 운동 능력의 성별 차이
ㄱ) 운동 능력의 차이로 여성 참여 스포츠 종목의 제한이 있었지만, 오늘날 종목 제한은 거의 폐지되었다.
ㄴ) 종목상 평등은 비장애인 스포츠에 한정된 것이 아니고, 장애인스포츠에서도 같은 경향이 나타나고 있다.
ㄷ) 머지않아 모든 경기에서 남녀 종목이 모두 실시될 것이 예상된다.

나. 장애인 지도자의 핵심역량 개발

1) 핵심역량 개발의 내용

구분	내용
직전 개발	인지적, 수행적, 인성적 자질과 태도로 장애인 지도자로서의 기본적 역량 개발에 초점을 맞추는 과정
수행 개발	자질과 태도를 기초로 하여 지속적 성장에 초점을 맞추어 개발

2) 장애인 지도자의 핵심역량 개발 단계

1단계 생존단계 → 2단계 강화단계 → 3단계 갱신단계 → 4단계 성숙단계

3) 장애인 지도자의 핵심역량 개발 주안점
㉠ 핵심역량 개발을 위해 개인의 지속적 노력과 정확한 목표설정이 필요
㉡ 지도와 관련되어 부족하다고 생각되는 부분에 대한 인식
㉢ 필요한 부분에 대한 학습 방법에 대한 인지

다. 코칭

1) 코칭의 이해
① **코칭(coaching)의 개념** : 장애인스포츠 지도자가 선수들에게 체력, 기술, 정신력 등을 지도하여 경기력을 최대한 발휘할 수 있도록 지도하는 활동
② **코칭 스타일**

구분	내용
배려적 코칭	구성원들 사이의 화목한 분위기를 형성하며, 감정을 중시하고, 상호 신뢰에 주안점을 둔 코칭
주도적 코칭	목표 달성을 위해 계획을 수립·실행하면서 지시를 많이 하는 코칭
과제지향 코칭	과제 수행에 초점을 맞추어 진행하는 코칭
관계지향 코칭	인간관계에 초점을 맞추어 진행하는 코칭

2) 코칭의 역할
① **코칭에 영향을 미치는 요인** : 지도자의 특성, 구성원의 특성, 상황적 요인
② **코칭의 역할** : 창조자 역할, 실행자 역할, 독려자 역할, 통합자 역할, 대변자 역할, 모니터 역할, 지시자 역할, 배려자 역할

3. 장애 여성의 스포츠

가. 장애 여성과 스포츠 활동

1) 스포츠 활동의 성 차이
㉠ 장애와 관련 없이 스포츠 참여 정도는 여성이 남성보다 저조하다.
㉡ 장애인스포츠는 장애가 시작된 후 스포츠 활동을 시작하는 경우가 대부분이어서 20~30대에 시작하는 경우가 많고, 여성은 이 시기 가사·육아 등의 바쁜 시기와 겹쳐 남성보다 스포츠 활동 참여가 적은 편이다.
㉢ 여성은 신체적으로 남성보다 팔 근력 50~60%, 발 근력은 70%, 체중 80% 정도이고, 체지방률이 높아 근력에 많은 차이가 나타난다.
㉣ 운동할 때는 물론 평상시에도 호흡 순환계의 성차가 크다.

3) 장애와 건강의 범주(ICF, international classification of functioning disability and health)
① 장애와 건강의 범주(ICF)의 개념
　㉠ 국가 간 일반화된 장애 개념을 정의하기 위해 세계보건기구(WHO)가 2001년에 제정
　㉡ 국가 간 장애 분류의 차이를 없애고, 기능 및 장애와 관련된 건강 요소에 대해 세계적으로 일치된 모형을 만들기 위해 제정되었다.
　㉢ 기존의 질병 및 장애 분류기준이 단순히 의료적 진단·상황에만 의존하고 있어 개인의 기능적 상황을 고려하고 있지 못하다는 단점을 보완하기 위함이다.
② 장애와 건강의 범주(ICF)의 모형
　㉠ ICF 모형

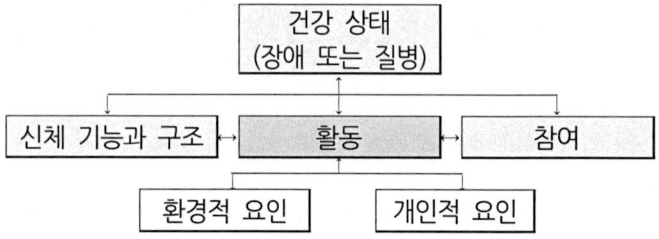

　㉡ ICF 모형의 의미 : 장애는 신체 기능과 구조, 활동, 참여의 세 가지 영역 모두 또는 어느 한 가지 영역에서 겪는 어려움으로 인해 발생하며, 개인적·환경적 요인에 의해서도 영향을 받는다.

2. 장애인스포츠 지도자의 역량 개발

가. 장애인 지도자에게 필요한 지식

1) 장애인 지도자가 갖추어야 할 지식

구분	내용
교육과정 지식	참여자의 발달 단계와 장애 정도에 따른 적합한 내용과 프로그램 지식
지도 방법 지식	효과적 참여를 위한 지도 방법에 관한 지식(=내용 교수법 지식)
지도 내용 지식	프로그램 내용에 대한 기술적 지식
교육목적 지식	장애인 참여자의 참여 목적에 대한 지식

2) 장애인스포츠 지도자의 인지적 자질
　㉠ 운동생리학, 운동 역학 등과 관련된 스포츠 과학
　㉡ 장애인 복지학 등의 장애인에 대한 지식
　㉢ 참여자와의 상담을 위해 기본적 상담지식
　㉣ 조직 운영 관련 지식
　㉤ 관련 법령과 정책에 대한 이해
　㉥ 윤리성

3) 장애인스포츠 지도 시 고려사항[1]
　㉠ 보상, 칭찬 등의 강화기법 사용
　㉡ 시청각 자료 등 보조 기능 활용
　㉢ 개별화 지도
　㉣ 장애에 대한 비하 또는 과소평가 금지

---
[1] 19-03 장애인스포츠 지도 시 고려사항으로 틀린 것을 찾는 유형으로, '선수가 실패를 경험하지 않도록 보호한다.'가 오답 찾기의 정답이다.

④ 통합스포츠(unified sport)[1]
  ㉠ 통합스포츠의 개념 : 장애인에게 적절한 수준으로 프로그램을 제공하고, 활동에 필요한 사항을 지원하여 스포츠와 신체활동에 일반인과 함께 참여하여 상호 간 이해의 계기가 되며, 통합스포츠에서 비장애인의 올바른 운동 기술수행은 장애인에게 훌륭한 발전모델이 된다.
  ㉡ 위닉(J. Winnick)의 통합스포츠 5단계

통합 정도	참가 기준	LRE
1단계) 일반 스포츠	모든 선수에게 동일한 기준 적용	약함 ↑ 제한 정도 ↑ 강함
2단계) 일반 스포츠의 적용	경기 결과와 관련 없이 시설, 기구 이용 가능	
3단계) 일반스포츠와 장애인스포츠	장애 구분 없이 함께 참여, 규칙 변형 없음	
4단계) 통합 장애인스포츠	장애인 선수와 일반 선수가 규칙을 변형하여 참가	
5단계) 분리 장애인스포츠	장애 선수만 참가	

  ㉢ 통합스포츠의 장단점

구분	내용
장점	• 장애인의 운동 수행 능력을 발휘할 기회 제공 • 장애인과 비장애인의 교류를 통한 상호 이해의 기회 제공 • 장애인의 정상화 실현과 동기부여 • 장애인 교육에 따른 사회비용의 절감
단점	• 장애인을 위한 별도의 시설 및 기구 필요 • 특별한 프로그램을 위한 계획 및 준비과정 필요 • 특수체육을 위한 인력 필요 • 다양한 장애인에 대한 대응의 복잡과 어려움 • 대규모 학습일 경우 장애인 개인의 니즈에 대응하지 못할 가능성이 큼

다. 장애인스포츠의 주요 현안

1) 장애인 임파워먼트

① 장애인 임파워먼트(empowerment)의 개념 : 장애인의 주도성·혁신성·창의성·능력 배양 등을 위해 스스로 권한을 신장시키려는 노력

  [용어] 임파워먼트 : 조직에서 구성원에게 많은 권한을 위임하는 활동

② 장애인 임파워먼트의 속성
  ㉠ 자결성 : 개인의 삶에 대한 적극적 자기 결정, 운동과 재활 참여에 대한 선택권, 서비스 계획과 조직에 대한 영향 등
  ㉡ 사회적 참여 : 다른 장애인에 대한 배려와 지지, 사회적 불공정에 대한 시정 요구, 지지 활동에 참여
  ㉢ 개인적 유능감 : 긍정적 자아존중감 배양, 장애에 대한 수용, 통제에 대한 내재적 승인

장애인 임파워먼트의 속성

2) 비장애인의 장애인에 대한 인식개선

① 장애인에 대한 인식의 현실 : 비장애인이 장애인을 볼 때 동정의 시각으로 보는 경향이 강하며, 도와줄 대상 또는 친절 등을 베풀어야 하는 대상으로 생각하는 것이 일반적이다.
② 개선 방향 : 비장애인은 장애인이 동정의 대상이 아니고, 평등한 관점으로 개선

---

1) [22-12] 통합스포츠 5단계에서 보기에서 설명하는 내용에 해당하는 단계를 바르게 적은 것을 찾는 유형
[20-09] 통합스포츠 5단계에 대한 설명으로 틀린 것을 찾는 유형

제2장 장애인스포츠의 비전

1. 사회통합과 장애인스포츠

가. 장애인스포츠의 목표

1) 장애인스포츠의 목표
① 장애인스포츠의 지향 목표 : 장애인의 스포츠 활동을 통해 자아개념 정립과 신체상 강화
② 장애인스포츠의 영역별 목표
　㉠ 인지적 영역 : 외적 환경요소나 대상을 수용하여 장애인의 내적 요소와 상호작용을 통해 발달해 가는 정신 능력을 총칭하는 행동을 말한다.
　㉡ 생태적 영역 : 근육의 발달과 사용 그리고 신체의 운동을 조절하는 신체 능력에 관한 행동으로, 게임·운동 등에 필요한 운동기술의 동적 움직임과 심리적 행동을 말한다. 생태적 영역은 심동적 영역이라고도 한다.
　㉢ 정의적 영역 : 인간의 흥미·태도·감상·가치관·감정·신념 등에 관련되는 교육목표의 영역을 말한다.

2) 장애인스포츠의 발전 방향
　㉠ 장애로 인해 활동에 어려움을 겪는 사람들이 비장애인과 차별 없이 통합스포츠에 참여할 수 있도록 건강과 복지 향상에 기여
　㉡ 장애인 개인별 장애 특성에 대한 이해와 개인에게 적합한 맞춤형 서비스 제공
　㉢ 장애인에게 보조 또는 보호보다 스스로 활동 과제에 집중할 수 있도록 유도
　㉣ 언어 보조, 시각 보조, 신체 보조 등 여러 요인의 적절한 연계가 필요

나. 장애인스포츠의 추구 가치

장애인스포츠의 추구 가치

① 정상화
　㉠ 장애인이 비장애인처럼 생활할 수 있도록 사회적·환경적 제약을 최소화하여, 사회에서 비장애인과 함께 어울려 적응할 수 있도록 지도하는 활동
　㉡ 정상화는 아래 최소 제한환경의 촉매가 되었다.
② 최소 제한환경(LRE, least restrictive environment)
　㉠ 장애인이 장애가 없는 가정과 사회로부터 최소한으로 분리되어야 한다는 개념
　㉡ 장애인에게 제공되는 환경이 제한되거나 빈약하지 않아야 한다.
　㉢ 불가피한 제한 또는 제약도 최소화해야 한다.
　㉣ 장애인의 개인적 필요에 따른 서비스를 제공해야 한다.
③ 주류화
　㉠ 일반교육의 방향과 프로그램에 장애인이 통합되어 가는 과정이다.
　㉡ 장애인스포츠의 본질은 일반스포츠의 큰 흐름에 통합하는 것으로, 일반스포츠와 분리되는 것이 아니다.

2) 활동 변형의 원칙

① 활동 변형의 원칙
㉠ 활동 변형은 최소화하여, 본래의 환경·규칙 등에 적응하도록 해야 한다.
㉡ 변형된 환경은 꾸준히 적용해야 한다. 자주 변형하면 적응에 곤란을 느끼게 된다.
㉢ 본질의 변형은 최소화해야 한다.
㉣ 참여자가 소극적일 때에는 능동적인 참여가 일어날 수 있도록 방안을 모색해야 한다.

② 활동 변형 고려사항

구분	고려사항
접근성	시설의 지리적 위치와 교통의 편리성, 주차장 확보, 승강기나 경사로 등의 시설 확보 등을 법률적으로 보장
안전성	상해나 사고 방지를 위해 신체활동을 방해하거나 활동 중에 발생할 수 있는 위험 요소에 대한 대비와 제거
흥미성	지도 효과 극대화를 위해 흥미를 유발할 수 있는 환경 조성
효율성	참가자의 주의집중과 관심을 유발하도록 유도

나. 장애인스포츠 활동 변형의 실제

1) 용기구 변형 : 신체활동의 만족감을 가질 수 있게 용기구의 종류와 사용 용도를 미리 점검하고, 참여자의 장애 유형과 장애 상태, 체력, 운동기능 등에 따라 문제가 발생하지 않도록 용기구의 무게, 크기, 길이 및 형태 등의 변형

2) 규칙 변형
㉠ 경기장 크기 조절 및 운동 장소의 변형과 경기 소요 시간의 변형
㉡ 참여 인원의 조정(상황에 맞추어 변형 가능)
㉢ 활동유형의 조정(개인 운동, 대인 운동, 단체운동, 실내·외 운동 등)

마. 스포츠 등급 상태에 따른 분류

① **스포츠 등급 상태에 따른 분류기준** : 신규·재검·확정·부적합 스포츠 등급으로 분류한다.
② **신규(N, sport class status new) 스포츠 등급**
  ㉠ 신규(N) 스포츠 등급 상태는 아직 국제등급분류 패널들에게 검사를 받지 않았지만, 선수평가가 이루어질 수 있도록 국내 등급분류사에게 참가등급을 선수에게 배정한다.
  ㉡ 신규 선수는 반드시 국제대회 또는 주요 대회에 참가하기 전에 선수평가를 완료해야 한다.
③ **재검(R, sport class status review) 스포츠 등급**
  ㉠ 재검(R) 스포츠 등급 상태는 국제등급분류사로부터 예전에 검사를 받았으나 재검사 대상이 된 선수에게 지정된다.
  ㉡ 해당 선수는 반드시 선수평가에 참석해야 하고 대회 전에 스포츠 등급이 변동될 수도 있다. 재검 대상 선수들에는 변동이 심하거나, 진행성 장애를 갖고 있거나, 선수 본인의 연령으로 인해 안정될 수 없을 수 있는 장애를 가지고 있는 선수 등이 있다.
④ **확정(C, confirmed) 스포츠 등급**
  ㉠ 확정(C) 스포츠 등급 상태는 국제등급분류사가 선수를 평가하고 난 뒤에 부여하며, 분류사는 선수의 스포츠 등급은 변경되지 않는다고 확정을 한다.
  ㉡ 해당 선수는 경기 이전 또는 경기 중에 등급 상태가 바뀌지 않으며, 대회에서 선수평가를 받도록 요구받지 않는다.
  ㉢ 예외적으로 소청이 이루어지거나 등급분류 시스템이 변경된 경우, 확정 스포츠 등급 상태인 선수는 반드시 선수평가를 받아야 한다.
⑤ **부적합(NE, not eligible) 스포츠 등급**
  ㉠ 장애가 없거나, 장애와 관련된 행동 제한요소가 영구적이지 않거나 장애가 없는 선수와 동등하게 경쟁할 수 있을 정도면 경기에 참여할 자격이 없는 것으로 간주 되어, 부적합(NE) 및 재검(R) 스포츠 등급 상태를 부여받는다.
  ㉡ 선수의 스포츠 등급을 부적합(NE) 또는 재검(R)으로 결정되면 해당 대회 또는 가능한 빠른 시기에 두 번째 등급분류패널로부터 선수평가를 다시 받을 수 있다.
  ㉢ 처음 등급분류를 받은 대회에 두 번째 등급분류패널이 없으면 선수는 대회에 참가할 수 없고, 두 번째 선수평가를 위해 다른 국제대회에 참가해야 한다.

4. 장애인스포츠의 활동 변형

가. 장애인스포츠 활동 변형의 이해

1) 활동 변형의 개념과 종류
  ① **활동 변형의 개념** : 장애인의 스포츠 지도를 위해 대상자의 신체적·정신적 발달 정도에 따라 스포츠 활동 내용 또는 환경, 용기구, 규칙 등을 변형하거나 변경하는 활동
  ② **활동 변형의 종류**

구분	내용	비고
스포츠 활동 변형	개별적 목표를 충족할 수 있도록 적합한 스포츠 활동의 유형과 방법으로 변형	
환경 변형	장애인의 접근성, 안전성, 흥미, 효율성 등을 고려한 공간의 변형	
용기구 변형	개인의 특성과 활동유형에 따라 대상자에게 적합한 용기구로 변형	
규칙 변형	장애인들의 스포츠 참여 확대를 위한 경기규칙의 변형	

[용어] **아테토제** : 손가락 또는 발가락이 정상적이지 않고, 구부러지는 상태의 불수의 운동 질환으로, 기묘한 손가락 또는 발가락 모양이 나타난다. 아테토시스라고도 한다.

[용어] **실조증** : 신경계의 퇴행성 질환으로, 증상은 술 취한 사람 같은 행동을 한다.

② 뇌성마비 장애인의 해부학적 분류[1]
  ㉠ 단 마비 : 한쪽 팔 또는 한쪽 다리가 마비되는 유형
  ㉡ 편마비 : 같은 쪽의 팔과 다리가 마비되는 유형
  ㉢ 양측마비 : 양측에 대칭적으로 발현하는 유형
  ㉣ 삼지 마비 : 팔과 다리 중 세 부위가 마비된 유형
  ㉤ 사지 마비 : 양측 팔과 다리 모두에서 마비를 보이는 유형

3) **척수성 소아마비에 의한 후유증 장애인의 분류기준**
  ㉠ 한쪽 팔 또는 한쪽 다리 등 단마비 형태 질환자는 절단 장애에 따른다.
  ㉡ 양팔 다리 마비 질환자는 절단 장애 또는 척추 손상에 따라 분류한다.

4) **절단 장애의 분류기준**
  ㉠ 절단 장애는 팔꿈치, 손목, 무릎, 발목 중의 한 곳이 없는 것으로, 경기에 따라 휠체어 선수들과 경기를 하기도 한다.
  ㉡ 손상 팔다리 부위에 따라 국제휠체어 및 절단장애인스포츠연맹(IWAS) 규정에 따른다.
  ㉢ 국제휠체어 및 절단장애인스포츠연맹(IWAS) 규정

등급	장애 상태	등급	장애 상태	등급	장애 상태
A1	양쪽 넙다리 절단	A2	한쪽 넙다리 절단	A3	양쪽 종아리 절단
A4	한쪽 종아리 절단	A5	양쪽 위팔 절단	A6	한쪽 위팔 절단
A7	양쪽 아래팔 절단	A8	한쪽 아래팔 절단	A9	여러 부위 절단

5) **시각장애의 분류기준**[2]
  ㉠ 국제시각장애인스포츠연맹(IBSA) 규정에 따른다.
  ㉡ 국제시각장애인스포츠연맹(IBSA) 규정

등급	분류
B1(전맹)	광각 이하이고, 어느 방향에서도 눈앞 손가락 개수를 판명하지 못함
B2(준맹)	시력 0.03 이하이거나, 5° 이하의 시야 협착 또는 두 증상의 병합
B3(약시)	시력 0.03~0.1이거나, 5~20°의 시야 협착 또는 두 증상의 병합

6) **청각 · 언어 장애의 분류기준**
  ㉠ 운동기 장애가 아니므로, 경기에서 등급을 구분하지 않는다.
  ㉡ 경기에서 정보 전달은 시각 정보 또는 신체 접촉 정보 등을 사용한다.

  [용어] **운동기** : 공간 이동 또는 활동에 필요한 인체의 기관을 통틀어 일컫는 용어

7) **지적장애의 분류기준** : 국제패럴림픽위원회(IPC)는 지적장애의 판정 기준이 미흡하므로 정식 경기종목으로 인정하지 않고 있다.

---

1) `22-02` 뇌성마비 장애인의 해부학적 분류에 대한 설명으로 틀린 것을 찾는 유형
2) `23-05` 장애 유형별 스포츠조직과 스포츠 등급분류를 순서대로 바르게 제시한 것을 찾는 유형으로, 시각장애는 B1~B3 등급으로 분류하고 있는 것이 제시되어 정답이고, 나머지는 잘못 설명되어 있다.

17. 휠체어 펜싱	절단장애/기타 장애, 뇌성마비/척수 장애	2등급, 3/4등급	-
18. 휠체어 럭비	척수 장애/절단 및 기타 장애	0.5~3.5 포인터	적은 숫자가 장애 정도 심함
19. 휠체어 테니스	척수 장애/절단 및 기타 장애	척수 절단, 경추 장애	-

보충설명 장애인스포츠의 등급분류표 : 이 표를 외우기는 매우 어렵다. 이 등급분류표가 '제5장 유형별·종목별 스포츠 특성'의 종목별 등급분류 방법을 모아놓은 것으로, 굳이 외울 필요는 없다.

라. 장애 유형별 등급 기준
1) 척추 손상
① 척추 손상 장애인의 등급 분류기준
  ㉠ 척추 손상은 손상 부위의 위치에 따라 신체 마비의 정도 차이가 크게 나타나고, 일상생활에 미치는 영향도 크므로, 손상 부위의 위치에 따라 나눈다.
  ㉡ 국제스토크맨데빌휠체어스포츠연맹(ISMWSP)의 척추 손상 등급분류

등급	척수 마비 높이에 따른 분류
1A	경추 높이, 위팔세갈래근의 근력 3 이하
1B	경추 높이, 위팔세갈래근의 근력 4~5
1C	경추 높이, 손가락의 골근, 신근은 4~5
2	제5 흉추까지의 기능
3	제10 흉추까지의 기능
4	제3 요추까지의 기능
5	제2 천추까지의 기능
6	다리 근력 테스트

참고 척추의 구성
- 경추(목뼈1~7): 경추는 앞쪽으로 구부러짐
- 흉추(등뼈1~12): 흉추는 뒤쪽으로 구부러짐
- 요추(허리뼈1~5): 요추는 앞쪽으로 구부러짐
- 천추(엉치뼈1~5): 천추는 뒤쪽으로 구부러짐

② 척수 손상 장애인의 스포츠 종목[1] : 육상, 양궁, 사격, 승마, 탁구, 역도, 럭비, 테니스, 핸드볼 등 하계 종목과 알파인스키, 노르딕 스키, 슬레지 하키 등 동계 종목이 있다.

2) 뇌성마비의 분류기준
① 뇌성마비의 분류기준[2]
  ㉠ 뇌성마비는 CPISRA의 기준에 따라 8등급으로 분류한다.
  ㉡ 국제뇌성마비장애인스포츠레크리에이션협회(CPISRA)의 등급분류

등급	참가 형태와 장애 정도	등급	참가 형태와 장애 정도
1	전동휠체어로 참가, 중증 마비	2	휠체어로 참가, 휠체어 사용
3	휠체어로 참가, 중등도 팔다리 마비	4	휠체어로 참가, 중등~중증 양 마비
5	선 자세로 참가, 보행 자립 양 마비	6	선 자세로 참가, 아테토제 또는 실조증
7	선 자세로 참가, 편마비	8	선 자세로 참가, 경증 마비

---

1) **21-19** 척수 손상 장애인이 참가 종목을 보기에서 모두 고른 것을 찾는 유형으로, 양궁과 승마가 정답이고, 유도와 축구가 참가 불가능 종목이다.
2) **21-18** 뇌성마비 장애의 등급분류에 관한 내용을 보기로 제시하면서 등급 개수와 휠체어 등급, 선 자세 등급 등을 ( )로 비워 놓고, 바르게 설명된 것을 고르는 유형으로, 등급분류는 8단계이며, 1~4등급은 휠체어 등급, 보행 가능 등급은 5~8등급으로 구분한다.

종목	장애 유형	등급	설명
5. 볼링	절단 및 기타 장애, 척수 장애	B8, B9, B10	B-볼링, 8-휠체어, 9-하지 장애, 10-상지 장애
	뇌성마비	B5, B6, B7	B-볼링, 5~7-스탠딩(입식)
	시각장애	B1, B2, B3	B1-전맹, B2-준맹, B3-약시 적은 숫자가 장애 정도 심함
5. 볼링	청각 장애	DB	DB-데시벨
	지적장애	MH(B4)	MH-mental handicap
6. 사이클	절단 및 기타 장애	LC1~lC4	LC-절단 및 기타 장애, 적은 숫자가 장애 정도 심함
	뇌성마비	DB3(C5, C6) DV4(C7, C8)	DV3, 4-세부 종목명(예 : 100M, 200M 달리기), C5, C6가 C7, C8보다 장애 정도 심함
	청각 장애	DB	DB-데시벨
	지적장애	MH	MH-mental handicap
	시각장애	B1~B3	B1-전맹, B2-준맹, B3-약시
7. 축구	뇌성마비	C5~C8	C5~C8-뇌성마비
	지적장애	MH	MH-mental handicap
	시각장애	B1~B3	B1-전맹, B2-준맹, B3-약시
8. 골볼	시각장애	통합등급	
9. 유도	시각장애	B1~B3	B1-전맹, B2-준맹, B3-약시
	청각 장애	DB	DB-데시벨
10. 론볼	절단 및 기타 장애/ 뇌성마비/척수 장애	B4, B5, B6, B7, B8	-
11. 역도	절단 및 기타 장애/ 뇌성마비/척수 장애	통합등급	-
	시각장애	B1~B3	B1-전맹, B2-준맹, B3-약시
	청각 장애	DB	DB-데시벨
	지적장애	MH	MH-mental handicap
12. 사격	절단 및 기타 장애/ 뇌성마비/척수 장애	SH1, SH2	SH-Shooting(사격), 장애의 심한 정도 : 1등급, 2등급
13. 좌식 배구	절단 및 기타 장애	통합등급	
14. 수영	절단/기타 장애/ 뇌성마비/척수 장애	S1~S10 SB1~SB9	S-수영, 적은 숫자가 장애 정도 심함
	시각장애	S11, S12, S13	S-수영, 11~13-시각장애
	청각 장애	DB	DB-데시벨
	지적장애	S14(MH)	S-수영, 14-지적장애
15. 탁구	절단 및 기타 장애/ 뇌성마비/척수 장애	TT1~TT10	TT-Table Tennis, 1~5-휠체어 선수, 6~10-입식 선수
	청각 장애	DB	DB-데시벨
	지적장애	TT11(MH)	TT-Table Tennis, 11-지적장애
	시각장애	B1~B3	B1-전맹, B2-준맹, B3-약시
16. 휠체어 농구	척수 장애/절단장애	1~4.5 포인터	적은 숫자가 장애 정도 심함

ⓛ 기능적 분류(functional classification) : 장애 유형보다는 신체적 능력으로 등급을 분류하는 방법으로, 1992년 바르셀로나 패럴림픽부터 적용하였다.
ⓒ 증거기반 분류(evidence-based classification) : 2018년부터 IPC가 주도하여 만든 등급분류 방식으로, 종목별 등급분류사가 장애 유형과 신체 능력을 기반으로 분류하는 방법이다.
ⓔ 현재 국제시각장애인스포츠연맹(IBSA)은 예외적으로 의학적 분류를 적용하여, B1·B2·B3로 분류하고 있으며, 나머지 종목은 증거기반 분류기준을 적용하고 있다.

나. 등급분류의 문제점과 발전 방향

1) 등급분류의 문제점
ⓐ 모든 선수에게 공정하게 적용될 수 있는 기준을 정하기는 거의 불가능하다.
ⓛ 분류기준의 경계영역에 위치하는 손상 부위 또는 능력장애의 사소한 차이가 기준에 따라 매우 유리하거나, 매우 불리한 등급으로 작용할 수 있다.
ⓒ 장애인스포츠에서 너무 많은 등급분류는 참가자는 물론 일반인은 이해하기 더욱 어렵다.
ⓔ 많은 분류로 인해 많은 수상자가 나오므로 권위 인정에도 부정적 시각이 존재한다.
ⓜ 많은 등급분류는 경기 진행 등에 애로로 작용하고 있다.

2) 등급분류의 발전 방향 : 등급 통합을 위해서는 등급별 경기력 지수를 개발하여 적용하는 것이 바람직한 발전 방향이다.

다. 장애인스포츠의 등급분류표

종목	장애 유형	등급	약어 해설
1. 양궁	절단 및 기타 장애/뇌성마비/척수 장애	ARW1, ARW2, ARST, 파운드오픈	AR-Archery(양궁), W-휠체어, 1-경추손상, 2-척추 장애, ST-스탠딩(입식)
2. 육상	절단 및 기타 장애	T42~T46, F42~F46	T-트랙경기, F-필드경기, 42~46-절단 및 기타 장애
	뇌성마비	T31~T38, F31~F38	T-트랙경기, F-필드경기, 31~38-뇌성마비, 적은 숫자가 장애 정도 심함
	척수 장애	T51~T54, F51~F58	T-트랙경기, F-필드경기, 51~58-척수 장애, 적은 숫자가 장애 정도 심함
	시각장애	T11~T13, F11~F13	T-트랙경기, F-필드경기, 11~13-시각장애, 적은 숫자가 장애 정도 심함
	청각 장애	DB	DB-데시벨
	지적장애	T20 F20	T-트랙경기, F-필드경기, 20-지적장애
3. 배드민턴	절단 및 기타 장애	LBa1, LBa2, LBa3, BAW1, BAW2	LBa1-하지 절단 장애, LBa2, LBa3-상지 절단장애, BAW-경추 및 척수 장애(휠체어 사용), 적은 숫자가 장애 정도 심함
	청각 장애	DB	DB-데시벨
	지적장애	MH	MH-mental handicap
4. 보치아	뇌성마비	BC1, BC2, BC3	BC-Boccia(보치아), 1-중증 장애, 3-홈통경기

나. 장애인스포츠대회에서의 분류

1) 패럴림픽의 장애 분류

분류		특징	
지체 장애	근력 손상	하지·상지 마비, 근위축증, 회백질척수염, 척추이분증 등	
	관절 장애	수동 관절 가동범위 손상	
	사지 결손	절단 및 기형	
지체 장애	하지 차이	다리 길이의 차이	
	짧은 키	왜소증, 연골무형성증 등	
뇌 병변 장애	경직성 운동실조증, 무정위운동증		뇌 병변 장애의 일종
시각장애	시력 손실	시각장애	
지적장애	지적 손실	지적장애	

[용어] **회백질척수염** : 소아마비

2) 기타 대회에서의 장애 분류와 참가 대상

① 스페셜올림픽(Special Olympics)의 대상 : 8세 이상의 지적장애인

[참고] **스페셜올림픽의 참가 대상** : 8세 이상의 지적장애인이다. 틀린 것을 찾는 유형의 문제에 12세 이상이 지적장애인이라고 출제될 수 있다.

② 데플림픽(Deaflympics)의 대상 : 청각장애인으로, 청각이 최소 55dB 이상 손실된 장애인

[용어] **dB**(decibel, 데시벨) : 소리의 상대적 크기를 나타내는 단위

3. 등급분류

가. 등급분류의 이해

1) 장애인스포츠의 등급제

① 장애인스포츠의 등급분류 필요성

  ㉠ 정부의 장애인 등급제와는 별도로, 장애인스포츠는 장애의 종류·장애 부위와 정도에 따라 능력 차이가 크게 나타나므로 등급을 분류하여, 경기의 공평성 확보와 경쟁 요소를 강화하기 위함이다.
  ㉡ 장애 분류는 종목별로 다르며, 많은 선수가 같은 정도의 장애가 있는 선수들과 공정하게 경쟁하기 위하여 구분하고 있다.
  ㉢ 비장애인 스포츠에서도 경쟁의 공평성을 위해 일부 종목은 성별·체중 등으로 등급을 나누고 있다.
  ㉣ 장애 유형이 다르더라도 등급분류에 따라 동일한 등급을 가질 수 있다.

[참고] **장애인 등급제** : 정부의 장애인 등급제는 모든 장애인에게 적용되는 등급제이다. 장애인스포츠 등급분류와는 다른 개념이다. 장애인 등급제는 의학적 상태에 따른 1~6급으로 구분하던 제도가 2019년 7월부터 장애 정도에 따라 중증장애인(1~3급), 경증장애인(4~6급)으로 바뀌었다.

② 등급분류 방법[1]

  ㉠ 의학적 분류(medical classification) : 장애인스포츠 등급분류는 처음 시작할 때인 1940년대부터 장애 유형과 정도에 따라 의학적 분류 방법을 사용하였다.

---

[1] **22-01** 증거기반 분류 방법을 보기로 제시하고, 무엇이라고 하는지 묻는 유형
21-07 장애인스포츠의 등급분류에 관한 설명이 바르게 된 것을 모두 고른 것을 찾는 유형
21-11 장애인스포츠 등급분류의 기능적 분류에 대한 설명으로 틀린 것을 찾는 유형으로, '시각장애 스포츠의 기능적 분류는 B1, B2, B3로 구분한다.'라는 것이 오답 찾기의 정답이다. 시각장애 스포츠에서 B1 등으로 분류하는 것은 의학적 분류로, 국제시각장애인스포츠연맹(IBSA)만 예외적으로 의학적 분류를 적용하고 있다.
19-09 등급분류 방법에 대한 설명으로 제시된 보기에서 바르게 설명된 것을 모두 고른 것을 찾는 유형

ⓒ 국가 및 지방자치단체가 운영 또는 지원하는 체육 프로그램에 장애인의 특성을 고려해야 하며, 장애인 참여를 위해 필요한 편의 제공과 필요 시책 강구 의무가 있다.

2. 장애의 분류

가. 법률에 따른 장애의 분류

보충설명 장애의 분류 : 법률에 따른 장애인 분류 등은 특수체육론에서 다룰 부분이지만, 장애인스포츠에서 많이 다루어지므로 게재되어 있다. 실제 시험에는 출제된 일이 없다.

1) 장애인복지법에 따른 분류

분류			내용
신체장애	외부 신체 기능 장애	지체 장애	절단 장애, 관절 장애, 지체 기능 장애, 변형 등의 장애
		뇌 병변 장애	뇌 손상으로 인한 복합적 장애
		시각장애	시력장애, 시야 결손 장애
		청각 장애	청력 장애, 평형기능 장애
	내부기관 장애	언어 장애	언어 장애, 음성 장애, 구어장애
		안면 장애	얼굴의 추상, 함몰, 코 등의 변형 장애
		신장 장애	투석 치료 중이거나 신장을 이식받은 경우의 장애
		심장 장애	심장 기능 이상으로, 일상생활이 현저히 제한되는 장애
		간 장애	간 기능 이상으로 일상생활이 현저히 제한되는 장애
		호흡기 장애	만성, 중증의 호흡 기능 이상으로 일상생활이 현저히 제한되는 장애
		장루·오루 장애	배변, 배뇨 기능 이상으로 일상생활이 현저히 제한되는 장애
		간질 장애	만성·중증의 간질로 일상생활이 현저히 제한되는 장애
정신장애	발달 장애	지적장애	지능지수가 70 이하인 장애
		자폐성 장애	소아·청소년 자폐 등 자폐성 장애
	정신 장애	정신 장애	정신분열증, 분열정동장애형, 양극성 정동장애, 반복성 우울장애

2) 장애인 등에 대한 특수교육법에 따른 분류

특수교육대상	선정 기준
시각장애	시각 기능 불능 또는 미흡으로 보조공학기기 사용으로 학업 성취 미흡
청각 장애	보청기 착용·의사소통 난이·청각 장애 등으로 학업 성취 미흡
정신지체	지적 기능과 적응 행동성 장애로, 학업 성취 미흡
지체 장애	기능·형태상 장애, 지체 움직임 곤란으로 학업 성취 미흡
정서·행동 장애	장기간 학습 곤란, 대인관계 미흡, 부적절 행동과 감정, 우울증 공포 등
자폐성 장애	사회적 상호작용과 의사소통 결함으로, 제한적·반복적 관심과 활동
의사소통 장애	언어 수용 및 표현 능력, 조율 능력, 말 유창성, 기능적 음성 장애
학습장애	학습기능의 장애로, 학업 성취가 미흡
건강 장애	만성질환으로, 3개월 이상 장기 의료 지원 필요한 장애
발달지체 장애	발달이 또래보다 현저하게 지체된 9세 미만 아동

⑤ **특수활동을 위한 스포츠(special physical sports)** : 교정적·발달적·치료적·의료적 수정 활동으로, 특수한 사람의 특별한 욕구 및 능력 발달을 목적으로 하는 프로그램
⑥ **적응 스포츠(adapted physical sports)** : 장애인에게 안전하고 성공적이며, 만족스러운 참여기회를 제공하기 위한 스포츠 프로그램
⑦ **발달 스포츠(developmental physical sports)** : 장애인의 능력을 일반인 수준까지 향상시키기를 위한 점진적인 스포츠 프로그램

6) 장애 관련 용어의 개념
① **손상(impairment)**
  ㉠ 신체의 기관 또는 기능적 상태의 미흡 또는 부족한 상태이다.
  ㉡ 신체 일부가 손실되었거나, 해부학적 구조의 부분적 손실 또는 신체 일부분이 적절한 기능을 수행하지 못하는 상태를 말한다.
  ㉢ 언어결함, 학습장애, 뇌성마비, 절단과 같이 기관이나 기능에 뚜렷한 이상이 있다.
② **장애(disability)** : 신체 기능의 장애로 인하여 특정 활동을 안전하고 성공적으로 또는 만족스럽게 수행하는 능력이 제한된 상태
③ **사회적 장애(handicap)** : 기능의 손상 또는 장애로 인하여 정서적 혹은 사회적으로 불리하게 영향을 미치는 손상이나 장애 또는 그러한 현상

나. 장애인스포츠 관련 법률
1) 장애인스포츠의 법적 근거
① **장애인스포츠의 법적 근거** : 2005년 국민체육진흥법 개정 시 장애인체육의 개념 도입
② **장애인스포츠지도사의 법적 근거**
  ㉠ 법적 근거 : 국민체육진흥법 시행령 제9조3(장애인스포츠지도사)
  ㉡ 장애인스포츠지도사의 구분 : 1급과 2급으로 구분하고, 2급 응시대상자는 18세 이상의 국적 소지자이며, 1급은 2급 자격취득 후 3년 이상 해당 자격 종목의 지도경력이 있는 사람

2) 장애인스포츠 관련 중요 법령
① **장애인스포츠 관련 중요 법령의 이해**
  ㉠ 문화체육관광부 주관 : 국민체육진흥법, 체육시설의 설치·이용에 관한 법률, 국제경기대회 지원법
  ㉡ 보건복지부 주관 : 장애인복지법, 장애아동 복지지원법, 장애인·노인·임산부 등의 편의증진 보장에 관한 법률, 장애인차별금지 및 권리구제 등에 관한 법률(약칭 : 장애인차별금지법), 발달 장애인 권리보장 및 지원에 관한 법률
  ㉢ 교육부 주관 : 교육법, 학교체육진흥법, 장애인 등에 대한 특수교육법
② **장애인스포츠 관련 업무별 정부 담당부처**
  ㉠ 장애인스포츠 : 문화체육관광부
  ㉡ 장애인 재활 스포츠 : 보건복지부
  ㉢ 장애 학생의 스포츠 : 교육부

3) 장애인의 스포츠 활동에 대한 차별금지
① **법률 근거** : 장애인차별금지 및 권리구제 등에 관한 법률(약칭 : 장애인 차별금지법)
② **주요 내용**
  ㉠ 체육 관련 기관·단체·체육시설의 소유 및 관리자는 체육활동의 참여를 원하는 장애인을 장애를 이유로 제한·배제·분리·거부 등의 금지

⑤ 장애인스포츠의 가치[1]
  ㉠ 장애인의 건강 유지와 재활
  ㉡ 장애인의 심리적 만족과 삶의 질 향상
  ㉢ 자아실현과 사회 복귀 수단

3) 장애인스포츠의 발전
① **장애인스포츠의 시작** : 장애인이란 용어는 오래전부터 사용되었지만 처음 장애인대회가 개최된 것은 1948년 영국인 루트비히 굳트만이 스토커 맨더빌 병원에서 스토커 맨더빌 경기이다.
  [참고] 스토커 맨더빌 경기 : 제2차 세계대전 부상병들이 입원한 스토커 맨더빌 병원에서 개최한 휠체어대회가 장애인을 위한 세계 최초 경기이었다.
② **우리나라 장애인스포츠의 발전과정**[2]
  ㉠ 1988년 서울패럴림픽 개최는 장애인스포츠에 대한 국민적 인식 변화와 제도적 기반 조성의 계기 마련
  ㉡ 2005년 국민체육진흥법 개정 때 대한장애인체육회 관련 내용이 포함되어 장애인스포츠가 국민체육의 한 분야로 인정
  ㉢ 2009년 이천장애인체육종합훈련원 개원으로 국가대표 선수의 체계적 훈련 시작

4) 장애인스포츠의 적응이론과 접근 방법
① **장애인스포츠의 적응이론**
  ㉠ 장애인의 신체활동은 다양한 환경적·사회적·개인적 체계에 대한 적응이 필요하다.
  ㉡ 과제, 환경, 사람 등 변인 간 상호작용을 강조하는 생태학적 과제분석과 관련이 있다.
  ㉢ 적응 과정은 지도자 주도의 직접 지도과정이다.
  ㉣ 적응은 개인에 따라 다양한 변인을 조정·변경하는 것으로, 개별화의 단계이다.
② **장애인스포츠론의 접근 방법**
  ㉠ 범주적 접근 방법 : 장애 유형에 따라 지적장애, 청각 장애, 지체 장애 등 장애인의 조건에 따라 분류하는 방법(→의학적 치료 중시)
  ㉡ 비범주적 접근 방법 : 범주적 접근 방법과 다르게 운동학습 과정에서 나타나는 강점과 약점 중심으로 접근하여 스포츠 지도의 효율성을 강조하는 방법(→교육적 해결 중시)
  [참고] 범주의 일반적 개념 : 동일한 성질을 가진 부류나 범위를 나타내는 용어

5) 장애인스포츠와 유사하게 사용되는 용어의 개념
  [보충설명] 장애인스포츠론 접근 방법의 이해 : 이 분류는 Jansma & Frebch의 장애인스포츠론의 구분을 일부 변경한 것이고, 한편 이를 장애인스포츠의 하위개념으로 설명되기도 한다.
① **재활 스포츠(rehabilitative physical sports)** : 장애인의 신체적, 정신적, 사회적, 직업적, 경제적 가용능력을 최대한으로 회복시키기 위한 스포츠 프로그램
② **치료 스포츠(therapeutic physical sports)** : 장애인 개인에게 처방된 운동을 계획·실시하여 치료를 목적으로 하는 스포츠 프로그램
③ **의료 스포츠(remedical physical sports)** : 특정 스포츠를 수단으로 하여, 기능적 운동 능력을 회복시키고, 신체적 발달 또는 운동 능력을 발달시키는 스포츠 프로그램
④ **교정 스포츠(corrective physical sports)** : 장애인을 대상으로, 개인적으로 계획된 스포츠 프로그램을 통해 자세의 결함 또는 미세한 외과적 이상을 교정하는 프로그램

---

1) [23-01] 장애인스포츠의 가치로 틀린 것을 찾는 유형으로, 사회적 불평등의 표출이 오답 찾기의 정답이다.
2) [19-01] 우리나라 장애인스포츠가 국민체육의 한 분야로 인정받게 된 법적 근거를 찾는 유형

제1장 장애인스포츠의 이해

1. 장애인스포츠의 개요

가. 장애인스포츠의 개념

1) 장애와 장애인의 의미

① 장애의 정의
  ㉠ 고전적 정의 : 1980년 이전의 정의로, 장애의 의학적 모형을 적용하여, 질병 원인 파악 → 신체적 이상 현상 파악 → 질병 치료의 절차로 진행되었다.
  ㉡ 현대적 정의 : 일상생활에서 어떤 일을 해내는 능력이 부족한 상태
  ㉢ WHO의 장애에 대한 정의 : 1980년 WHO는 disease(질병) → impairment(손상) → disability(기능 장애) → handicap(사회적 불리)의 개념으로 정의하였다.
  [용어] disability : ability가 능력을 의미하므로, disability는 비능력 즉 장애를 말한다.

② 장애인(disability person)의 정의 : 장애가 있는 사람을 말하며, 신체 일부의 장애 또는 정신적 결함으로 일상생활이나 사회생활에 제약을 받는 사람

2) 장애인스포츠의 개념

① 장애인스포츠(disability sports)의 정의1) : 신체의 기능적 장애 또는 정신적으로 결함으로, 일상생활이나 사회생활에 제약을 받는 사람의 스포츠 활동

② 장애인스포츠의 개념
  ㉠ 장애인에게 스포츠와 신체활동 욕구를 충족시켜 건강과 복지 향상을 위해 계획된 체육학의 한 영역이다.
  ㉡ 신체활동을 통해 장애인 임파워먼트를 강조하며, 선의의 경쟁을 통해 이를 실현한다.
  ㉢ 일반 체육 프로그램에 장애인이 안전하게 참여할 수 있도록 흥미·능력 그리고 한계를 극복할 수 있는 적합한 활동으로 일부를 수정하거나 변형하기도 한다.
  ㉣ 장애인의 운동수행 최상화를 위해 비장애인도 함께 참여할 수 있다.
  ㉤ 법률을 근거로 장애인 등의 신체활동 서비스를 제공한다.
  ㉥ 생태적 문제의 발견과 해결을 목적으로 한다.
  [용어] 장애인 임파워먼트(empowerment) : 임파워먼트는 일반적으로 권한 위임을 말하며, '장애인 임파워먼트'는 장애인의 동기부여와 자긍심 고취 등을 말한다.

③ 장애인스포츠의 영역2)
  ㉠ 장애인과 비장애인이 함께 참여하는 스포츠 활동은 포함한다.
  ㉡ 장애인 선수가 참가할 수 있도록 변형되거나 개발된 스포츠도 포함한다.
  ㉢ 장애인 선수가 참가하는데 특별한 수정이 필요 없는 스포츠도 포함한다.
  ㉣ 장애 극복에 초점을 맞춘 것이 아니고, 스포츠 수행력 향상을 목적으로 한다.

④ 장애인스포츠의 특성
  ㉠ 법률에 따라 시행되는 장애인스포츠 서비스
  ㉡ 다양한 연령층(유아·청소년·청년·성년·노인 등)이 대상
  ㉢ 장애인의 심리적 또는 운동 수행 능력 미흡에 대한 보완과 보충
  ㉣ 통합체육을 지향

---

1) 20-05 19-06 장애인스포츠에 대한 설명으로 틀린 것은 찾는 유형
2) 21-03 장애인체육의 영역에 대한 설명으로 보기에서 모두 고른 것을 찾는 유형

제2부

장애인스포츠론 학습하기

세부목차

제1장 장애인스포츠의 이해 … 12
1. 장애인스포츠의 개요 … 12
2. 장애의 분류 … 15
3. 등급분류 … 16
4. 장애인스포츠의 활동 변형 … 21

제2장 장애인스포츠의 비전 … 23
1. 사회통합과 장애인스포츠 … 23
2. 장애인스포츠 지도자의 역량 개발 … 25
3. 장애 여성의 스포츠 … 26

제3장 장애인스포츠의 조직과 대회 … 28
1. 장애인스포츠 조직 … 28
2. 장애인스포츠 대회 … 33

제4장 유형별·종목별 스포츠 특성 … 42
1. 육상 … 42
2. 구기 종목 … 45
3. 라켓 종목 … 53
4. 육상 개최 종목 … 60
5. 수상 종목 … 71
6. 동계 종목 … 77
7. 기타 종목 … 84

제5장 스포츠의학과 트레이닝 … 86
1. 장애 유형별 지도 방법 … 86
2. 훈련의 통합적 접근 … 105
3. 상해와 사고 예방 … 109
4. 도핑 방지 … 110

제6장 스포츠테크놀로지와 장비 … 113
1. 스포츠테크놀로지 … 113
2. 장애인스포츠의 보조 장비 … 114

2) 책에서 사용한 기호

아이콘	설명
참고, 참고	· 본문 내용에 대한 참고사항이다. · 참고가 필요한 내용의 본문에는 밑줄이 그어져 있다. · 앞의 검은색 바탕 흰색 글씨는 중요한 내용으로 암기가 필요한 부분이다. · 뒤의 검은색 글씨는 본문 내용 이해에 도움을 주는 내용으로 검은색 바탕에 비해 중요도가 뒤진다.
용어, 용어	· 본문 내용 중 별도 용어에 대한 설명이 필요한 부분의 용어해설이다. · 본문에서는 밑줄이 그어져 있다. · 바탕과 글씨 색깔은 위의 참고와 같다.
보충설명	· 책 구성 또는 공부하는 방향에 대한 설명이다.
22-17	· 기출문제의 출제유형을 나타낸다. · 숫자의 앞 두 자리는 출제연도, 뒤 두 자리는 문제번호이다. 즉 2022년 17번 문제라는 뜻이다. · 출제연도와 문제번호를 기재한 것은 공부하면서 출제유형을 보고 연상하기 어려울 때를 위해 제3부 기출문제에서 쉽게 확인할 수 있도록 하기 위함이다. · 틀린 것 또는 거리가 먼 것을 찾는 부정형 문제가 40~50% 출제되고 있으며, 이런 유형의 문제에서 제시된 오답 찾기의 정답은 다르게 출제될 수 있다는 것을 감안해야 한다.

2) 출제 빈도분석의 해설
- ㉠ 출제 빈도분석은 2019년부터 2023까지 5년간 출제 문제를 단원별로 분석한 것으로, 공부할 때 빈도가 높은 단원에 학습 집중도를 높이는 것은 당연하다.
- ㉡ 제일 많이 출제된 단원은 '제3장 장애인스포츠의 조직과 대회'로, 전체의 40%가 출제되었으며, 다음은 '제4장 유형별·종목별 스포츠 특성'이 26% 출제되었다.
- ㉢ '제2장 장애인스포츠의 비전'과 '제6장 스포츠테크놀로지와 장비'는 출제비율이 미미한 수준이다.
- ㉣ 장애인스포츠론에서 80점 이상 받기 위해서는 선택과 집중전략이 필요하며, 이는 출제 빈도가 높은 부분에 더 많은 시간과 노력이 필요하다는 것을 제시하고 있다.

3) 출제 유형 분석의 이해
- ㉠ 학습 내용을 단순히 암기하는 것보다 공부하고 있는 내용에서 어떤 유형으로 출제되었는지를 파악하면 학습 효과를 더욱 높일 수 있다.
- ㉡ 지난 4년간 출제된 80문제에 대해 출제유형을 분석하였고, 이를 공부하고 있는 내용 소단원 제목에 페이지별 주석번호를 부여하고, 페이지 하단에 출제유형을 실었다.
- ㉢ **23-01**는 기출문제의 출제연도와 문제번호를 기록한 것으로, 출제유형 분석에 나온 내용만으로 이해가 부족할 경우 쉽게 직접 문제를 확인할 수 있도록 하기 위함이다.
- ㉣ 같은 주석번호지만 페이지 하단에 2 이상의 줄로 출제유형이 실려 있으면 같은 소단원에서도 여러 형태로 출제되고 있음을 나타내고, 같은 줄에서 기출 기호가 2개 이상이면 같은 내용의 비슷한 문제가 여러 번 출제되었음을 나타내고 있다.

> 1) **22-03** 종목별 스포츠 등급분류를 바르게 제시된 것을 찾는 유형으로, 5인제 축구는 B1, B2, B3, B4로 분류된다고 되어있어 바르지 못한 유형에 해당한다.
> **21-02** 패럴림픽에서 장애인과 비장애인이 함께 참여하는 종목을 찾는 유형으로, 시각장애인 5인제 축구 B1의 골키퍼는 비장애인도 가능하다.
> 2) **22-13** 뇌성마비 장애인 축구의 경기 방법에 대한 설명으로 틀린 것을 찾는 유형으로, '킥오프 때 상대 팀 선수는 공에서 3m 이상 떨어져 있어야 한다'가 오답 찾기의 정답이다. 7m 이상 떨어져 있어야 한다.
>
> **출제유형 분석**

- ㉤ 오답 찾기형의 문제는 오답으로 출제된 지문을 예로 들었지만, 오답은 다르게도 출제될 수 있음을 기억해야 한다.

6. 이 책의 특장점

1) 공통과목과 연계 학습
① 1급 장애인스포츠지도사 필기시험 과목
- ㉠ 1급 장애인스포츠지도사 필기시험은 4개 과목으로, 장애인스포츠론을 제외한 나머지 과목인 운동상해, 체육측정평가론, 트레이닝론은 별도 책을 사서 공부해야 한다.
- ㉡ 개인별로 과목에 대한 호·불호의 차이가 있지만 다른 과목에 비해 학습 분량이 상대적으로 적고, 내용이 비교적 수월한 장애인스포츠론은 80점 이상 받아야 나머지 과목이 다소 부진하더라도 합격할 수 있다.

② 공통과목 도서에 수록된 내용 상기
- ㉠ 객관식 시험에서 높은 점수를 받는 방법으로, 출제유형과 10점 더 받는 법 등이 수록되어 있으므로 이를 잘 활용해야 한다.
- ㉡ 아울러 권장 학습법 등이 수록되어 있으므로 이 내용을 숙지해야 한다.

4. 1급 장애인스포츠지도사 출제기준

주요항목	세부항목	세세항목
1. 장애인스포츠의 이해	1. 장애인스포츠의 개념	1. 장애인스포츠의 정의
		2. 장애인스포츠와 비장애인 스포츠의 공통점과 차이점
	2. 장애인스포츠의 구조	1. 국제 장애인스포츠 조직과 발전과정
		2. 장애인스포츠의 동향 및 국내외 조직 관계
	3. 장애인스포츠의 미래(비전)	1. 사회통합과 장애인스포츠
		2. 장애 여성과 스포츠
		3. 대중매체
2. 장애인스포츠의 실제	1. 장애인스포츠 대회	1. 패럴림픽대회 및 데플림픽 대회
		2. 스페셜올림픽
		3. 기타 국제경기(장애인아시아경기대회, 커먼웰스 게임, 아메리카대회 등)
		4. 국내 장애인스포츠대회(전국장애인체육대회 및 전국장애인학생체육대회)
		5. 등급분류
	2. 종목별, 유형별 스포츠 특성	1. 특정 장애인 집단을 위해 만들어진 스포츠(골볼, 휠체어 농구, 보치아 등)
		2. 비장애인과 함께 참여하는 스포츠(시각장애 축구, 육상 등)
		3. 장애인들이 참여할 수 있도록 수정되거나 변형된 스포츠(휠체어 테니스, 텐덤사이클 등)
		4. 아무런 변형도 없이 장애인들이 참여하는 스포츠(육상, 레슬링, 수영 등)
		5. 통합스포츠
3. 장애인스포츠의 지도	1. 스포츠의학과 트레이닝	1. 장애 유형별 트레이닝(지도) 방법
		2. 운동기술, 체력, 심리 훈련의 통합적 접근
		3. 상해 관리 및 예방
		4. 도핑
	2. 스포츠 장비와 테크놀로지	1. 스포츠테크놀로지
		2. 장애인스포츠를 위한 보조 장비

5. 출제유형 분석과 출제 빈도분석

1) 지난 시험의 누적출제 빈도

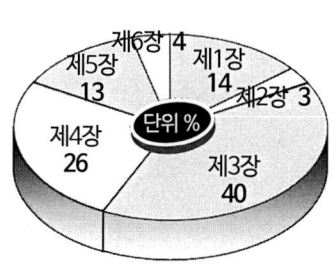

	2019	2020	2021	2022	2023	누계
제1장 장애인스포츠의 이해	3	1	6	2	2	14
제2장 장애인스포츠의 비전	1	1	-	1	-	3
제3장 장애인스포츠의 조직과 대회	5	5	8	11	11	40
제4장 유형별·종목별 스포츠 특성	7	6	4	2	7	26
제5장 스포츠의학과 트레이닝	3	6	2	2	-	13
제6장 스포츠테크놀로지와 장비	1	1	-	2	-	4
합계	20	20	20	20	20	100

※ 숫자는 당해연도 출제 문항 수이다.

2) 장애인스포츠론의 특성
- ㉠ 응시자는 2급 자격을 취득한 후 3년 이상 지도하였기에 장애인스포츠에 대해 대부분 폭넓은 식견을 갖고 있다. 그러나 장애인스포츠 종목이 여러 가지로 구분되어 있고, 종목별로 경기 방법·관련 장비 등 내용에 차이가 크다.
- ㉡ 지도 종목 또는 관심 종목이 아니면 암기할 내용이 많아 번거롭고, 장애인스포츠 조직이나 대회는 헷갈리기 쉽고, 장애인 유형별 특성에는 의학 전문 용어가 많이 나오고, 종목별 장비의 명칭이 영어를 많이 사용하여 익숙지 않은 경우가 많다.
- ㉢ 책을 만들면서 모든 종목의 규정이나 경기 진행 방법 등을 모두 수록하기에는 한계가 있어, 중요하거나, 출제 가능성이 큰 부분만 선택하였다.
- ㉣ 한편으로는 1급 지도사가 되려면 반드시 이해하고 익혀야 하는 과목이기도 하다.

3) 장애인스포츠론의 학문적 배경과 연관 학문
① 장애인스포츠론의 학문적 접근
- ㉠ 모든 사람은 평등하게 가치 있는 삶을 영위할 수 있는 권리를 지니므로, 장애인 또한 멸시되거나 박해되지 않고 모든 시민과 더불어 가치 있는 역할을 실현할 수 있어야 한다.
- ㉡ 장애인스포츠론은 장애인복지(handicapped welfare)의 한 분야로, 장애인의 복지와 건강을 위해 스포츠를 활용하는 학문이다.

② 장애인스포츠론과 특수체육론의 관계
- ㉠ 1급 장애인스포츠지도사 응시자는 2급 필기 검정에 합격한 후 3년 이상의 지도경력을 갖고 있다. 2급 필기 검정에서 특수체육론은 필수과목이므로 당연히 이 과목을 공부한 경험이 있다. 두 과목은 서로 밀접한 연관 관계가 있어 비슷하거나, 중복되는 내용이 많다.
- ㉡ 특수체육론은 장애인의 운동수행력 향상에 목적을 두지만, 장애인스포츠론은 장애인스포츠를 종목별·유형별로 더욱 구체적으로 지도·연구하며, 스포츠를 통한 장애인의 복지 향상을 추구하는 학문이다.

3. 장애인스포츠의 종목

1) 하계 종목(34개 종목)
골볼, 공수도, 농구, 당구, 댄스스포츠, 럭비, 레슬링, 론볼, 배구, 배드민턴, 보치아, 볼링, 사격, 사이클, 수영, 승마, 아이스하키, 양궁, 역도, 오리엔티어링, 요트, 유도, 육상, 조정, 축구, 카누, 컬링, 탁구, 태권도, 테니스, 트라이애슬론, 파크골프, 펜싱, 핸드볼

2) 동계 종목(2개 종목)
스노우보드, 알파인스키·바이애슬론·크로스컨트리

1. 응시 자격과 합격 기준

1) 응시 자격
- ㉠ 일반과정의 응시 자격은 2024년 필기시험일 현재 해당 자격 종목의 2급 장애인스포츠지도사 자격취득 후 3년 이상 해당 종목의 지도경력이 있는 사람으로, 검정 절차는 필기 검정 → 실기·구술검정 → 연수로 진행된다.
- ㉡ 특별과정 응시 자격은 2024년 연수 시작일 현재 국가대표선수(경력자 포함)로, 2급 장애인스포츠지도사 자격취득 후 3년 이상 해당 종목 지도경력이 있는 사람으로, 검정 절차는 필기와 실기·구술검정 없이 연수로 진행된다.

2) 시험 과목
- ㉠ 필기시험 과목은 1급 스포츠지도사 전체의 공통과목인 운동상해·체육측정평가론·트레이닝론과 장애인스포츠지도사의 전공과목인 장애인스포츠론 등 4과목이다.
- ㉡ 이 책은 전공과목인 장애인스포츠론만 수록되어 있고, 공통과목은 '일급 스포츠지도사 공통과목' 도서로 공부해야 한다.

3) 합격 기준
- ㉠ 필기시험 합격 기준은 모든 과목 40점 이상, 전 과목 평균 60점 이상이어야 한다.
- ㉡ 개인별로 과목의 선호도에 따라 공부하기 수월한 과목이 있고, 그 반대의 경우도 있다.
- ㉢ 개인별 과목 선호도가 다르듯 과목 내에서도 단원별로 내용과 분량 그리고 이제까지 시험에서의 출제 빈도가 다 다르다. 그러므로 선택과 집중을 통한 고득점 방법을 연구하고, 실행해야 한다.

4) 장애인스포츠론은 80점 이상 받아야 한다.
- ㉠ 개인적으로 차이가 있지만, 장애인스포츠론은 다른 공통과목과 비교하면 학습 분량이 상대적으로 적고, 내용이 비교적 수월하다.
- ㉡ 공부하기 수월한 과목에서 높은 점수를 받아야 다른 과목이 다소 부진하더라도 합격할 수 있다.
- ㉢ 80점은 20문제 중 16문제를 맞추는 것으로, 이 책을 3번 정도 정독하면 가능할 것으로 추정된다.
- ㉣ 장애인스포츠론에서 80점 이상 받으면 다른 과목에서 다소 부진하더라도 합격할 수 있다.
- ㉤ '1급 스포츠지도사 2024' 책에 객관식 시험에서 실력보다 10점 더 받는 법이 수록되어 있으며, 이를 기억하고 실천하면 높은 점수를 받는 데 도움이 된다.

2. 장애인스포츠론 간 보기

[보충설명] 간 보기란 음식을 조리할 때 적은 양을 시식하여 음식 완성도를 높이는 방법이다. 여기서 간 보기란 시험 과목의 개략적 내용을 미리 알아보고, 출제 경향 파악과 단원별 중요도 등을 인식하는 절차이다.

1) 장애인스포츠론의 이해
- ㉠ 모든 사람은 평등하고, 가치 있는 삶을 영위할 권리를 지니므로, 장애인 또한 멸시되거나 박해되지 않고, 모든 사람과 더불어 가치 있는 역할을 실현하도록 해야 한다. 장애인스포츠론은 장애인의 건강과 복지 향상을 위해 스포츠를 활용하는 학문이다.
- ㉡ 장애인스포츠의 개념, 조직, 비전, 스포츠대회, 유형별·종목별 특징, 스포츠의학과 트레이닝, 장비 등으로 구성되어 있다.
- ㉢ 장애인스포츠론은 다른 공통과목에 비해 공부해야 할 내용이 상대적으로 적고, 내용이 비교적 수월하다. 이 과목에서 80점 이상 받아야 다른 과목이 다소 부진하더라도 쉽게 합격할 수 있다.

제1부

장애인스포츠론은 80점 이상 받아야

세부목차

1. 응시 자격과 합격 기준 … 6
2. 장애인스포츠론 간 보기 … 6
3. 장애인스포츠지도사의 종목 … 7
4. 1급 장애인스포츠지도사 출제기준 … 8
5. 출제유형 분석과 출제 빈도분석 … 8
6. 책에서 사용한 기호 … 10

머리말

많은 분의 합격을 빕니다.

스포츠지도자 자격제도는 국민의 건강증진과 삶의 질을 향상시키는 생활체육의 발전은 물론 스포츠 선수의 경기력 향상에도 크게 이바지하였습니다. 2015년 스포츠지도사 자격제도가 바뀌어 지도 대상과 직능별로 세분화하였고, 등급도 1·2급으로 구분하였으며, 장애인을 위한 스포츠지도사가 신설되었고, 1급 장애인스포츠지도사 자격시험은 2019년 처음 시행되어 이제 5번째 시험이 시행되며, 그동안 4번 시행된 시험을 통해 출제 경향 등을 파악할 수 있습니다.

이 책은 2급 장애인스포츠지도사 자격을 취득한 사람이 3년 이상 지도경력을 갖추었을 때 응시할 수 있는 1급 장애인스포츠지도사 필기시험 과목인 장애인스포츠론 준비도서입니다. 나머지 과목인 운동상해·체육측정평가론·트레이닝론 등은 별도 발행된 '1급 스포츠지도사 2024' 책으로 공부해야 합니다.

전공과목에서 높은 점수를 받을 수 있도록 필요한 지식을 도표화·도식화 등으로 쉽게 이해할 수 있도록 구성하였고, 이미지화 등을 통해 오래 기억할 수 있도록 만들었으며, 자격제도 신설 이후 4년간 시행된 문제와 그 해설을 수록하여 수험 준비서로서의 품격을 갖추었습니다. 아울러 자격취득 이후에도 지도에 필요한 이론과 원리를 함께 게재하여 지도 지침서로도 활용할 수 있습니다. 객관식 4지선다형 시험은 반복 학습과 더불어 자기 노트를 만들어 중요하다고 생각되는 부분을 메모하면서 공부하는 방법이 꼭 필요합니다.

많은 분이 좋은 결과를 얻어 필기시험의 합격은 물론 연수과정까지 무난히 마치어 훌륭한 1급 장애인스포츠지도사로, 우리나라 장애인스포츠 발전에 큰 역할을 해주시기를 빕니다. 학습 도중 이해가 어렵거나, 1급 스포츠지도사 자격제도에 대한 궁금 사항이 있으면 저자에게 전화·문자 메시지·카카오톡 등으로 문의하십시오.

2024년 2월   일

저자 장승규·이정열 드림

저자소개

장승규

- 동국대, 연세대 대학원, 명지대 대학원 졸업, 경영학박사
- 한국능률협회, 롯데제과(주), 한국경영컨설팅협동조합 근무
- 명지대학교, 서울벤처대학원대학교 교수 역임
- 현) 스포츠경영발전협의회 공동대표, 지식닷컴 집필자 대표
- 연락처 : 010-6291-1131
  jisig@paran.com

이정열

- 순천향대학교, 동대학원(체육과학전공) 졸업
- 인천아시안패럴림픽조직위원회 도핑검사관
- 평창패럴림픽조직위원회 도핑기술위원
- 현) 아산시장애인체육회 운영과장,
  순천향대학교 사회체육학과 강사,
  대한장애인야구협회 국가대표 선수,
  한국도핑방지위원회 검사관
- 연락처 : 010-2545-9770
  lee7112@nate.com

목차

■ **제1부 장애인스포츠론은 80점 이상 받아야 … 5**
- 1. 응시 자격과 합격 기준 … 6
- 2. 장애인스포츠론 간 보기 … 6
- 3. 장애인스포츠지도사 종목 … 7
- 4. 1급 장애인스포츠지도사 출제기준 … 8
- 5. 출제 유형 분석과 출제 빈도분석 … 8
- 6. 책에서 사용한 기호 … 10

■ **제2부 장애인스포츠론 학습하기 … 11**
- 제1장 장애인스포츠의 이해 … 12
- 제2장 장애인스포츠의 비전 … 25
- 제3장 장애인스포츠의 조직과 대회 … 28
- 제4장 유형별·종목별 스포츠 특성 … 42
- 제5장 스포츠의학과 트레이닝 … 86
- 제6장 스포츠테크놀로지와 장비 … 113

■ **제3부 기출문제 … 115**
- 2023 기출문제 … 116
- 2022 기출문제 … 122
- 2021 기출문제 … 127
- 2020 기출문제 … 131
- 2019 기출문제 … 136

1급 스포츠지도사 도서 소개

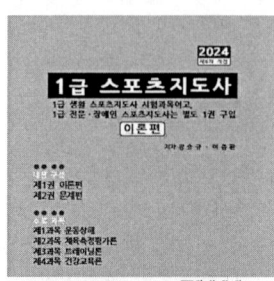

- 도서명 : 1급 스포츠지도사 2024
- 대상 : 생활·전문·장애인스포츠지도사
- 수록 과목 : 운동상해, 체육측정평가론, 트레이닝론, 건강교육론
- 발행 : 2024.2.10
- 정가 : 34,000원
- 구입 문의 010-6291-1131

스마트폰에서 스캐닝

1급 장애인스포츠지도사 전공과목
1급 장애인스포츠론 2024

저　　자 : 장승규 · 이정열
발　　행 : 2024.2.20
인　　쇄 : 2024.2.20
발 행 인 : 손현숙
책임편집 : 정해동
편집진행 : 장인철 · 이해성 · 박찬호
발 행 사 : 지식닷컴 · 스포츠위즈
연 락 처 : 02-848-6865
카　　페 : http://cafe.daum.net/sports31

국립중앙도서관
서지 정보

ISBN 979-11-91834-33-8-13690
정가 22,000원

저작권법에 따라 무단으로 전재하거나 복제할 수 없습니다.
잘못된 책은 구입처에서 교환해 드립니다.

2024
제4차 개정

1급 장애인 스포츠지도사 전공과목
1급 장애인스포츠론

저자 장승규·이정열

●●　●●
시험 과목

1급 장애인 스포츠지도사 시험 과목은
운동상해·체육측정평가론·트레이닝론·장애인스포츠론 등이며,
이 책에는 장애인스포츠론만 수록되어 있고,
나머지 과목은 '일급 스포츠지도사 2024'로 공부해야 합니다.